21세기 지식 정보화 시대
대한민국의 IT 인재로 만드는 비결!

Information Technology Qualification

파워포인트 2016

발 행 일 : 2022년 11월 01일(1판 1쇄)
개 정 일 : 2025년 06월 13일(1판 8쇄)
I S B N : 978-89-8455-091-9(13000)
정   가 : 16,000원

집   필 : KIE 기획연구실
진   행 : 김동주
본문디자인 : 앤미디어

발 행 처 : (주)아카데미소프트
발 행 인 : 유성천
주   소 : 경기도 파주시 정문로 588번길 24
홈페이지 : www.aso.co.kr

※ 이 책은 저작권법에 따라 보호를 받는 저작물이므로 무단 전재와 무단 복제를 금지하며,
이 책 내용의 전부 또는 일부를 이용하려면 반드시 (주)아카데미소프트의 서면동의를 받아야 합니다.

CONTENTS

PART 01 ITQ 시험 안내 및 자료 사용 방법

시험안내 01	ITQ 시험 안내	04
시험안내 02	ITQ 회원 가입 및 시험 접수 안내	06
시험안내 03	ITQ 자료 사용 방법	17

PART 02 출제유형 완전정복

출제유형 01	[전체 구성] 페이지 설정 / 슬라이드 마스터	28
출제유형 02	[슬라이드 1] ≪표지 디자인≫	42
출제유형 03	[슬라이드 2] ≪목차 슬라이드≫	57
출제유형 04	[슬라이드 3] ≪텍스트/동영상 슬라이드≫	72
출제유형 05	[슬라이드 4] ≪표 슬라이드≫	84
출제유형 06	[슬라이드 5] ≪차트 슬라이드≫	98
출제유형 07	[슬라이드 6] ≪도형 슬라이드≫	116

PART 03 출제예상 모의고사

모의고사 01	제 01 회 출제예상 모의고사	138
모의고사 02	제 02 회 출제예상 모의고사	142
모의고사 03	제 03 회 출제예상 모의고사	146
모의고사 04	제 04 회 출제예상 모의고사	150
모의고사 05	제 05 회 출제예상 모의고사	154
모의고사 06	제 06 회 출제예상 모의고사	158
모의고사 07	제 07 회 출제예상 모의고사	162
모의고사 08	제 08 회 출제예상 모의고사	166
모의고사 09	제 09 회 출제예상 모의고사	170
모의고사 10	제 10 회 출제예상 모의고사	174
모의고사 11	제 11 회 출제예상 모의고사	178
모의고사 12	제 12 회 출제예상 모의고사	182
모의고사 13	제 13 회 출제예상 모의고사	186
모의고사 14	제 14 회 출제예상 모의고사	190
모의고사 15	제 15 회 출제예상 모의고사	194

PART 04 최신유형 기출문제

기출문제 01	제 01 회 최신유형 기출문제	200
기출문제 02	제 02 회 최신유형 기출문제	204
기출문제 03	제 03 회 최신유형 기출문제	208
기출문제 04	제 04 회 최신유형 기출문제	212
기출문제 05	제 05 회 최신유형 기출문제	216
기출문제 06	제 06 회 최신유형 기출문제	220
기출문제 07	제 07 회 최신유형 기출문제	224
기출문제 08	제 08 회 최신유형 기출문제	228
기출문제 09	제 09 회 최신유형 기출문제	232
기출문제 10	제 10 회 최신유형 기출문제	236

※ 부록 : 시험직전 모의고사 3회분 수록

PART 01

ITQ 시험 안내 및 자료 사용 방법

ITQ 시험 안내

- 정보기술자격(ITQ) 시험의 응시 자격 및 시험 과목
- 합격 결정기준 및 시험 시간

1. 정보기술자격(ITQ) 시험이란?

정보화 시대의 기업, 기관, 단체 구성원들에 대한 정보기술능력 또는 정보기술 활용능력을 객관적으로 평가하는 시험입니다. 정보기술 관리 및 실무능력 수준을 지수화, 등급화하여 객관성을 높였으며, 과학기술정보통신부에서 공식 인증하는 국가공인자격 시험입니다.

2. 응시 자격 및 시험 과목

❶ 정보기술자격(ITQ) 시험은 정보기술실무능력을 평가하는 시험으로 국민 누구나 응시가 가능합니다.

❷ ITQ 시험은 동일 회차에 아래한글/MS워드, 한글엑셀/한셀, 한글액세스, 한글파워포인트/한쇼, 인터넷의 5개 과목 중 최대 3과목까지 시험자가 선택하여 신청할 수 있습니다.

※ 단, 한글엑셀/한셀, 한글파워포인트/한쇼, 아래한글/MS워드는 동일 과목군으로 동일 회차에 응시 불가
 (자격증에는 "한글엑셀(한셀)", "한글파워포인트(한쇼)"로 표기되며 최상위 등급이 기재됨)

자격종목		등급	ITQ시험 프로그램 버전		시험방식
			시험 S/W	공식버전	
ITQ 정보기술자격	아래한글	A/B/C 등급	한컴오피스	기존과 동일	PBT
	한셀				
	한쇼				
	MS워드		MS오피스	MS오피스 2021 / 2016 선택 응시	
	한글엑셀				
	한글액세스				
	한글파워포인트				
	인터넷		내장 브라우저 : IE8.0이상		

※ 아래한글 : 2020/NEO 중 선택 응시(시험지 2020/NEO 공용), 한쇼/한셀 : NEO 단일 응시
※ MS오피스 : 2021/2016 중 선택 응시(시험지 2021/2016 공용)

3. 합격 결정기준

❶ 합격 결정기준

ITQ 시험은 500점 만점을 기준으로 A등급부터 C등급까지 등급별 자격을 부여하며, 낮은 등급을 받은 수험생이 차기시험에 재응시하여 높은 등급을 받으면 등급을 업그레이드 해주는 방법으로 평가를 합니다.

A등급	B등급	C등급
400~500점	300~399점	200~299점

(500점 만점이며 200점 미만은 불합격)

❷ 등급별 수준

등급	수준
A등급	주어진 과제의 80~100%를 정확히 해결할 수 있는 능력
B등급	주어진 과제의 60~79%를 정확히 해결할 수 있는 능력
C등급	주어진 과제의 40~59%를 정확히 해결할 수 있는 능력

4. 시험 배점 및 시험 시간

시험 배점	문항 및 시험방법	시험 시간
과목당 500점	5~10문항 실무작업형 실기시험	과목당 60분

5. 시험출제기준(한글파워포인트/한쇼)

문항	배점	출제기준
● 전체구성	60점	전체 슬라이드 구성 내용을 평가 • 슬라이드 크기, 슬라이드 개수 및 순서, 슬라이드 번호, 그림 편집, 슬라이드 마스터 등 전체적인 구성 내용을 평가
❶ 표지 디자인	40점	도형과 그림을 이용한 제목 슬라이드 작성 능력 평가 • 도형 편집 및 그림 삽입, 도형효과 • 워드아트(워드숍) • 로고 삽입(투명한 색 설정 기능 사용)
❷ 목차 슬라이드	60점	목차에 따른 하이퍼링크와 도형, 그림 배치 능력을 평가 • 도형 편집 및 효과 • 하이퍼링크 • 그림 편집
❸ 텍스트/동영상 슬라이드	60점	텍스트 간의 조화로운 배치 능력을 평가 • 텍스트 편집 / 목록 수준 조절 / 글머리 기호 / 내어쓰기 • 동영상 삽입
❹ 표 슬라이드	80점	파워포인트 내에서의 표 작성 능력 평가 • 표 삽입 및 편집 • 도형 편집 및 효과
❺ 차트 슬라이드	100점	프리젠테이션을 위한 차트를 작성할 수 있는 종합 능력 평가 • 차트 삽입 및 편집 • 삽입 및 스타일 지정
❻ 도형 슬라이드	100점	도형을 이용한 슬라이드 작성 능력 평가 • 도형 및 스마트아트 이용 : 실무에 활용되는 다양한 도형 작성 • 그룹화 / 애니메이션 효과

※ 응시료 확인 : https://license.kpc.or.kr 홈페이지 접속 → [자격소개]-[자격소개-ITQ 정보기술자격]

ITQ 회원 가입 및 시험 접수 안내

○ 회원 가입하기
○ 시험 접수 안내

1. 회원 가입하기

(1) ITQ 자격 검정 사이트 접속하기

① ITQ 자격 검정 사이트(license.kpc.or.kr)에 접속한 후 화면 위의 〈회원가입〉 단추를 클릭합니다.

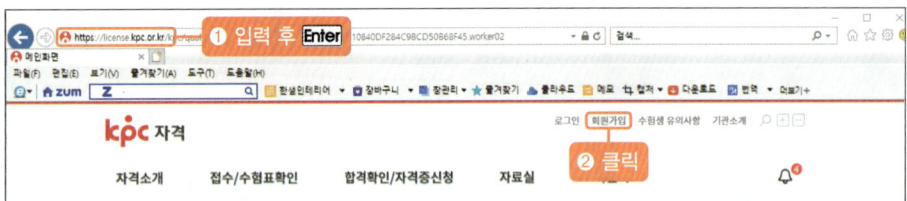

② [회원가입]에서 '전체 약관(필수항목)에 동의합니다.' 체크 박스를 클릭합니다.

③ '개인정보 수집·이용 내역 (필수사항)'에 '동의합니다' 체크 박스가 선택되어 있는지 확인한 후 〈개인회원(어린이) 가입 만 14세 미만〉 단추를 클릭합니다.

※ 응시자가 만14세 이상일 경우에는 〈개인회원가입 만14세이상〉 단추를 눌러 가입을 진행합니다.

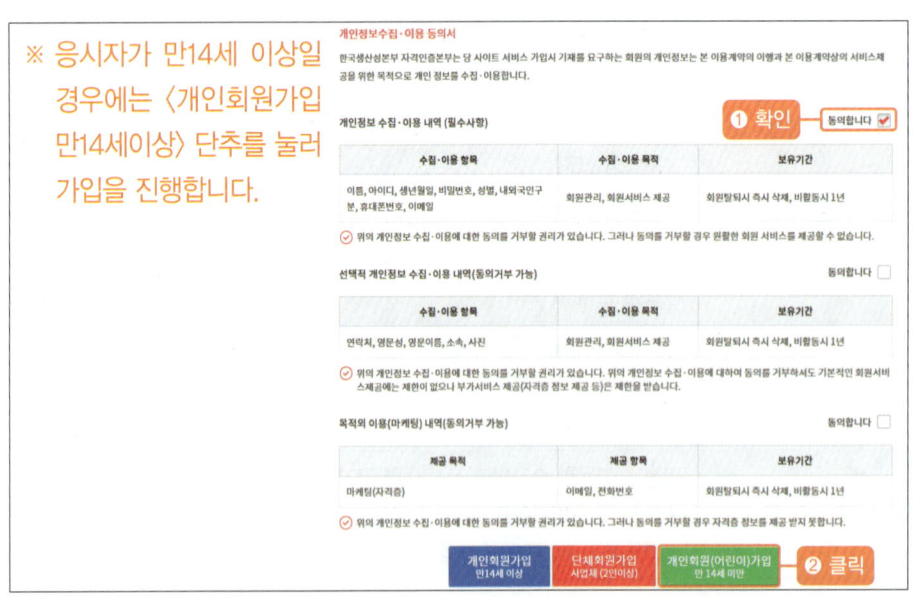

※ 회원 가입 절차는 시험 주관사에 의해 변경될 수도 있습니다.

(2) 보호자(법적대리인) 본인인증

❶ [회원가입 (만14세 미만 개인회원)]의 [보호자(법적대리인) 본인인증]에서 '수집·이용 내역(필수사항)'의 '동의합니다.' 체크 박스를 클릭합니다. 이어서, [보호자(법적대리인) 본인인증]에서 〈휴대폰 본인인증〉 단추를 클릭합니다.

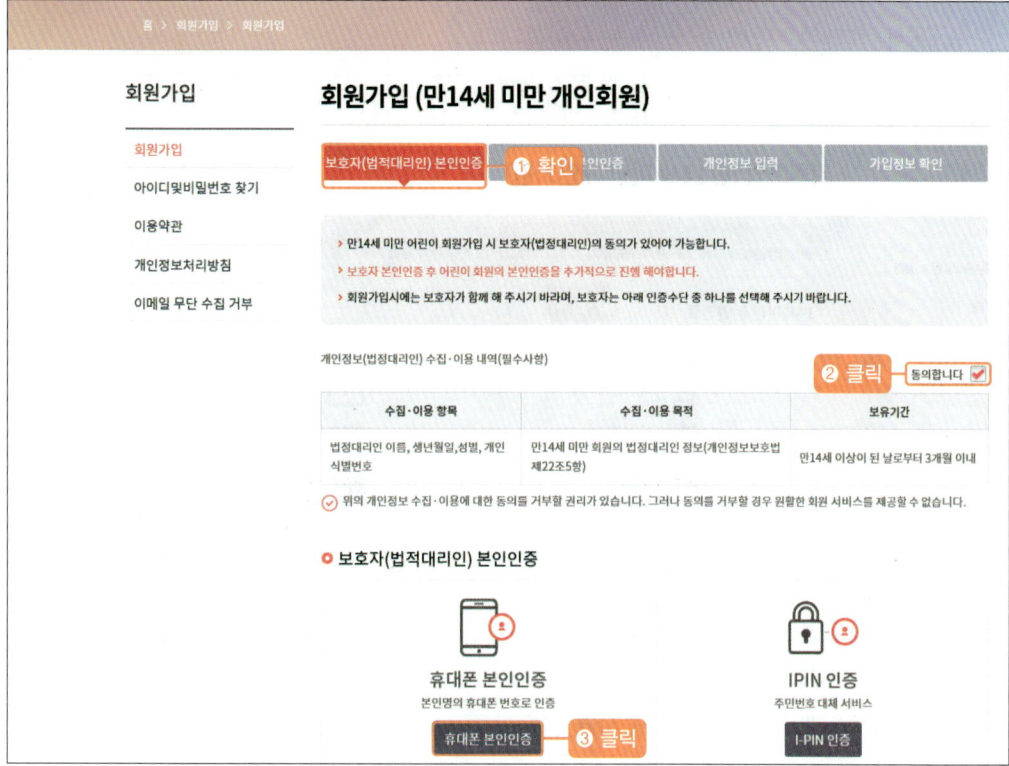

❷ '이용 중이신 통신사를 선택하세요' 창에서 보호자가 현재 이용 중인 통신사를 선택합니다. 이어서, 각각의 동의 내용을 클릭하여 체크한 후 〈시작하기〉 단추를 클릭합니다.

❸ '문자인증'을 선택하여 필요한 개인 정보와 보안문자를 입력한 후 〈확인〉 단추를 클릭합니다.

❹ 보호자의 휴대폰 문자로 전송된 '인증번호'를 입력한 후 〈확인〉 단추를 클릭합니다.

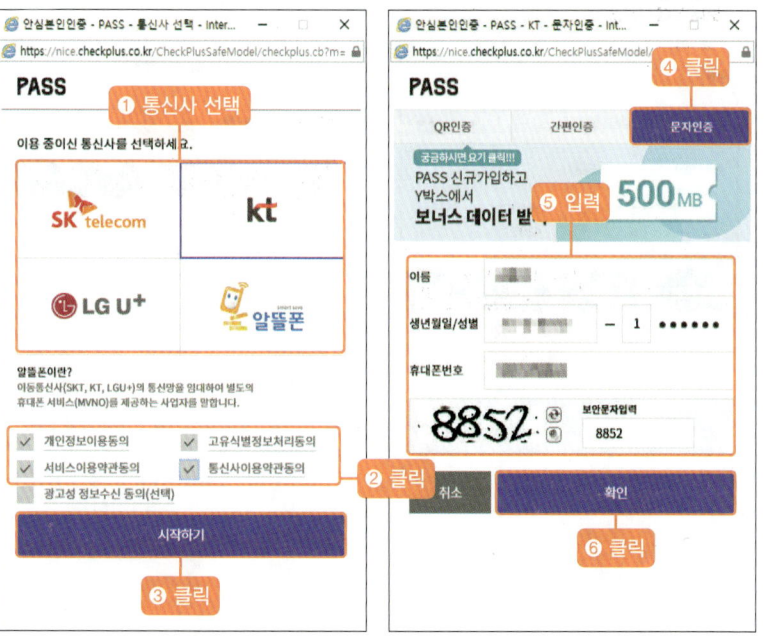
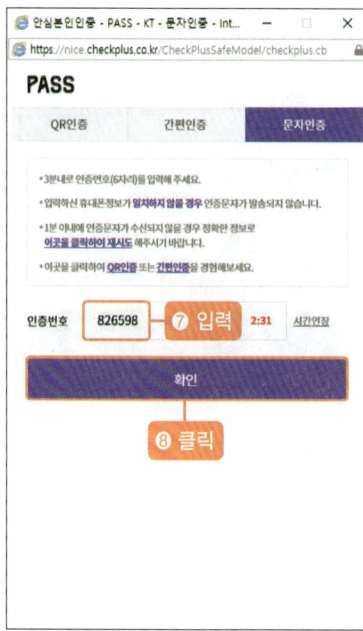

※ 14세미만 본인인증은 '8페이지의 휴대폰(본인 명의의 휴대폰이 있는 경우)' 또는 '10페이지의 I-PIN(본인 명의의 휴대폰이 없는 경우)' 중 하나를 선택하여 진행할 수 있습니다.

(3)-1. 14세미만 본인인증(휴대폰 인증절차)

❶ [14세미만 본인인증]에서 〈휴대폰 본인인증〉 단추를 클릭합니다.

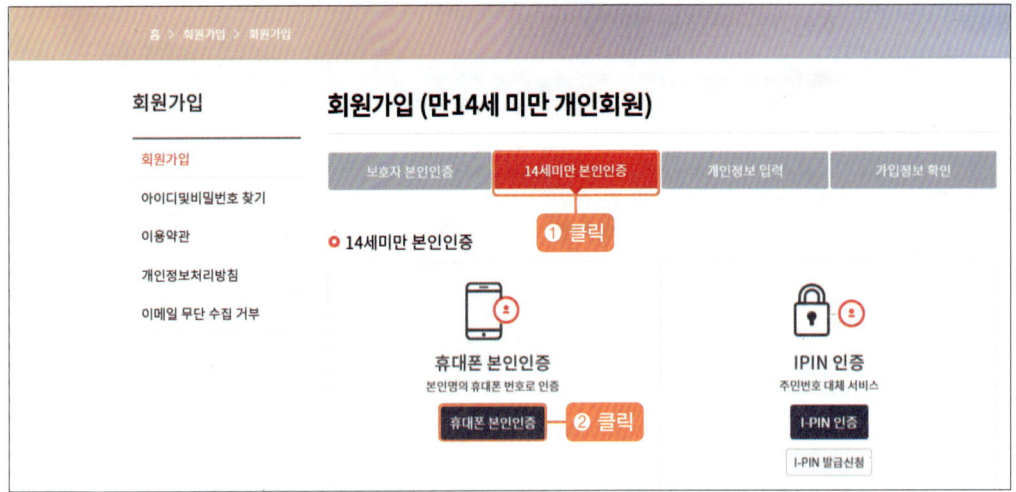

❷ '이용 중이신 통신사를 선택하세요' 창에서 14세미만이 현재 이용 중인 통신사를 선택합니다. 이어서, 각각의 동의 내용을 클릭하여 체크한 후 〈시작하기〉 단추를 클릭합니다.

❸ '문자인증'을 선택하여 필요한 개인 정보와 보안문자를 입력한 후 〈확인〉 단추를 클릭합니다.

❹ 본인의 휴대폰 문자로 전송된 '인증번호'를 입력한 후 〈확인〉 단추를 클릭합니다.

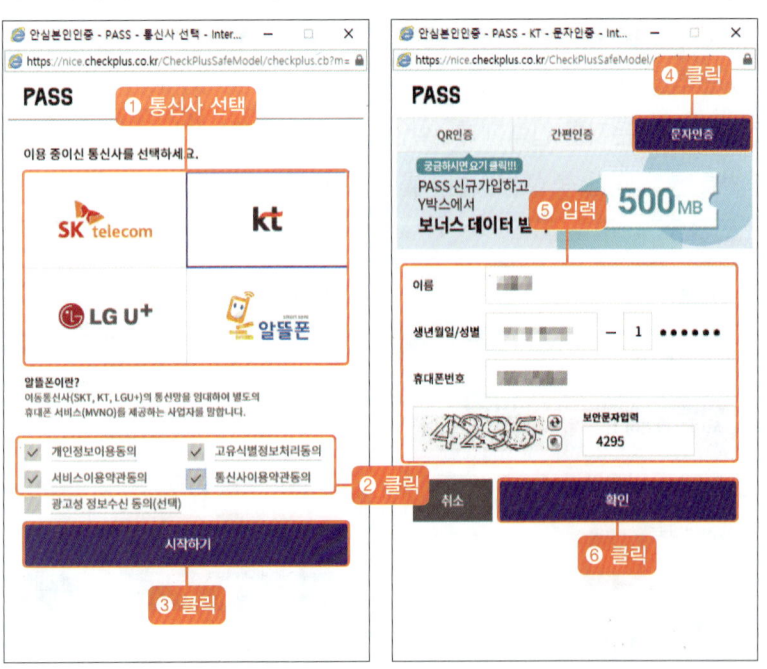
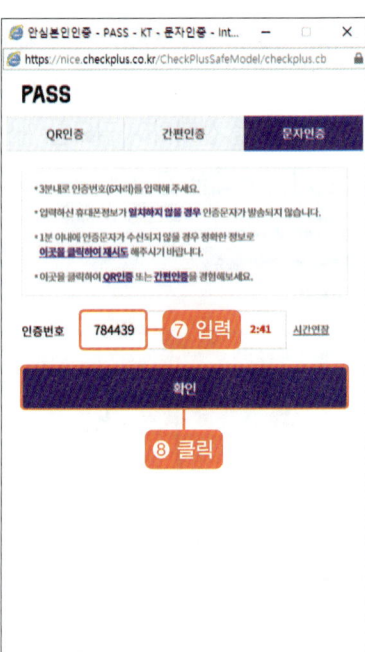

❺ [개인정보 입력]에서 '이름'과 '아이디'를 입력한 후 〈중복확인〉 단추를 클릭합니다. 이어서, '사용 하실 수 있는 ID 입니다' 메시지 창이 나오면 〈Close〉 단추를 클릭합니다.
   ※ 아이디를 입력하고 〈중복확인〉 단추를 클릭하여 내가 입력한 아이디를 다른 사용자가 사용하고 있는지 반드시 확인합니다.

❻ 아이디 입력이 완료되면 '비밀번호'와 '비밀번호 확인'을 입력합니다.

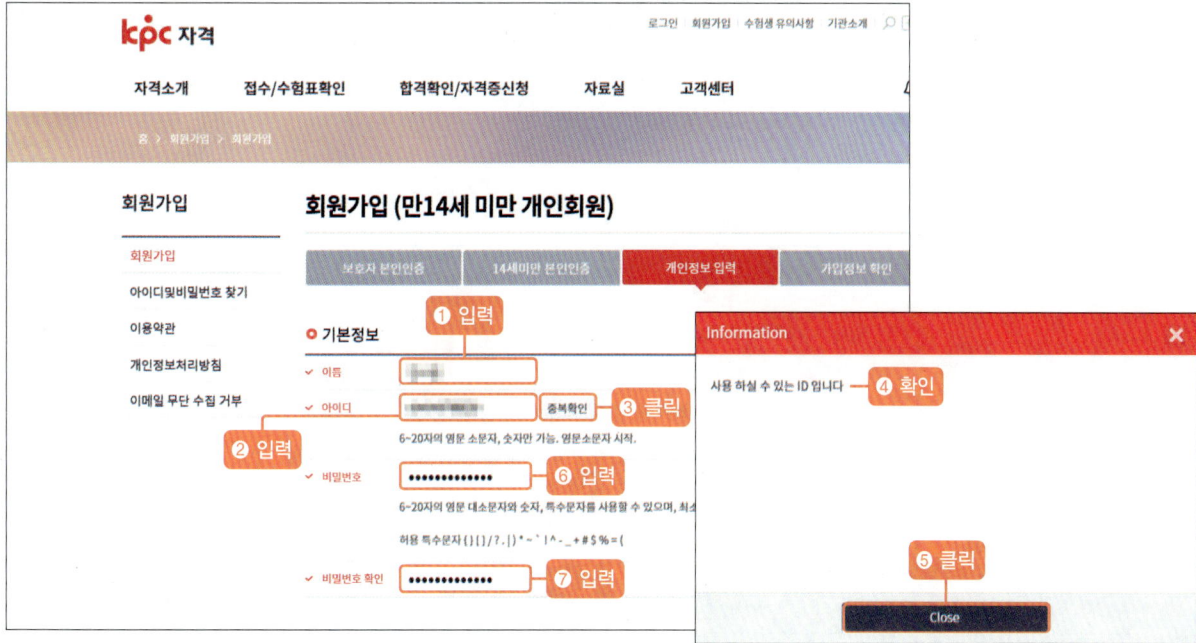

- **이름** : 본인의 이름을 입력합니다.
- **아이디** : 6~20자의 영문 소문자, 숫자만 가능, 영문 소문자로 시작합니다.
- **중복확인** : 입력한 아이디를 다른 사용자가 사용하고 있는지 〈중복확인〉 버튼을 클릭해서 반드시 확인합니다.
- **비밀번호** : 6~20자의 영문 대소문자와 숫자, 특수문자를 사용할 수 있으며, 최소 2종류 이상을 조합해야 합니다.
- **비밀번호 확인** : 입력한 비밀번호를 똑같이 한 번 더 입력합니다.

❼ 기본정보 입력이 완료되면 [추가정보]에 내용을 입력한 후 〈가입하기〉 단추를 클릭합니다.
   ※ 휴대전화 및 이메일에 '수신 동의합니다'를 클릭하여 체크할 경우 수험 정보를 받을 수 있으며, 비밀번호를 잊어버렸을 경우 비밀번호 찾기에 사용되므로 체크 박스를 클릭합니다.

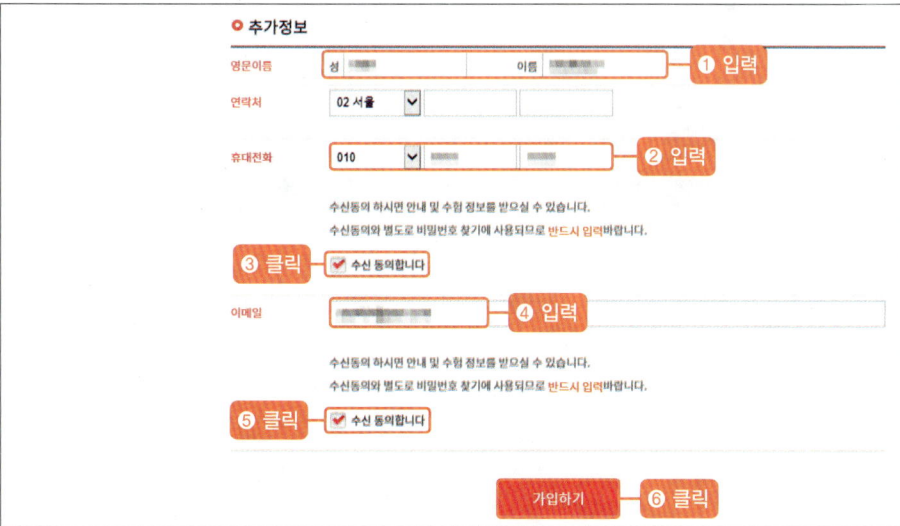

❽ 회원가입이 완료되면 회원가입 정보를 확인한 후 〈확인(홈으로 이동)〉 단추를 클릭합니다.

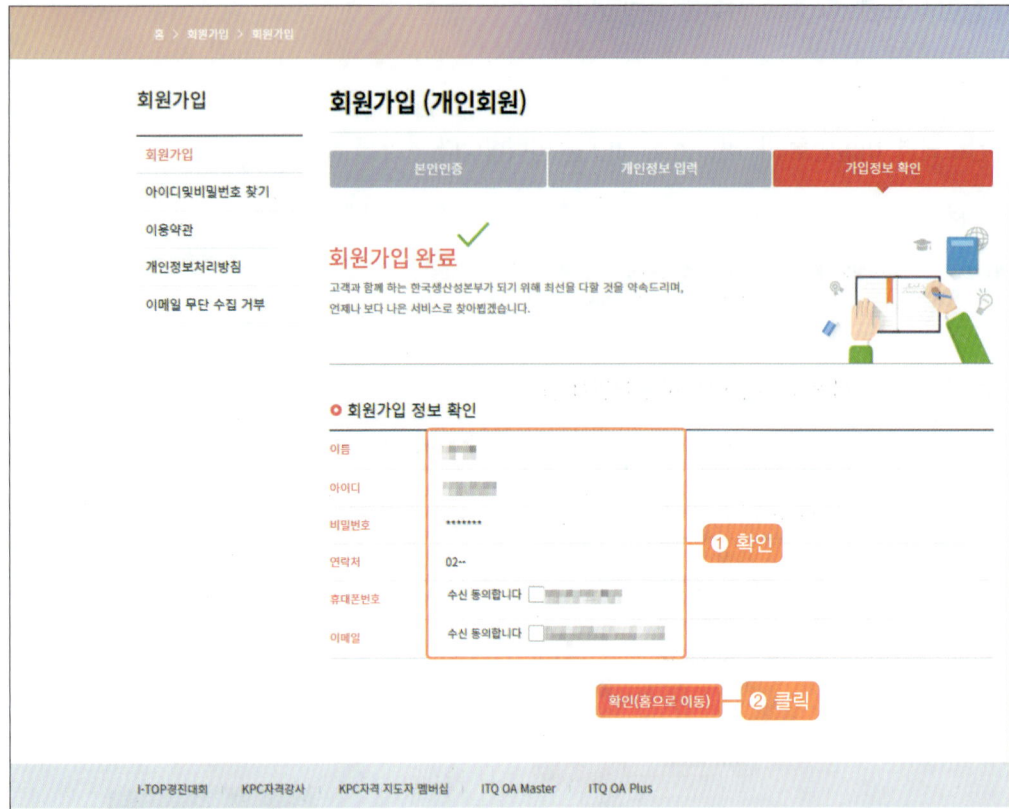

(3)-2. 14세미만 본인인증(I-PIN 인증절차)

❶ [회원가입 (만 14세 미만 개인회원)]의 [14세미만 본인인증]에서 〈I-PIN 인증〉 단추를 클릭합니다.

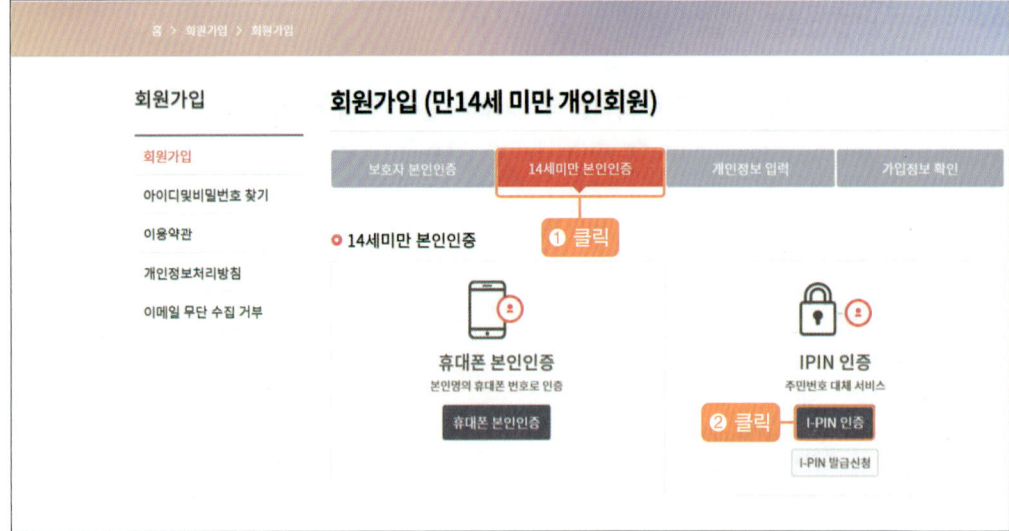

❷ [메인 화면] 창에서 〈신규발급〉 단추를 클릭합니다.

❸ [발급 전 확인사항] 창에서 〈발급하기〉 단추를 클릭합니다.

 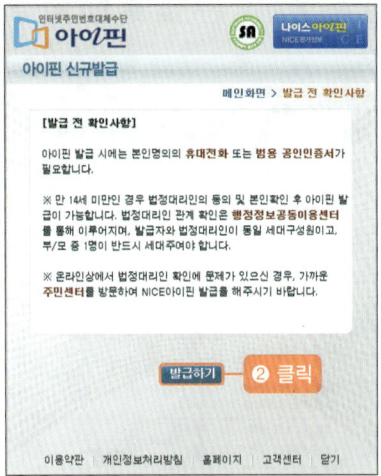

❹ [약관동의] 창에서 모든 항목에 '동의' 체크 박스를 클릭한 후 〈확인〉 단추를 클릭합니다.

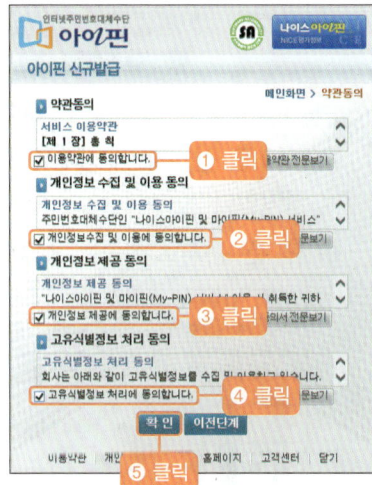

❺ [아이핀 사용자정보] 창에서 발급자 '성명'과 '주민번호', '문자입력'을 입력합니다. 사용할 '아이핀 ID'를 입력한 후 〈ID 중복확인〉 단추를 클릭하여 사용가능한 아이디인지를 확인합니다.

❻ '비밀번호'를 입력한 후 〈비밀번호 검증〉 단추를 클릭하여 비밀번호 사용가능 여부를 확인합니다. 비밀번호 검증이 완료되면 '비밀번호 확인'에 비밀번호를 한 번 더 입력합니다.

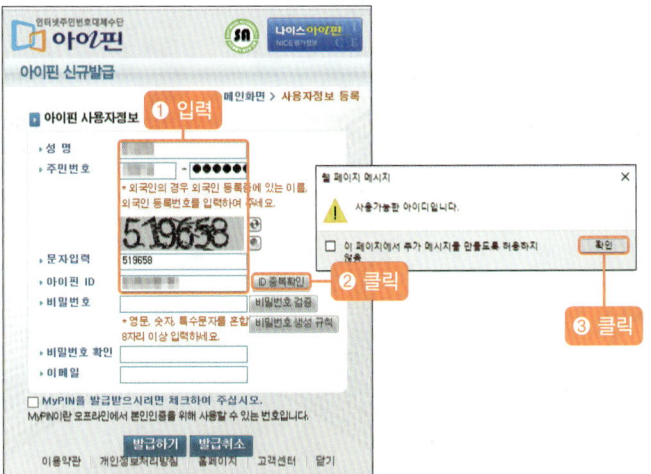 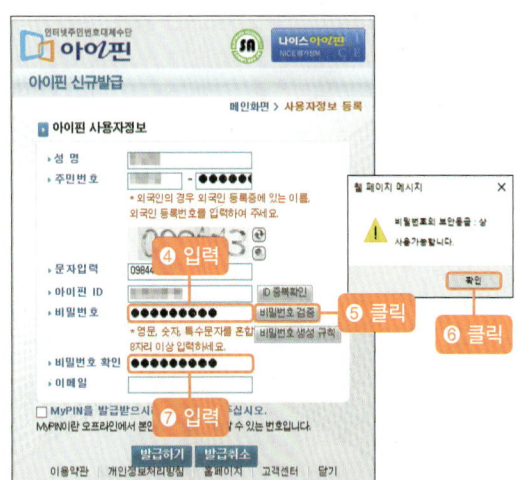

❼ '이메일'을 입력한 후 'MyPIN을 발급받으시려면 체크하여 주십시오'의 체크 박스를 클릭하고 〈발급하기〉 단추를 클릭합니다.

❽ [법정대리인 동의] 창에서 법정대리인 '성명'과 '주민번호'를 입력한 후 〈실명등록 및 아이핀 발급〉 단추를 클릭합니다.

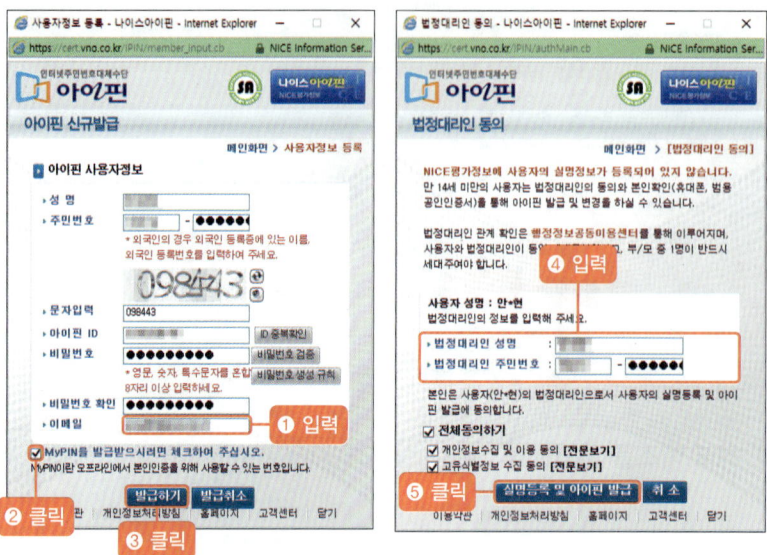

❾ [아이핀 신원확인] 창에서 '휴대폰'이나 '범용 공인인증서'를 선택한 후 정보를 입력하고 〈인증번호 요청〉 단추를 클릭합니다.

❿ 휴대폰 문자로 전송된 '인증번호'를 입력한 후 〈확인〉 단추를 클릭합니다.

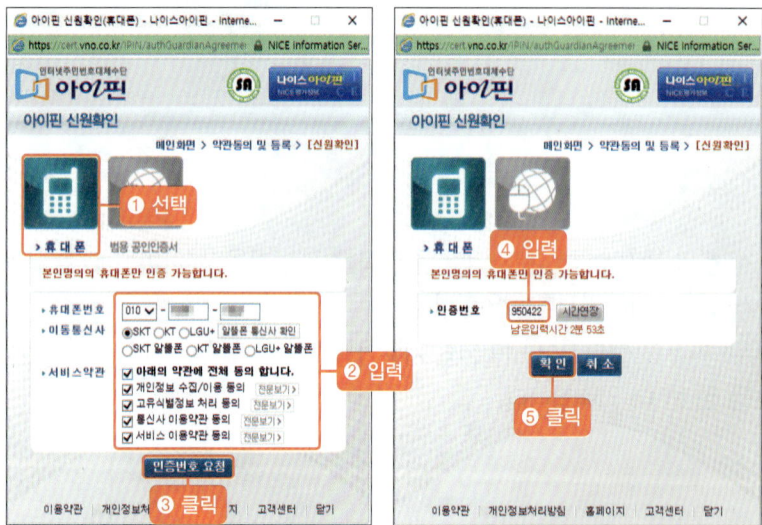

⓫ [2차 비밀번호 설정] 창에서 2차 비밀번호를 두 번 입력한 후 〈확인〉 단추를 클릭합니다.

⓬ [아이핀/My-PIN 발급완료] 창에서 발급 완료를 확인한 후 〈확인〉 단추를 클릭합니다.

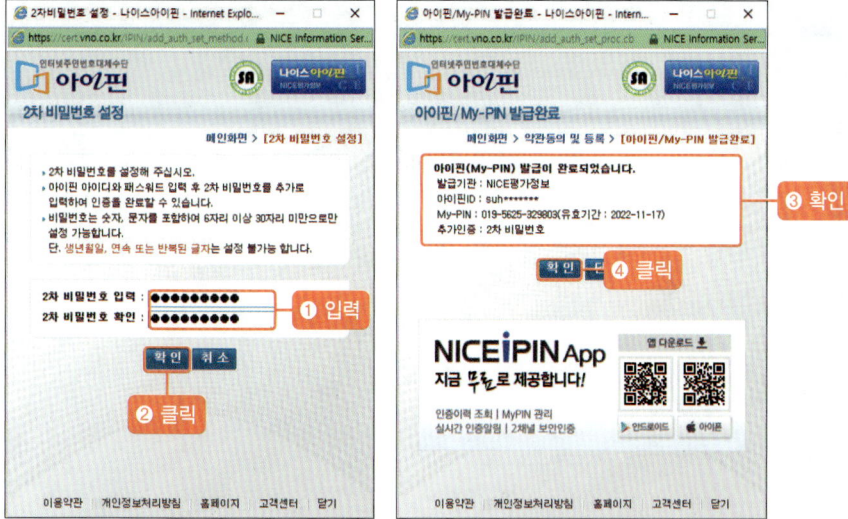

⓭ [메인 화면] 창에서 '아이핀ID', '비밀번호', '문자입력'을 입력한 후 〈확인〉 단추를 클릭합니다.

⓮ [2차 비밀번호 입력] 창에서 2차 비밀번호를 입력한 후 〈확인〉 단추를 클릭합니다.

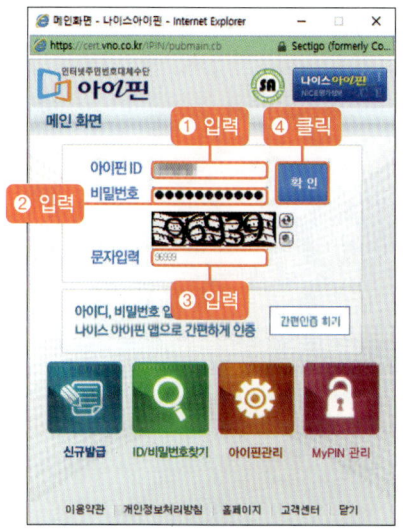 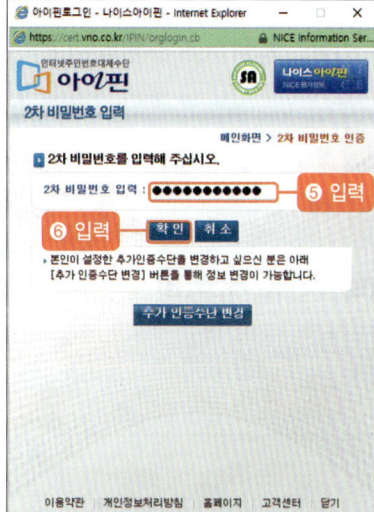

⑮ [메인 화면] 창이 나오면 〈인증 완료〉 단추를 클릭합니다.

⑯ [개인정보 입력]에서 '이름'과 '아이디'를 입력한 후 〈중복확인〉 단추를 클릭합니다. 이어서, '사용 하실 수 있는 ID 입니다' 메시지 창이 나오면 〈Close〉 단추를 클릭합니다.
   ※ 아이디를 입력하고 〈중복확인〉 단추를 클릭하여 내가 입력한 아이디를 다른 사용자가 사용하고 있는지 반드시 확인합니다.

⑰ 아이디 입력이 완료되면 '비밀번호'와 '비밀번호 확인'을 입력합니다.

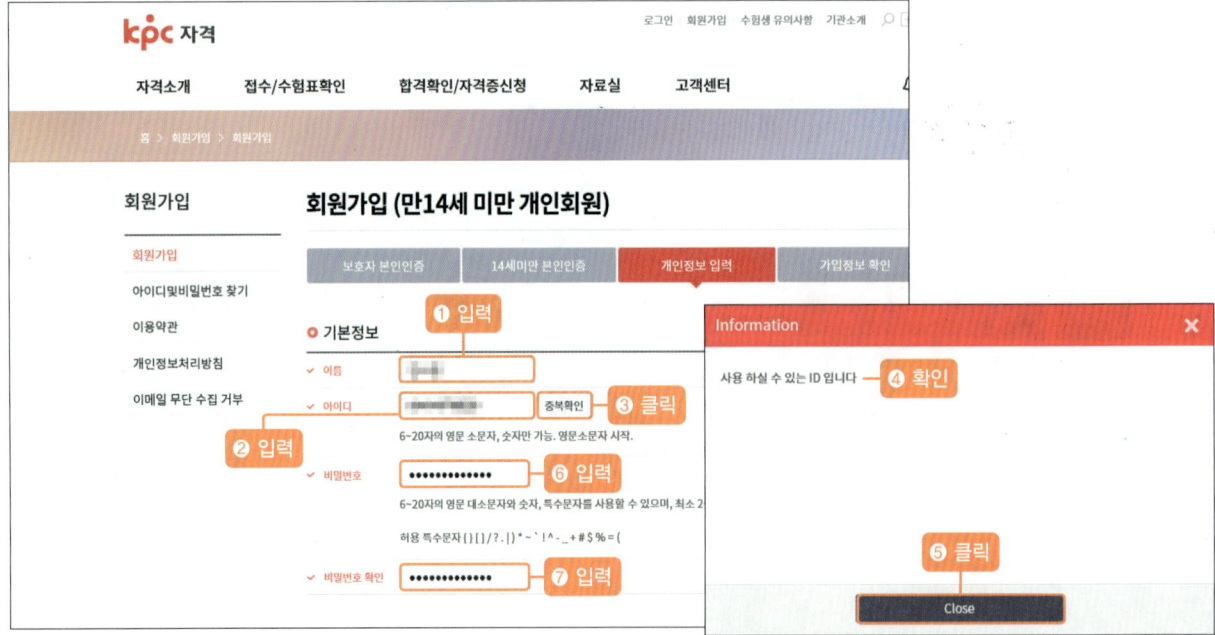

- **이름** : 본인의 이름을 입력합니다.
- **아이디** : 6~20자의 영문 소문자, 숫자만 가능, 영문 소문자로 시작합니다.
- **중복확인** : 입력한 아이디를 다른 사용자가 사용하고 있는지 [중복확인] 버튼을 클릭해서 반드시 확인합니다.
- **비밀번호** : 6~20자의 영문 대소문자와 숫자, 특수문자를 사용할 수 있으며, 최소 2종류 이상을 조합해야 합니다.
- **비밀번호 확인** : 입력한 비밀번호를 똑같이 한 번 더 입력합니다.

⑱ 기본정보 입력이 완료되면 [추가정보]에 내용을 입력한 후 〈가입하기〉 단추를 클릭합니다.

※ 휴대전화 및 이메일에 '수신 동의합니다'를 클릭하여 체크할 경우 수험 정보를 받을 수 있으며, 비밀번호를 잊어버렸을 경우 비밀번호 찾기에 사용되므로 체크 박스를 클릭합니다.

⑲ 회원가입이 완료되면 회원가입 정보를 확인한 후 〈확인(홈으로 이동)〉 단추를 클릭합니다.

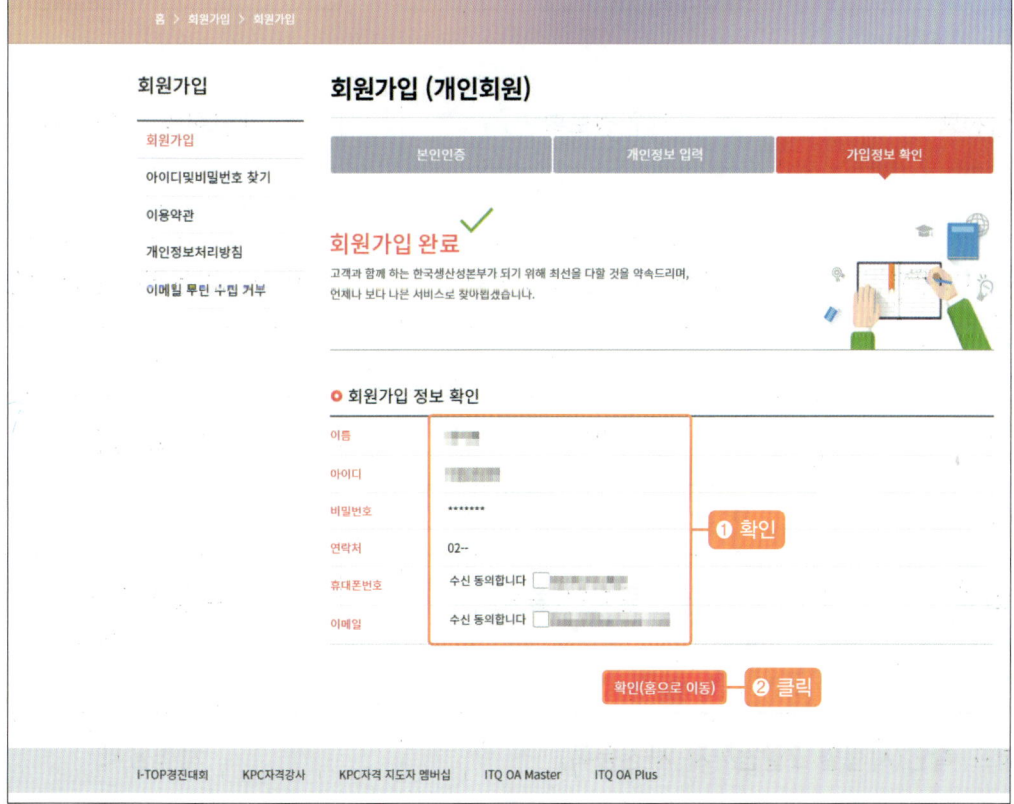

2. 시험 접수 안내

① 응시원서의 입력 항목에 따라 지역 및 고사장 선택, 신상명세입력, 본인사진을 등록합니다.
   - 사진 등록을 위한 이미지 파일은 온라인 편집이 가능합니다.
② 응시원서 작성이 끝나면 결제화면에서 신용카드 및 온라인 이체로 응시료를 결제합니다.
   - 결제 금액은 응시료+인터넷 접수 건별 소정의 수수료가 산정됩니다.
③ 응시원서 작성과 온라인 결제가 끝나면 ITQ 시험 접수확인증이 화면에 출력되고 인쇄 기능이 지원됩니다.

인터넷 접수		방문 접수
⇩		⇩
인터넷 원서접수 기간확인		방문접수 기간확인
⇩	⇩	⇩
단체회원 로그인	개인회원 가입확인	지역센터 위치확인
⇩	⇩	⇩
접수방법선택	개인정보확인	개인회원 가입확인
⇩	⇩	⇩
지역/고사장/응시회원편집	지역/고사장/과목선택	지역별 방문접수(원서작성)
⇩	⇩	⇩
결제	결제	응시료 입금
⇩	⇩	⇩
접수완료/확인	접수증확인(출력)	수험표 확인
⇩		⇩
수험표 확인(시험일 2일전까지 사진등록)		시험응시
⇩		
시험응시		

ITQ 자료 사용 방법

- 자료 다운로드 방법
- 자동 채점 프로그램
- 파워포인트 2016 화면 구성
- 온라인 답안 시스템
- 자동 채점 프로그램 Q&A

1. 자료 다운로드 방법

① 크롬 브라우저를 실행하여 아카데미소프트(https://aso.co.kr) 홈페이지에 접속합니다.

② 왼쪽 상단에 [컴퓨터 자격증 교재]를 클릭합니다.

③ [ITQ 자격증]-[2023 이공자 ITQ 파워포인트 2016(좌무선)] 교재를 클릭합니다.

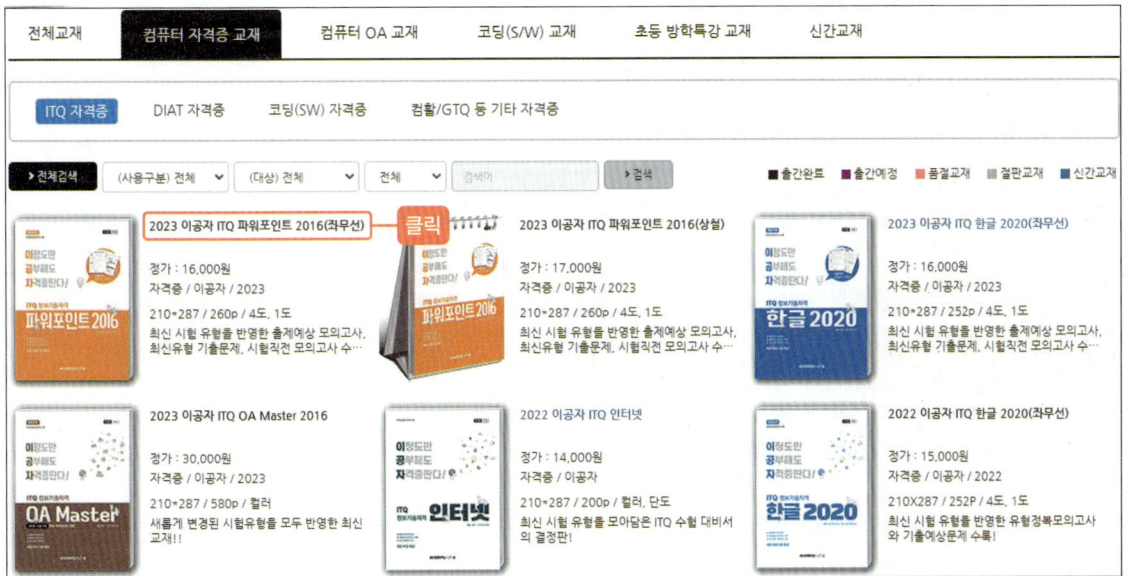

❹ 화면 아래에 [커뮤니티]-[자료실]을 클릭합니다.

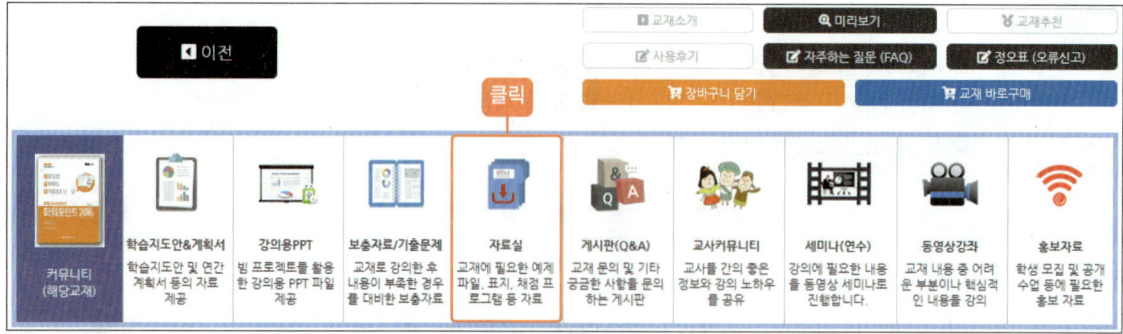

❺ [2023 이공자 ITQ 파워포인트 2016(좌무선)_학습 자료]를 클릭합니다.

❻ 다운로드 단추를 클릭하여 자료를 다운로드 받으시면 됩니다.

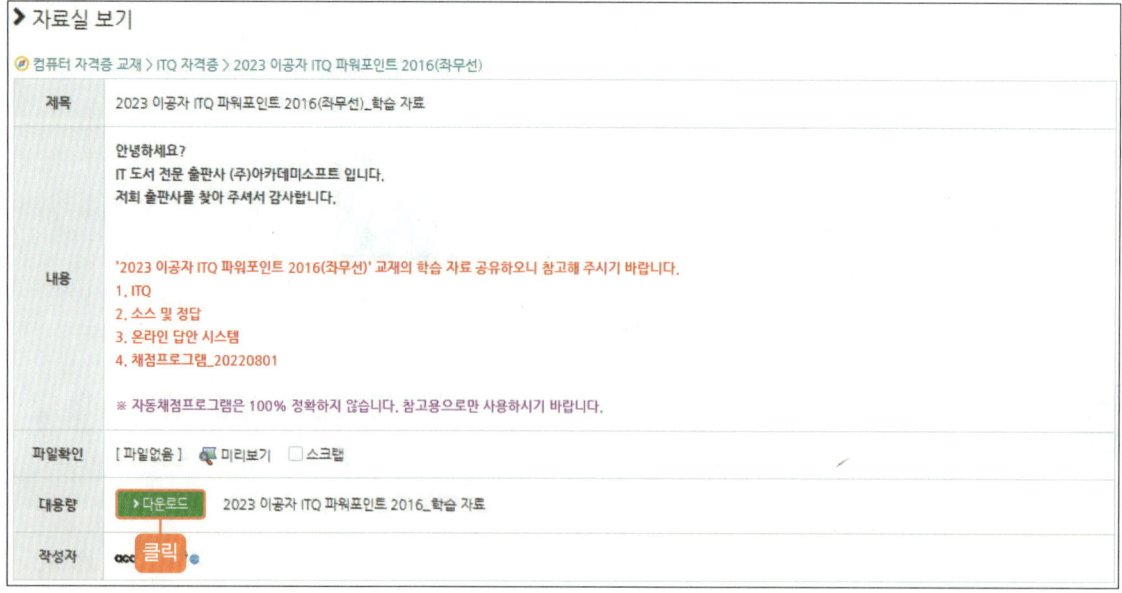

2. 온라인 답안 시스템

❶ 온라인 답안 시스템

[KOAS–온라인 답안 시스템] 프로그램은 **수험자 연습용 답안 전송 프로그램**이기 때문에 **서버에서 제어가 되지 않는 개인용 버전**입니다. 실제 시험 환경을 미리 확인하는 차원에서 테스트하시기 바랍니다.

※ 해당 '온라인 답안 시스템'은 변경된 ITQ 시험 버전에 맞추어 수정된 최신 버전의 프로그램입니다.

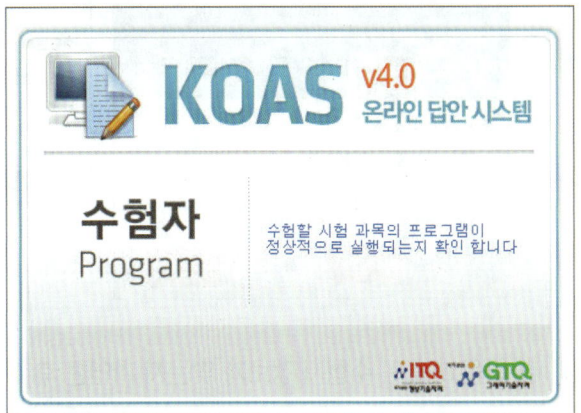

❷ 필요한 자료를 다운받아 압축을 해제했다면 다운로드의 [2023 이공자 ITQ 파워포인트 2016_학습 자료]–[온라인 답안 시스템] 폴더에서 **'온라인 답안 시스템(연습용).exe'**을 더블 클릭하여 실행합니다.

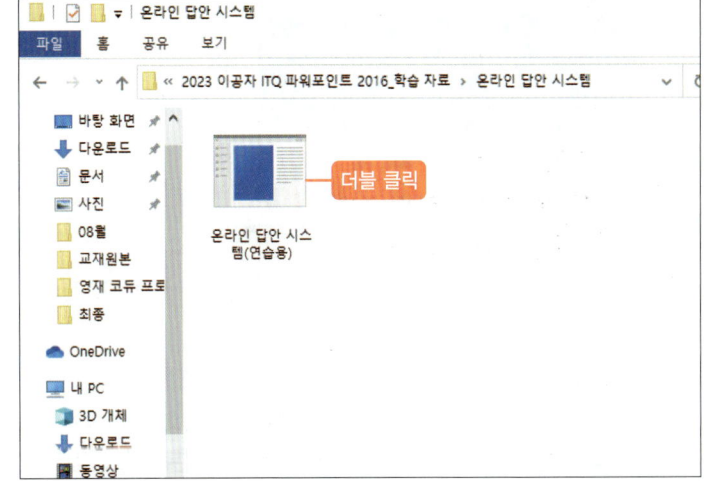

❸ 원하는 **시험 과목**을 선택하고 **수험자 성명**을 입력한 후 〈선택〉 단추를 클릭합니다.

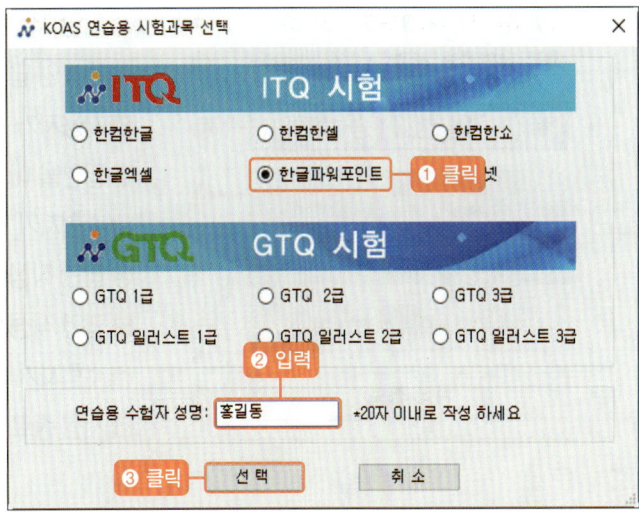

❹ **수험번호**를 입력하고 정상적인 시험인지 또는 재시험자인지를 선택한 후 〈확인〉 단추를 클릭합니다. 이어서, [수험번호 확인] 창이 나오면 수험번호와 구분 내용을 확인한 후 〈확인〉 단추를 클릭합니다.

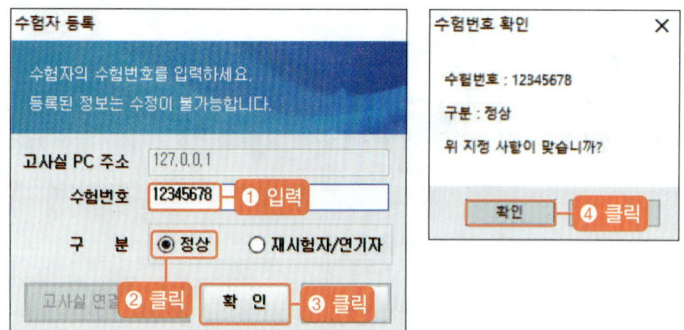

❺ 다음과 같이 수험자 정보가 맞는지 확인한 후 〈확인〉 단추를 클릭합니다.

※ 새롭게 변경된 ITQ 시험의 답안 폴더 경로는 [내 PC]-[문서]-[ITQ]입니다.

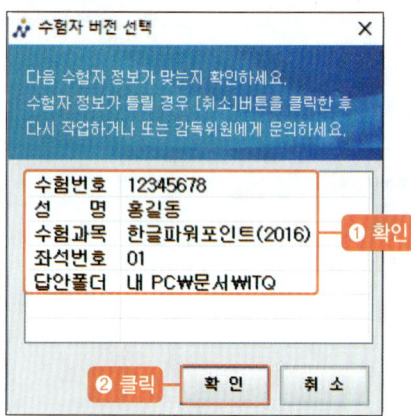

❻ 온라인 답안 시스템이 실행되면 모니터 오른쪽 상단에 답안 전송 프로그램이 나타납니다.

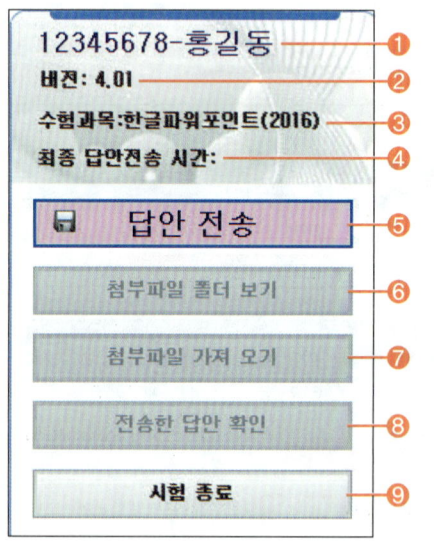

❶ 답안 저장 파일명으로 '수험번호-수험자명'으로 구성
❷ 온라인 답안 시스템 업그레이드 번호
❸ 사용자가 선택한 시험 과목
❹ 답안을 마지막에 전송한 시간
❺ 수험자가 작성한 답안을 감독위원 PC로 전송
❻ 답안 작성시 필요한 그림의 폴더 보기
❼ 답안 작성시 필요한 그림 파일 등을 감독위원 PC에서 수험자PC로 전송
❽ 수험자가 전송한 답안을 다시 불러옴
❾ 시험 종료

❼ 답안 파일 이름은 수험자 자신의 '**수험번호-성명(12345678-홍길동)**' 형태로 [내 PC]-[문서]-[ITQ] 폴더에 저장합니다.

※ 새롭게 변경된 ITQ 시험의 답안 폴더 경로는 [내 PC]-[문서]-[ITQ]입니다.

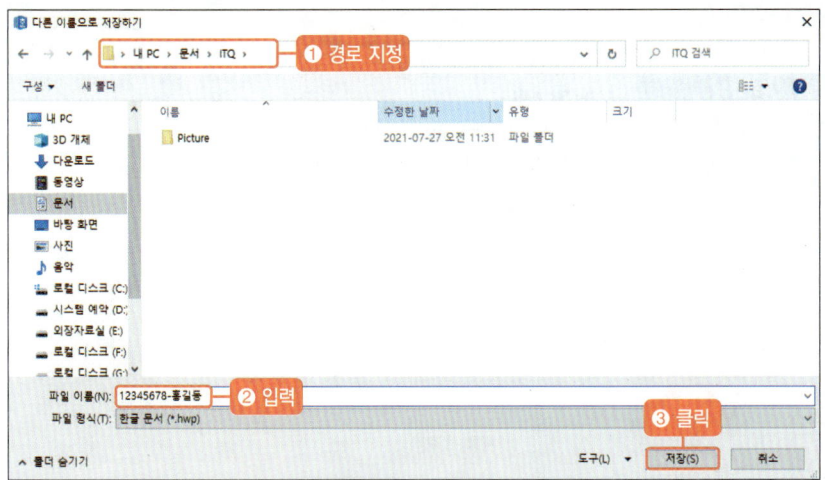

❽ 답안 전송 프로그램에서 답안 전송 단추를 클릭한 후 메세지 창이 나오면 〈확인〉 단추를 클릭합니다

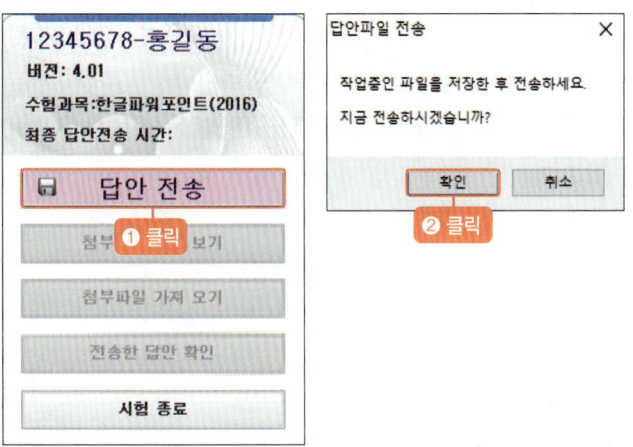

❾ 전송할 답안파일이 맞는지 확인(파일목록과 존재 유무)한 후 답안 전송 단추를 클릭합니다. 이어서, 메시지 창이 나오면 〈확인〉 단추를 클릭합니다.

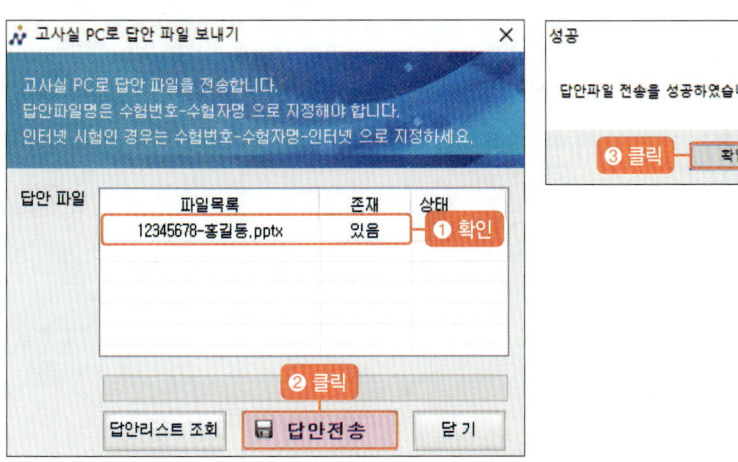

❿ '**상태**' 항목이 '**성공**'인지 확인한 후 〈닫기〉 단추를 클릭합니다. 이어서, 감독위원의 지시를 따릅니다.

※ 해당 '온라인 답안 시스템'은 개인이 연습할 수 있도록 만들어진 프로그램으로 실제 답안 파일이 전송되지는 않습니다.

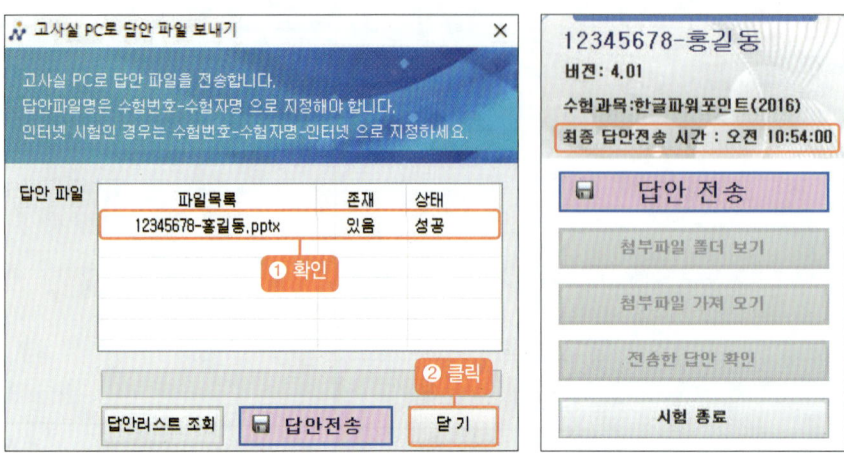

3. 자동 채점 프로그램

❶ 자동 채점 프로그램은 작성한 답안 파일을 정답 파일과 비교하여 틀린 부분을 찾아주는 프로그램입니다. 오피스 프로그램상의 한계로 100% 정확한 채점은 어렵기 때문에 참고용으로 사용하시기 바랍니다.

❷ 필요한 자료를 다운받아 압축을 해제한 후 [채점프로그램_20220801]-[채점폴더]-'ITQ 파워포인트 2016' 파일을 더블 클릭하여 채점프로그램을 실행합니다.

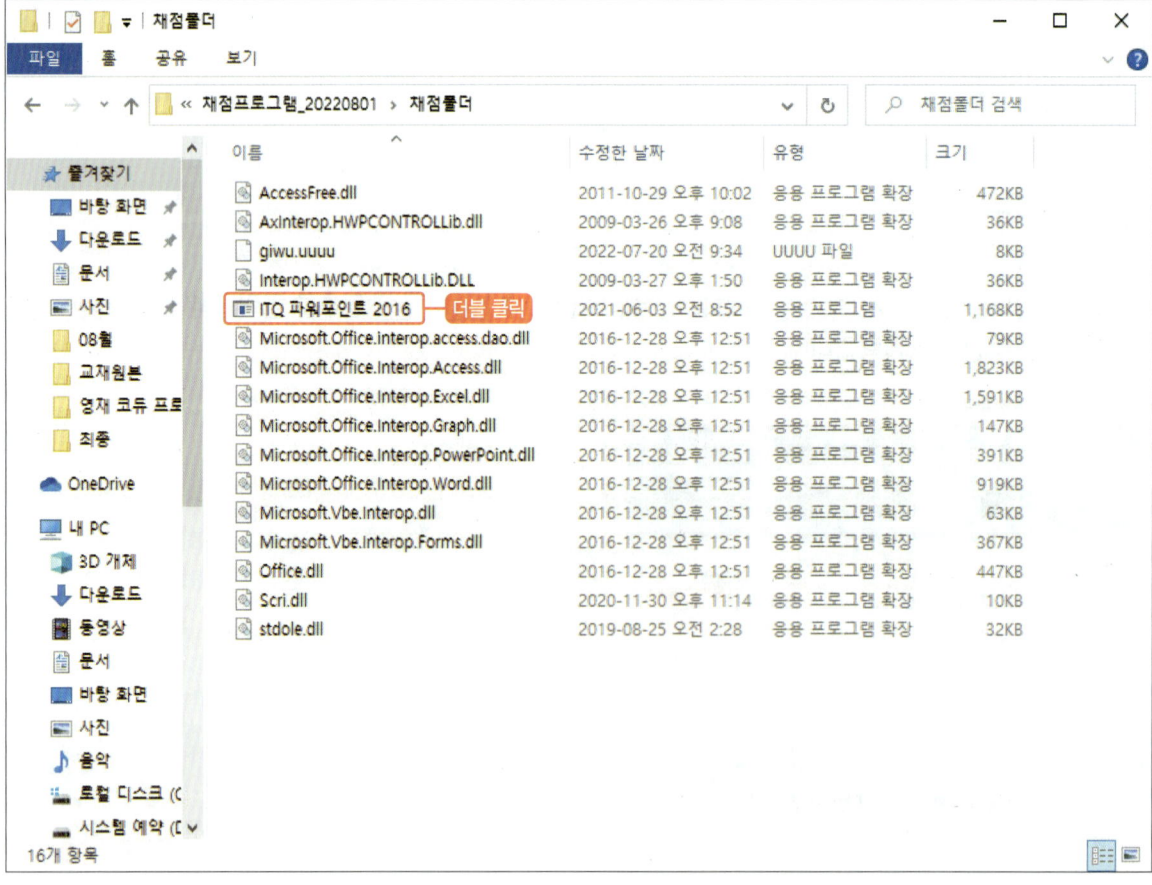

❸ 자동 채점 프로그램이 실행되면 〈정답 열기〉 단추를 클릭합니다. 이어서, [열기] 창이 나오면 채점에 사용할 정답 파일을 선택한 후 〈열기〉 단추를 클릭합니다.

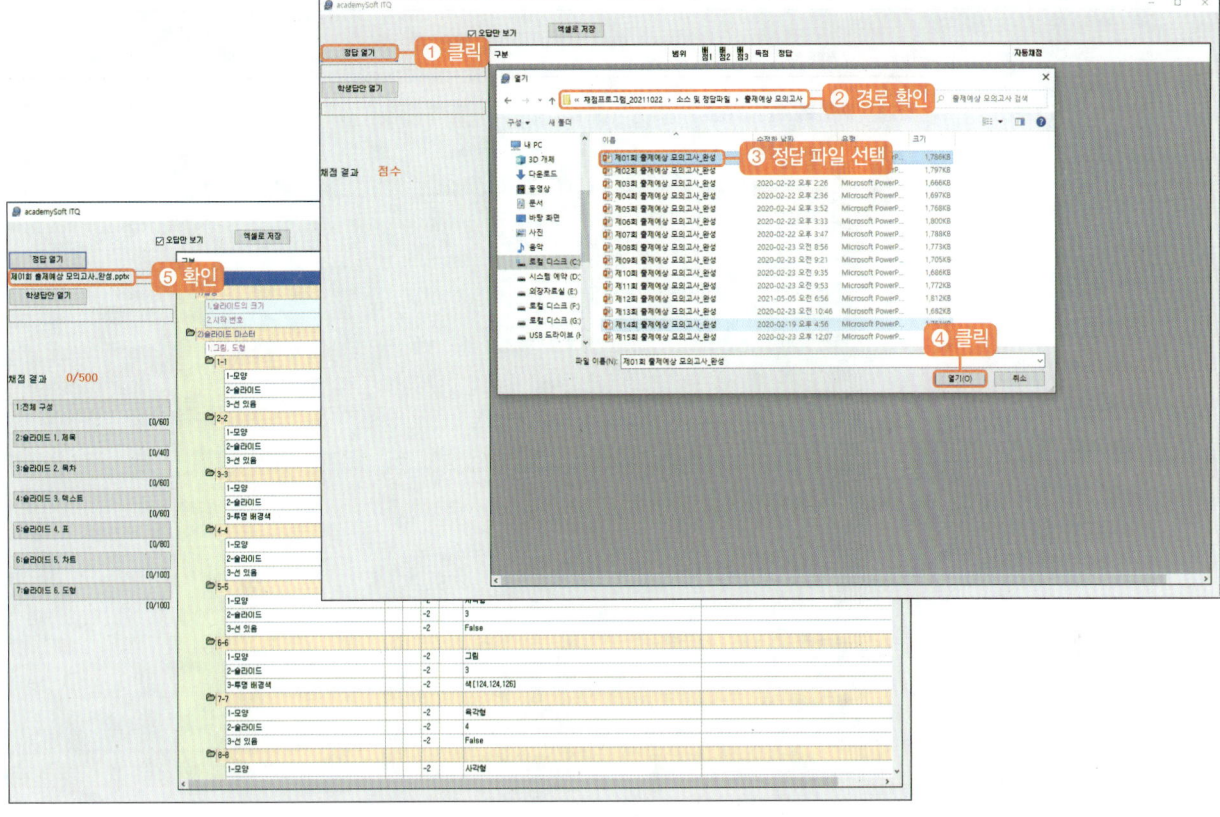

❹ 정답 파일이 열리면 〈학생답안 열기〉 단추를 클릭합니다. 이어서, [열기] 창이 나오면 정답 파일과 비교하여 채점할 학생 답안 파일을 선택한 후 〈열기〉 단추를 클릭합니다.

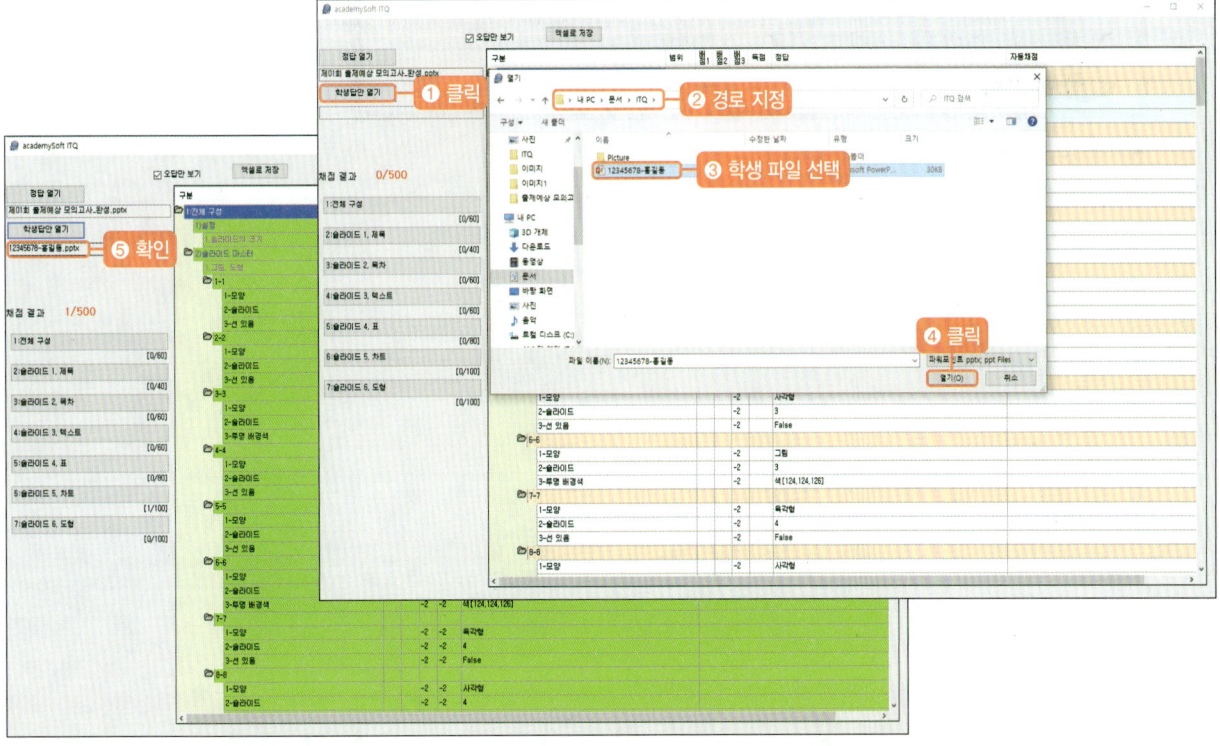

❺ 채점이 완료되면 화면 오른쪽의 채점 결과에서 틀린 부분을 확인합니다. 이어서, 작성한 학생 답안 파일을 실행한 후 채점 프로그램의 [정답] 항목과 비교하여 틀린 부분을 다시 확인합니다.

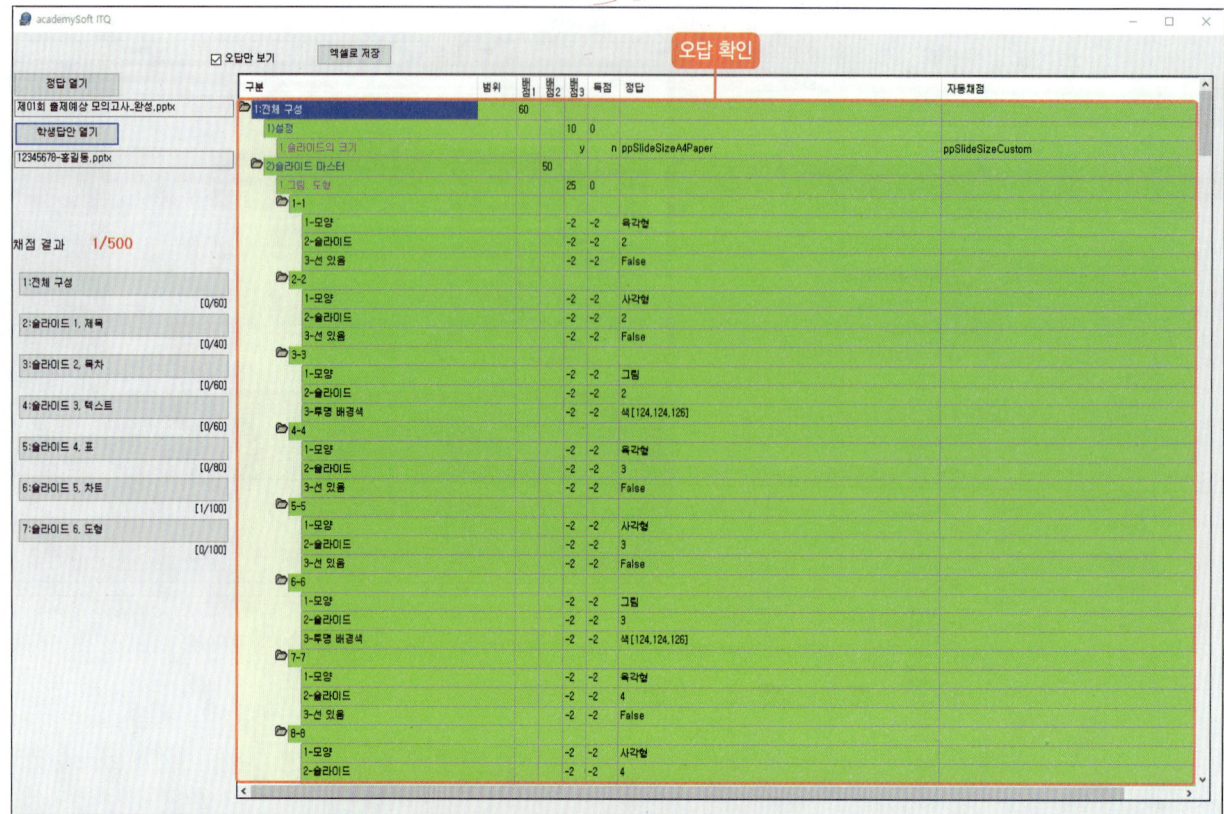

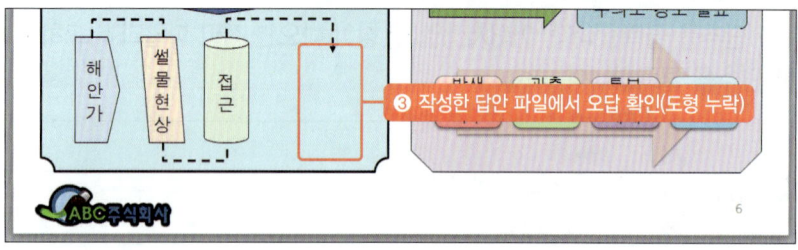

▲ 학생 답안 파일 실행

4. 자동 채점 프로그램 Q&A

1) MS 오피스 프로그램의 버전이 중복으로 설치되어 있다면 오류가 발생할 수 있습니다.(예 : 2010/2016 중복 설치)
   – 2016 버전을 제외한 MS 오피스 프로그램을 삭제하고 재부팅 후 다시 실행해보시기 바랍니다.
2) '파워포인트 파일을 읽지 못했습니다.' 메시지가 나올 경우
   – 파워포인트 프로그램을 최신 버전으로 업데이트 해보시기 바랍니다.
3) '허가되지 않은 파일' 메시지가 나올 경우
   – 〈정답 열기〉에서 아카데미소프트에서 제공하는 정답 파일이 아닌 다른 파일을 불러올 경우 해당 메시지가 나옵니다.
4) '.NET Framework가 설치되어 있어야 합니다.' 메시지가 나올 경우
   – 인터넷에서 '.NET Framework 4.0' 프로그램을 찾아 설치하시기 바랍니다. 만약 이미 설치되어 있다고 나올 경우에는 [시작]-[설정]-[앱]-[프로그램 및 기능]-[Windows 기능 켜기/끄기]에서 '.NET Framework' 관련 기능들이 체크되어 있는지 확인하시기 바랍니다.

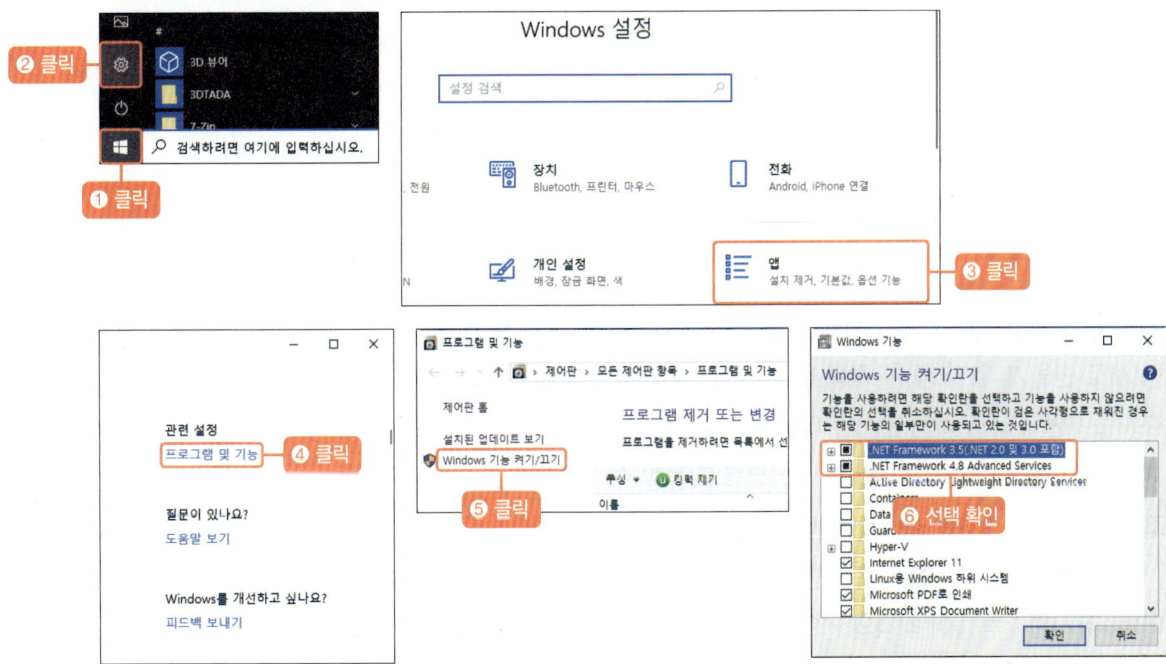

5) 'EF 작동이 중지되었습니다.' 메시지가 나올 경우
   – 사용하고 있는 오피스 프로그램을 최신 버전으로 업데이트 합니다.
     • MS 오피스 : 윈도우 업데이트를 통해 최신 버전으로 업데이트할 수 있습니다.
     • 한컴 오피스 : [시작]-[한글과 컴퓨터]-[한컴 자동 업데이트 NEO]를 실행하여 업데이트를 진행할 수 있습니다.

   ※ 주의 : 오피스 프로그램이 정품이 아닌 불법 복제프로그램(무설치 버전, 레지스트리 변형 버전, OO 패치 버전, 정품 확인 제한 버전, 업그레이드 제한 버전 등)일 경우에는 채점 프로그램이 정상적으로 실행되지 않으니 참고하시기 바랍니다.

5. 파워포인트 2016 화면구성

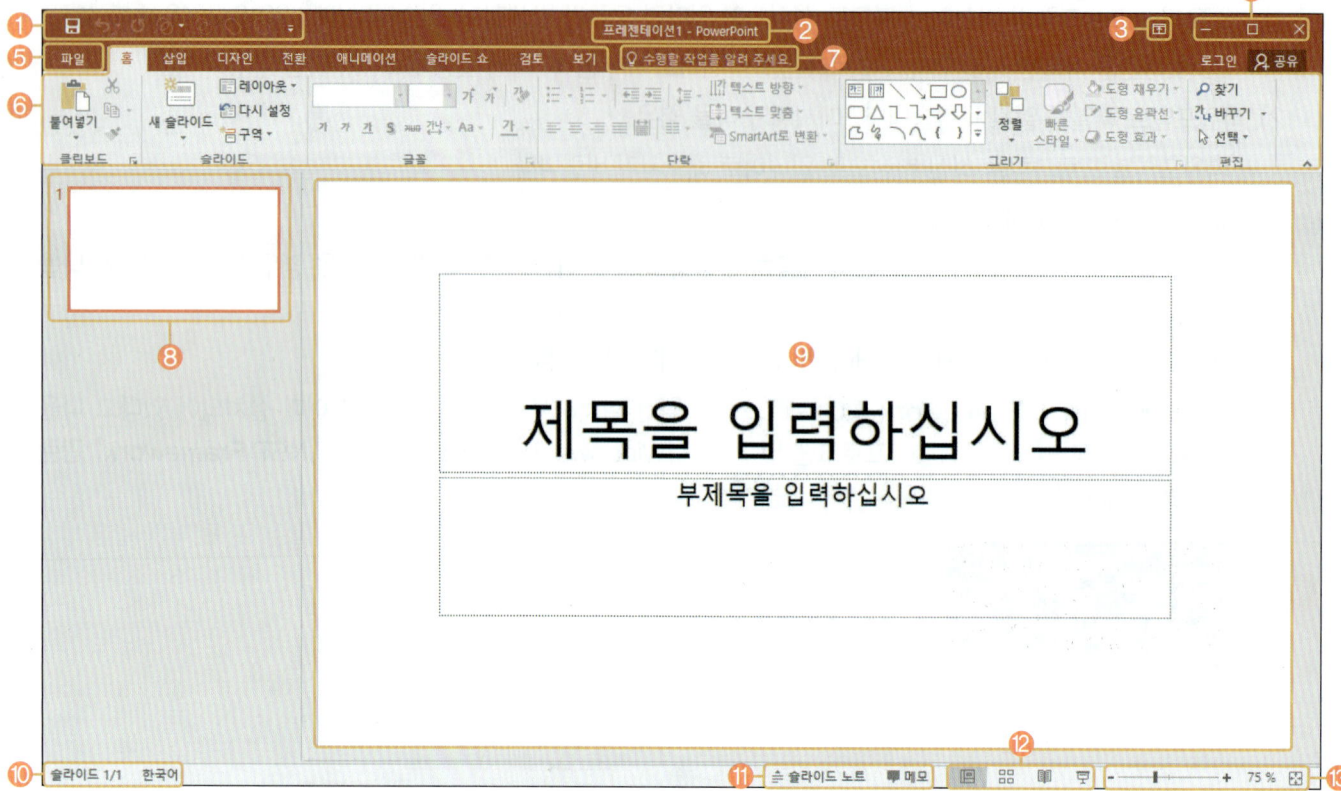

1. **빠른 실행 도구 모음** : 저장 또는 실행 취소 등 자주 사용하는 기능을 아이콘으로 제공하며, 필요에 따라서 사용자가 기능(새로 만들기, 열기 등)을 직접 추가하거나 삭제할 수 있습니다.
2. **제목 표시줄** : 현재 작업 중인 문서의 파일명이 표시됩니다.
3. **리본 메뉴 표시 옵션** : 리본 메뉴의 표시 유무를 지정할 수 있습니다.
4. **창 조절 단추** : 창의 크기를 최소화, 최대화, 종료할 수 있습니다.
5. **[파일] 탭** : 저장, 열기, 최근에 사용한 항목, 새로 만들기, 인쇄 등 파일을 관리하기 위한 메뉴로 구성되어 있습니다.
6. **리본 메뉴** : 유사한 기능들이 각각의 탭으로 구성되어 있고, 탭은 관련이 있는 기능들을 그룹으로 묶어서 표시합니다.
7. **빠른 실행(설명)** : '수행할 작업을 알려주세요.' 부분을 클릭하여 필요한 기능을 입력하면 경로 선택 없이 원하는 작업을 바로 실행할 수 있습니다.
8. **슬라이드 미리 보기 창** : 슬라이드의 축소판으로 작업하는 슬라이드의 화면을 미리 확인할 수 있습니다.
9. **슬라이드 창** : 슬라이드를 작업하는 곳으로 텍스트, 도형, 그림 등을 삽입하는 작업 공간입니다.
10. **상태 표시줄** : 작업 중인 슬라이드의 상태를 표시하는 곳으로 슬라이드의 번호, 언어 등을 확인할 수 있습니다.
11. **슬라이드 노트 및 메모** : 클릭하여 활성화 시킬 수 있으며 슬라이드에 관련된 별도의 내용을 입력하는 공간입니다. 또한 메모는 여러 사람들과 함께 작업 시 의견을 나눌 수 있는 기능입니다.
12. **화면 보기** : 기본, 여러 슬라이드, 읽기용 보기, 슬라이드 쇼 중에서 원하는 화면 보기 방식을 선택할 수 있습니다.
13. **확대/축소 도구** : 작업 중인 슬라이드의 화면 배율을 설정할 수 있습니다.

PART 02

출제유형 완전정복

[전체 구성] 페이지 설정 / 슬라이드 마스터

출제유형 01

- 슬라이드 크기 지정하기
- 슬라이드 마스터 작성하기

문제 미리보기

• 소스파일 : 없음   • 정답파일 : [출제유형01]-유형01_완성.pptx

◆ [전체 구성] (60점)

(1) 슬라이드 크기 및 순서 : 크기를 A4 용지로 설정하고 슬라이드 순서에 맞게 작성한다.

(2) 슬라이드 마스터 : 2~6슬라이드의 제목, 하단 로고, 슬라이드 번호는 슬라이드 마스터를 이용하여 작성한다.
  - 제목 글꼴(돋움, 40pt, 흰색), 가운데 맞춤, 도형(선 없음)
  - 하단 로고(「내 PC\문서\ITQ\Picture\로고2.jpg」 배경(회색) 투명색으로 설정)

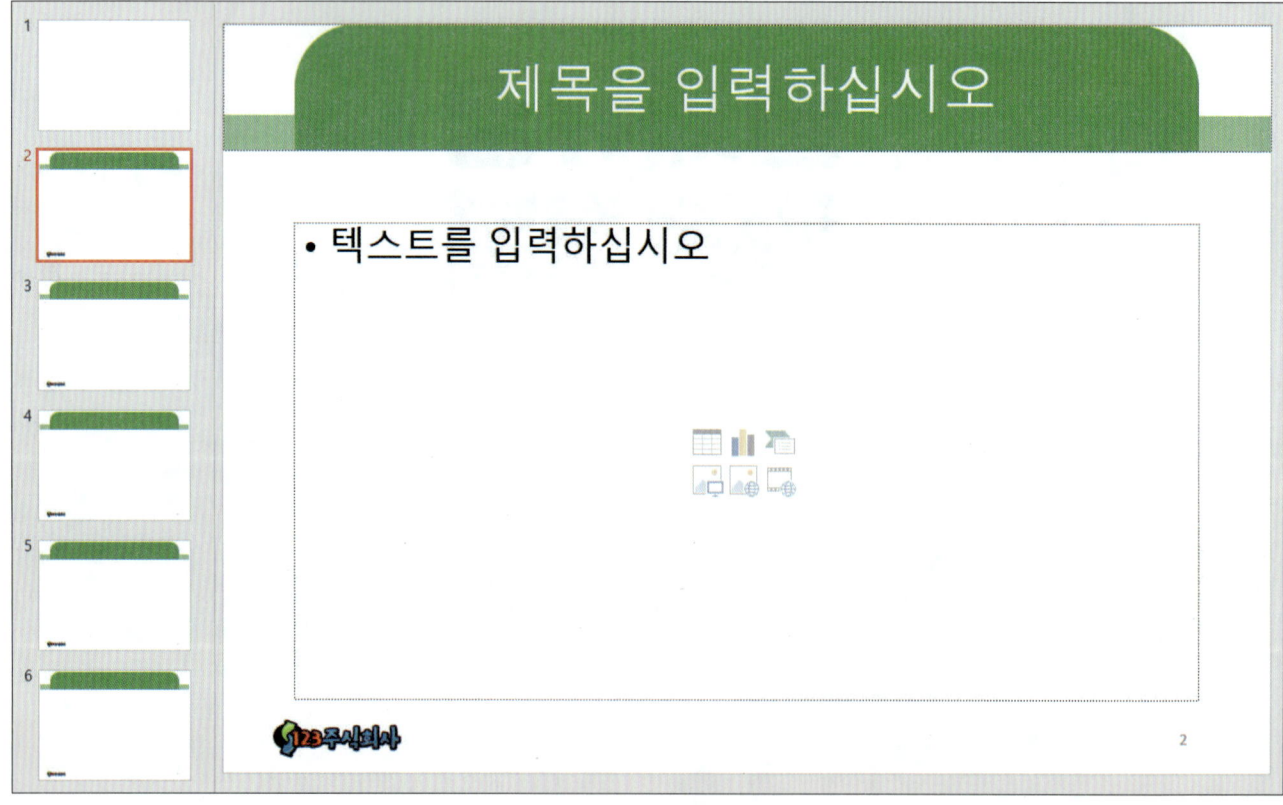

유형 01 페이지 설정 및 슬라이드 추가하기

(1) 슬라이드 크기 및 순서 : 크기를 A4 용지로 설정하고 슬라이드 순서에 맞게 작성한다.

❶ [시작(⊞)] 단추를 눌러 PowerPoint 2016 프로그램을 클릭하여 실행합니다. 이어서, Esc 키를 눌러 새 프레젠테이션 문서를 만듭니다.

❷ 슬라이드 크기를 지정하기 위해 [디자인] 탭의 [사용자 지정] 그룹에서 **슬라이드 크기(▢)-사용자 지정 슬라이드 크기**를 클릭합니다.

❸ [슬라이드 크기] 대화상자가 나오면 슬라이드 크기를 **A4 용지(210×297mm)**로 선택한 후 〈확인〉 단추를 클릭합니다. 이어서, 〈맞춤 확인〉 단추를 클릭합니다.

❹ [슬라이드] 미리보기 창의 첫 번째 슬라이드를 클릭한 후 Enter 키를 5번 눌러 총 6개의 슬라이드를 만듭니다.

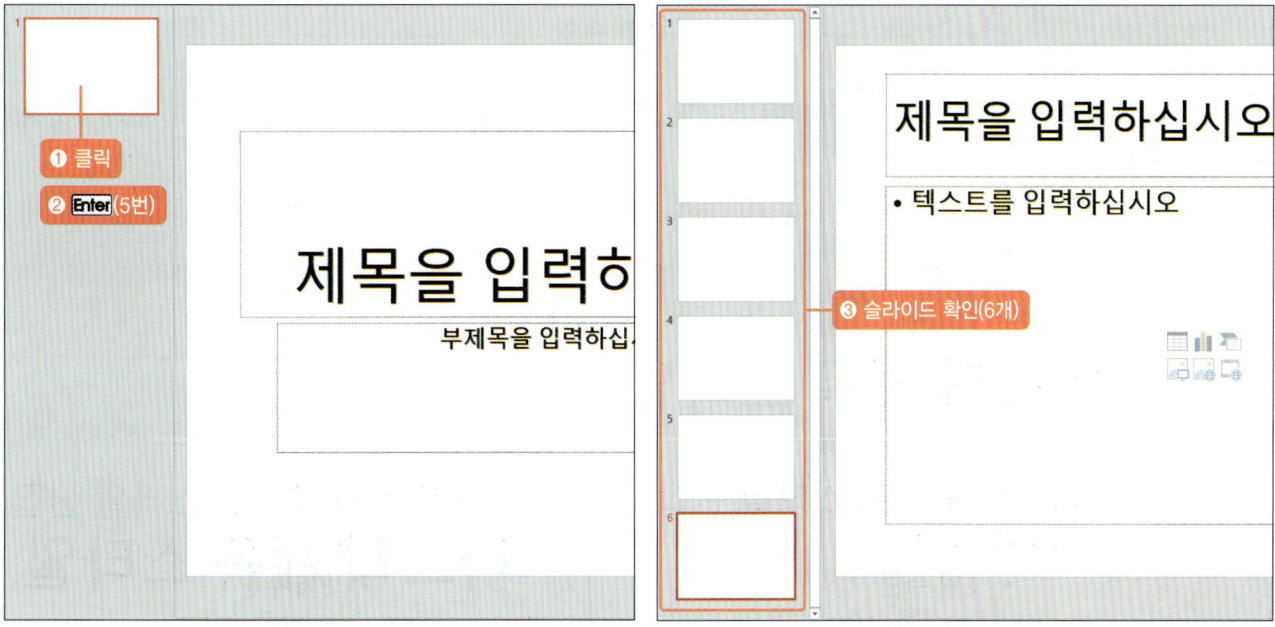

유형 02 슬라이드 마스터에 제목 도형 작성하기

제목 글꼴(돋움, 40pt, 흰색), 가운데 맞춤, 도형(선 없음)

■ 슬라이드 마스터에 도형 삽입하기-1(기본도형)

① [보기] 탭의 [마스터 보기] 그룹에서 슬라이드 마스터(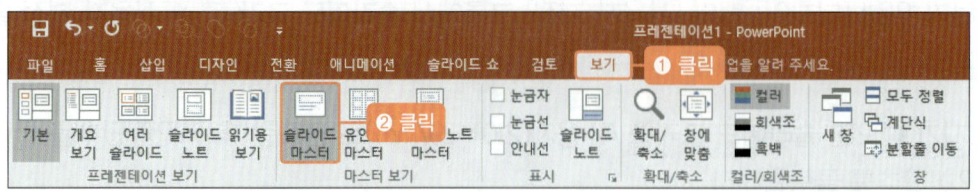)를 클릭합니다.

② 슬라이드 마스터 편집 창이 활성화되면 세 번째 슬라이드 마스터 [제목 및 내용 레이아웃: 슬라이드 2-6에서 사용]을 선택합니다.

※ [슬라이드 2~6]에만 마스터를 적용하기 위해 반드시 '제목 및 내용 레이아웃: 슬라이드 2-6에서 사용' 슬라이드에서 작업합니다.

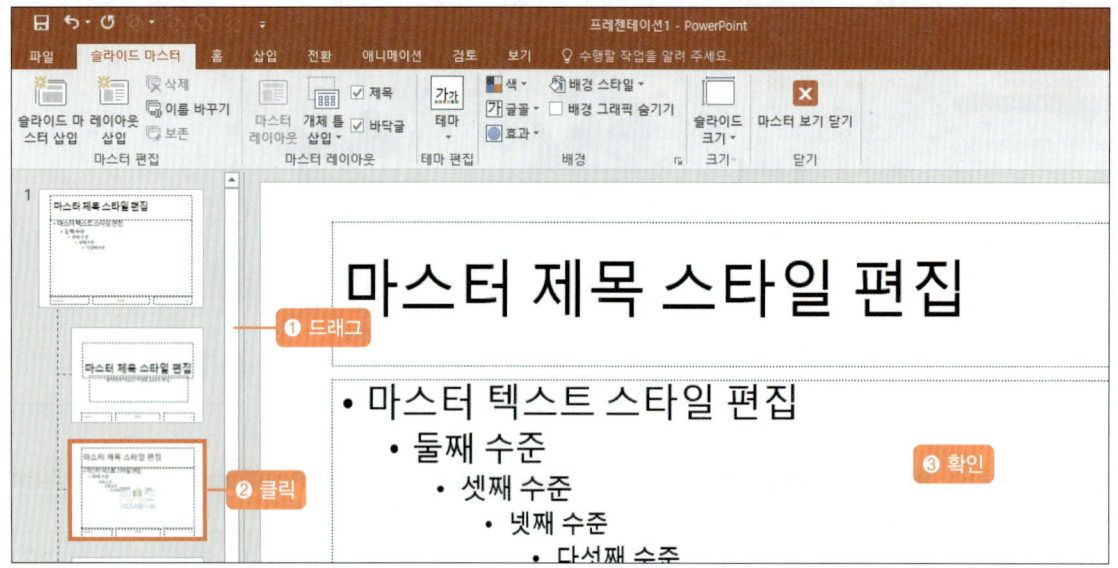

③ 제목 도형을 작성하기 전에 [마스터 제목 스타일 편집] 텍스트 상자의 테두리를 그림과 같이 드래그하여 위치를 이동시킵니다.

※ 슬라이드 마스터의 [마스터 제목 스타일 편집] 텍스트 상자는 대각선 방향으로 드래그하여 이동하는 것이 편리합니다.

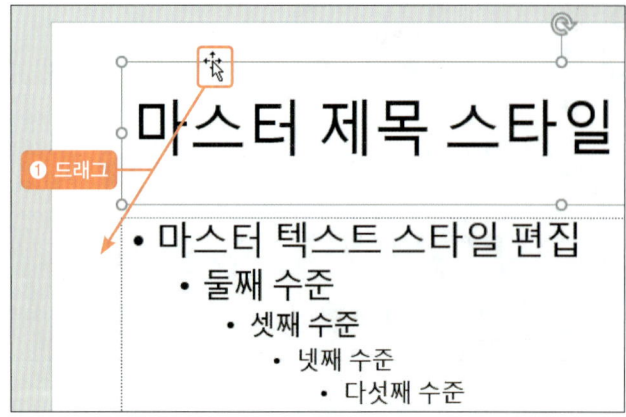 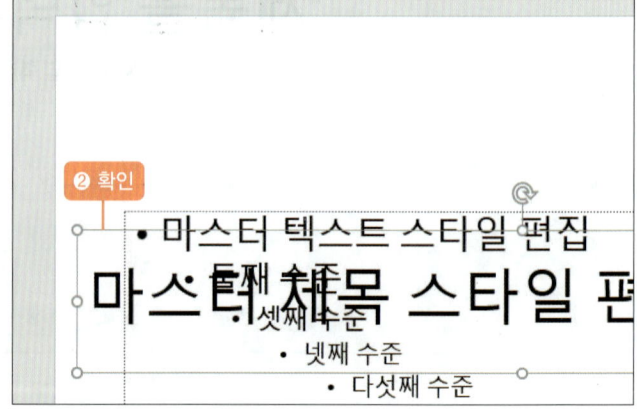

❹ [삽입] 탭의 [일러스트레이션] 그룹에서 [도형( )]-사각형-**양쪽 모서리가 둥근 사각형**( )을 클릭합니다.

※ 슬라이드 마스터의 도형 작업은 문제지의 [슬라이드 2]를 참고하여 작업합니다.

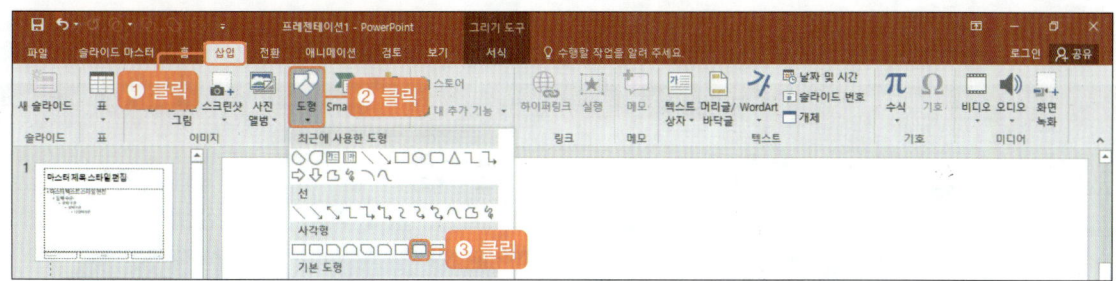

❺ 마우스 포인터가 ╋ 모양으로 변경되면 드래그하여 도형을 삽입합니다. 이어서, 도형의 가운데 조절점( )을 이용하여 너비를 맞춘 후 그림과 같이 슬라이드 상단으로 위치를 변경합니다.

❻ 도형의 높이를 지정하기 위해 [그리기 도구]-[서식] 탭의 [크기] 그룹에서 높이( ) 입력 칸에 값(**3.2**)을 입력한 후 Enter 키를 눌러 높이를 지정합니다.

※ 도형의 높이를 3.2로 줄여서 지정하면 2-6 슬라이드 작업을 여유롭게 할 수 있습니다.

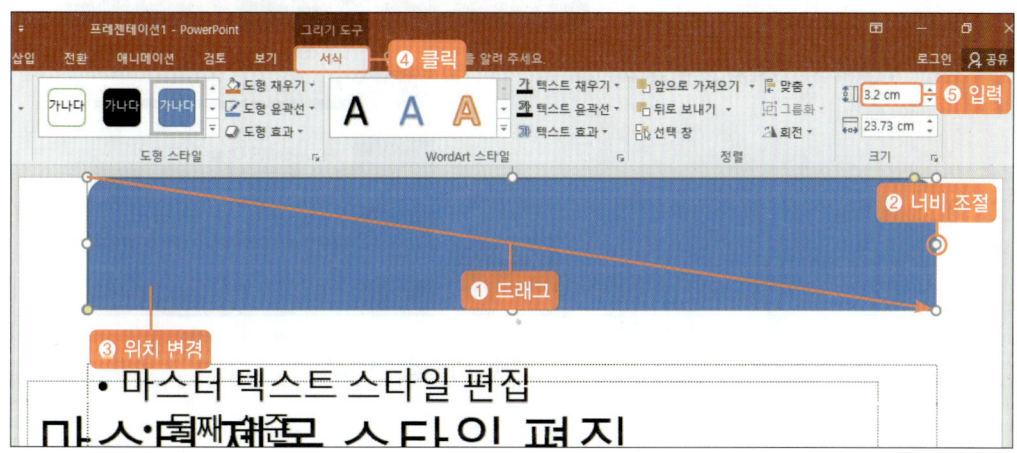

도형의 크기 및 위치

ITQ 파워포인트 시험에서 도형의 크기와 위치는 문제지의 《출력형태》를 보고 판단하여 작업합니다. 파워포인트 2016의 제목 텍스트 상자는 높이가 높기 때문에 3.2라는 숫자를 입력하여 높이를 지정하였지만 《출력형태》를 보면서 조절점을 이용하여 높이를 줄이는 방법도 있습니다.

❼ 도형이 삽입되면 오른쪽 상단의 노란색 조절점( )을 왼쪽으로 드래그하여 도형의 모양을 변형시킵니다.

■ 도형 윤곽선 변경 및 채우기

도형(선 없음)

① [그리기 도구]-[서식] 탭의 [도형 스타일] 그룹에서 [도형 윤곽선]-**윤곽선 없음**을 클릭합니다.

※ 반드시 도형이 선택된 상태에서 작업합니다.

도형 윤곽선 서식(선 없음)

ITQ 파워포인트 시험은 '슬라이드 마스터'와 〈목차 슬라이드〉에서 사용되는 도형이 '도형(선 없음)'으로 출제되오니 반드시 확인하시기 바랍니다.

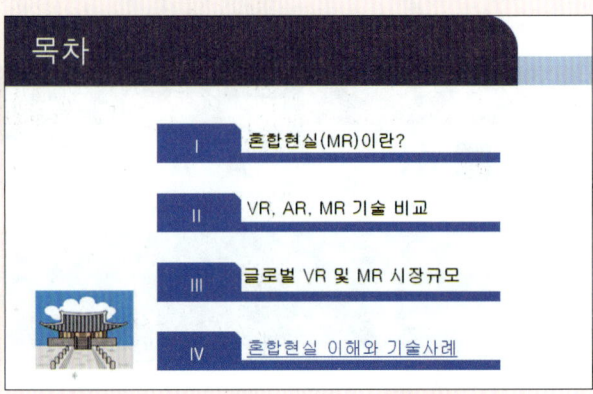

▲ 새로운 시험 형태(도형 : 선 없음)

② [그리기 도구]-[서식] 탭의 [도형 스타일] 그룹에서 [도형 채우기]-**녹색, 강조 6**을 클릭합니다.

※ 도형의 색상은 문제지 조건에 없기 때문에 임의의 색으로 선택할 수 있습니다.

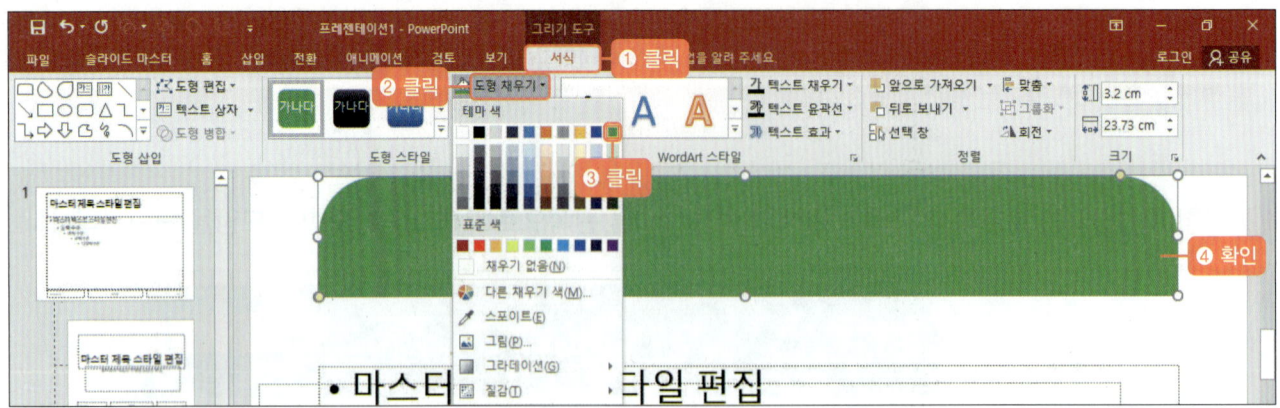

■ 슬라이드 마스터에 도형 삽입하기-2(중첩 도형)

❶ [삽입] 탭의 [일러스트레이션] 그룹에서 [도형( )]-사각형-**직사각형**( )을 클릭합니다.

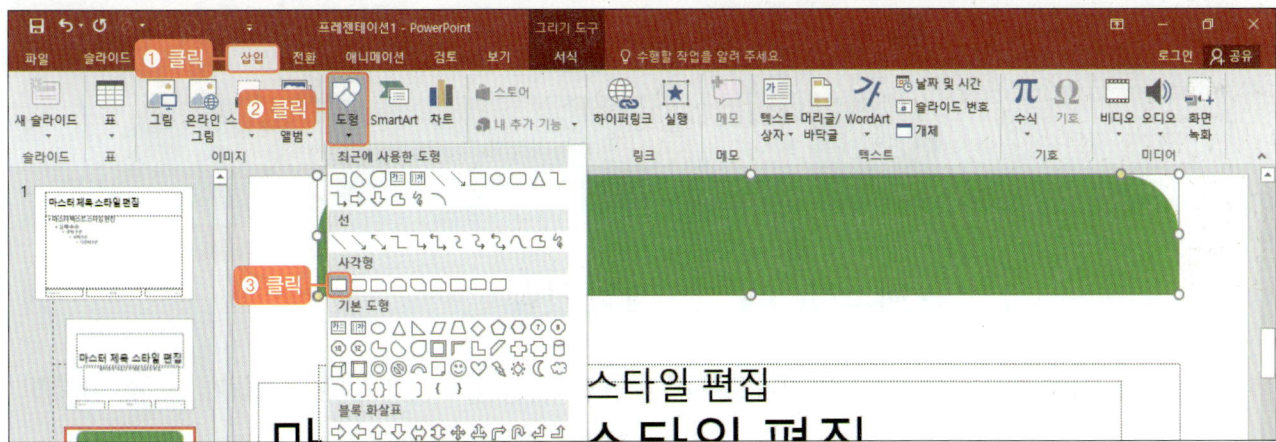

❷ 마우스 포인터가 ┼ 모양으로 변경되면 드래그하여 도형을 삽입합니다. 이어서, 조절점(○)을 드래그하여 ≪출력형태≫와 같이 크기를 조절한 후 위치를 변경합니다.

❸ [그리기 도구]-[서식] 탭의 [도형 스타일] 그룹에서 [도형 윤곽선]-**윤곽선 없음**을 클릭합니다.

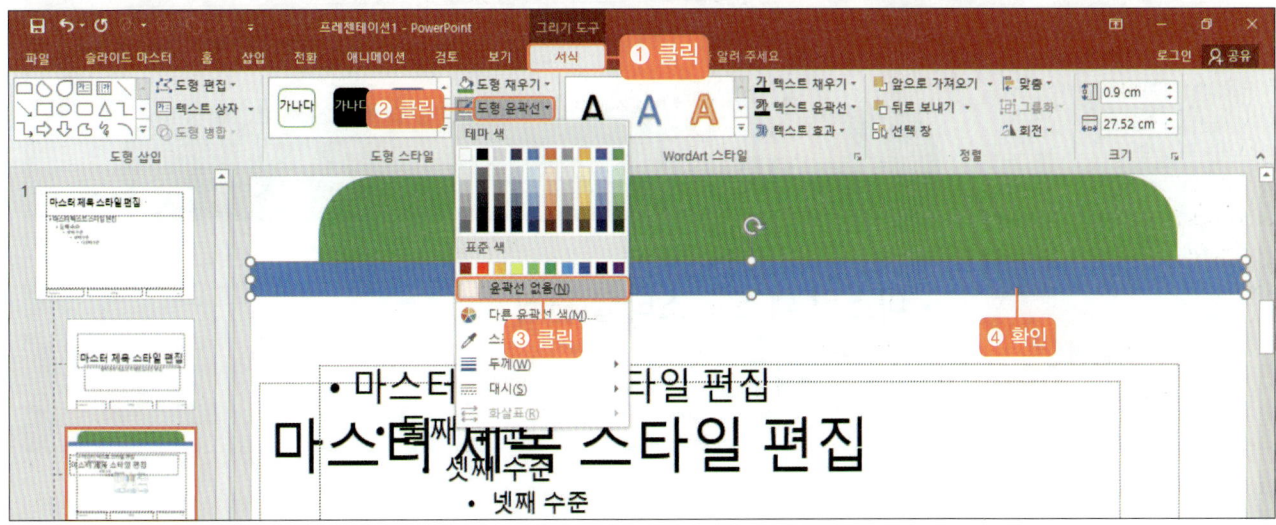

④ [그리기 도구]-[서식] 탭의 [도형 스타일] 그룹에서 [도형 채우기]-**녹색, 강조 6, 40% 더 밝게**를 클릭합니다.

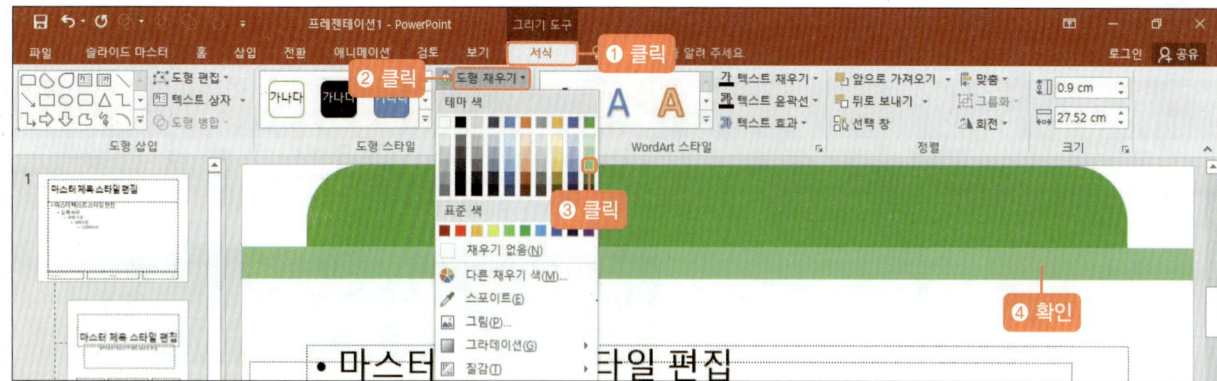

⑤ 직사각형 도형이 선택된 상태에서 [그리기 도구]-[서식] 탭의 [정렬] 그룹에서 [**뒤로 보내기**(　)]를 클릭합니다.

※ 상황에 따라 뒤로 보내기의 목록 단추(▼)를 눌러 [맨 뒤로 보내기]를 선택할 수도 있습니다.

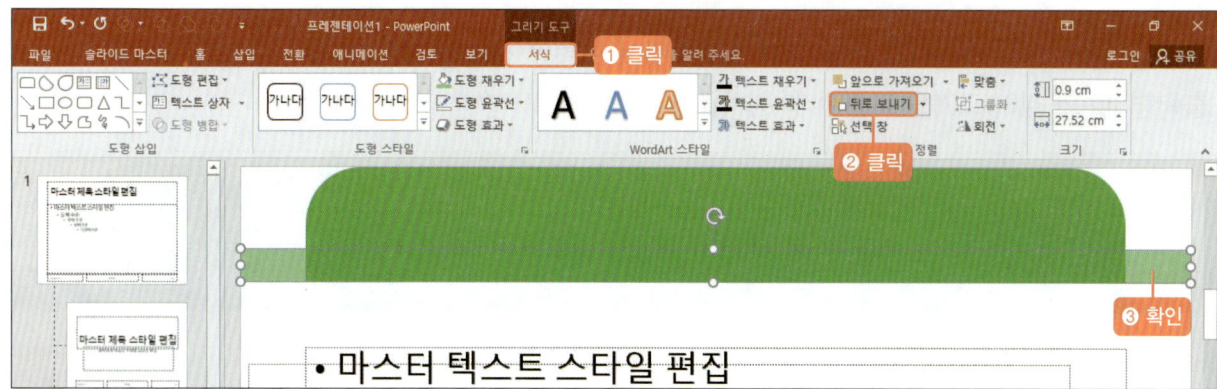

■ 텍스트 상자의 글꼴 서식 변경

제목 글꼴(돋움, 40pt, 흰색), 가운데 맞춤

① [마스터 제목 스타일 편집] 텍스트 상자의 테두리를 클릭한 후 [홈] 탭의 [글꼴] 그룹에서 **글꼴(돋움), 글꼴 크기(40pt), 글꼴 색(흰색, 배경 1)**을 지정합니다. 이어서, [단락] 그룹에서 **가운데 맞춤**(　)을 클릭합니다.

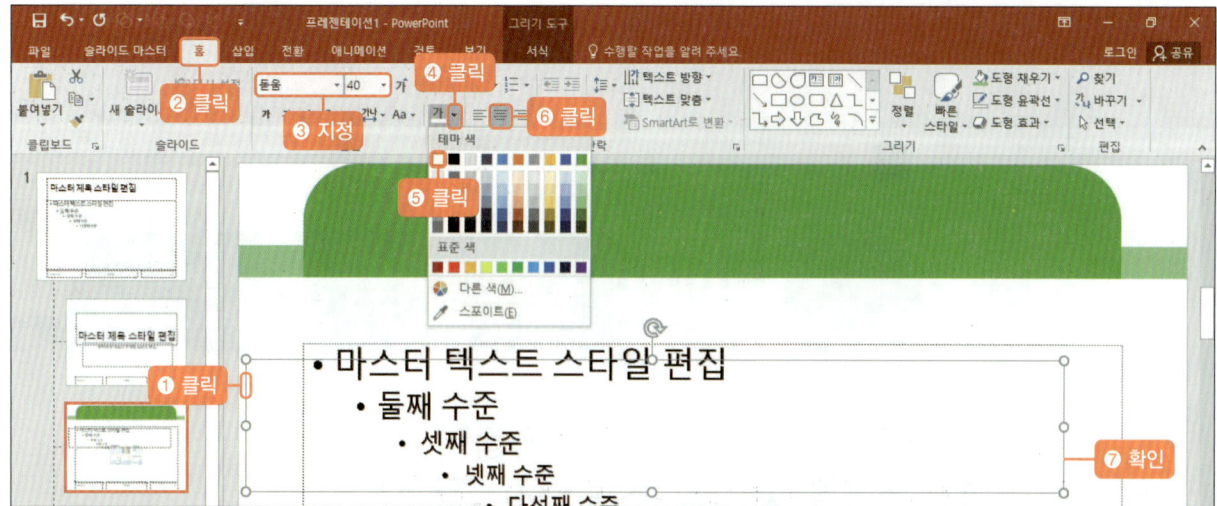

② [마스터 제목 스타일 편집] 텍스트 상자를 이동하기 전에 텍스트 상자의 테두리 위에서 마우스 오른쪽 단추를 눌러 바로 가기 메뉴가 나오면 **[맨 앞으로 가져오기]**를 클릭합니다.

※ 만약 [맨 앞으로 가져오기]를 작업하지 않고 텍스트 상자를 이동할 경우 도형의 뒤쪽으로 숨겨지기 때문에 반드시 [맨 앞으로 가져오기]를 지정한 후 이동해야 합니다.

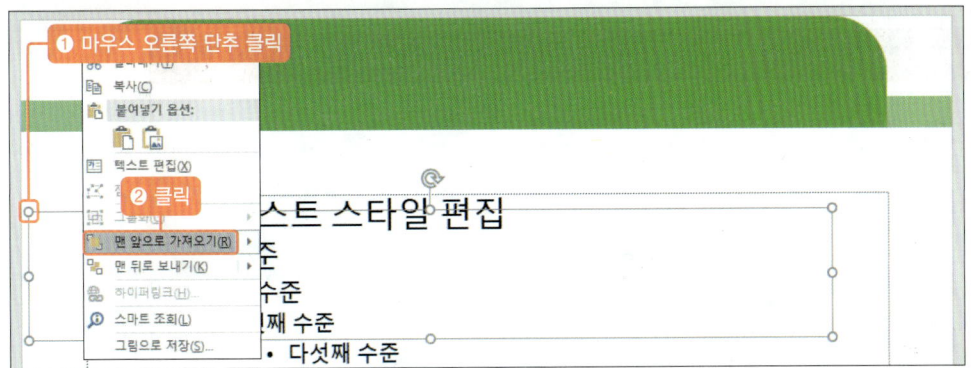

③ [마스터 제목 스타일 편집] 텍스트 상자의 테두리를 드래그하여 ≪출력형태≫와 같이 위치를 변경한 후 크기를 조절합니다.

※ 위치 변경은 텍스트 상자의 테두리를 드래그하며, 크기 조절은 조절점(○)을 드래그합니다.

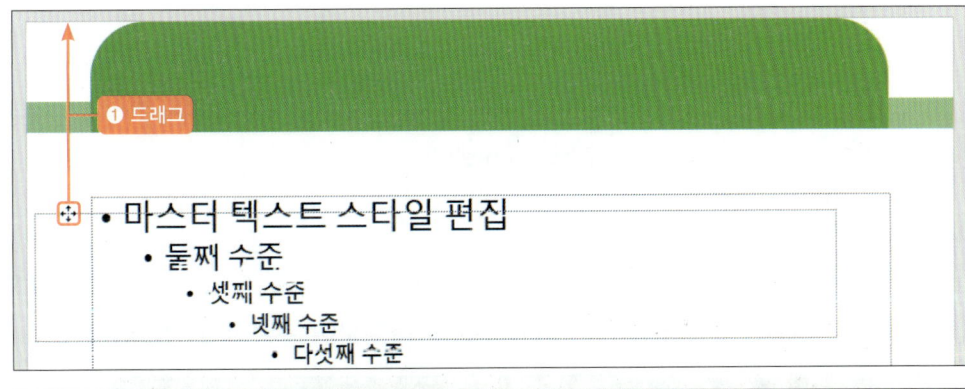

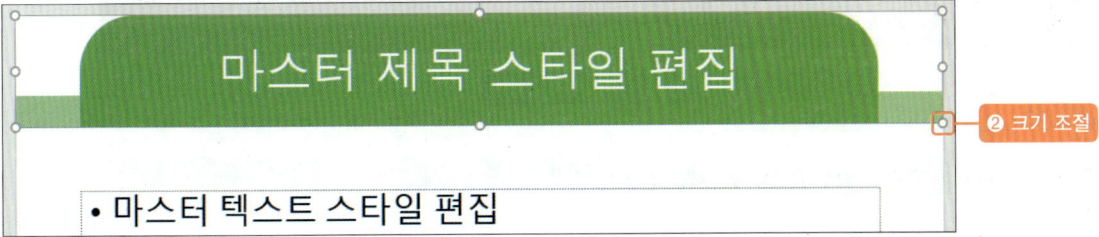

마스터 제목 스타일 편집 텍스트 상자

ITQ 파워포인트 시험은 마스터 제목 텍스트 상자에 '정렬(왼쪽 맞춤, 가운데 맞춤, 오른쪽 맞춤 등)'이 문제의 지시사항으로 나오기 때문에 ≪출력형태≫를 참고하여 제목 텍스트 상자의 가로 맞춤을 지정합니다.

▲ 텍스트 왼쪽 맞춤   ▲ 텍스트 오른쪽 맞춤

유형 03 슬라이드 마스터에 로고 삽입하기

하단 로고(「내 PC₩문서₩ITQ₩Picture ₩로고2.jpg」 배경(회색) 투명색으로 설정)

❶ [삽입] 탭의 [이미지] 그룹에서 **그림**()을 클릭합니다. [그림 삽입] 대화상자가 나오면 [내 PC]–[문서]–[ITQ]–[Picture]–**로고2**를 선택한 후 〈삽입〉 단추를 클릭합니다.

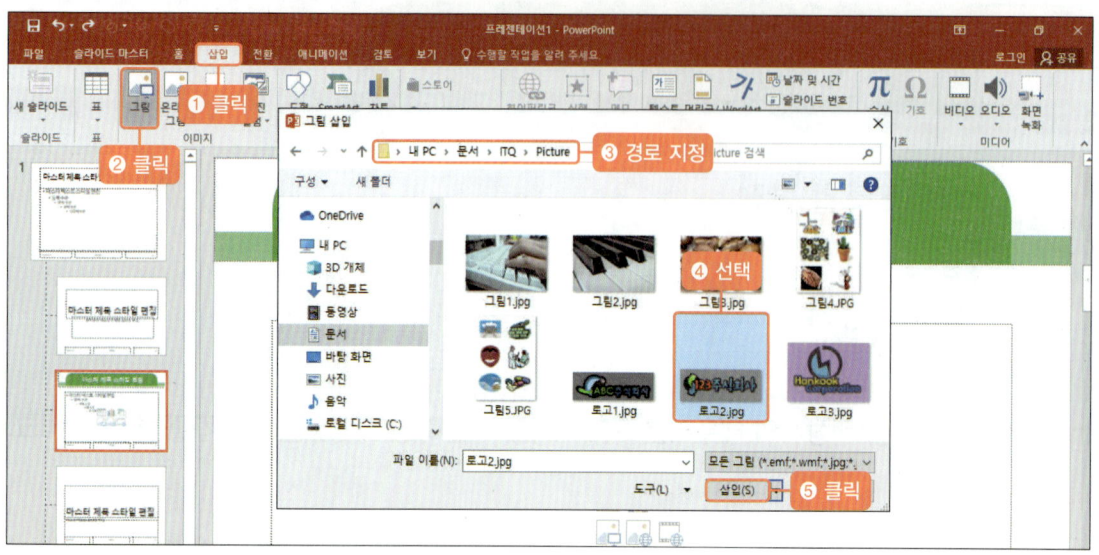

TIP

그림 삽입하기

그림을 가져오는 경로가 [내 PC₩문서₩ITQ₩Picture] 폴더로 변경되었으니 주의하시기 바랍니다. 단, 해당 경로는 운영체제 및 시험 규정에 따라 달라질 수 있으니 문제지 내용을 꼭 확인하시기 바랍니다.

❷ 그림이 삽입되면 [그림 도구]–[서식] 탭의 [조정] 그룹에서 [색()]–**투명한 색 설정**( )을 클릭 합니다. 이어서, 마우스 포인터가   모양으로 변경되면 삽입된 **그림의 회색 부분**을 클릭하여 투명하게 처리합니다.

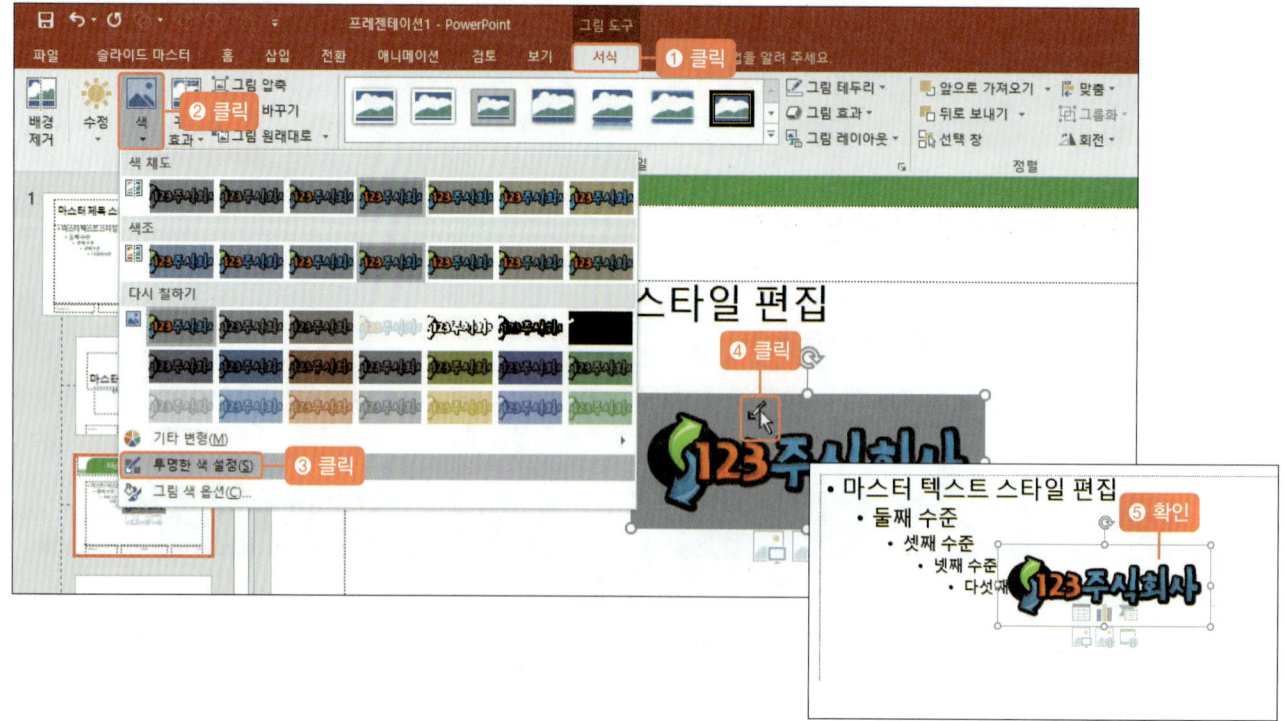

❸ 로고의 배경이 투명하게 변경되면 조절점(○)을 드래그하여 ≪출력형태≫와 같이 크기를 조절한 후 위치를 변경합니다.

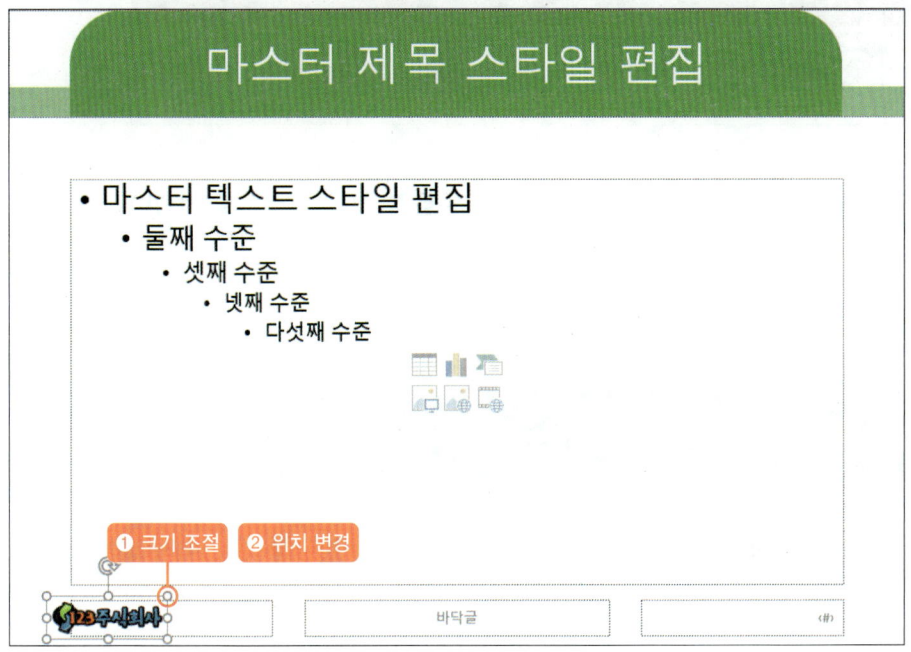

유형 04 슬라이드 마스터에 슬라이드 번호 삽입하기

❶ [삽입] 탭의 [텍스트] 그룹에서 **머리글/바닥글**(📄) 또는 **슬라이드 번호**(#)를 클릭합니다.

❷ [머리글/바닥글] 대화상자가 나오면 [슬라이드] 탭에서 **슬라이드 번호**와 **제목 슬라이드에는 표시 안 함**에 체크 표시(✓)를 지정한 후 〈모두 적용〉 단추를 클릭합니다.

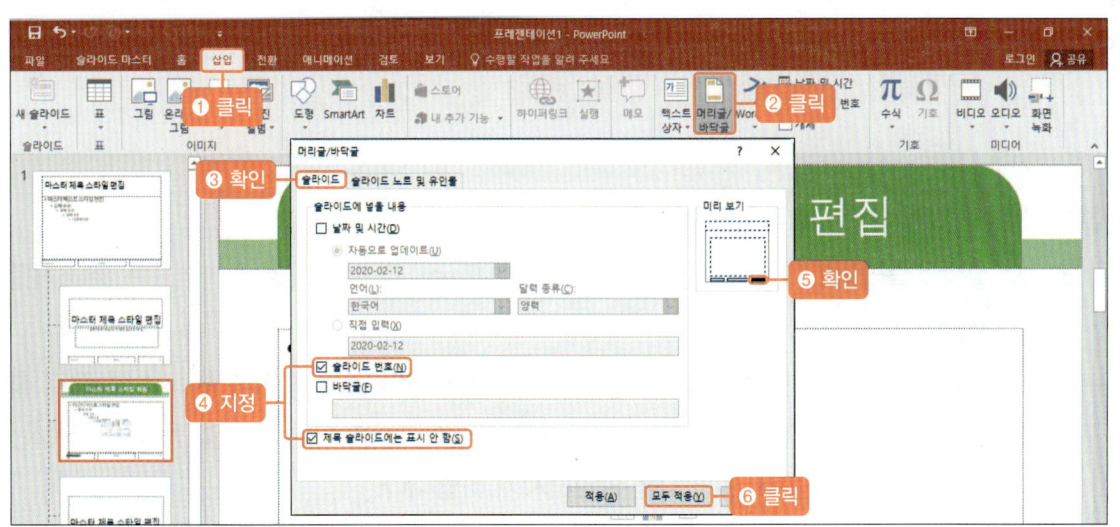

TIP 슬라이드 번호 삽입하기

실제 시험에서 슬라이드 번호 뒤에 '페이지'라고 적혀있는 유형이 출제 될 수도 있습니다. 이런 유형의 문제는 '〈#〉' 뒤를 클릭하여 '페이지'를 입력한 후 [머리글/바닥글]을 작업합니다.

❸ 모든 작업이 끝나면 [슬라이드 마스터] 탭의 [닫기] 그룹에서 **마스터 보기 닫기**(❌)를 클릭합니다.

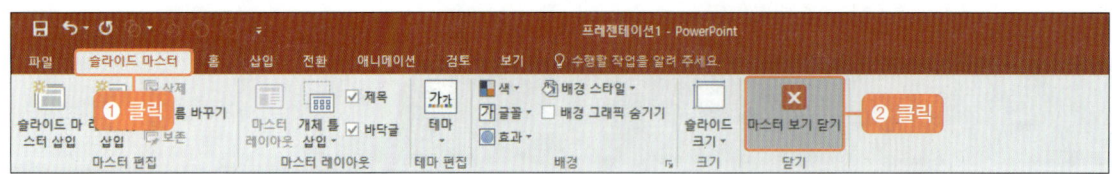

❹ [슬라이드 2]~[슬라이드 6]에 그림과 같이 **제목 도형, 로고, 페이지 번호**가 적용된 것을 확인합니다.

※ [머리글/바닥글] 대화상자에서 '제목 슬라이드에는 표시 안 함'에 체크 표시(✓)를 지정했기 때문에 첫 번째 슬라이드 (제목 슬라이드)에는 페이지 번호가 적용되지 않습니다.

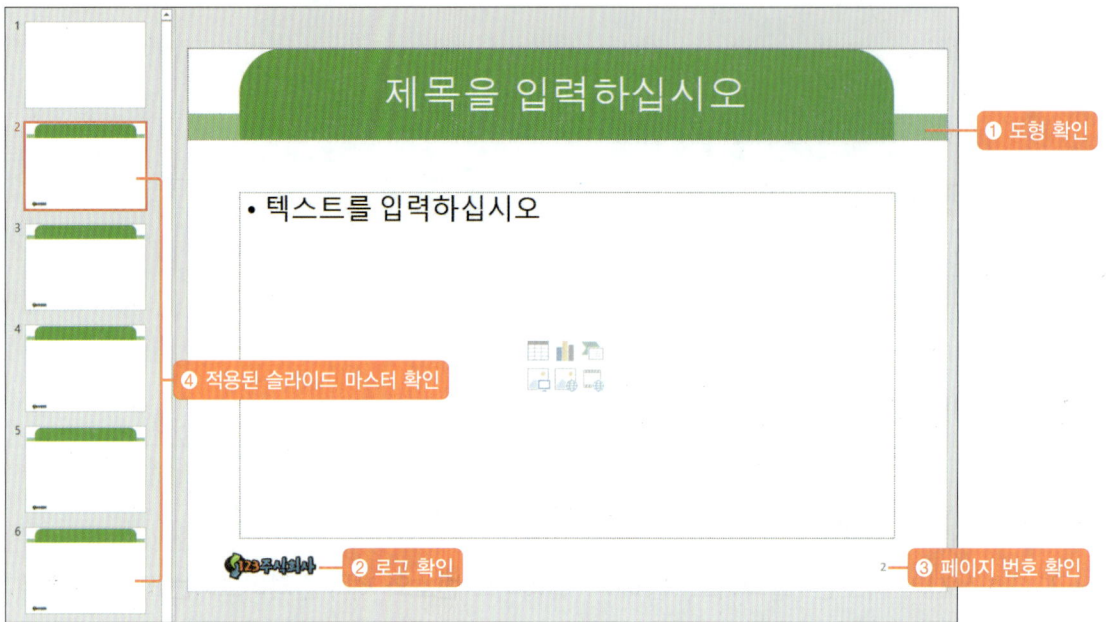

❺ [파일]-[저장](**Ctrl**+**S**) 또는 [빠른 실행 도구 모음]에서 **저장**(🖫)을 클릭합니다.

※ 실제 시험을 볼 때 작업 도중에 수시로(10분에 한 번 정도) 저장을 하는 것이 좋습니다.

시험 분석

[전체 구성] 페이지 설정 / 슬라이드 마스터

- 페이지 설정 : 슬라이드의 크기는 'A4 용지(210×297mm)'로 지정하며 슬라이드는 총 6개를 만들어야 합니다.
- 슬라이드 마스터 : '슬라이드 마스터'에 삽입되는 도형에 선이 없는 형태(도형 : 선 없음)로 출제되며, 제목 텍스트 상자에 정렬(예 : 왼쪽 맞춤, 가운데 맞춤, 오른쪽 맞춤 등)을 지정하는 조건이 나오기 때문에 반드시 문제지를 확인하시기 바랍니다.
- 답안 파일 저장 : 실제 시험에서는 감독위원의 지시에 따라 저장 위치([내 PC]-[문서]-[ITQ])를 선택하여 '수험번호-이름(예 : 12345678-홍길동)'의 형식으로 저장한 후 감독관 PC로 답안 파일을 전송해야 합니다. 단, 저장 경로는 운영체제 및 시험 규정에 따라 달라질 수 있습니다.

[전체 구성] 페이지 설정 / 슬라이드 마스터

01 문제지의 지시사항 및 세부조건을 참고하여 출력형태에 알맞게 작업하시오.

· 소스파일 : 없음   · 정답파일 : [출제유형01]-정복01_완성01.pptx

(1) 슬라이드 크기 및 순서 : 크기를 A4 용지로 설정하고 슬라이드 순서에 맞게 작성한다.
(2) 슬라이드 마스터 : 2~6슬라이드의 제목, 하단 로고, 슬라이드 번호는 슬라이드 마스터를 이용하여 작성한다.
 - 제목 글꼴(돋움, 40pt, 흰색), 가운데 맞춤, 도형(선 없음)
 - 하단 로고(「내 PC₩문서₩ITQ₩Picture₩로고3.jpg」 배경(연보라) 투명색으로 설정)

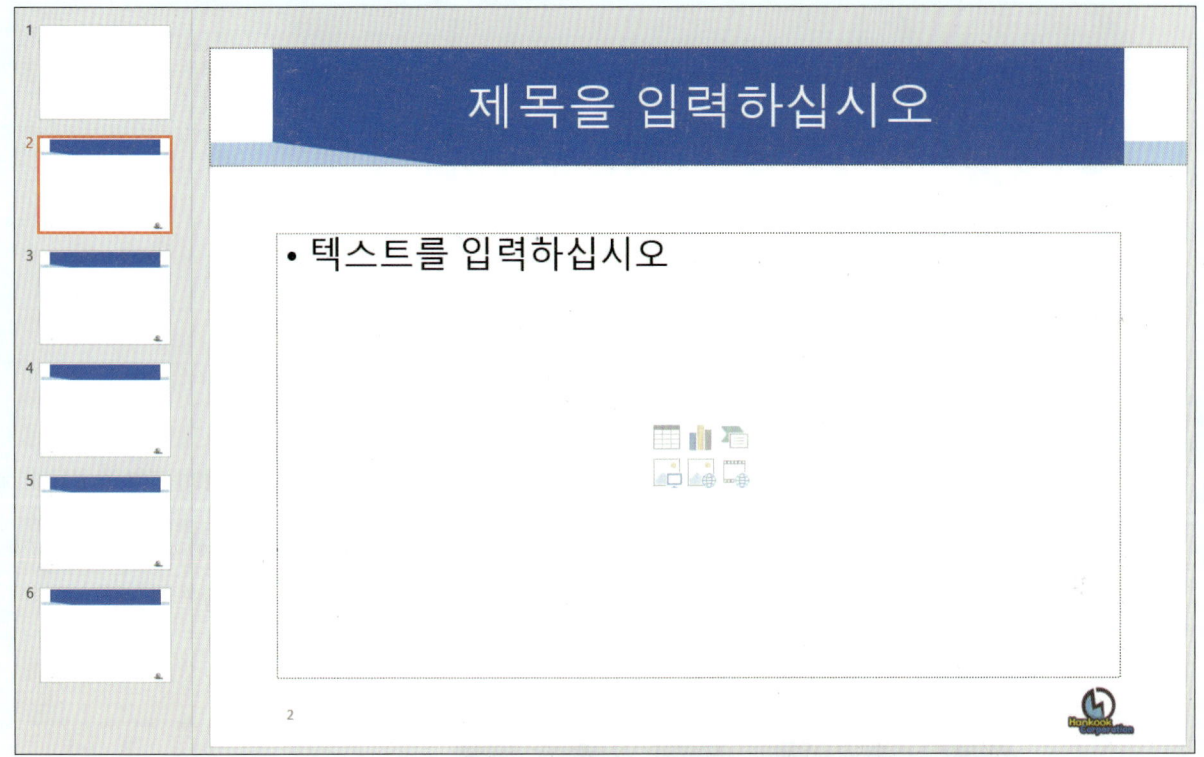

 **슬라이드 번호 위치를 왼쪽으로 변경하기**

❶ 하단의 첫 번째 텍스트 상자의 테두리를 클릭 → **Shift** 키를 누른 채 두 번째 텍스트 상자의 테두리를 클릭 → **Delete**

❷ **Shift** 키를 누른 채 '〈#〉'이 입력된 텍스트 상자의 테두리를 왼쪽으로 드래그

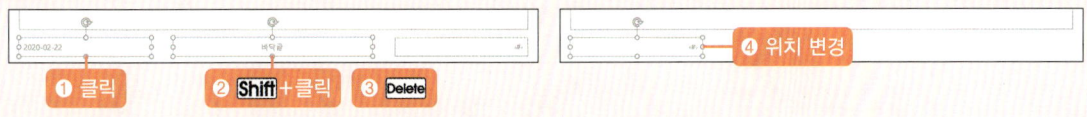

❸ 텍스트 상자가 선택된 상태에서 [홈]-[단락]-왼쪽 맞춤(≡)을 클릭

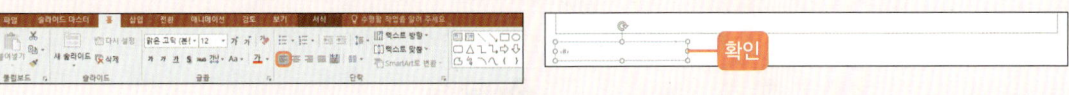

02 문제지의 지시사항 및 세부조건을 참고하여 출력형태에 알맞게 작업하시오.

· 소스파일 : 없음   · 정답파일 : [출제유형01]-정복01_완성02.pptx

⑴ 슬라이드 크기 및 순서 : 크기를 A4 용지로 설정하고 슬라이드 순서에 맞게 작성한다.
⑵ 슬라이드 마스터 : 2~6슬라이드의 제목, 하단 로고, 슬라이드 번호는 슬라이드 마스터를 이용하여 작성한다.
　- 제목 글꼴(굴림, 40pt, 검정), 가운데 맞춤, 도형(선 없음)
　- 하단 로고(「내 PC\문서\ITQ\Picture\로고1.jpg」 배경(회색) 투명색으로 설정)

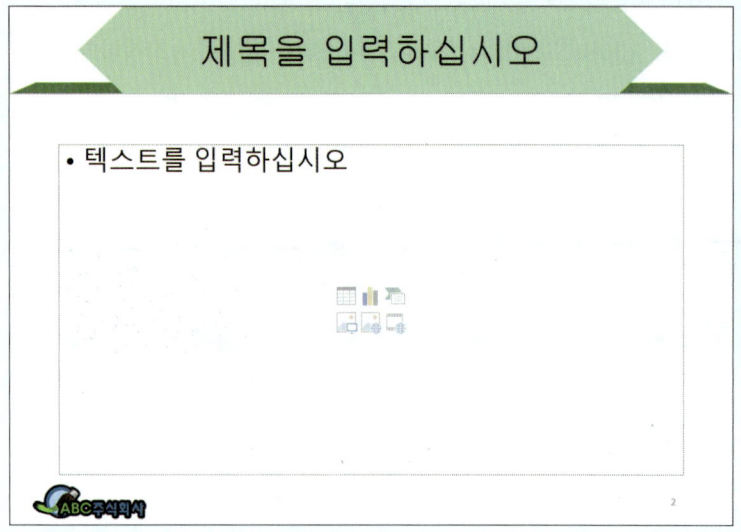

03 문제지의 지시사항 및 세부조건을 참고하여 출력형태에 알맞게 작업하시오.

· 소스파일 : 없음   · 정답파일 : [출제유형01]-정복01_완성03.pptx

⑴ 슬라이드 크기 및 순서 : 크기를 A4 용지로 설정하고 슬라이드 순서에 맞게 작성한다.
⑵ 슬라이드 마스터 : 2~6슬라이드의 제목, 하단 로고, 슬라이드 번호는 슬라이드 마스터를 이용하여 작성한다.
　- 제목 글꼴(돋움, 40pt, 흰색), 오른쪽 맞춤, 도형(선 없음)
　- 하단 로고(「내 PC\문서\ITQ\Picture\로고2.jpg」 배경(회색) 투명색으로 설정)

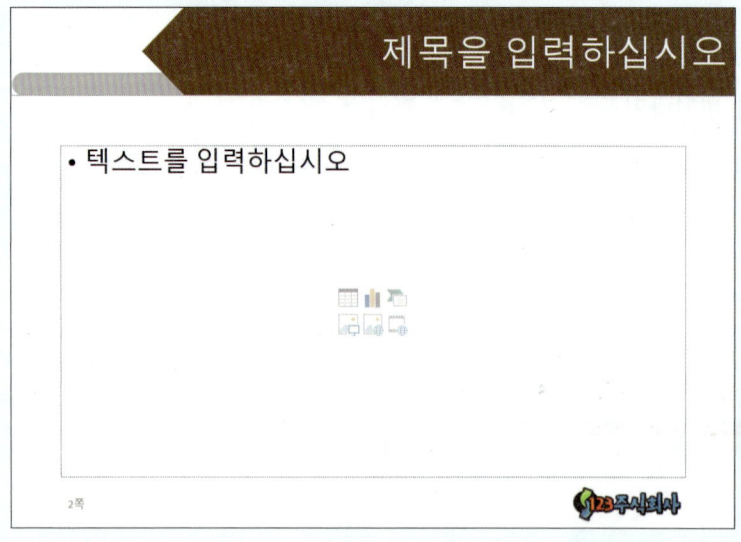

04 문제지의 지시사항 및 세부조건을 참고하여 출력형태에 알맞게 작업하시오.

· 소스파일 : 없음   · 정답파일 : [출제유형01]-정복01_완성04.pptx

(1) 슬라이드 크기 및 순서 : 크기를 A4 용지로 설정하고 슬라이드 순서에 맞게 작성한다.
(2) 슬라이드 마스터 : 2~6슬라이드의 제목, 하단 로고, 슬라이드 번호는 슬라이드 마스터를 이용하여 작성한다.
 - 제목 글꼴(굴림, 40pt, 검정), 가운데 맞춤, 도형(선 없음)
 - 하단 로고(「내 PC\문서\ITQ\Picture\로고1.jpg」 배경(회색) 투명색으로 설정)

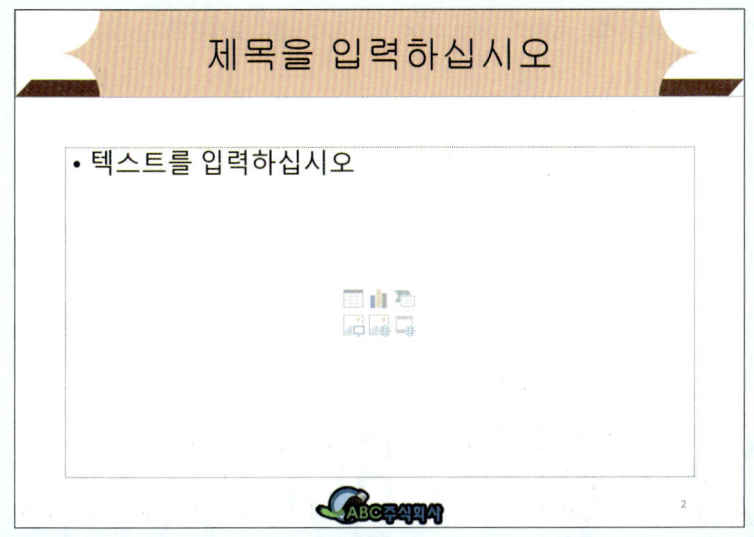

05 문제지의 지시사항 및 세부조건을 참고하여 출력형태에 알맞게 작업하시오.

· 소스파일 : 없음   · 정답파일 : [출제유형01]-정복01_완성05.pptx

(1) 슬라이드 크기 및 순서 : 크기를 A4 용지로 설정하고 슬라이드 순서에 맞게 작성한다.
(2) 슬라이드 마스터 : 2~6슬라이드의 제목, 하단 로고, 슬라이드 번호는 슬라이드 마스터를 이용하여 작성한다.
 - 제목 글꼴(돋움, 40pt, 흰색), 왼쪽 맞춤, 도형(선 없음)
 - 하단 로고(「내 PC\문서\ITQ\Picture\로고3.jpg」 배경(연보라) 투명색으로 설정)

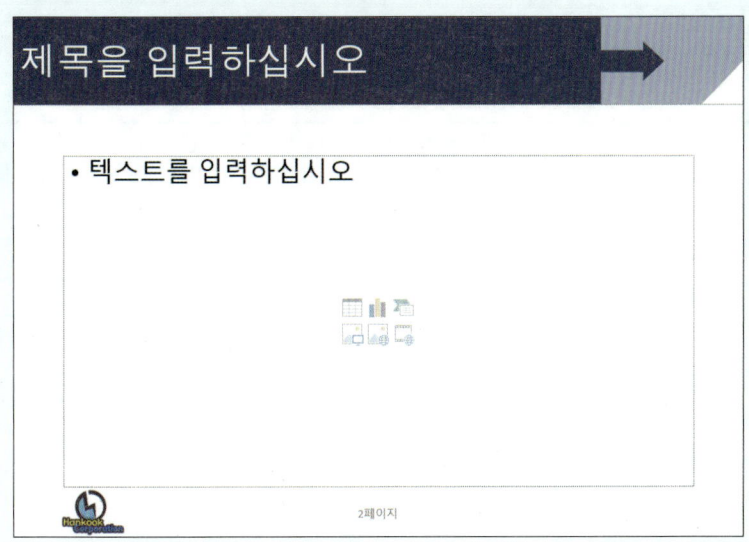

출제유형 02

[슬라이드 1] ≪표지 디자인≫

- 도형에 그림 채우기
- 도형에 효과 지정하기
- 그림 삽입하기
- 워드아트 삽입하기

◆ 문제 미리보기

· 소스파일 : [출제유형02]-유형02_문제.pptx   · 정답파일 : [출제유형02]-유형02_완성.pptx

◆ [슬라이드 1] ≪표지 디자인≫ (40점)

(1) 표지 디자인 : 도형, 워드아트 및 그림을 이용하여 작성한다.

※ 새롭게 변경된 부분입니다.
MS오피스 2021 버전으로 설정되어 있으며, 【 】에 표기된 지시사항은 MS오피스 2016에 해당되는 지시사항입니다.

◆ 세부 조건

① **도형 편집**
- 도형에 그림 채우기 :
  「내 PC₩문서₩ITQ₩Picture
  ₩그림1.jpg」, 투명도 50%
- 도형 효과 :
  부드러운 가장자리 5포인트

② **워드아트 삽입**
- 변환 : 삼각형, 위로【삼각형】
- 글꼴 : 돋움, 굵게
- 텍스트 반사 :
  근접 반사, 4 pt 오프셋

③ **그림 삽입**
- 「내 PC₩문서₩ITQ
  ₩Picture₩로고2.jpg」
- 배경(회색) 투명색으로 설정

유형 01 도형 삽입하기

도형에 그림 채우기 : 「내 PC₩문서₩ITQ₩Picture₩그림1.jpg」, 투명도 50%
도형 효과 : 부드러운 가장자리 5포인트

■ 도형을 삽입한 후 그림 채우기

① 유형02_문제.pptx 파일을 불러와 [슬라이드 1]을 클릭한 후 작업합니다.

※ 파일 불러오기 : [파일]-[열기]-[찾아보기]를 클릭한 후 [열기] 대화상자에서 파일을 선택합니다.

② [홈] 탭의 [슬라이드] 그룹에서 [레이아웃(▤)]-**빈 화면**을 클릭합니다.

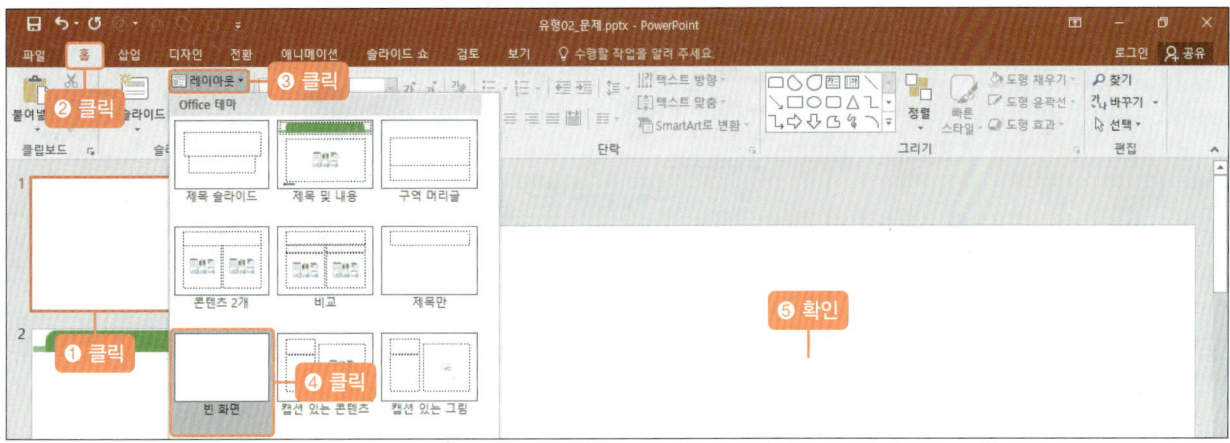

③ [삽입] 탭의 [일러스트레이션] 그룹에서 [도형(▱)]-사각형-**직사각형(▢)**을 클릭합니다.

④ 마우스 포인터가 ┼ 모양으로 변경되면 드래그하여 도형을 삽입합니다. 이어서, 조절점(○)을 드래그하여 ≪출력형태≫와 같이 크기를 조절한 후 위치를 변경합니다.

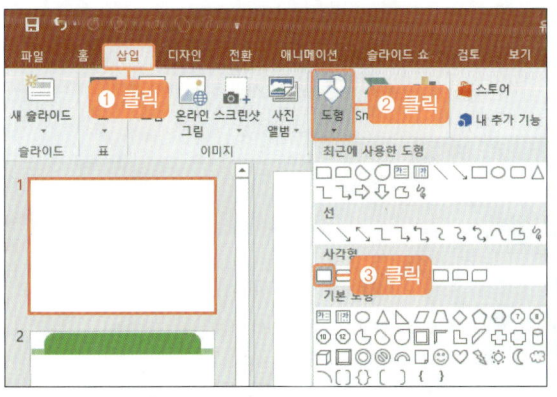
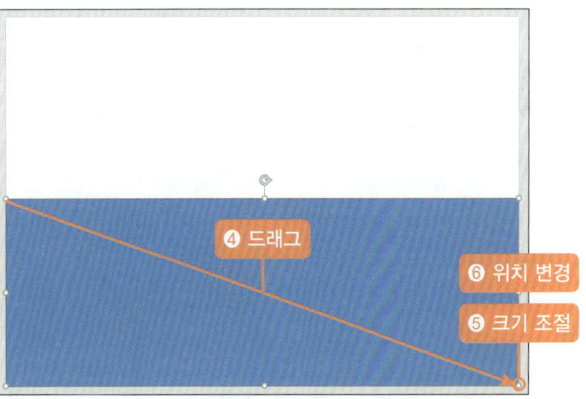

⑤ 도형에 그림을 채우기 위해 도형 위에서 마우스 오른쪽 단추를 눌러 [도형 서식]을 클릭합니다.

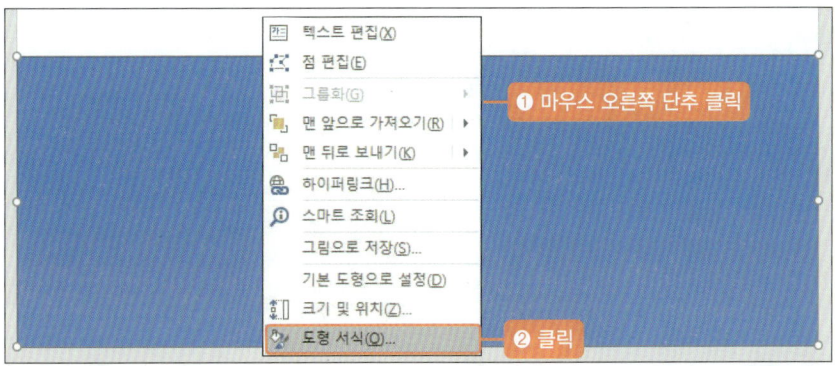

출제유형 02　43　[슬라이드 1] ≪표지 디자인≫

⑥ 오른쪽 작업 창이 활성화되면 **채우기-그림 또는 질감 채우기**를 선택한 후 〈파일〉 단추를 클릭합니다.
[그림 삽입] 대화상자가 나오면 [내 PC]-[문서]-[ITQ]-[Picture]-**그림1**을 선택한 후 〈삽입〉 단추를 클릭합니다.

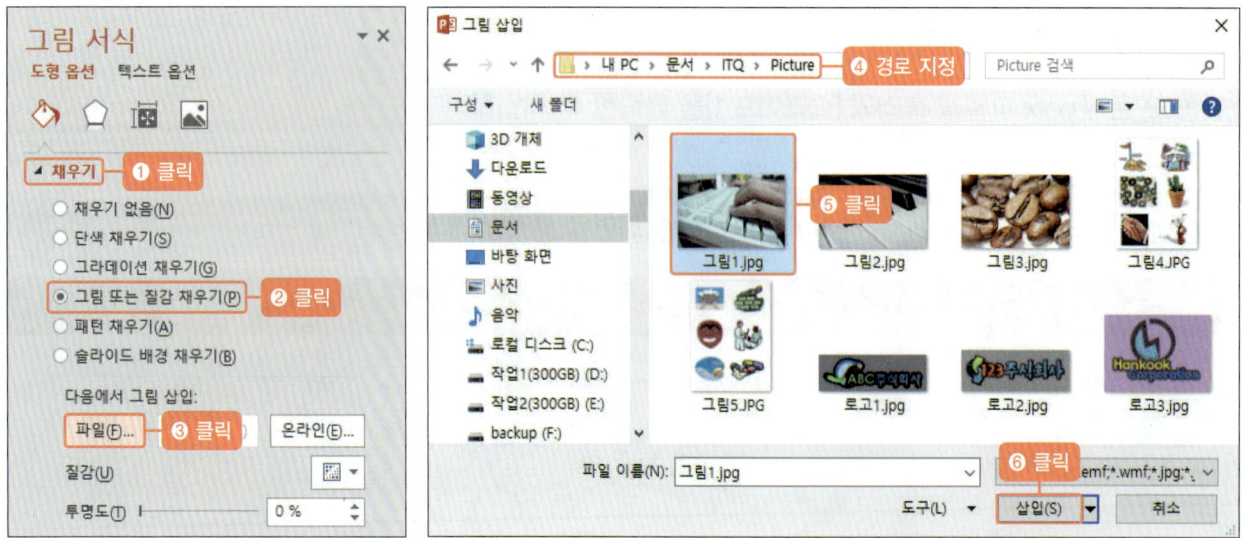

⑦ 도형에 이미지가 삽입되면 오른쪽 작업 창 하단의 투명도를 **50%**로 지정한 후 작업 창을 종료(X)합니다.
※ 투명도 입력 칸을 클릭한 후 직접 값(50)을 입력하는 것이 편리합니다.

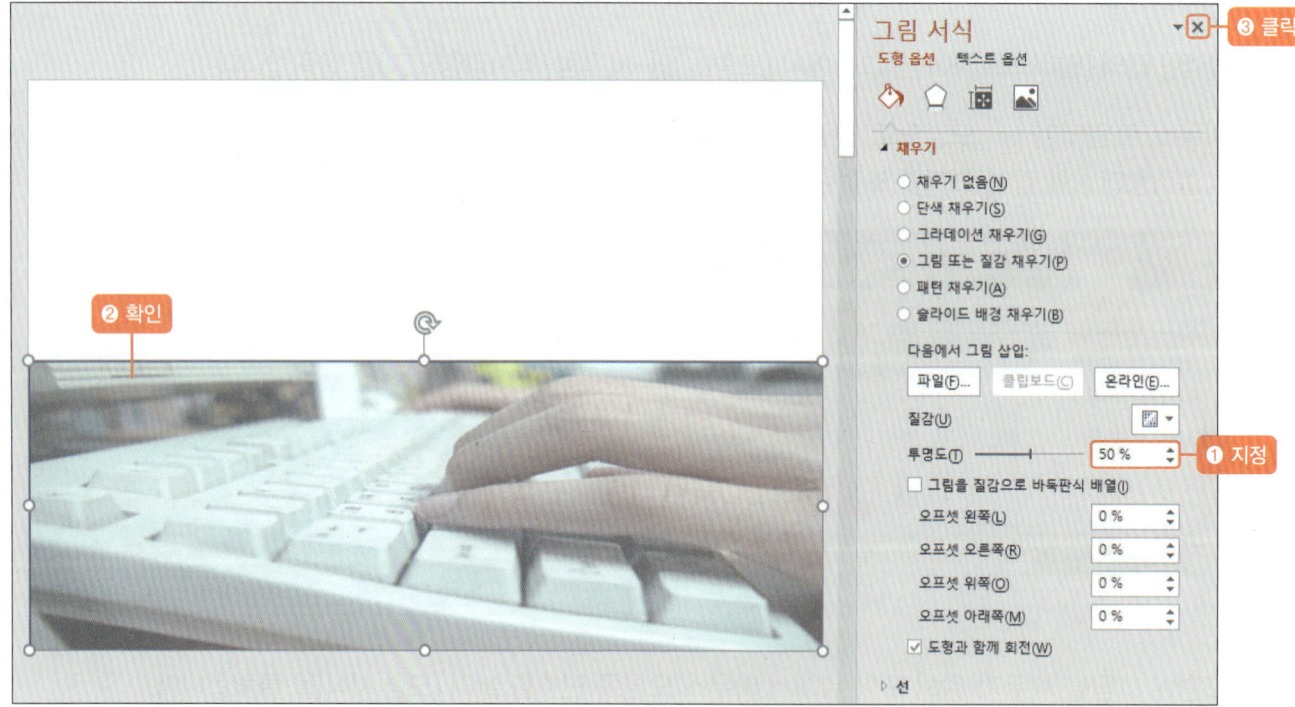

■ **도형 효과 적용하기**

도형 효과 : 부드러운 가장자리 5포인트

① 도형이 선택된 상태에서 [그리기 도구]-[서식] 탭의 [도형 스타일] 그룹에서 [도형 효과]-[부드러운 가장자리]-5 **포인트**를 클릭합니다.

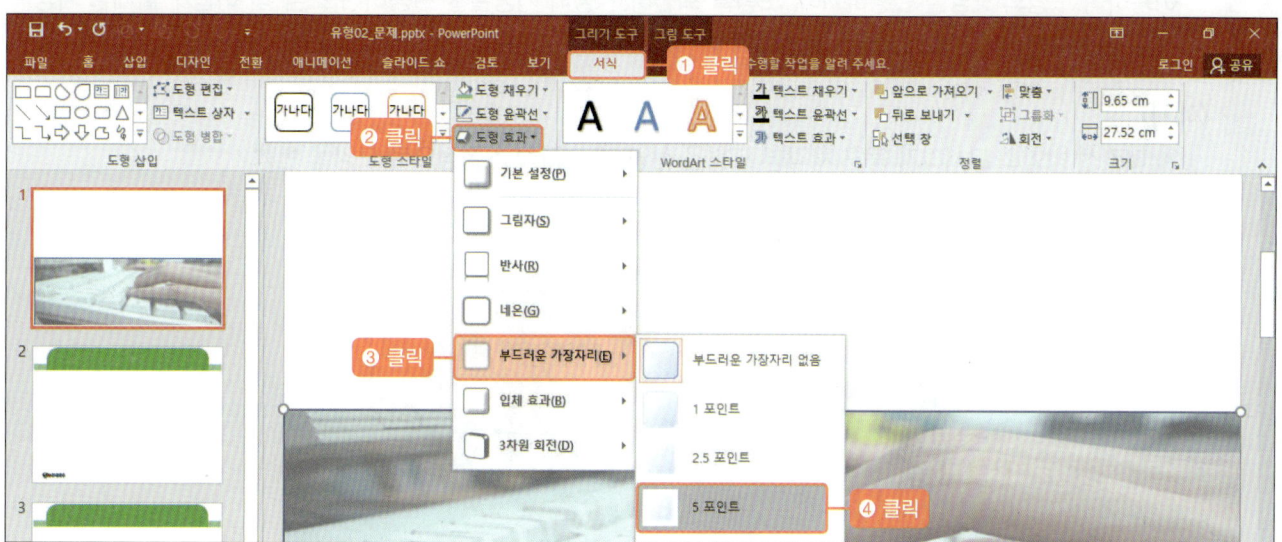

② 도형 편집 작업이 끝나면 ≪출력형태≫와 비교합니다.

학습포인트 ★ 〈표지 디자인〉의 도형 편집 알아보기 ★

※ 기본적인 도형에 이미지를 넣고 투명도를 지정하는 기능은 매우 단순하기 때문에 도형의 노란색 조절점을 이용하여 도형의 모양을 변형하거나, 도형을 회전하는 등의 기능들을 활용하여 조금 더 어렵게 출제될 가능성도 있습니다.

〈예시〉

Ⓐ 대각선 방향의 모서리가 둥근 사각형 도형을 삽입 → 노란색 조절점으로 모양을 변형

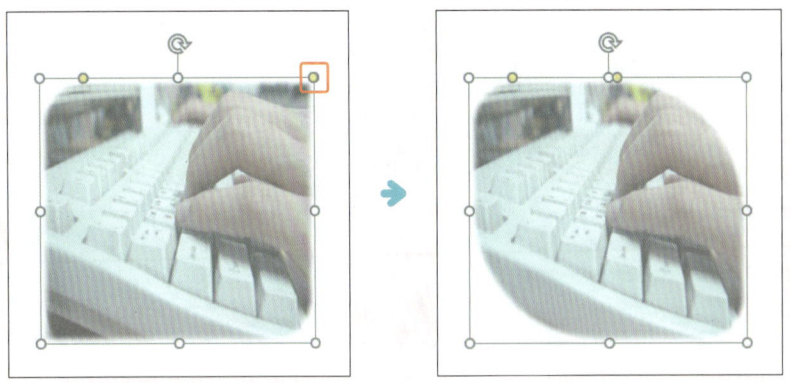

Ⓑ 오른쪽 화살표 설명선 도형을 삽입 → 노란색 조절점으로 모양을 변형 → 좌우 대칭(◢)
※ 만약 도형을 회전하는 경우 그림의 방향이 ≪출력형태≫와 다르면 감점이 될 수 있으니 반드시 그림의 방향을 맞추어 도형을 회전시킵니다.

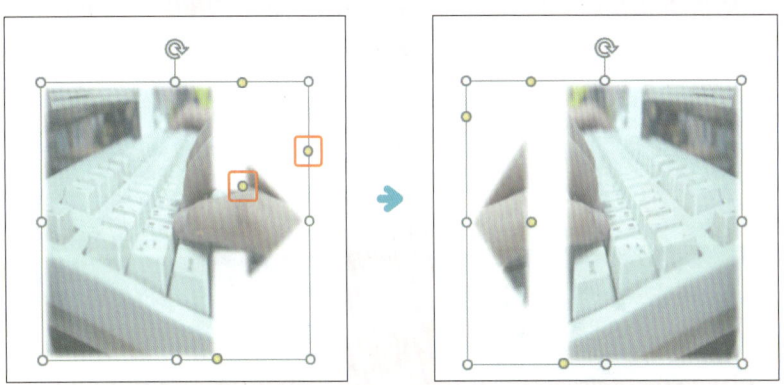

Ⓒ 액자 도형을 삽입 → 노란색 조절점으로 모양을 변형 → 상하 대칭(◣)

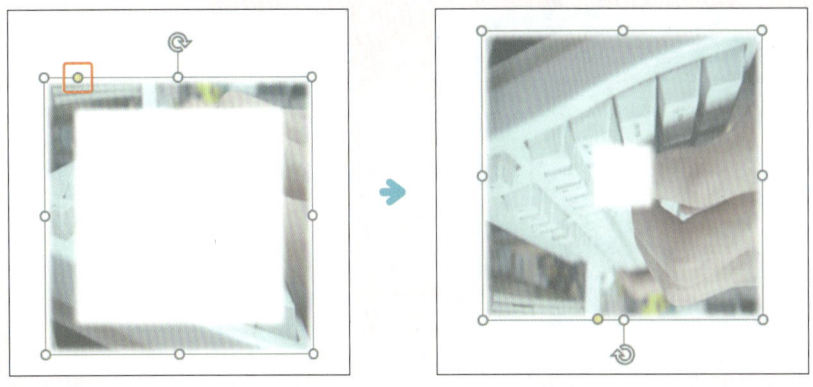

❸ 아래 내용과 이미지를 참고하여 다양한 방식으로 도형을 편집합니다.
- [파일]-[새로 만들기]-[새 프레젠테이션]을 클릭
- [홈]-[슬라이드]-[레이아웃]-빈 화면
- 도형 편집
  • 그림 삽입 : 「내 PC\문서\ITQ\Picture」, 투명도 50%
  • 도형 효과 : 부드러운 가장자리 5포인트

▲ 양쪽 모서리가 잘린 사각형 → 노란색 조절점으로 모양 변형 → 상하 대칭

▲ 사다리꼴 → 노란색 조절점으로 모양 변형 → 좌우 대칭

▲ 물결 → 노란색 조절점으로 모양 변형 → 상하 대칭 → 좌우 대칭

▲ 원형 → 좌우 대칭 → 노란색 조절점으로 모양 변형 → 회전 조절점으로 회전

| 유형 02 | 워드아트 삽입하기 | 변환 : 삼각형, 글꼴 : 돋움, 굵게
텍스트 반사 : 근접 반사, 4pt 오프셋 |

■ 워드아트 삽입

① [삽입] 탭의 [텍스트] 그룹에서 [WordArt(가)]-**채우기-검정, 텍스트 1, 그림자**를 클릭합니다.

  ※ 워드아트를 삽입할 때는 효과가 거의 없는 첫 번째 워드아트를 선택합니다.

② '필요한 내용을 적으십시오.'라는 문구가 블록으로 지정된 상태에서 Reduce traffic accidents를 입력한 후 Esc 키를 누릅니다.

  ※ WordArt를 삽입한 후 바로 내용을 입력하면 이전 내용('필요한 내용을 적으십시오')이 삭제되면서 새로운 내용으로 입력됩니다. 만약 블록 지정이 해제되었을 경우에는 워드아트 안쪽의 내용을 드래그하여 블록으로 지정한 후 새롭게 내용을 입력합니다.

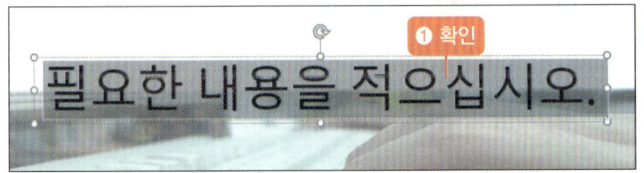 

③ 워드아트의 글꼴을 변경하기 위해 [홈] 탭의 [글꼴] 그룹에서 '글꼴'을 **돋움**으로 변경합니다. 이어서, **굵게**(가)를 선택한 후 **텍스트 그림자**(S)의 지정을 **해제**합니다.

  ※ 워드아트의 글꼴 서식 및 스타일을 변경할 때는 테두리가 선택된 상태에서 작업합니다.
  ※ 워드아트의 글꼴은 '돋움'과 '굵게'를 지정하라는 문제의 세부 조건에 따라 '텍스트 그림자'는 지정을 해제합니다.

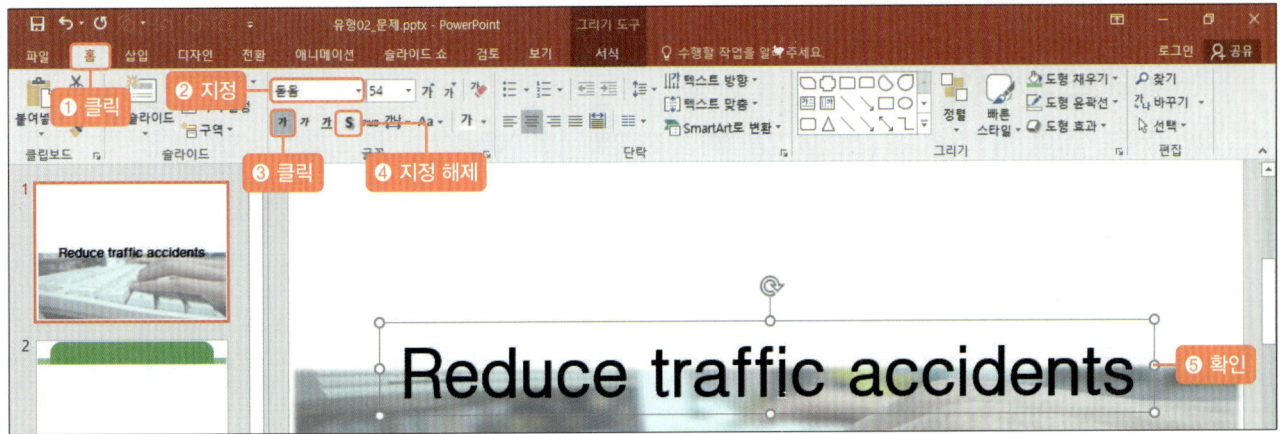

■ 워드아트 변환 및 텍스트 반사   변환 : 삼각형, 위로【삼각형】, 텍스트 반사 : 근접 반사, 4pt 오프셋

① [그리기 도구]-[서식] 탭의 [WordArt 스타일] 그룹에서 [텍스트 효과]-[반사]-**근접 반사, 4pt 오프셋**( )을 클릭합니다. 이어서, [텍스트 효과]-[변환]-**삼각형**(abcde)을 클릭합니다.

 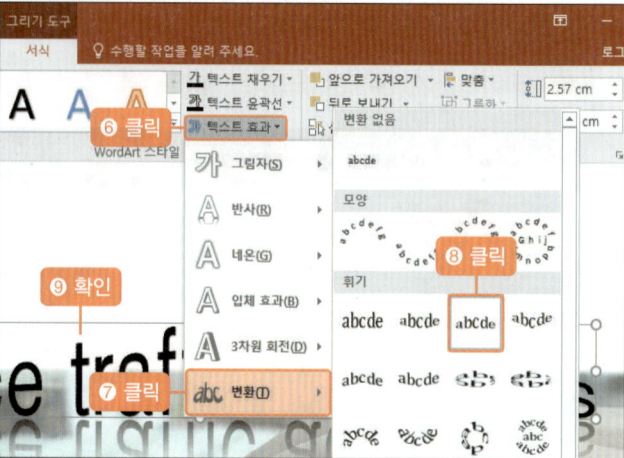

② 조절점(○)을 드래그하여 ≪출력형태≫와 같이 크기를 조절한 후 위치를 변경합니다.

워드아트 크기 조절

삽입된 워드아트에 [텍스트 효과]-[변환]을 적용해야만 조절점(○)을 이용하여 크기를 조절할 수 있습니다.

유형 03 그림 삽입하기

「내 PC₩문서₩ITQ₩Picture₩로고2.jpg」
배경(회색) 투명색으로 설정

① [삽입] 탭의 [이미지] 그룹에서 **그림**(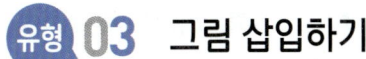)을 클릭합니다. 이어서, [그림 삽입] 대화상자가 나오면 [내 PC]-[문서]-[ITQ]-[Picture]-**로고2**를 선택한 후 〈삽입〉 단추를 클릭합니다.

TIP 그림 삽입하기

그림을 가져오는 경로가 [내 PC₩문서₩ITQ₩Picture] 폴더로 변경되었으니 주의하시기 바랍니다. 단, 해당 경로는 운영체제 및 시험 규정에 따라 달라질 수 있으니 문제지 내용을 꼭 확인하시기 바랍니다.

② 그림이 삽입되면 [그림 도구]-[서식] 탭의 [조정] 그룹에서 [색()]-**투명한 색 설정**( )을 클릭합니다. 이어서, 마우스 포인터가 모양으로 변경되면 삽입된 **그림의 회색 부분**을 클릭하여 투명하게 처리합니다.

❸ 로고의 배경이 투명하게 변경되면 조절점(○)을 드래그하여 ≪출력형태≫와 같이 크기를 조절한 후 위치를 변경합니다.

❹ [파일]-[저장](Ctrl+S) 또는 [빠른 실행 도구 모음]에서 저장(🗖)을 클릭합니다.
※ 실제 시험을 볼 때 작업 도중에 수시로(10분에 한 번 정도) 저장을 하는 것이 좋습니다.

시험 분석

[슬라이드 1] ≪표지 디자인≫

- 도형 편집 : ITQ 파워포인트 시험은 '점 편집'이 출제되지 않기 때문에 큰 어려움 없이 ≪표지 디자인≫ 부분을 작업할 수 있습니다. 하지만 도형에 그림을 채우는 부분이 여러 가지 형태로 변형되어 출제될 가능성이 있기 때문에 조금 더 주의 깊게 살펴봐야 합니다.

- 워드아트 : 과년도 기출 문제를 분석한 결과 '위쪽 수축, 아래쪽 수축, 역삼각형, 삼각형, 갈매기형 수장, 역갈매기형 수장, 물결1, 휘어 내려가기' 등이 자주 출제되었습니다. 하지만 이 외에도 다양한 모양들이 출제되고 있으니 참고하시기 바랍니다.

- 그림(로고 삽입) : [슬라이드 2~6]은 반드시 슬라이드 마스터를 이용하여 일괄적으로 로고를 삽입하며, [슬라이드 1]에는 개별적으로 로고를 삽입한 후 크기를 조절해야 합니다.

[슬라이드 1] ≪표지 디자인≫

01 문제지의 지시사항 및 세부조건을 참고하여 출력형태에 알맞게 작업하시오.

· 소스파일 : [출제유형02]-정복02_문제01.pptx   · 정답파일 : [출제유형02]-정복02_완성01.pptx

(1) 표지 디자인 : 도형, 워드아트 및 그림을 이용하여 작성한다.

세부 조건

① 도형 편집
- 도형에 그림 채우기 :
  「내 PC₩문서₩ITQ₩Picture ₩그림2.jpg」, 투명도 50%
- 도형 효과 :
  부드러운 가장자리 5포인트

② 워드아트 삽입
- 변환 : 기울기, 위로【위로 기울기】
- 글꼴 : 돋움, 굵게
- 텍스트 반사 : 근접 반사, 4 pt 오프셋

③ 그림 삽입
- 「내 PC₩문서₩ITQ₩Picture ₩로고3.jpg」
- 배경(연보라) 투명색으로 설정

02 문제지의 지시사항 및 세부조건을 참고하여 출력형태에 알맞게 작업하시오.

• 소스파일 : [출제유형02]-정복02_문제02.pptx   • 정답파일 : [출제유형02]-정복02_완성02.pptx

(1) 표지 디자인 : 도형, 워드아트 및 그림을 이용하여 작성한다.

세부조건

① **도형 편집**
- 도형에 그림 채우기 :
  「내 PC₩문서₩ITQ₩Picture ₩그림1.jpg」, 투명도 50%
- 도형 효과 :
  부드러운 가장자리 5포인트

② **워드아트 삽입**
- 변환 : 계단식, 아래로【아래로 계단식】
- 글꼴 : 굴림, 굵게
- 텍스트 반사 : 근접 반사, 터치

③ **그림 삽입**
- 「내 PC₩문서₩ITQ₩Picture ₩로고1.jpg」
- 배경(회색) 투명색으로 설정

03 문제지의 지시사항 및 세부조건을 참고하여 출력형태에 알맞게 작업하시오.

• 소스파일 : [출제유형02]-정복02_문제03.pptx   • 정답파일 : [출제유형02]-정복02_완성03.pptx

(1) 표지 디자인 : 도형, 워드아트 및 그림을 이용하여 작성한다.

세부조건

① **도형 편집**
- 도형에 그림 채우기 :
  「내 PC₩문서₩ITQ₩Picture ₩그림3.jpg」, 투명도 50%
- 도형 효과 :
  부드러운 가장자리 5포인트

② **워드아트 삽입**
- 변환 : 이중 물결, 위에서 아래로【이중 물결 2】
- 글꼴 : 돋움, 굵게
- 텍스트 반사 : 전체 반사, 터치

③ **그림 삽입**
- 「내 PC₩문서₩ITQ₩Picture ₩로고2.jpg」
- 배경(회색) 투명색으로 설정

04 문제지의 지시사항 및 세부조건을 참고하여 출력형태에 알맞게 작업하시오.

• 소스파일 : [출제유형02]-정복02_문제04.pptx   • 정답파일 : [출제유형02]-정복02_완성04.pptx

(1) 표지 디자인 : 도형, 워드아트 및 그림을 이용하여 작성한다.

세부조건

① **도형 편집**
- 도형에 그림 채우기 :
  「내 PC\문서\ITQ\Picture
  \그림2.jpg」, 투명도 50%
- 도형 효과 :
  부드러운 가장자리 5포인트

② **워드아트 삽입**
- 변환 : 물결, 아래로【물결 1】
- 글꼴 : 굴림, 굵게
- 텍스트 반사 : 1/2 반사, 터치

③ **그림 삽입**
- 「내 PC\문서\ITQ\Picture
  \로고1.jpg」
- 배경(회색) 투명색으로 설정

05 문제지의 지시사항 및 세부조건을 참고하여 출력형태에 알맞게 작업하시오.

• 소스파일 : [출제유형02]-정복02_문제05.pptx   • 정답파일 : [출제유형02]-정복02_완성05.pptx

(1) 표지 디자인 : 도형, 워드아트 및 그림을 이용하여 작성한다.

세부조건

① **도형 편집**
- 도형에 그림 채우기 :
  「내 PC\문서\ITQ\Picture
  \그림1.jpg」, 투명도 50%
- 도형 효과 :
  부드러운 가장자리 5포인트

② **워드아트 삽입**
- 변환 : 페이드, 오른쪽【오른쪽 줄이기】
- 글꼴 : 돋움, 굵게, 기울임꼴
- 텍스트 반사 : 전체 반사, 터치

③ **그림 삽입**
- 「내 PC\문서\ITQ\Picture
  \로고3.jpg」
- 배경(연보라) 투명색으로 설정

06 문제지의 지시사항 및 세부조건을 참고하여 출력형태에 알맞게 작업하시오.

• 소스파일 : [출제유형02]-정복02_문제06.pptx   • 정답파일 : [출제유형02]-정복02_완성06.pptx

(1) 표지 디자인 : 도형, 워드아트 및 그림을 이용하여 작성한다.

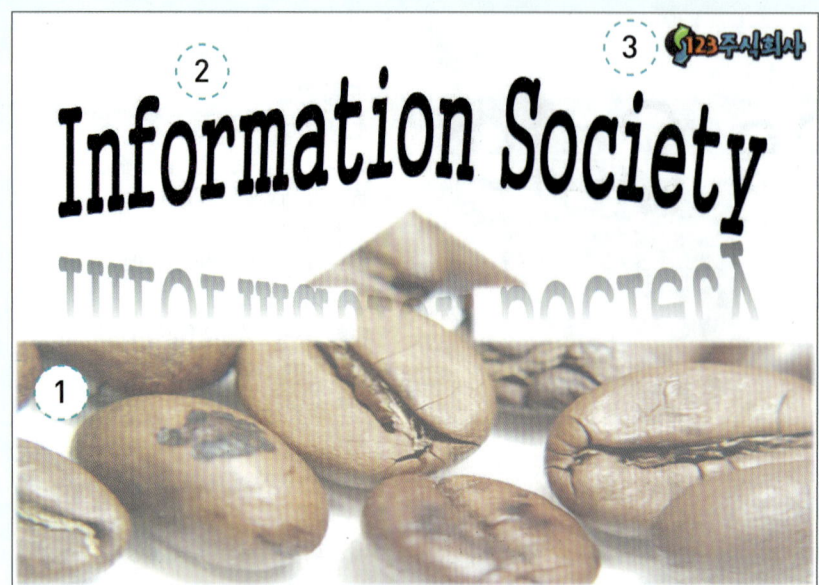

세부조건

① **도형 편집**
– 도형에 그림 채우기 :
  「내 PC₩문서₩ITQ₩Picture
  ₩그림3.jpg」, 투명도 50%
– 도형 효과 :
  부드러운 가장자리 5포인트

② **워드아트 삽입**
– 변환 : 갈매기형 수장, 위로
  【갈매기형 수장】
– 글꼴 : 궁서, 굵게
– 텍스트 반사 : 근접 반사, 8 pt 오프셋

③ **그림 삽입**
– 「내 PC₩문서₩ITQ₩Picture
  ₩로고2.jpg」
– 배경(회색) 투명색으로 설정

07 문제지의 지시사항 및 세부조건을 참고하여 출력형태에 알맞게 작업하시오.

• 소스파일 : [출제유형02]-정복02_문제07.pptx   • 정답파일 : [출제유형02]-정복02_완성07.pptx

(1) 표지 디자인 : 도형, 워드아트 및 그림을 이용하여 작성한다.

세부조건

① **도형 편집**
– 도형에 그림 채우기 :
  「내 PC₩문서₩ITQ₩Picture
  ₩그림1.jpg」, 투명도 50%
– 도형 효과 :
  부드러운 가장자리 5포인트

② **워드아트 삽입**
– 변환 : 수축, 아래쪽【아래쪽 수축】
– 글꼴 : 굴림, 굵게
– 텍스트 반사 : 근접 반사, 터치

③ **그림 삽입**
– 「내 PC₩문서₩ITQ₩Picture
  ₩로고3.jpg」
– 배경(연보라) 투명색으로 설정

출제유형 03

[슬라이드 2] ≪목차 슬라이드≫

- 도형으로 목차 만들기
- 텍스트에 하이퍼링크 적용하기
- 그림 삽입한 후 자르기

문제 미리보기

· 소스파일 : [출제유형03]-유형03_문제.pptx   · 정답파일 : [출제유형03]-유형03_완성.pptx

◆ [슬라이드 2] ≪목차 슬라이드≫ (60점)

(1) 출력형태와 같이 도형을 이용하여 목차를 작성한다(글꼴 : 굴림, 24pt).
(2) 도형 : 선 없음

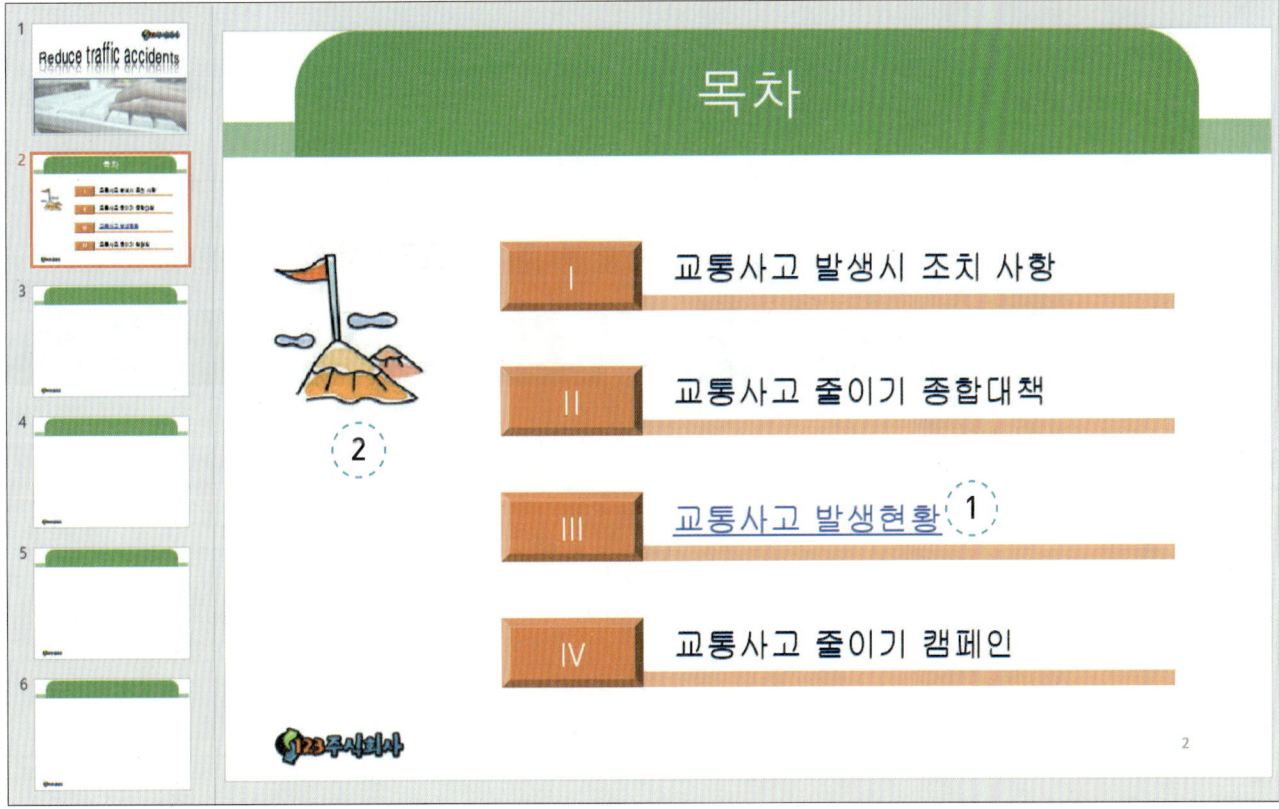

◆ 세부 조건

① 텍스트에 하이퍼링크 적용
 → '슬라이드 5'

② 그림 삽입
 -「내 PC₩문서₩ITQ₩Picture₩그림4.jpg」
 - 자르기 기능 이용

 **도형을 이용하여 목차 작성하기**

(1) 출력형태와 같이 도형을 이용하여 목차를 작성한다(글꼴 : 굴림, 24pt).
(2) 도형 : 선 없음

① **유형03_문제.pptx** 파일을 불러와 [슬라이드 2]를 클릭한 후 작업합니다.

   ※ 파일 불러오기 : [파일]-[열기]-[찾아보기]를 클릭한 후 [열기] 대화상자에서 파일을 선택합니다.

② 슬라이드 상단의 '제목을 입력하십시오'를 클릭한 후 **목차**를 입력합니다.

   ※ 슬라이드 마스터에서 작업한 제목 도형의 글꼴 속성은 '돋움, 40pt, 흰색'으로 지정되어 있습니다. 만약, 글꼴을 잘못 지정했을 경우에는 [보기]-[마스터 보기]-'슬라이드 마스터'에서 수정합니다.

③ 이어서, '텍스트를 입력하십시오' 텍스트 상자의 테두리를 클릭한 후 Delete 키를 눌러 삭제합니다.

 **도형에 색상 채우기**

실제 시험 문제지는 흑백으로 출제되기 때문에 작업의 편리를 위하여 도형의 명도(색의 밝고 어두운 정도)를 보고 임의의 색상을 지정합니다. 단, 문제지 조건에 색상이 명시되어 있을 때는 반드시 해당 색상으로만 지정합니다.

■ 목차 도형 작성하기

① [삽입] 탭의 [일러스트레이션] 그룹에서 [도형]-기본 도형-**빗면**(□)을 클릭합니다.

② 마우스 포인터가 ┼ 모양으로 변경되면 드래그하여 도형을 삽입합니다. 이어서, 조절점(○)을 드래그하여 ≪출력형태≫와 같이 크기를 조절한 후 위치를 변경합니다.

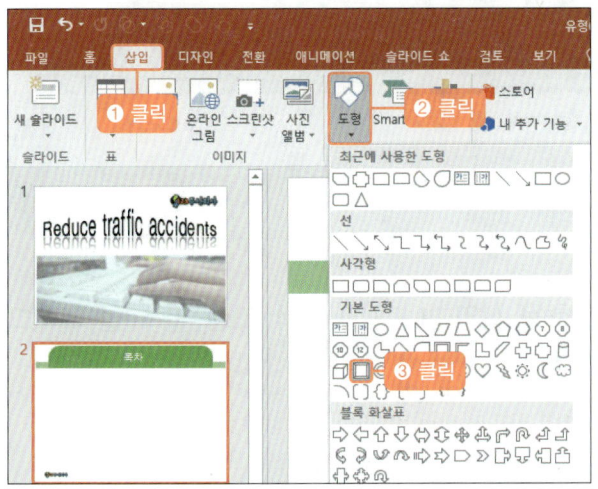
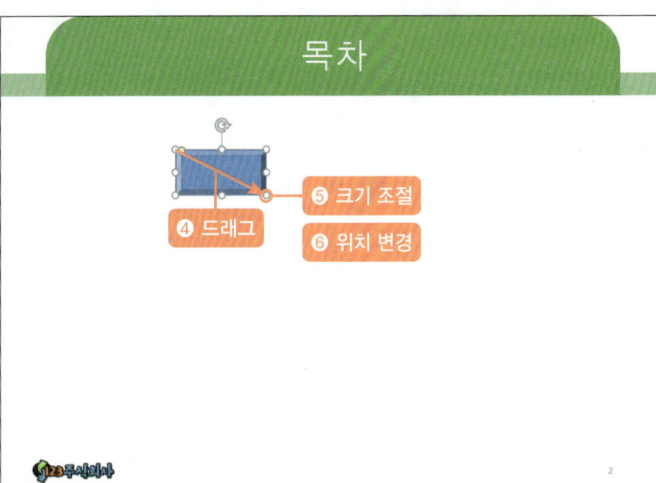

③ [그리기 도구]-[서식] 탭의 [도형 스타일] 그룹에서 [도형 윤곽선]-**윤곽선 없음**을 클릭합니다.

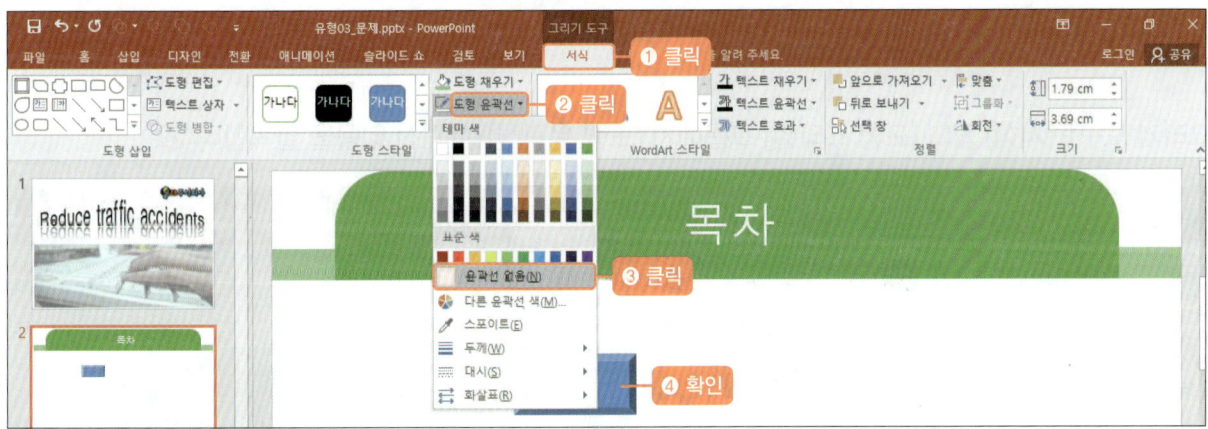

④ [그리기 도구]-[서식] 탭의 [도형 스타일] 그룹에서 [도형 채우기]-**주황, 강조 2**를 클릭합니다.

※ 도형의 색상은 문제지 조건에 없기 때문에 임의의 색으로 선택할 수 있습니다.

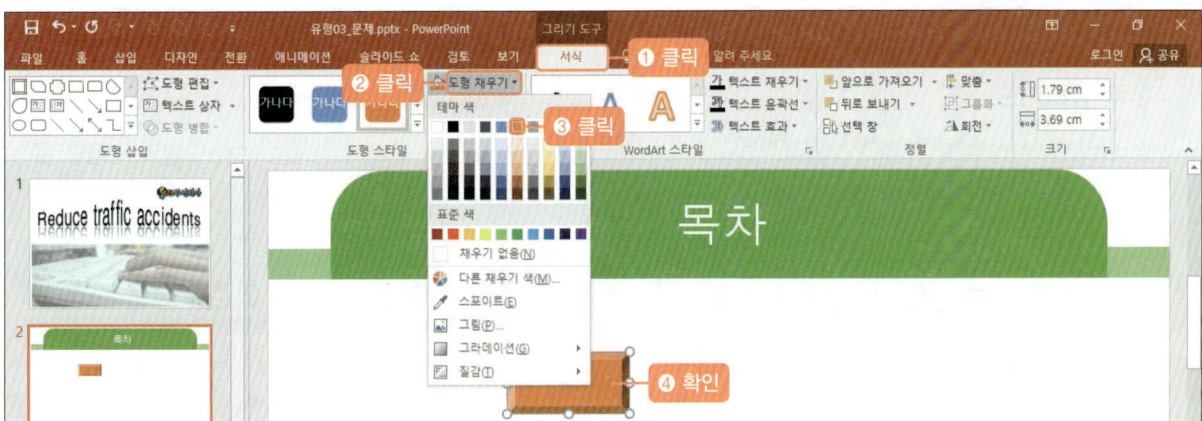

❺ [삽입] 탭의 [일러스트레이션] 그룹에서 [도형( )]-사각형-**직사각형**( )을 클릭합니다.

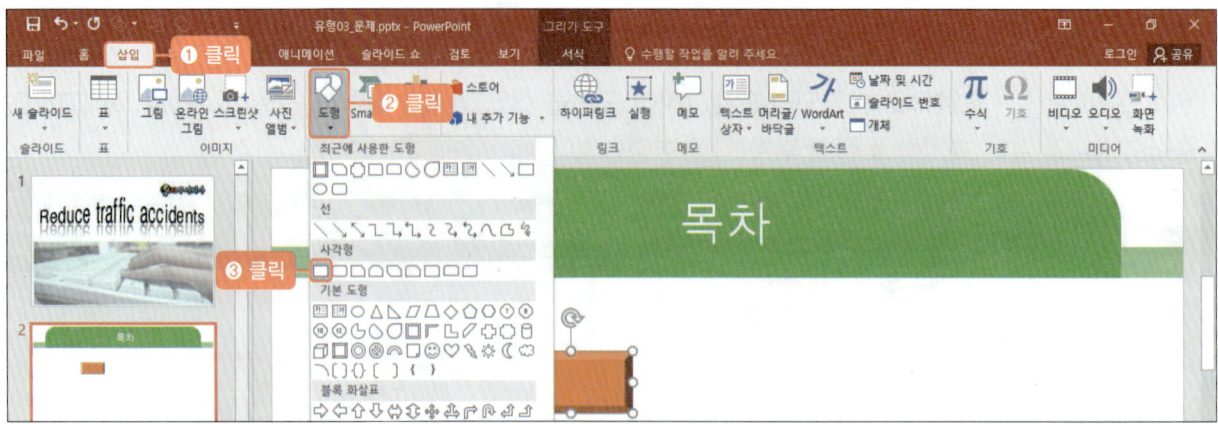

❻ 마우스 포인터가 ┼ 모양으로 변경되면 드래그하여 도형을 삽입합니다. 이어서, 조절점( )을 드래그하여 ≪출력형태≫와 같이 크기를 조절한 후 위치를 변경합니다.

※ Alt 키를 누른 채 조절점( )을 드래그하면 세밀하게 도형의 크기를 조절할 수 있습니다.

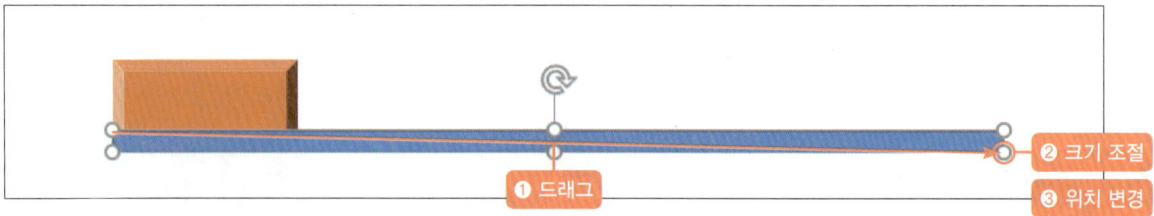

❼ [그리기 도구]-[서식] 탭의 [도형 스타일] 그룹에서 [도형 윤곽선]-**윤곽선 없음**을 클릭합니다.

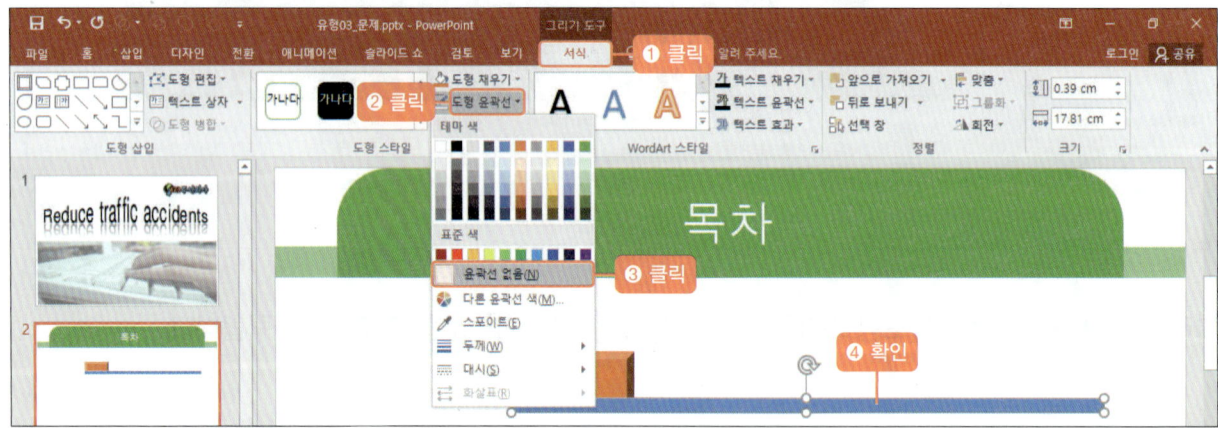

목차 슬라이드

목차 슬라이드를 작성할 때 도형의 선이 '선 없음'으로 출제되며, 2개의 도형을 겹쳐서 만드는 목차 도형의 모양도 완전히 바뀌었기 때문에 ≪출력형태≫를 반드시 확인하시기 바랍니다.

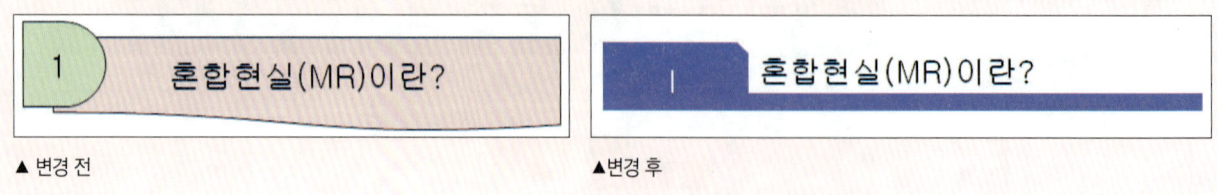

▲ 변경 전   ▲ 변경 후

⑧ [그리기 도구]-[서식] 탭의 [도형 스타일] 그룹에서 [도형 채우기]-**주황, 강조 2, 40% 더 밝게**를 클릭합니다.

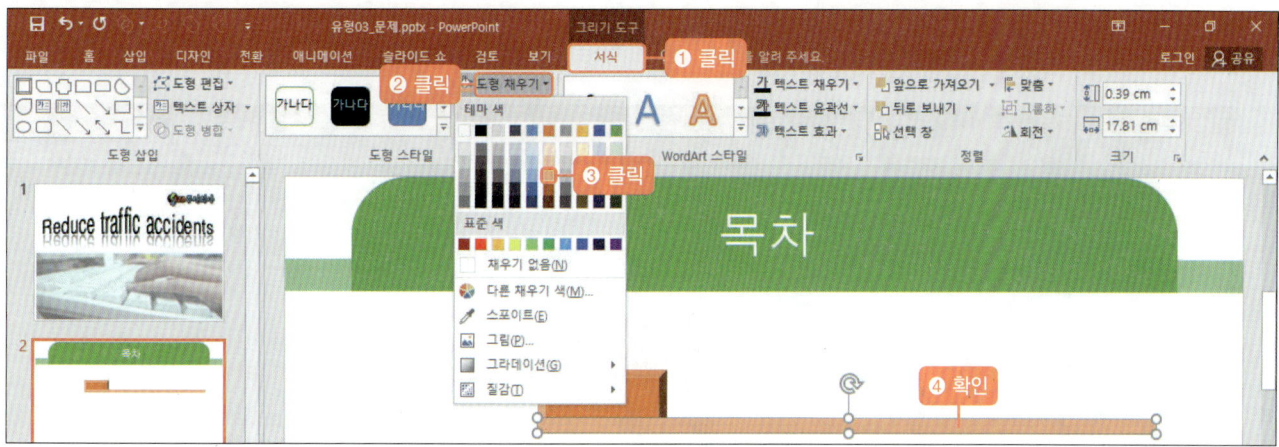

⑨ 직사각형 도형이 선택된 상태에서 [그리기 도구]-[서식] 탭의 [정렬] 그룹에서 [**뒤로 보내기**(🔳)]를 클릭합니다.

※ 상황에 따라 뒤로 보내기의 목록 단추(▼)를 눌러 [맨 뒤로 보내기]를 선택할 수도 있습니다.

■ 텍스트 입력하기

글꼴 : 굴림, 24pt

① 왼쪽 도형을 선택하여 한글 자음 'ㅈ'을 입력한 후 [한자] 키를 누릅니다. 숫자 목록이 나오면 스크롤바를 아래쪽으로 내려서 로마 숫자 Ⅰ을 클릭한 후 [Esc] 키를 눌러 입력을 종료합니다.

※ 원 문자(①, ②, ③, ④)는 한글 자음 'ㅇ'을 입력한 후 [한자] 키를 누릅니다.

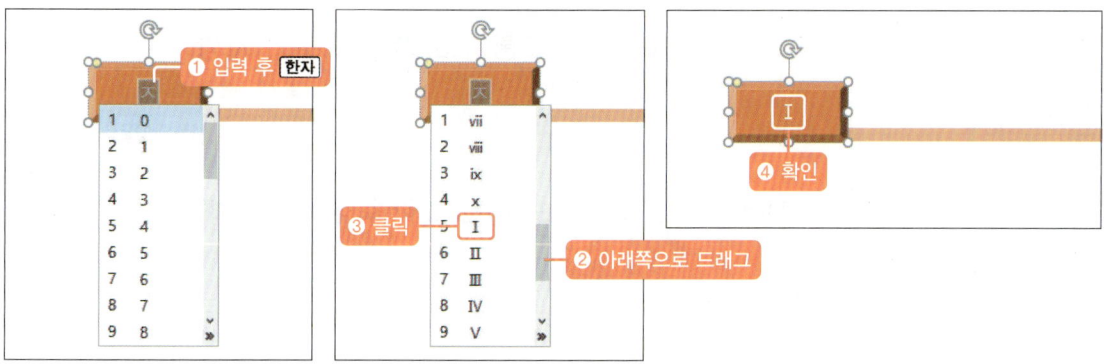

출제유형 03　61　[슬라이드 2] ≪목차 슬라이드≫

❷ [홈] 탭의 [글꼴] 그룹에서 **글꼴(굴림), 글꼴 크기(24pt)**를 지정합니다.

※ 답안 작성요령에 글꼴 색은 '검정' 또는 '흰색'으로 작성하라는 조건이 있기 때문에 도형 안의 글꼴 색이 흰색(흰색, 배경 1)이 맞는지 확인한 후 작업합니다.

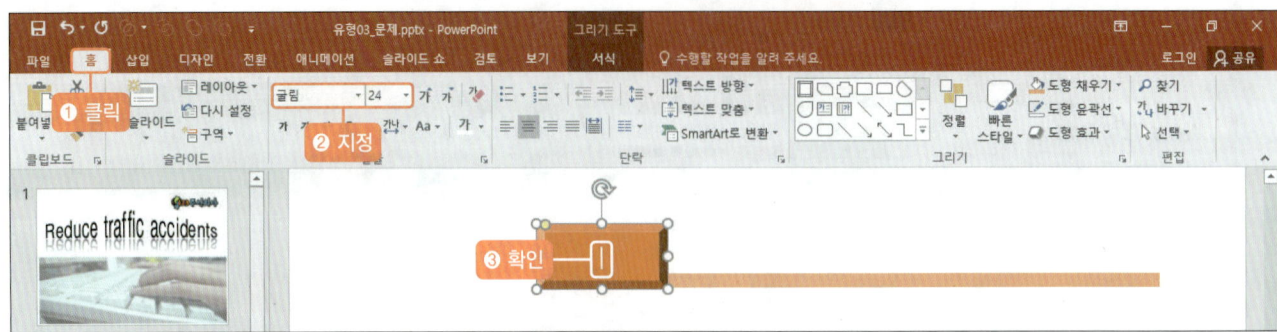

❸ 번호에 맞추어 목차 내용을 입력하기 위해 [삽입] 탭의 [텍스트] 그룹에서 **가로 텍스트 상자 그리기**(가)를 클릭합니다. 이어서, 마우스 포인터가 ↓ 모양으로 변경되면 아래 그림처럼 드래그 합니다.

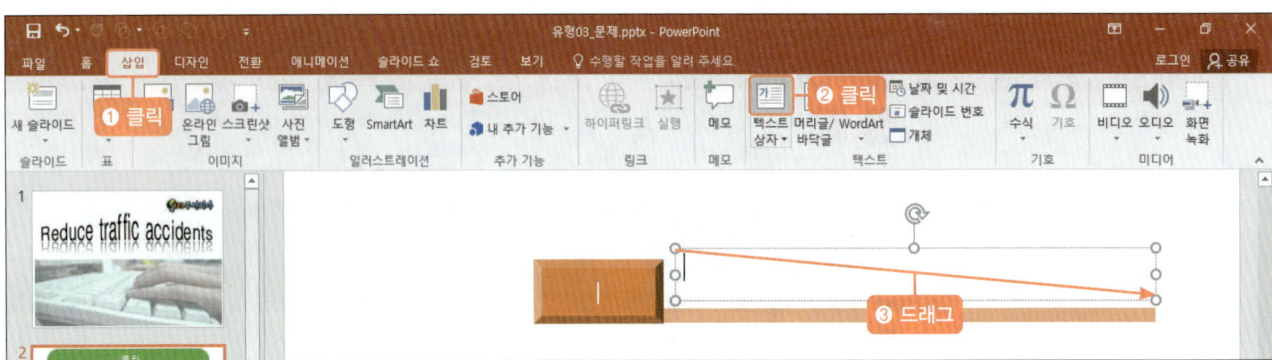

❹ 가로 텍스트 상자가 삽입되면 **교통사고 발생시 조치 사항**을 입력한 후 Esc 키를 누릅니다. 이어서, [홈] 탭의 [글꼴] 그룹에서 **글꼴(굴림), 글꼴 크기(24pt)**를 지정합니다.

※ ≪출력형태≫를 확인하여 텍스트를 정렬(왼쪽 맞춤/가운데 맞춤/오른쪽 맞춤)합니다.

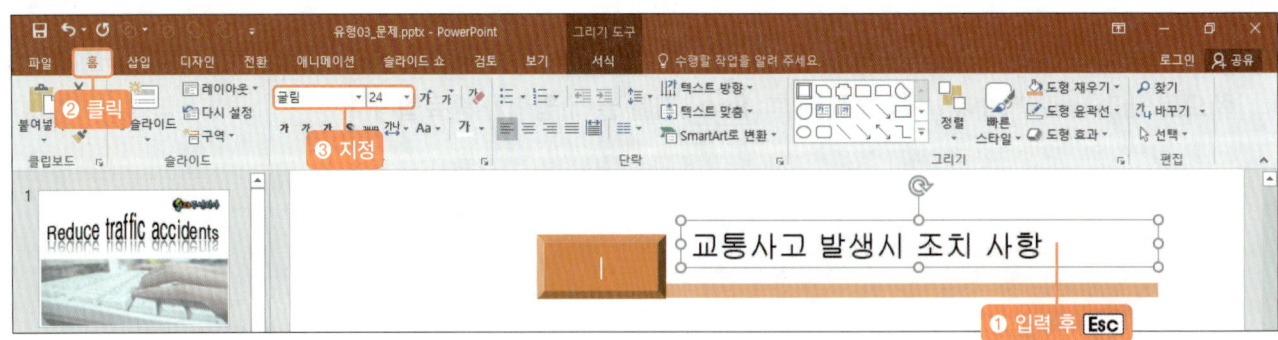

❺ 입력이 완료되면 ≪출력형태≫를 참고하여 텍스트 상자의 크기를 조절한 후 위치를 변경합니다.

※ 위치 변경은 텍스트 상자의 테두리를 드래그하며, 크기 조절은 조절점(○)을 드래그합니다.

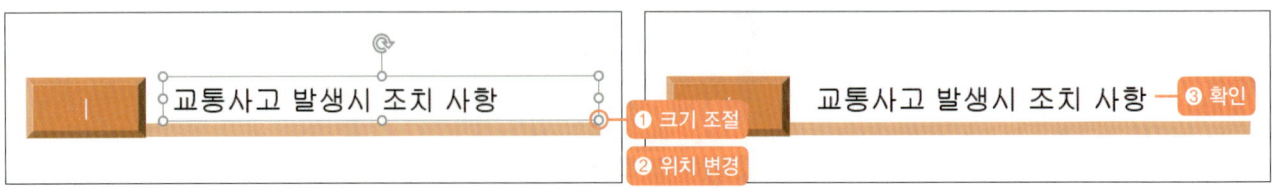

■ 도형 및 텍스트 상자를 복사한 후 내용 변경하기

❶ 그림과 같이 드래그하여 복사할 도형과 텍스트 상자를 선택합니다.

※ 위쪽 슬라이드 마스터의 텍스트 상자('목차')가 선택되지 않도록 주의하여 드래그합니다.

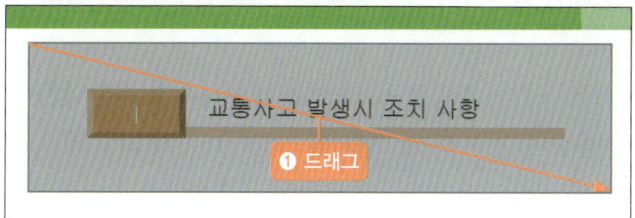 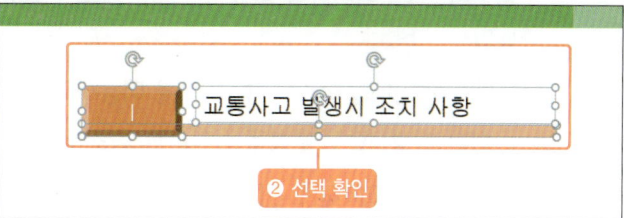

❷ Ctrl + Shift 키를 누른 채 아래쪽으로 드래그하여 복사합니다. 도형과 텍스트 상자가 복사되면 똑같은 방법으로 2개를 더 복사하여 총 4개를 만듭니다.

※ 도형의 간격이 ≪출력형태≫와 같지 않을 경우 키보드의 방향키(↑, ↓)를 눌러 조절합니다.

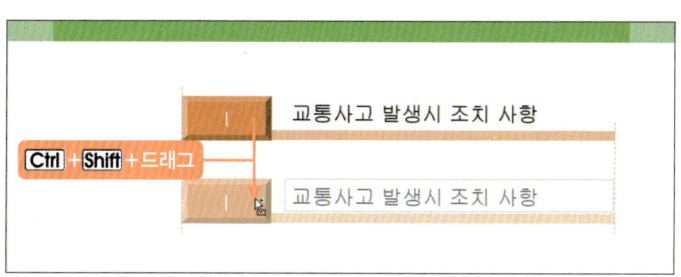

❸ 복사가 완료되면 도형과 가로 텍스트 상자 안쪽의 텍스트를 드래그하여 블록으로 지정한 후 ≪출력형태≫와 같이 내용을 입력합니다.

※ 숫자가 입력된 도형은 한글 자음 'ㅈ'을 입력한 후 한자 키를 눌러 로마 숫자(Ⅰ, Ⅱ, Ⅲ, Ⅳ)를 선택합니다.

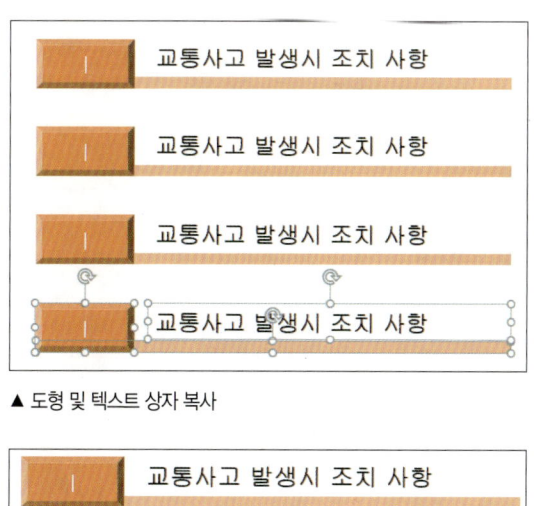

▲ 도형 및 텍스트 상자 복사

▲ 블록 지정 후 내용 입력

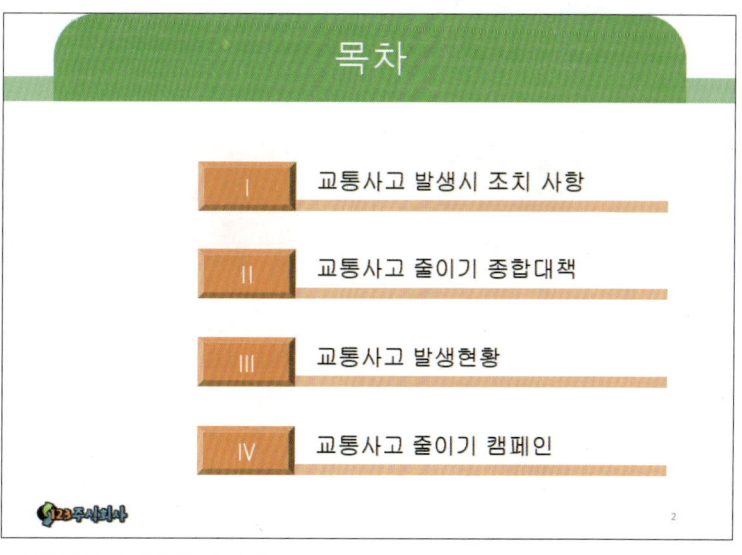

▲ 도형 및 텍스트 상자의 내용 수정

학습포인트 ★ 〈목차 슬라이드〉의 도형 편집 알아보기 ★

❶ 〈목차 슬라이드〉에서 작성하는 도형의 모양이 새로운 형태로 변경되었습니다. 기본적인 도형만 이용하여 작업한다면 큰 어려움이 없겠지만 슬라이드 마스터 도형처럼 다양한 기능을 활용하여 출제될 가능성도 있습니다.
 – 예 : 상하 대칭, 좌우 대칭 기능을 이용하여 도형을 회전, 노란색 조절점으로 도형을 변형시킨 후 상하 대칭, 회전 조절점으로 도형을 회전시킨 후 좌우 대칭, 도형을 회전한 후 텍스트 상자를 삽입하여 숫자 입력 등

❷ 아래 내용과 이미지를 참고하여 목차 도형을 완성합니다.
 – [파일]–[새로 만들기]–[새 프레젠테이션]을 더블 클릭
 – [홈]–[슬라이드]–[레이아웃]–빈 화면

▲ 완성 이미지

▲ 순서도: 순차적 액세스 저장소   ▲ 윤곽선 없음
　도형 삽입

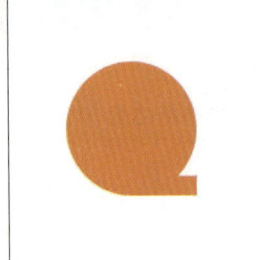 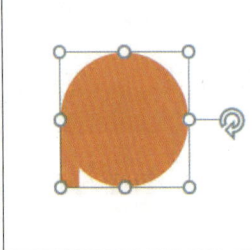 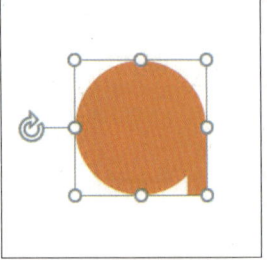
▲ 도형 채우기　　　▲ 오른쪽으로 90도 회전　　　▲ 좌우 대칭

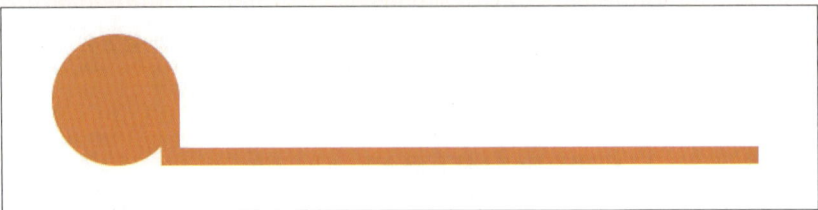
▲ 직사각형 도형 삽입 → 윤곽선 없음 → 도형 채우기 → 목차 도형 완성

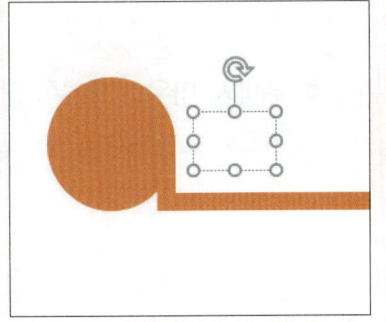
▲ 가로 텍스트 상자 그리기(□) 삽입

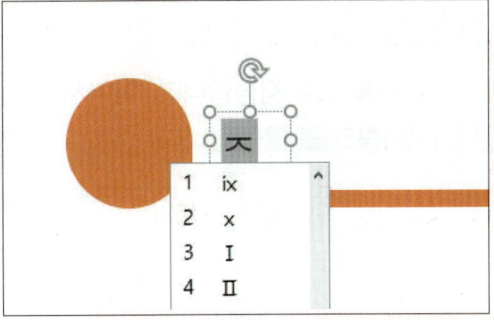
▲ 'ㅈ' 입력 후 한자 키를 눌러 Ⅰ을 선택

※ 주의 : 도형을 회전했기 때문에 도형 안에 글자를 입력하면 도형과 함께 글자도 회전됩니다. 이런 경우에는 텍스트 상자를 이용하여 글자를 입력한 후 도형 안쪽으로 텍스트 상자의 위치를 이동시킵니다.

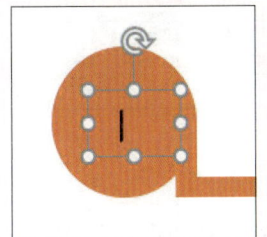
▲ 도형 안쪽으로 텍스트 상자 이동

▲ 글꼴(굴림), 글꼴 크기(24pt), 글꼴 색(흰색, 배경1)

※ 주의 : 크기가 작은 텍스트 상자를 이동시킬 때는 텍스트 상자의 크기를 키워 위치를 변경하거나, 텍스트 상자의 테두리를 클릭한 후 키보드의 방향키(←, →, ↑, ↓)를 눌러 이동합니다.

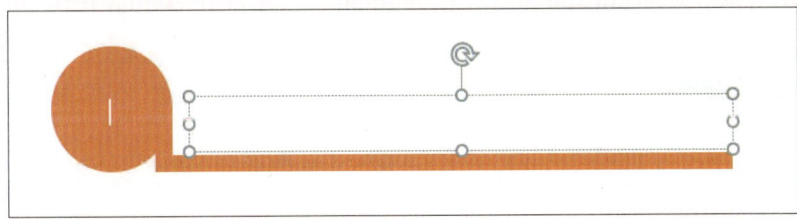
▲ 가로 텍스트 상자 그리기(□) 삽입

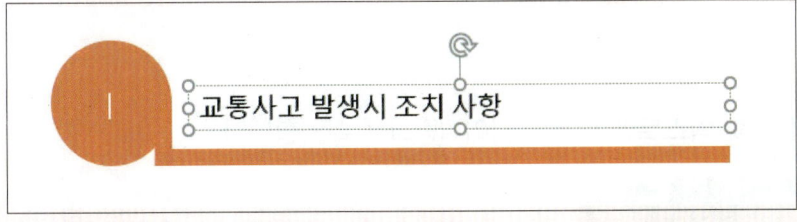
▲ 목차 내용 입력

▲ 글꼴(굴림), 글꼴 크기(24pt)

유형 02 텍스트에 하이퍼링크 적용하기

텍스트에 하이퍼링크 적용 → '슬라이드 5'

① **교통 사고 발생현황**을 드래그하여 블록으로 지정합니다. 이어서, 지정된 블록 위에서 마우스 오른쪽 단추를 눌러 바로 가기 메뉴가 나오면 **[하이퍼링크]**를 클릭합니다.

※ [삽입]-[링크]-하이퍼링크()를 클릭해도 됩니다.

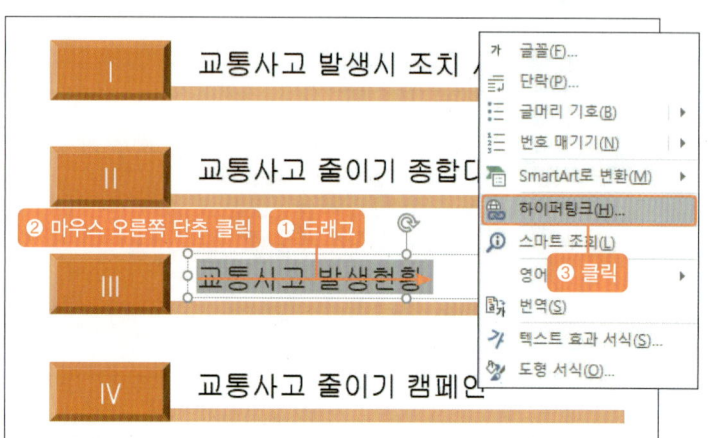

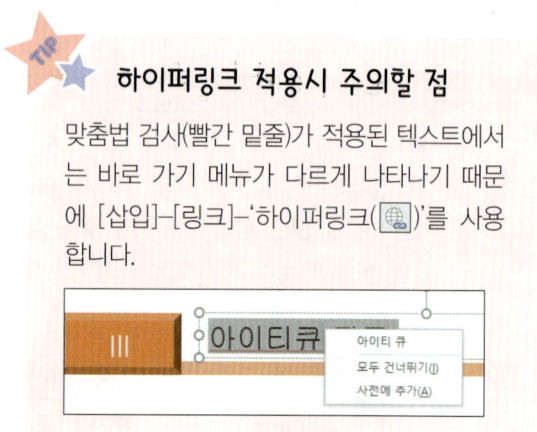

하이퍼링크 적용시 주의할 점

맞춤법 검사(빨간 밑줄)가 적용된 텍스트에서는 바로 가기 메뉴가 다르게 나타나기 때문에 [삽입]-[링크]-'하이퍼링크()'를 사용합니다.

② **[하이퍼링크 삽입]** 대화상자가 나오면 **현재 문서**를 클릭한 후 위치를 **슬라이드 5**로 선택합니다. 이어서, 〈확인〉 단추를 클릭합니다.

※ 시험에서는 [슬라이드 3~6]에 하이퍼링크를 적용하는 문제가 출제되고 있습니다.

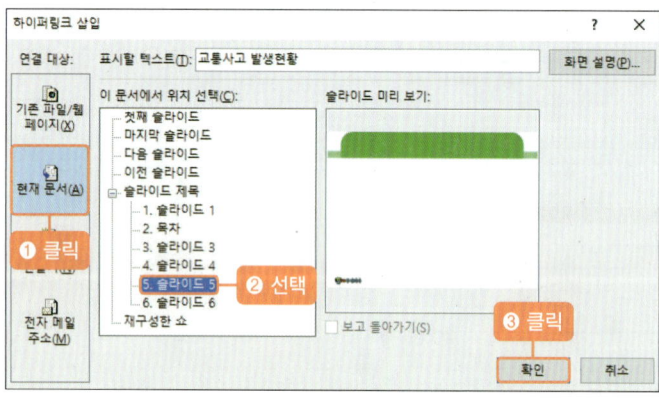

③ **Esc** 키를 눌러 블록 지정을 해제한 후 텍스트에 적용된 하이퍼링크를 확인합니다.

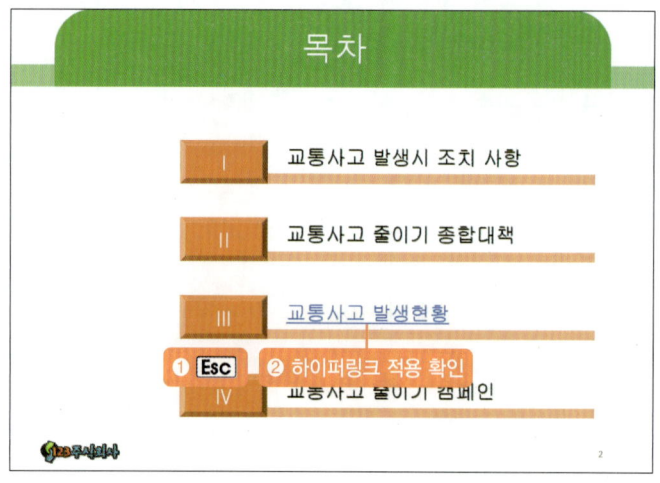

하이퍼링크

① 하이퍼링크가 적용되면 텍스트가 파란색으로 변경되며 동시에 밑줄이 생깁니다.

② 문제지 조건에 따라 하이퍼링크는 반드시 도형이 아닌 텍스트에 지정합니다.

③ 하이퍼링크를 잘못 지정했을 때는 하이퍼링크 위에서 마우스 오른쪽 단추를 눌러 바로 가기 메뉴가 나오면 [하이퍼링크 제거]를 클릭 한 후 다시 하이퍼링크를 지정합니다.

유형 03 자르기 기능을 이용하여 그림 삽입하기

그림 삽입 : 「내 PC\문서\ITQ\Picture\그림4.jpg」
자르기 기능 이용

① [삽입] 탭의 [이미지] 그룹에서 **그림**( )을 클릭합니다. [그림 삽입] 대화상자가 나오면 [내 PC]-[문서]-[ITQ]-[Picture]-**그림4**를 선택한 후 〈삽입〉 단추를 클릭합니다.

② 그림이 삽입되면 [그림 도구]-[서식] 탭의 [크기] 그룹에서 **자르기**( )를 클릭합니다. 이어서, 오른쪽 하단의 자르기 구분선( )을 드래그하여 필요한 부분만 보이도록 한 후 Esc 키를 눌러 이미지를 잘라냅니다.

③ ≪출력형태≫를 참고하여 그림의 위치를 변경합니다.

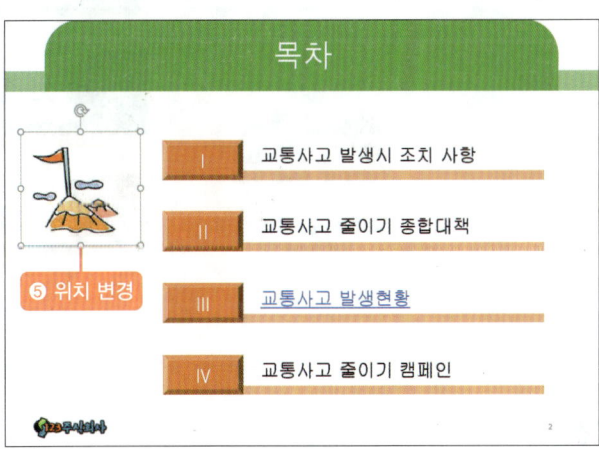

④ [파일]-[저장](Ctrl + S) 또는 [빠른 실행 도구 모음]에서 **저장**( )을 클릭합니다.

※ 실제 시험을 볼 때 작업 도중에 수시로(10분에 한 번 정도) 저장을 하는 것이 좋습니다.

시험 분석

[슬라이드 2] ≪목차 슬라이드≫
- 목차 도형 : 2개의 도형을 겹쳐서 만드는 목차 도형의 모양이 새로운 형태로 변경되었기 때문에 반드시 ≪출력형태≫를 참고하여 작업합니다.
- 하이퍼링크 : 도형 안쪽의 텍스트를 드래그하여 블록으로 지정한 후 텍스트에 하이퍼링크를 지정합니다.

[슬라이드 2] ≪목차 슬라이드≫

01 문제지의 지시사항 및 세부조건을 참고하여 출력형태에 알맞게 작업하시오.

· 소스파일 : [출제유형03]-정복03_문제01.pptx   · 정답파일 : [출제유형03]-정복03_완성01.pptx

(1) 출력형태와 같이 도형을 이용하여 목차를 작성한다(글꼴 : 굴림, 24pt).

(2) 도형 : 선 없음

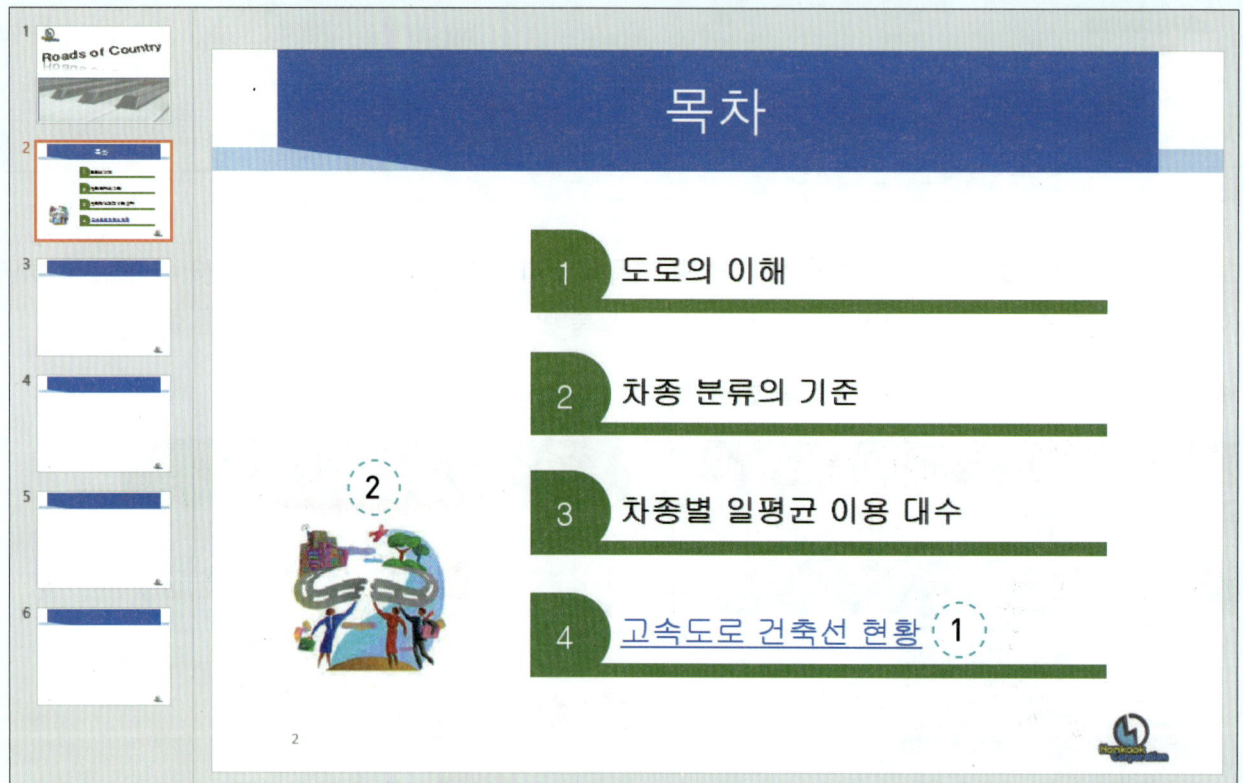

세부 조건

① 텍스트에 하이퍼링크 적용
　→ '슬라이드 6'

② 그림 삽입
　-「내 PC\문서\ITQ\Picture\그림4.jpg」
　- 자르기 기능 이용

02 문제지의 지시사항 및 세부조건을 참고하여 출력형태에 알맞게 작업하시오.

• 소스파일 : [출제유형03]-정복03_문제02.pptx   • 정답파일 : [출제유형03]-정복03_완성02.pptx

(1) 출력형태와 같이 도형을 이용하여 목차를 작성한다(글꼴 : 궁서, 24pt).
(2) 도형 : 선 없음

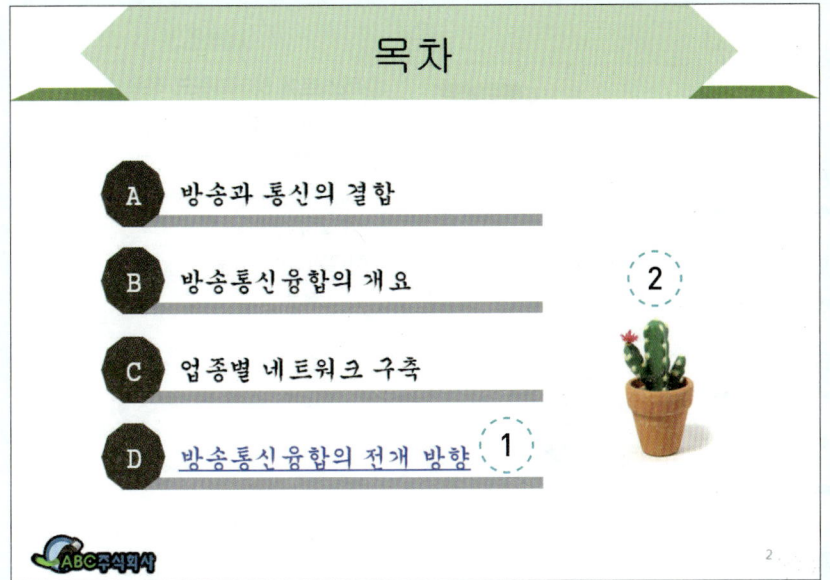

세부조건
① 텍스트에 하이퍼링크 적용
→ '슬라이드 6'
② 그림 삽입
- 「내 PC₩문서₩ITQ₩Picture₩그림4.jpg」
- 자르기 기능 이용

03 문제지의 지시사항 및 세부조건을 참고하여 출력형태에 알맞게 작업하시오.

• 소스파일 : [출제유형03]-정복03_문제03.pptx   • 정답파일 : [출제유형03]-정복03_완성03.pptx

(1) 출력형태와 같이 도형을 이용하여 목차를 작성한다(글꼴 : 굴림, 24pt).
(2) 도형 : 선 없음

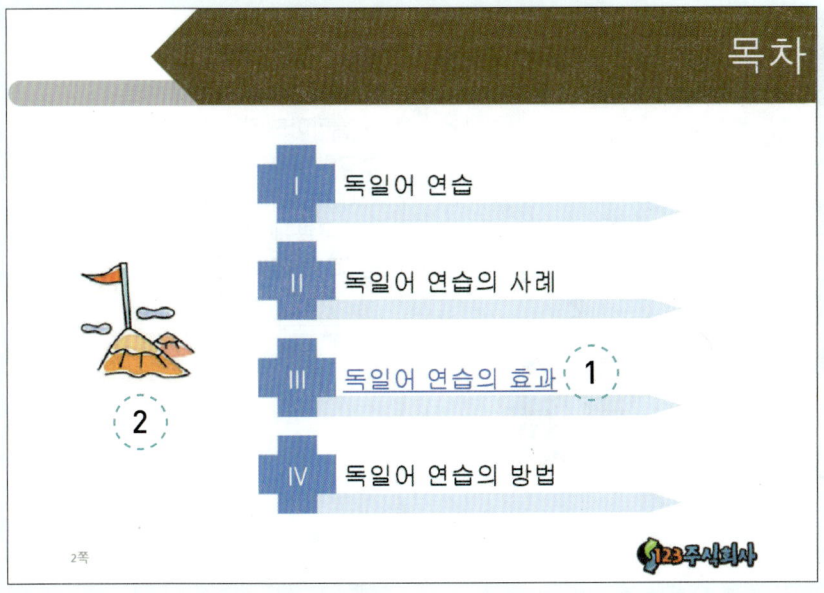

세부조건
① 텍스트에 하이퍼링크 적용
→ '슬라이드 5'
② 그림 삽입
- 「내 PC₩문서₩ITQ₩Picture₩그림4.jpg」
- 자르기 기능 이용

04 문제지의 지시사항 및 세부조건을 참고하여 출력형태에 알맞게 작업하시오.

· 소스파일 : [출제유형03]-정복03_문제04.pptx   · 정답파일 : [출제유형03]-정복03_완성04.pptx

(1) 출력형태와 같이 도형을 이용하여 목차를 작성한다(글꼴 : 돋움, 24pt).
(2) 도형 : 선 없음

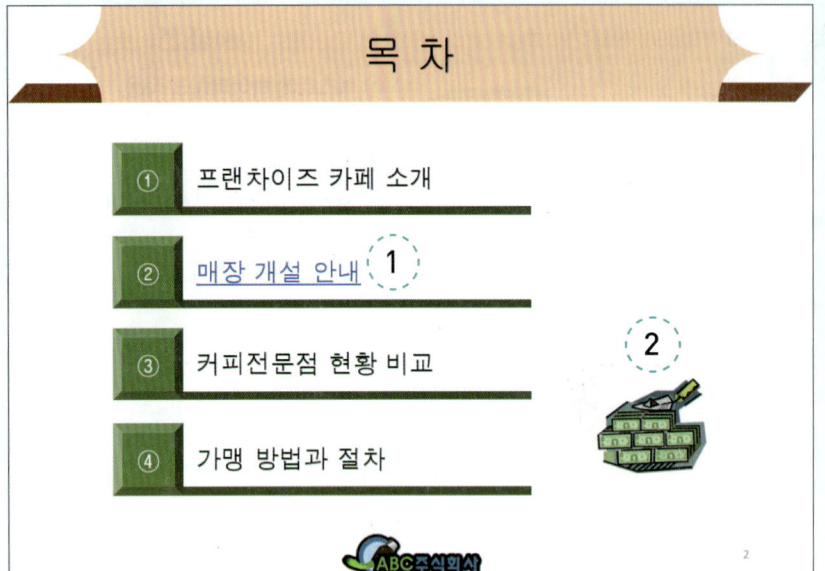

세부조건
① 텍스트에 하이퍼링크 적용
→ '슬라이드 4'
② 그림 삽입
- 「내 PC\문서\ITQ\Picture
  \그림5.jpg」
- 자르기 기능 이용

05 문제지의 지시사항 및 세부조건을 참고하여 출력형태에 알맞게 작업하시오.

· 소스파일 : [출제유형03]-정복03_문제05.pptx   · 정답파일 : [출제유형03]-정복03_완성05.pptx

(1) 출력형태와 같이 도형을 이용하여 목차를 작성한다(글꼴 : 굴림, 24pt).
(2) 도형 : 선 없음

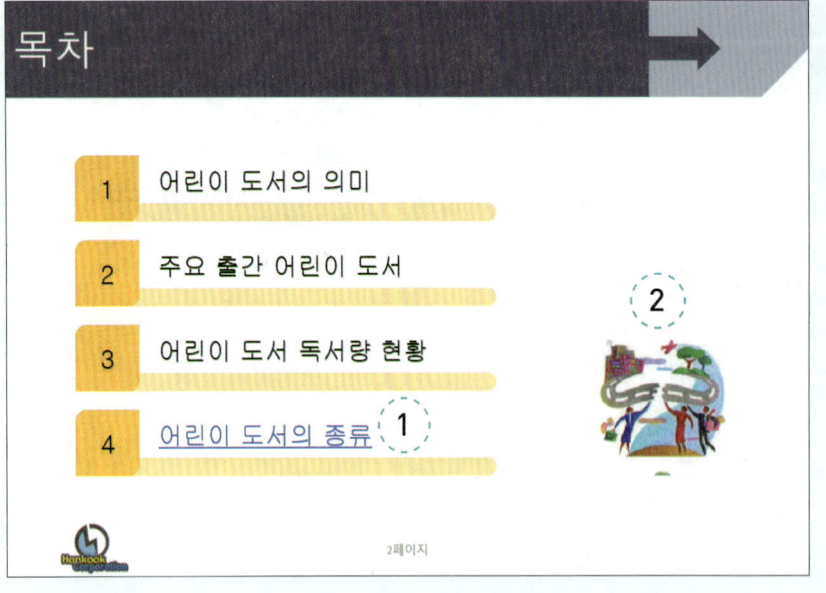

세부조건
① 텍스트에 하이퍼링크 적용
→ '슬라이드 6'
② 그림 삽입
- 「내 PC\문서\ITQ\Picture
  \그림4.jpg」
- 자르기 기능 이용

06 문제지의 지시사항 및 세부조건을 참고하여 출력형태에 알맞게 작업하시오.

· 소스파일 : [출제유형03]-정복03_문제06.pptx   · 정답파일 : [출제유형03]-정복03_완성06.pptx

(1) 출력형태와 같이 도형을 이용하여 목차를 작성한다(글꼴 : 궁서, 24pt).
(2) 도형 : 선 없음

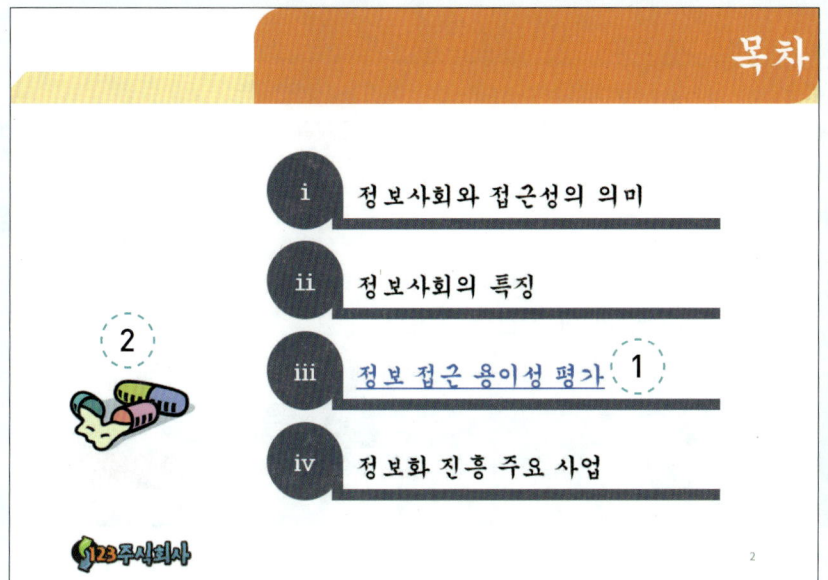

세부조건
① 텍스트에 하이퍼링크 적용
→ '슬라이드 5'
② 그림 삽입
- 「내 PC₩문서₩ITQ₩Picture ₩그림5.jpg」
- 자르기 기능 이용

07 문제지의 지시사항 및 세부조건을 참고하여 출력형태에 알맞게 작업하시오.

· 소스파일 : [출제유형03]-정복03_문제07.pptx   · 정답파일 : [출제유형03]-정복03_완성07.pptx

(1) 출력형태와 같이 도형을 이용하여 목차를 작성한다(글꼴 : 돋움, 24pt).
(2) 도형 : 선 없음

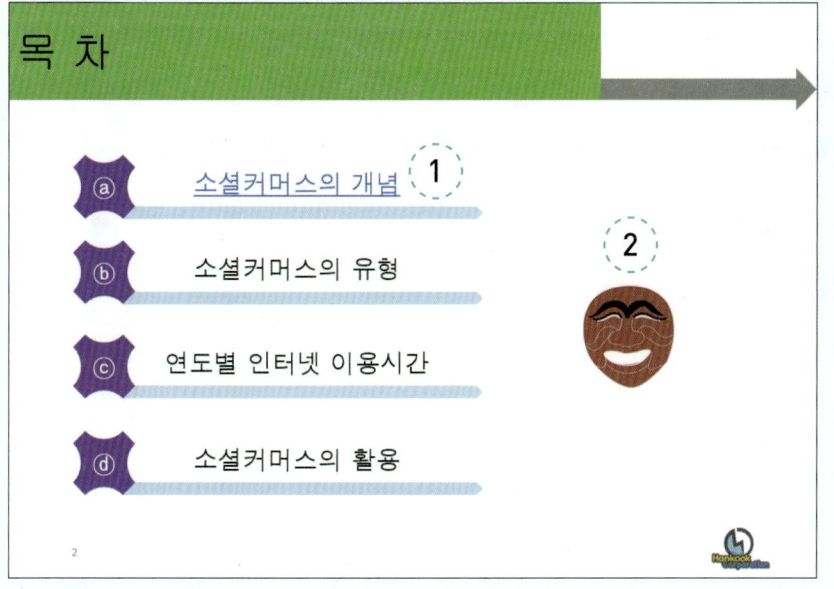

세부조건
① 텍스트에 하이퍼링크 적용
→ '슬라이드 3'
② 그림 삽입
- 「내 PC₩문서₩ITQ₩Picture ₩그림5.jpg」
- 자르기 기능 이용

출제유형 04

[슬라이드 3] ≪텍스트/동영상 슬라이드≫

- 글머리 기호 지정하기
- 문단 서식 지정하기
- 줄 간격 지정하기
- 동영상 삽입하기

문제 미리보기

· 소스파일 : [출제유형04]-유형04_문제.pptx   · 정답파일 : [출제유형04]-유형04_완성.pptx

◆ [슬라이드 3] ≪텍스트/동영상 슬라이드≫   (60점)

(1) 텍스트 작성 : 글머리 기호 사용(➤, ✓)

➤문단(굴림, 24pt, 굵게, 줄간격 : 1.5줄), ✓문단(굴림, 20pt, 줄간격 : 1.5줄)

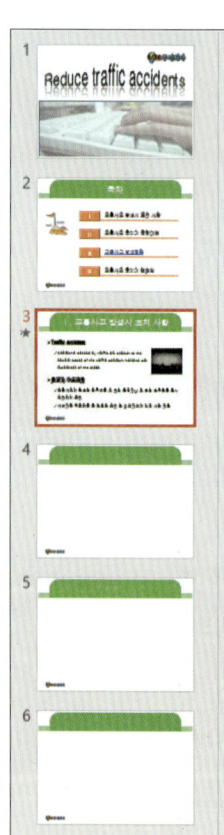

Ⅰ. 교통사고 발생시 조치 사항

➤Traffic accident

✓ Accidents caused by traffic are subject to the special cases of the traffic accident handing act regardless of the place

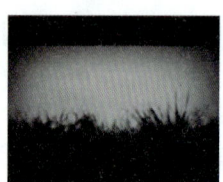

➤피해자 구호조치

✓ 교통사고가 발생한 경우에는 그 차의 운전자나 그 밖의 승무원은 즉시 정차하여 조치

✓ 사상자를 구호하는 등 필요한 조치 및 피해자에게 인적 사항 제공

◆ 세부 조건

① 동영상 삽입 :
  - 「내 PC₩문서₩ITQ₩Picture₩동영상.wmv」
  - 자동실행, 반복재생 설정

유형 01 텍스트 상자에 내용을 입력하기

■ 텍스트 상자 '자동 맞춤 안 함' 지정하기

① 유형04_문제.pptx 파일을 불러와 [슬라이드 3]을 클릭한 후 작업합니다.

※ 파일 불러오기 : [파일]-[열기]-[찾아보기]를 클릭한 후 [열기] 대화상자에서 파일을 선택합니다.

② 슬라이드 상단의 '제목을 입력하십시오'를 클릭한 후 Ⅰ. **교통사고 발생시 조치 사항**을 입력합니다. 이어서, '텍스트를 입력하십시오' 텍스트 상자의 테두리 위에서 마우스 오른쪽 단추를 눌러 바로 가기 메뉴가 나오면 [**도형 서식**]을 클릭합니다.

※ 제목을 입력할 때 한글 자음 'ㅈ'을 입력한 후 한자 키를 눌러 로마 숫자(Ⅰ, Ⅱ, Ⅲ, Ⅳ)를 선택합니다.

③ 오른쪽 작업 창이 활성화되면 [텍스트 옵션]에서 [텍스트 상자( )]를 눌러 **자동 맞춤 안 함**을 선택한 후 작업 창을 종료( )합니다.

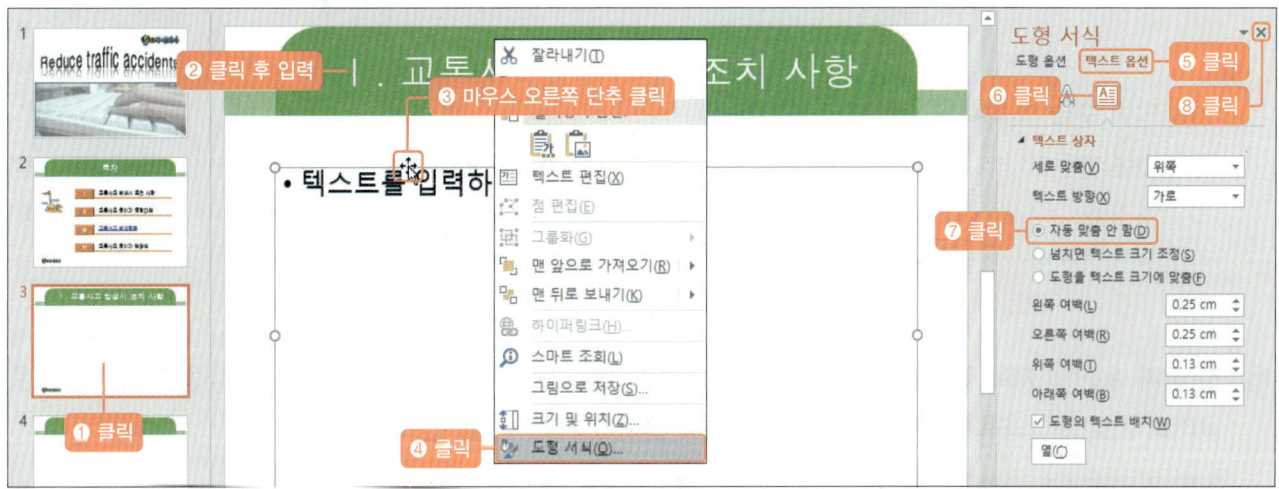

[자동 맞춤 안 함]

텍스트 상자 안에 내용을 입력할 때 텍스트 상자의 크기에 비해 글자 수가 많아 글자가 넘치게 되면 임의로 글꼴의 '크기 및 줄 간격'이 자동으로 변경됩니다. 하지만 '자동 맞춤 안 함'을 지정하면 텍스트 상자의 크기와 상관없이 변경했던 글자 크기를 고정할 수 있습니다.

▲ 텍스트에 [자동 맞춤 안 함]이 지정되지 않았을 경우 → 글꼴의 크기와 줄 간격이 줄어들게 됩니다.

▲ 텍스트에 [자동 맞춤 안 함]이 지정되어 있을 경우 → 텍스트 상자 밖으로 글자가 넘치지만 글꼴의 크기 및 줄 간격은 그대로 유지됩니다.

■ 텍스트를 입력한 후 서식 변경하기

> 문단(굴림, 24pt, 굵게, 줄간격 : 1.5줄),
> ✓ 문단(굴림, 20pt, 줄간격 : 1.5줄)

① '텍스트를 입력하십시오'를 클릭하여 Traffic accident를 입력한 후 **Enter** 키를 눌러 다음 문단으로 이동합니다. 이어서, **Tab** 키를 눌러 하위 수준으로 변경한 후 내용을 입력합니다.

▲ 입력 내용

하위 수준 목록의 내용 입력시 주의할 점

① 현재 작업은 하위 수준 목록의 글머리 기호가 하나 밖에 없기 때문에 **Enter** 키를 누르지 않고 계속 이어서 입력합니다.
② 작업 도중 글머리 기호가 삭제되었어도 나중에 다시 지정하는 작업이 있기 때문에 삭제된 글머리 기호는 무시하고 내용을 입력합니다.(단, **Tab** 키를 눌러 하위 수준으로 반드시 변경해야 함)

② 첫 번째 문단의 **제목(Traffic accident)**을 드래그하여 블록으로 지정합니다. 이어서, [홈] 탭의 [단락] 그룹에서 글머리 기호(☰)의 목록 단추(▼)를 눌러 **화살표 글머리 기호(▶)**를 선택합니다.

❸ [홈] 탭의 [글꼴] 그룹에서 **글꼴(굴림)**, **글꼴 크기(24pt)**, **굵게( )**를 지정한 후 [단락] 그룹에서 [줄 간격( )]-1.5를 클릭합니다.

※ 반드시 첫 번째 문단의 제목('Traffic accident')이 블록으로 지정되어 있어야 합니다.

TIP 텍스트 빨간 밑줄(맞춤법 검사) 〈예시 : al, etc 〉

텍스트를 입력한 후 텍스트 아래쪽에 빨간 밑줄이 생기더라도 오탈자가 없다면 채점과 무관합니다. 그러나, 영문에서는 오타일 확률이 높기 때문에 반드시 ≪출력형태≫와 똑같이 입력했는지 확인하고 넘어가는 것이 좋습니다.

❹ 첫 번째 문단의 내용(하위 수준 목록의 내용)을 마우스로 드래그하여 블록으로 지정합니다. 이어서, [홈] 탭의 [단락] 그룹에서 글머리 기호( )의 목록 단추( )를 눌러 **대조표 글머리 기호(✓)**를 선택합니다.

※ 프로그램의 버전 및 사용 환경에 따라 글머리 기호의 목록이 다르게 보일 수 있습니다.

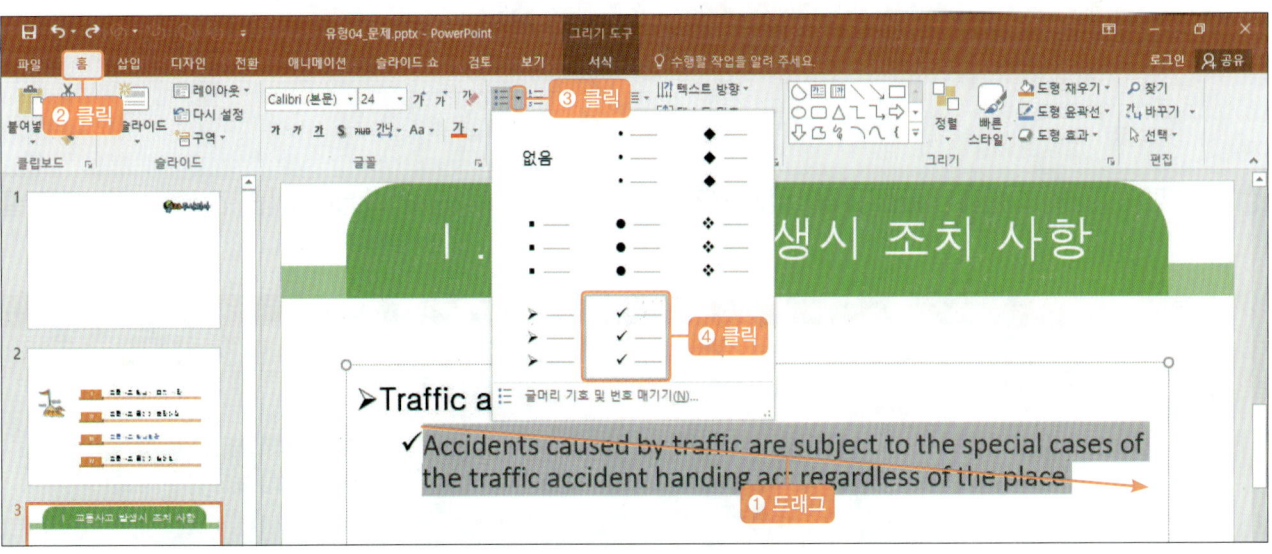

 **다양한 글머리 기호 찾기**

만약 ≪출력형태≫와 똑같은 모양의 글머리 기호가 보이지 않는 경우에는 아래 그림을 참고하여 똑같은 글머리 기호를 찾아 지정하도록 합니다.

❶ [홈]-[단락]-[글머리 기호(≡)]의 목록 단추(▼) 클릭 → '글머리 기호 및 번호 매기기' 클릭
❷ [글머리 기호 및 번호 매기기] 대화상자가 나오면 〈사용자 지정〉 단추 클릭

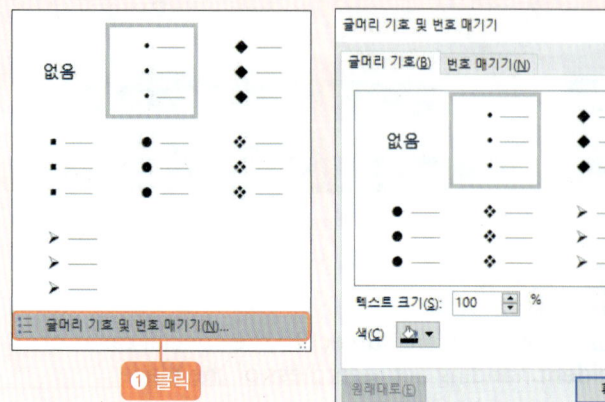

❸ [기호] 대화상자가 나오면 글꼴-wingdings에서 ≪출력형태≫와 동일한 글머리 기호(✓)를 선택한 후 〈확인〉 단추 클릭
❹ [글머리 기호 및 번호 매기기] 대화상자가 다시 나오면 추가된 글머리 기호(✓)를 선택한 후 〈확인〉 단추 클릭

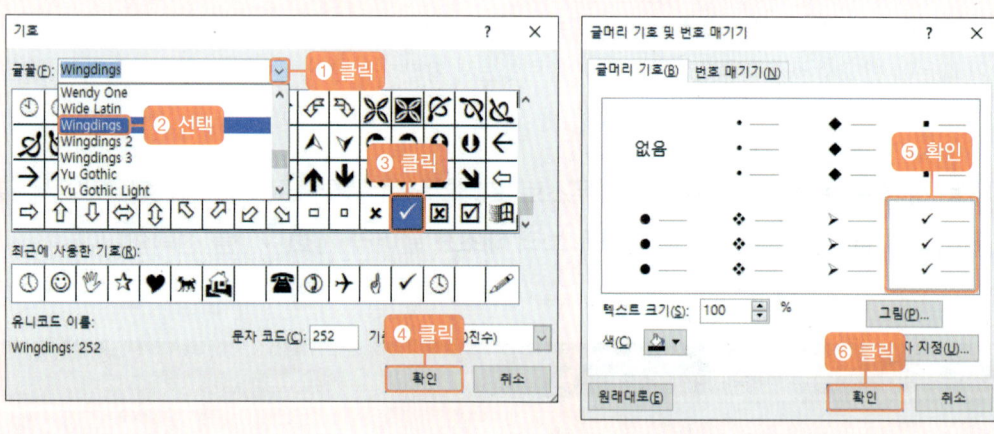

❺ [홈] 탭의 [글꼴] 그룹에서 **글꼴(굴림), 글꼴 크기(20pt)**를 지정한 후 [단락] 그룹에서 [줄 간격(≡▼)]-**1.5**를 클릭합니다.

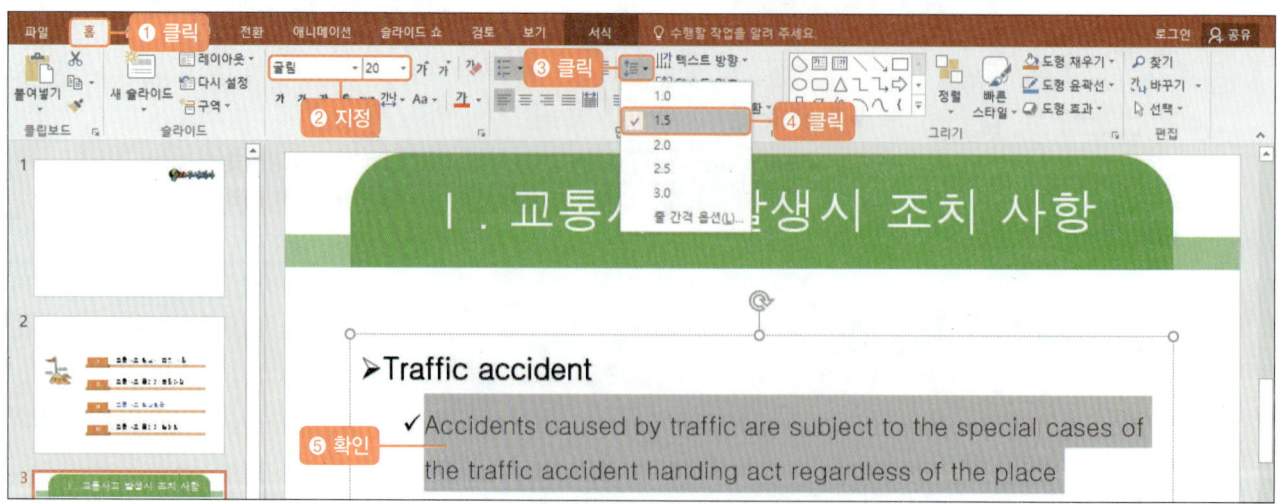

■ 텍스트 상자의 크기 및 위치를 ≪출력형태≫처럼 맞추기

① 텍스트 입력 및 글꼴과 단락 변경이 완료되면 텍스트 상자의 오른쪽 가운데 조절점(○)을 드래그하여 ≪출력형태≫와 같이 크기를 조절합니다.

※ 만약 오탈자가 없음에도 불구하고 오른쪽 끝 글자가 ≪출력형태≫처럼 맞춰지지 않을 경우에는 줄을 바꿀 단어(예 : act) 뒤에서 Shift + Enter 키를 눌러 강제로 맞출 수 있습니다.

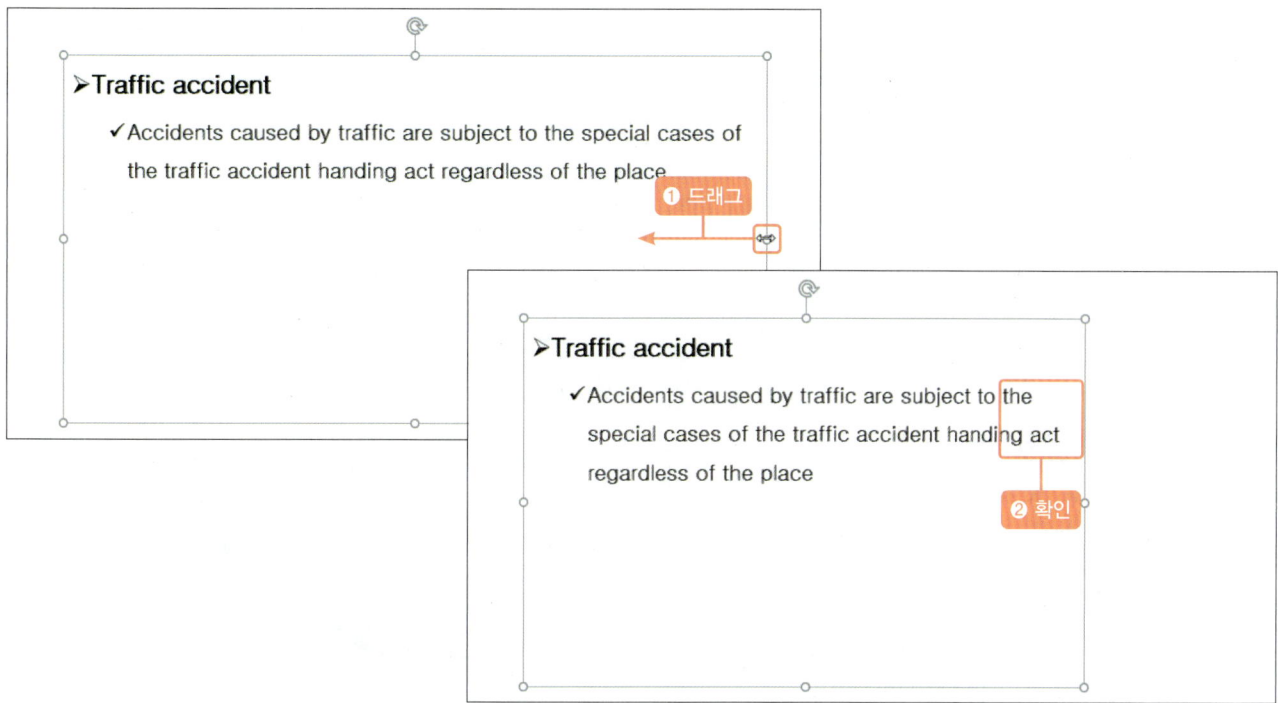

② 텍스트 상자의 아래쪽 가운데 조절점(○)을 드래그하여 그림과 같이 크기를 조절한 후 텍스트 상자의 테두리를 드래그하여 ≪출력형태≫와 같이 위치를 변경합니다.

※ 텍스트 상자의 위치를 슬라이드의 왼쪽 상단으로 이동하여 아래쪽에 텍스트를 입력할 공간을 마련합니다.

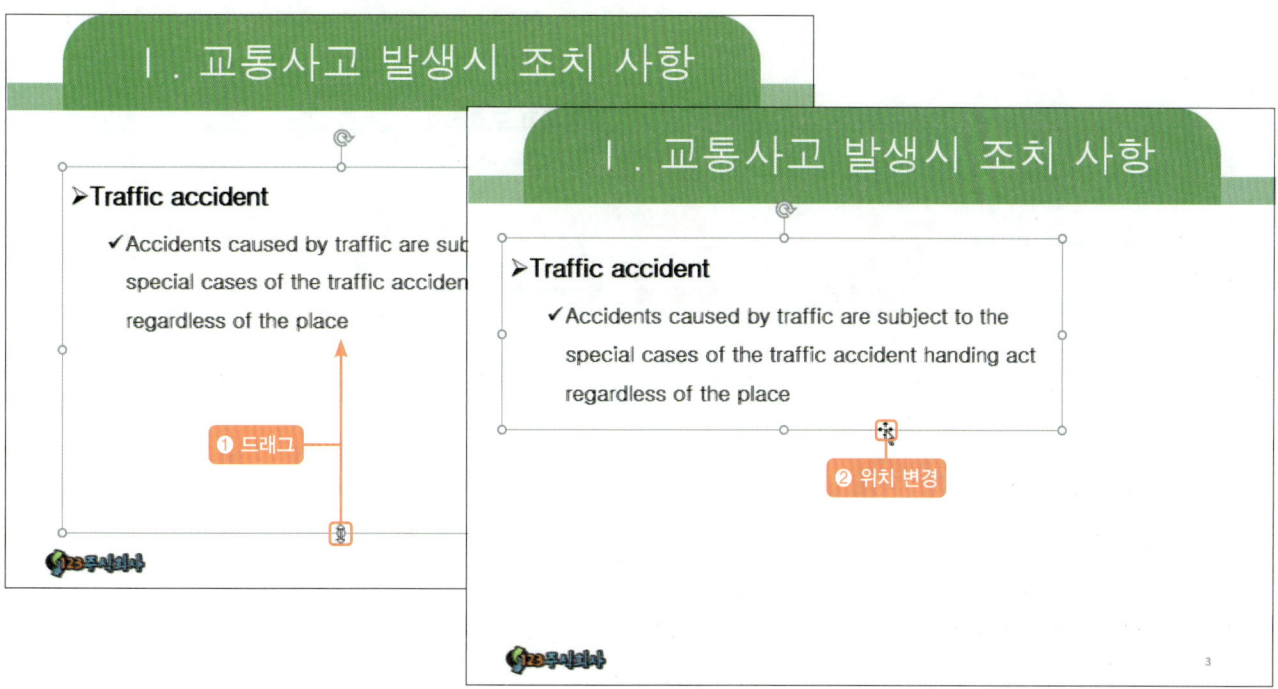

유형 02 텍스트 상자를 복사한 후 내용 수정하기

❶ **Ctrl**+**Shift** 키를 누른 채 작성된 텍스트 상자의 테두리를 아래쪽으로 드래그하여 복사합니다.

❷ 복사된 문단의 **제목(Traffic accident)**이 끝나는 부분을 클릭하여 **Ctrl**+**Back space** 키를 눌러서 내용을 삭제한 후 **피해자 구호조치**를 입력합니다.

  ※ 내용을 잘못 삭제하여 글머리 기호 및 글자 서식이 변경되었을 경우에는 **Ctrl**+**Z** 키를 눌러 되돌리기 한 후 위와 같은 방법으로 다시 작업합니다.

  ※ **Ctrl**+**Back space** 키를 누르면 한 단어씩 삭제되기 때문에 편리합니다.

❸ 복사된 문단의 내용을 입력하기 위해 ~place 뒤쪽을 클릭하여 **Ctrl**+**Back space** 키를 눌러서 내용을 삭제한 후 그림과 같이 문단의 내용을 입력합니다.

  ※ ≪출력형태≫를 보면 두 개의 글머리 기호(✓)가 있기 때문에 첫 번째 내용 입력이 끝난 후에는 **Enter** 키를 눌러 줄 바꿈 한 뒤 두 번째 내용을 입력합니다.

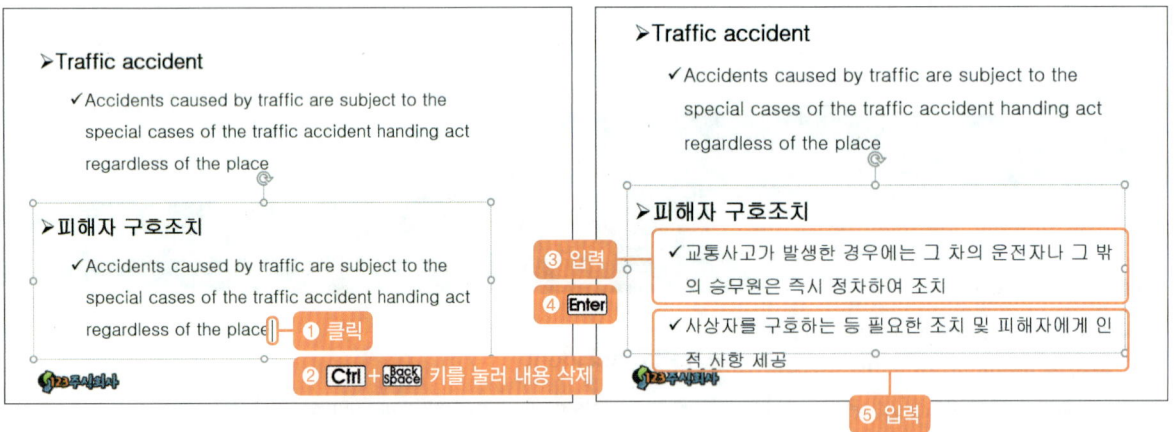

❹ 텍스트 상자의 오른쪽 가운데 조절점(○)을 드래그하여 ≪출력형태≫와 같이 크기를 조절합니다.

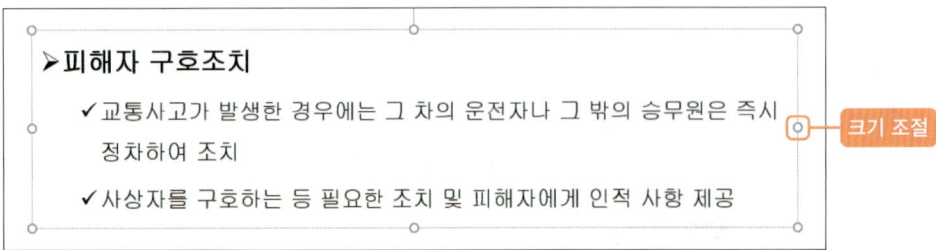

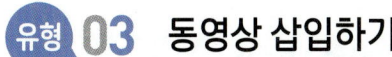

> 동영상 삽입 : 「내 PC\문서\ITQ\Picture\동영상.wmv」
> 자동실행, 반복재생 설정

유형 03 동영상 삽입하기

❶ [삽입] 탭의 [미디어] 그룹에서 **[비디오(　)]-[내 PC의 비디오]**를 클릭합니다. 이어서, [비디오 삽입] 대화상자가 나오면 [내 PC]-[문서]-[ITQ]-[Picture]-**동영상**을 선택한 후 〈삽입〉 단추를 클릭합니다.

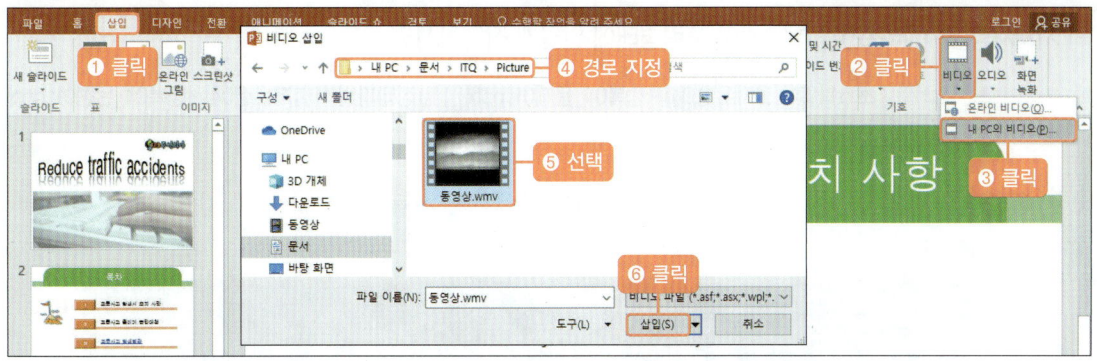

❷ ≪출력형태≫를 참고하여 동영상의 크기를 조절한 후 위치를 변경합니다.

❸ [비디오 도구]-[재생] 탭의 [비디오 옵션] 그룹에서 **시작-자동 실행**과 **반복 재생**을 지정한 후 Esc 키를 누릅니다.

❹ [파일]-[저장](Ctrl+S) 또는 [빠른 실행 도구 모음]에서 **저장(　)**을 클릭합니다.

※ 실제 시험을 볼 때 작업 도중에 수시로(10분에 한 번 정도) 저장을 하는 것이 좋습니다.

시험 분석

[슬라이드 3] ≪텍스트/동영상 슬라이드≫

- 제목 텍스트 상자에 제목을 입력할 때 번호를 함께 입력하도록 변경되었습니다. 제목 텍스트 상자에 입력하는 번호(예 : Ⅰ, Ⅱ, Ⅲ, Ⅳ)는 〈목차 슬라이드〉에서 입력했던 번호 형식(로마 숫자 : Ⅰ, Ⅱ, Ⅲ, Ⅳ)을 그대로 따라갑니다.
- 글머리 기호는 ❖, ➢, ✓ 등의 모양이 자주 출제되고 있습니다.
- 동영상을 삽입할 때는 '자동실행'과 '반복재생'을 지정하는 형식으로 계속 출제되고 있으나, 반드시 세부 조건을 참고하여 작업합니다

[슬라이드 3] ≪텍스트/동영상 슬라이드≫

01 문제지의 지시사항 및 세부조건을 참고하여 출력형태에 알맞게 작업하시오.

• 소스파일 : [출제유형04]-정복04_문제01.pptx • 정답파일 : [출제유형04]-정복04_완성01.pptx

(1) 텍스트 작성 : 글머리 기호 사용(❖, ➢)

❖문단(굴림, 24pt, 굵게, 줄간격 : 1.5줄), ➢문단(굴림, 20pt, 줄간격 : 1.5줄)

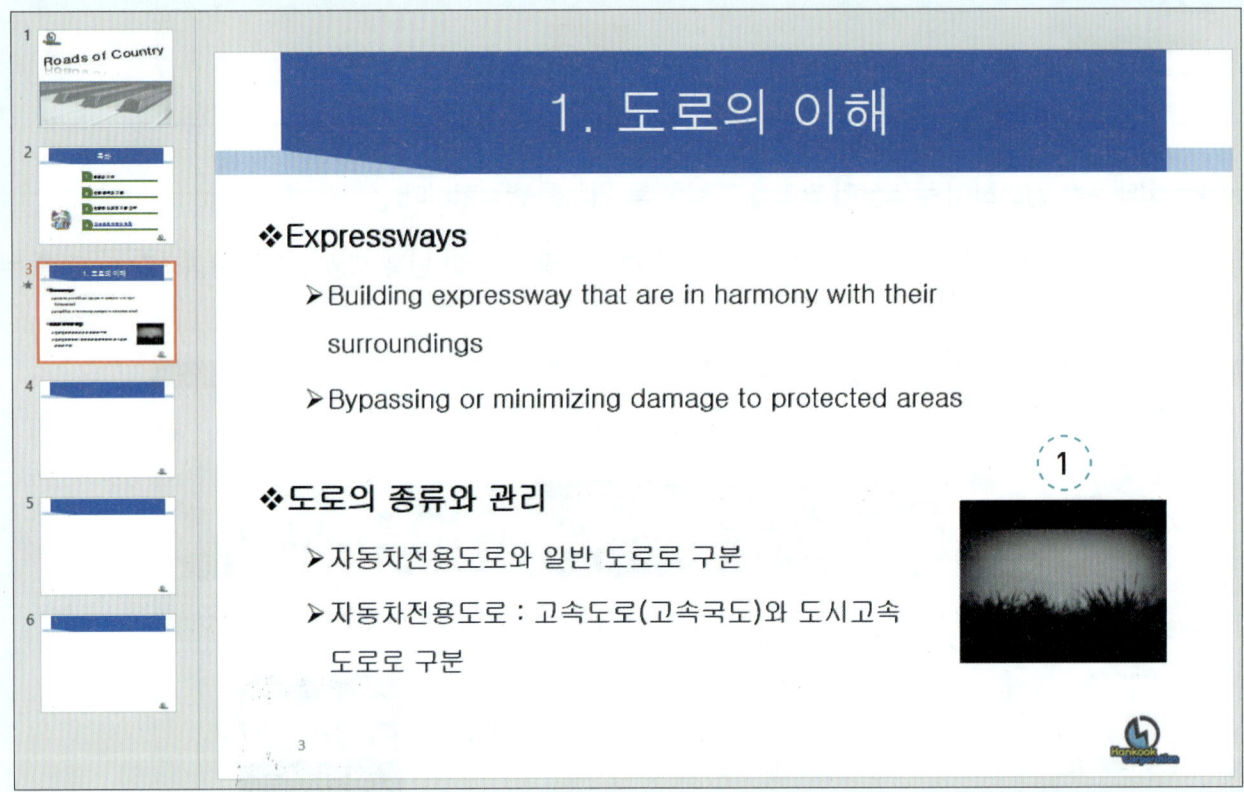

세부 조건

① 동영상 삽입 :
- 「내 PC₩문서₩ITQ₩Picture₩동영상.wmv」
- 자동실행, 반복재생 설정

02 문제지의 지시사항 및 세부조건을 참고하여 출력형태에 알맞게 작업하시오.

• 소스파일 : [출제유형04]-정복04_문제02.pptx • 정답파일 : [출제유형04]-정복04_완성02.pptx

(1) 텍스트 작성 : 글머리 기호 사용(●, ■)
  ● 문단(돋움, 24pt, 굵게, 줄간격 : 1.5줄), ■ 문단(굴림, 20pt, 줄간격 : 1.5줄)

A. 방송과 통신의 결합

- **Promote digital transition of terrestrial broadcasting**
  - Carry out joint promotional activity and improve digital reception by assisting community reception facility-building
- **의미와 전망**
  - 디지털 기술의 발전 및 네트워크의 광대역화 진전에 따라 기존 방송과 통신의 경계가 무너지는 현상
  - DMB, IPTV, TV 포털, VOD 등 소비자의 요구에 따라 미디어 선택이 가능하도록 특화된 서비스 등장

세부조건
① 동영상 삽입 :
 - 「내 PC\문서\ITQ\Picture\동영상.wmv」
 - 자동실행, 반복재생 설정

03 문제지의 지시사항 및 세부조건을 참고하여 출력형태에 알맞게 작업하시오.

• 소스파일 : [출제유형04]-정복04_문제03.pptx • 정답파일 : [출제유형04]-정복04_완성03.pptx

(1) 텍스트 작성 : 글머리 기호 사용(➤, □)
  ➤ 문단(굴림, 24pt, 굵게, 줄간격 : 1.5줄), □ 문단(굴림, 20pt, 줄간격 : 1.5줄)

Ⅰ. 독일어 연습

- **➤ 독일어 연습 방법**
  - □ 문법에만 매달리지 않으며 독일어를 암호 풀듯이 해석하고 번역하지 않음
  - □ 독일어를 듣고 읽지 않으면 절대 말하고 쓸 수 없고 독일어 책을 많이 읽으면 자연스럽게 독일어를 잘하게 됨
- **➤ Practicing German**
  - □ Do you want to speak German with fluency
  - □ Do you think that studying German is very difficult

세부조건
① 동영상 삽입 :
 - 「내 PC\문서\ITQ\Picture\동영상.wmv」
 - 자동실행, 반복재생 설정

04 문제지의 지시사항 및 세부조건을 참고하여 출력형태에 알맞게 작업하시오.

· 소스파일 : [출제유형04]-정복04_문제04.pptx   · 정답파일 : [출제유형04]-정복04_완성04.pptx

(1) 텍스트 작성 : 글머리 기호 사용(✓, ◆)

✓문단(궁서, 24pt, 굵게, 줄간격 : 1.5줄), ◆문단(돋움, 20pt, 줄간격 : 1.5줄)

① 프랜차이즈 카페 소개

✓프랜차이즈란?
 ◆편안함을 제공하며 친근하고 품격 있는 인테리어와 신선한 메뉴로 여유를 즐길 수 있음
 ◆시스템을 도입하여 매장 운영 관리에 필요한 수많은 프로젝트를 수행하여 사전에 제시하고 해결하는 효과를 제공

✓beverage
 ◆Franchise cafe is importing top quality wine exclusively from Italy wine is trying to be cozy up to customers

세부조건

① 동영상 삽입 :
 -「내 PC₩문서₩ITQ₩Picture₩동영상.wmv」
 - 자동실행, 반복재생 설정

---

05 문제지의 지시사항 및 세부조건을 참고하여 출력형태에 알맞게 작업하시오.

· 소스파일 : [출제유형04]-정복04_문제05.pptx   · 정답파일 : [출제유형04]-정복04_완성05.pptx

(1) 텍스트 작성 : 글머리 기호 사용(❖, •)

❖문단(돋움, 24pt, 굵게, 줄간격 : 2.0줄), •문단(돋움, 20pt, 줄간격 : 1.5줄)

1. 어린이 도서의 의미

❖The Three Snow Bears by Jan Brett
 • The Three Snow Bears by Jan Brett is an entertaining retelling of Goldilocks and the Three Bears set in an intuit village in the Artic

❖어린이 도서의 의미
 • 어린이들을 효과적으로 교육하기 위하여 구안된 그림을 담은 책
 • 그림을 중심으로 한 아동용 간행물로 교육가인 루터, 프뢰벨 등이 어린이 교육에서 그림책을 제작하여 이용

세부조건

① 동영상 삽입 :
 -「내 PC₩문서₩ITQ₩Picture₩동영상.wmv」
 - 자동실행, 반복재생 설정

06 문제지의 지시사항 및 세부조건을 참고하여 출력형태에 알맞게 작업하시오.

· 소스파일 : [출제유형04]-정복04_문제06.pptx   · 정답파일 : [출제유형04]-정복04_완성06.pptx

(1) 텍스트 작성 : 글머리 기호 사용(❏, ■)

❏ 문단(굴림, 24pt, 굵게, 줄간격 : 1.5줄), ■ 문단(굴림, 20pt, 줄간격 : 1.5줄)

i.정보사회와 접근성의 의미

❏ 정보사회와 접근성
- ■ 정보가 주된 재화 또는 생산요소로 등장하는 사회로서 정보지식과 기술이 결합하여 사회의 변화를 주도

❏ Web Accessibility
- ■ So that solve explanation absence about visual information principal parts text offer about image information
- ■ Caption offer to solve explanation absence about voice information of animation

세부조건

① **동영상 삽입** :
- 「내 PC\문서\ITQ\Picture \동영상.wmv」
- 자동실행, 반복재생 설정

---

07 문제지의 지시사항 및 세부조건을 참고하여 출력형태에 알맞게 작업하시오.

· 소스파일 : [출제유형04]-정복04_문제07.pptx   · 정답파일 : [출제유형04]-정복04_완성07.pptx

(1) 텍스트 작성 : 글머리 기호 사용(❖, ✓)

❖ 문단(궁서, 24pt, 굵게, 줄간격 : 1.5줄), ✓ 문단(돋움, 20pt, 줄간격 : 1.5줄)

ⓐ 소셜커머스의 개념

❖ **Social Commerce**
- ✓ Social media is becoming more a part of an overall integrated, multi-channel marketing strategy
- ✓ The use of social by marketers reflects this more deeply engrained behavior

❖ **소셜커머스**
- ✓ 소셜커머스는 페이스북, 트위터 등 소셜미디어를 활용하는 전자상거래
- ✓ 소셜커머스는 기존의 공동구매와는 달리 소비자의 인맥과 입소문을 활용하여 다양한 형태의 상품을 판매

세부조건

① **동영상 삽입** :
- 「내 PC\문서\ITQ\Picture \동영상.wmv」
- 자동실행, 반복재생 설정

출제유형 05

[슬라이드 4] ≪표 슬라이드≫

- 표를 작성한 후 표 스타일 지정하기
- 도형을 삽입하기

• 문제 미리보기

· 소스파일 : [출제유형05]-유형05_문제.pptx   · 정답파일 : [출제유형05]-유형05_완성.pptx

◆ [슬라이드 4] ≪표 슬라이드≫   (80점)

(1) 도형과 표 작성 기능을 이용하여 슬라이드를 작성한다(글꼴 : 돋움, 18pt).

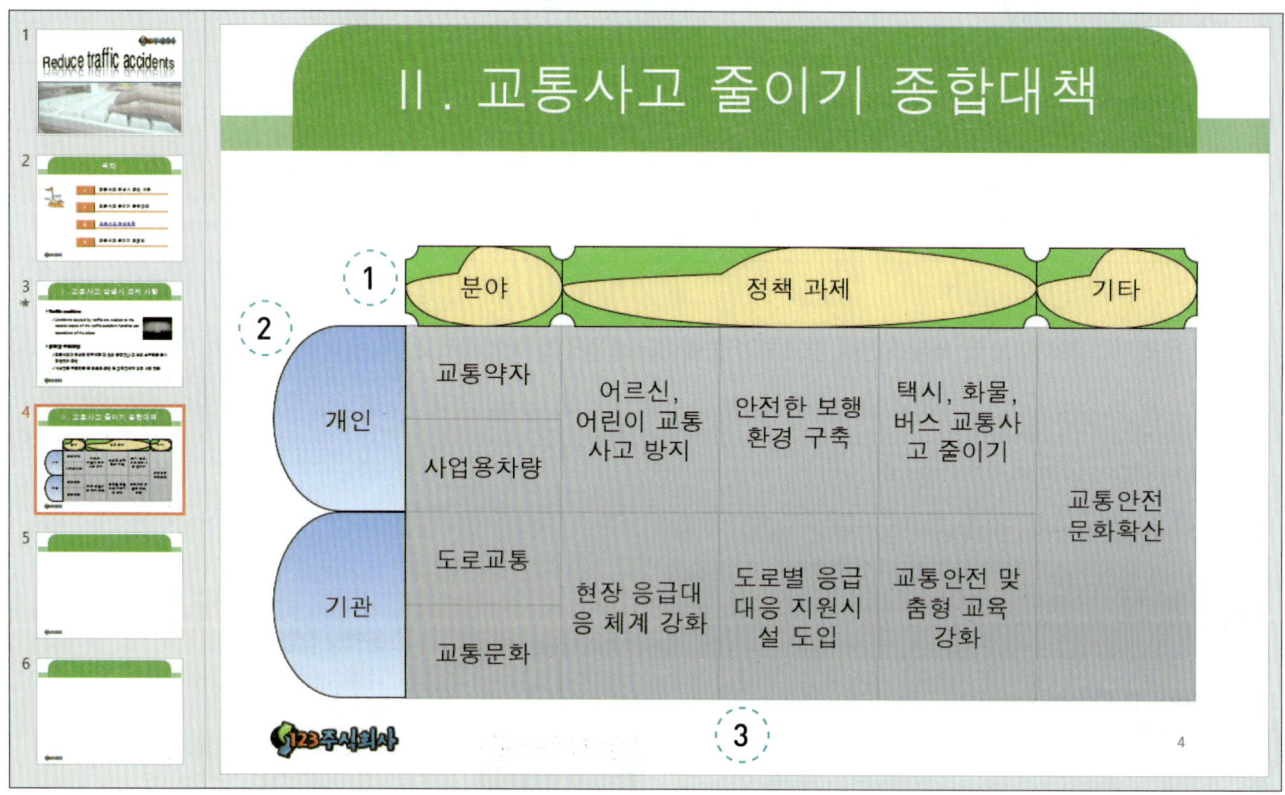

◆ 세부 조건

새롭게 변경된 부분입니다.
MS오피스 2021 버전으로 설정되어 있으며, 【 】에 표기된 지시사항은
MS오피스 2016에 해당되는 지시사항입니다.

① 상단 도형 :
  - 2개 도형의 조합으로 작성

② 좌측 도형 :
  - 그라데이션 효과(선형 아래쪽)

③ 테이블 디자인【표 스타일】:
  - 테마 스타일 1 - 강조 3

유형 01　표를 삽입한 후 스타일 지정하기

테이블 디자인 [표 스타일] : 테마 스타일 1 – 강조 3

■ 표 삽입 및 스타일 지정하기

① 유형05_문제.pptx 파일을 불러와 [슬라이드 4]를 클릭한 후 작업합니다.

※ 파일 불러오기 : [파일]-[열기]-[찾아보기]를 클릭한 후 [열기] 대화상자에서 파일을 선택합니다.

② 슬라이드 상단의 '제목을 입력하십시오'를 클릭한 후 **Ⅱ. 교통사고 줄이기 종합대책**을 입력합니다. 이어서, 슬라이드 안쪽의 **표 삽입**( )을 클릭합니다.

※ 제목을 입력할 때 한글 자음 'ㅈ'을 입력한 후 [한자] 키를 눌러 로마 숫자(Ⅰ, Ⅱ, Ⅲ, Ⅳ)를 선택합니다.

③ [표 삽입] 대화상자가 나오면 ≪출력형태≫를 참고하여 **열 개수(5)**와 **행 개수(2)**를 입력한 후 〈확인〉 단추를 클릭합니다.

※ 열은 표의 가로(칸), 행은 표의 세로(줄)를 의미합니다.

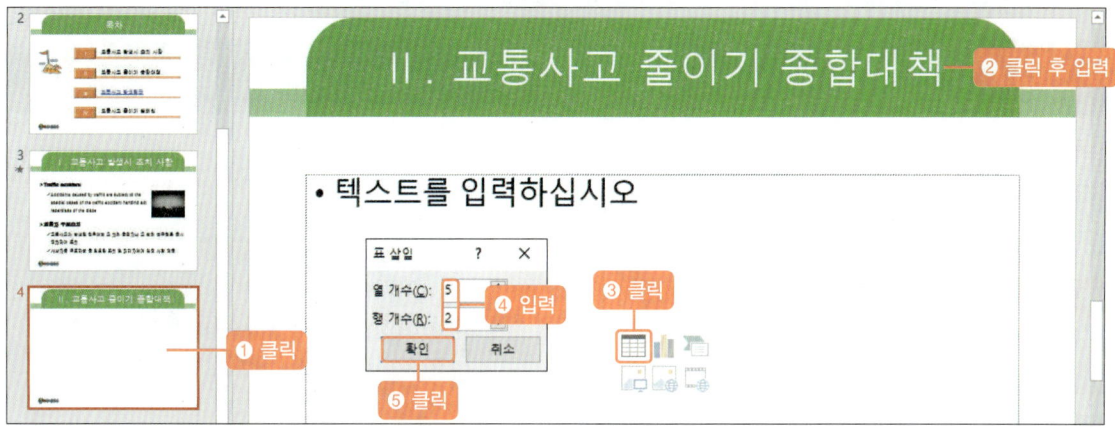

④ 표가 만들어지면 [표 도구]-[디자인] 탭의 [표 스타일] 그룹에서 자세히( ) 단추를 눌러 **테마 스타일 1 – 강조 3**을 선택합니다. 이어서, [표 스타일 옵션] 그룹에서 **머리글 행**과 **줄무늬 행**을 클릭하여 체크 표시(✓)를 해제합니다.

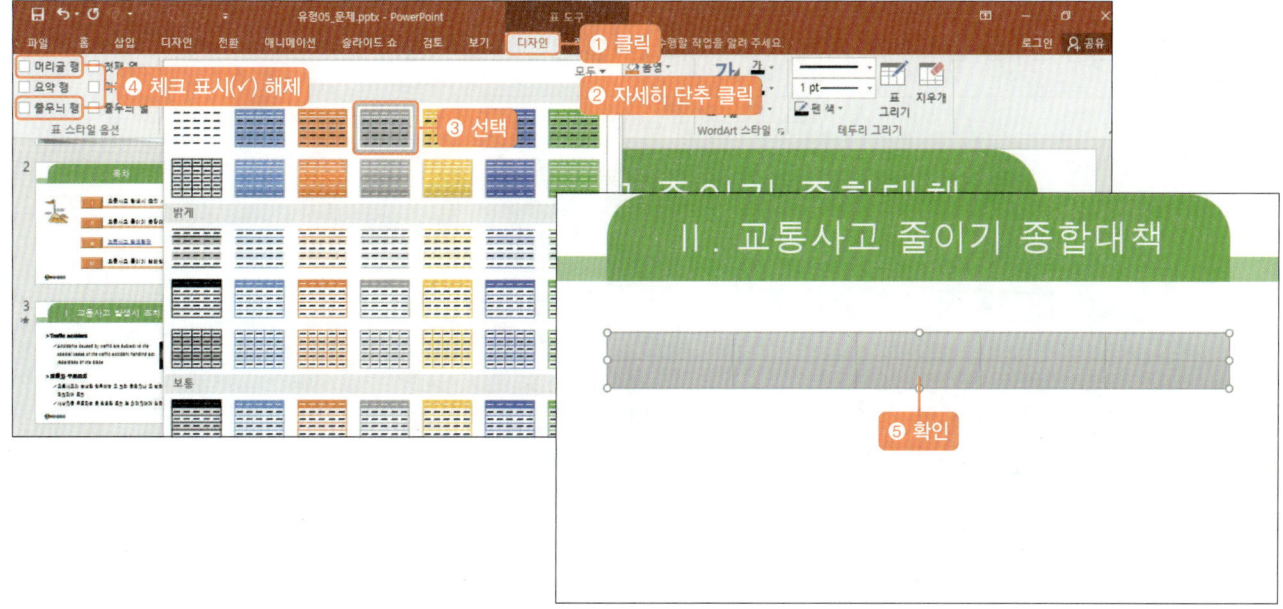

⑤ 표 스타일이 변경되면 Shift 키를 누른 채 표의 테두리를 아래쪽으로 드래그하여 ≪출력형태≫와 같이 위치를 변경합니다.

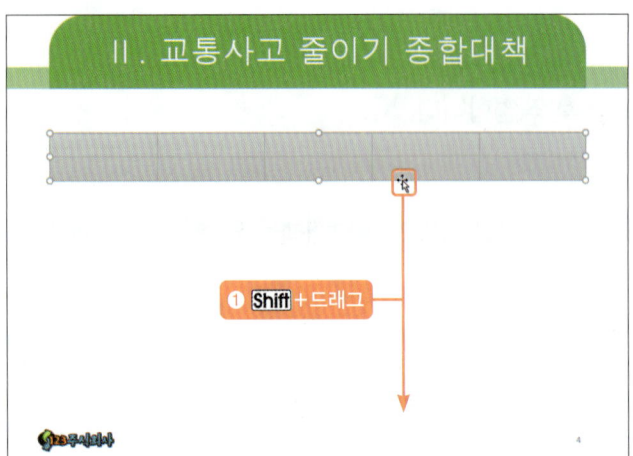
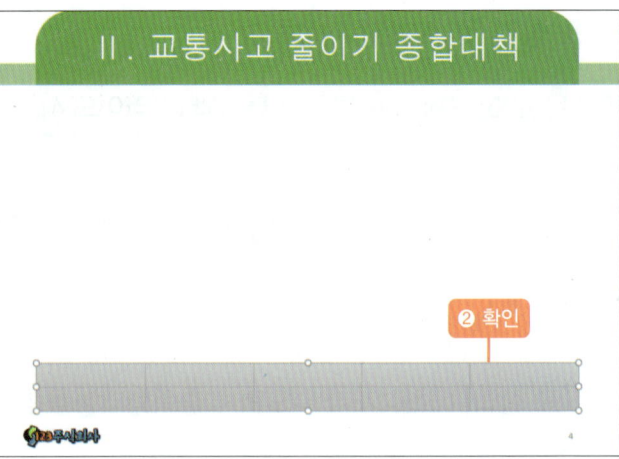

⑥ 표의 왼쪽 대각선 조절점(○)을 드래그하여 ≪출력형태≫와 같이 크기를 조절합니다.

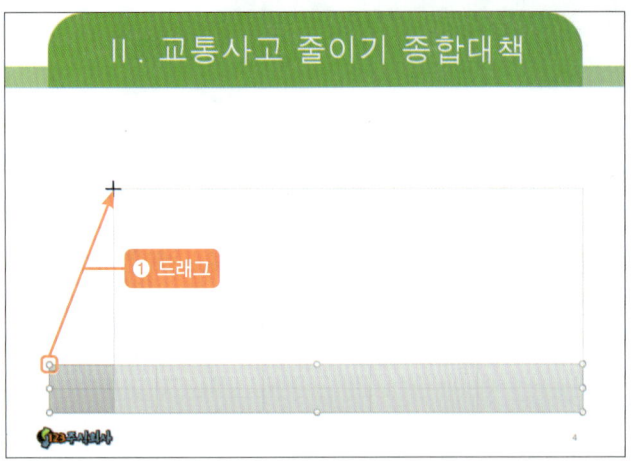

■ 셀 병합 및 셀 분할

① 셀을 병합하기 위해 그림과 같이 표 안쪽 셀을 드래그하여 블록으로 지정합니다. 이어서, 지정된 블록 위에서 마우스 오른쪽 단추를 눌러 바로 가기 메뉴가 나오면 [셀 병합]을 클릭합니다.

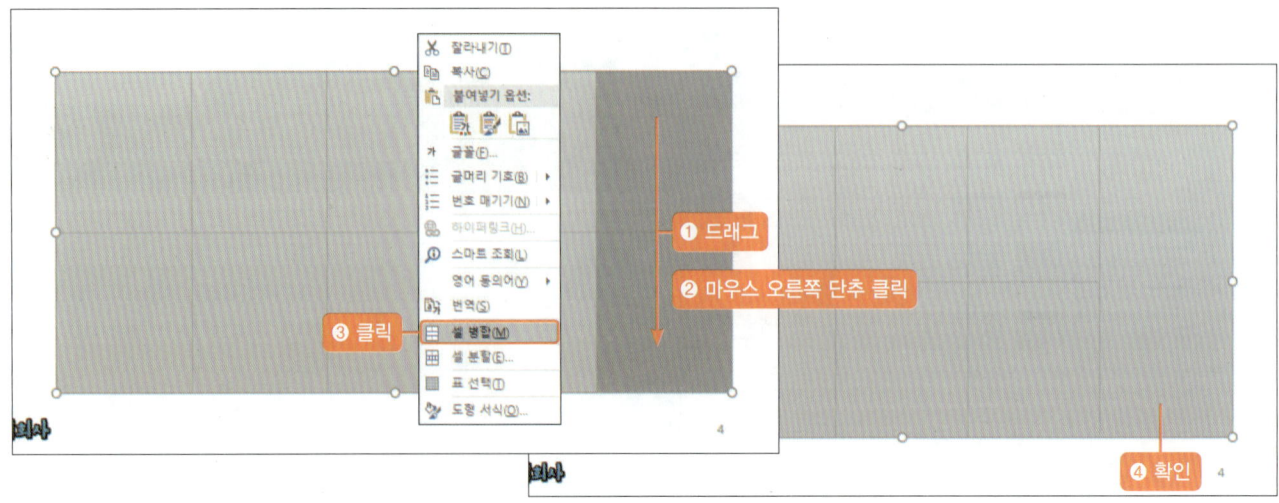

❷ 셀을 분할하기 위해 그림과 같이 표 안쪽 셀을 드래그하여 블록으로 지정합니다. 이어서, 지정된 블록 위에서 마우스 오른쪽 단추를 눌러 바로 가기 메뉴가 나오면 [셀 분할]을 클릭합니다.

❸ [셀 분할] 대화상자가 나오면 **열 개수(1)**와 **행 개수(2)**를 입력한 후 〈확인〉 단추를 클릭합니다.

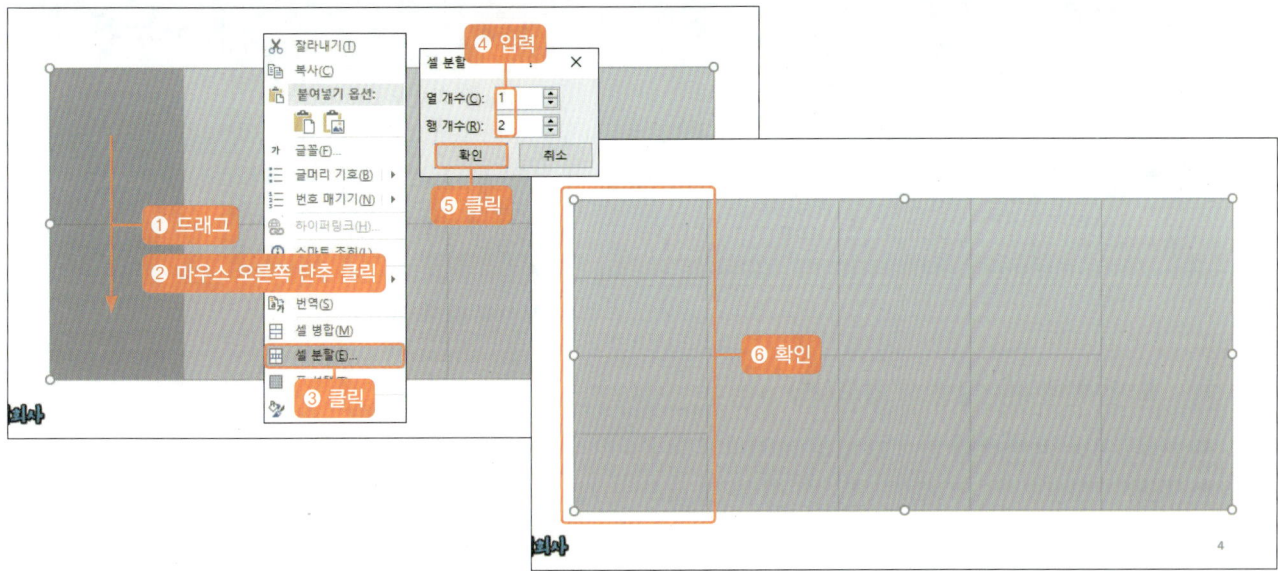

 **표 안쪽 셀의 크기를 다르게 조절하는 방법**

≪출력형태≫를 확인하여 표 안의 셀 크기가 다를 경우 셀의 크기를 임의로 조절합니다. 조절하려는 셀의 가로선 또는 세로선 위에 커서를 위치한 후 마우스 포인트가 모양으로 변경되면 드래그하여 선택한 셀의 크기를 조절할 수 있습니다.

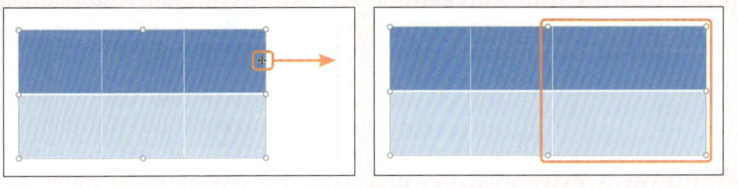

유형 02 표의 글꼴 서식을 변경한 후 데이터 입력하기

글꼴 : 돋움, 18pt

❶ 표의 테두리를 클릭한 후 [홈] 탭의 [글꼴] 그룹에서 **글꼴(돋움), 글꼴 크기(18pt)**를 지정합니다. 이어서, [단락] 그룹에서 **가운데 맞춤(≡)**을 클릭한 후 [텍스트 맞춤(↕)]-**중간**을 선택합니다.

※ 정렬에 대한 별도의 지시사항이 없기 때문에 ≪출력형태≫를 참고하여 작업합니다.

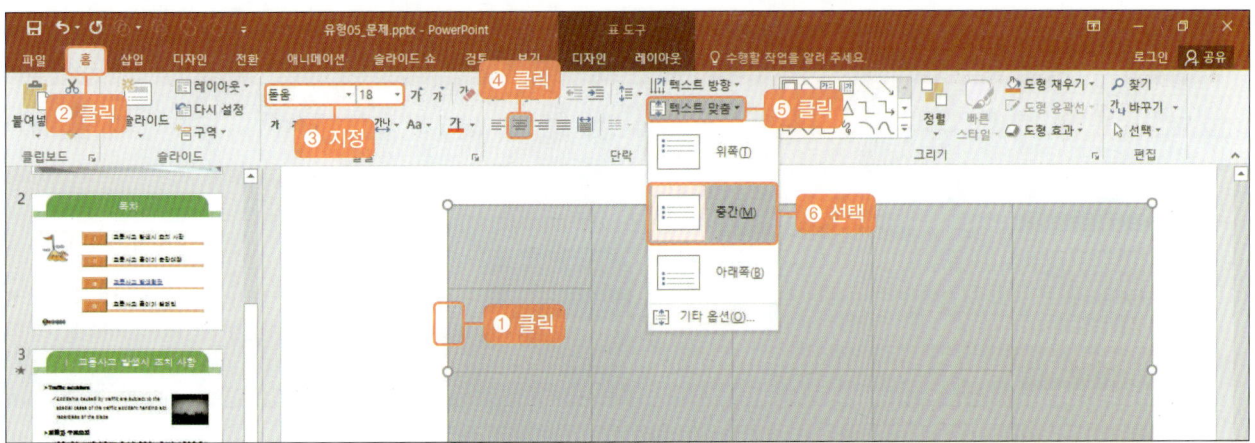

❷ 글꼴 서식이 변경되면 ≪출력형태≫를 참고하여 표 안쪽의 내용을 입력합니다.

※ 실제 시험지의 ≪출력형태≫에서는 텍스트의 줄 간격이 넓게 보일 수 있으나, [슬라이드 4]에서는 줄 간격에 대한 조건이 없기 때문에 줄 간격을 변경하지 않고 작성해도 감점되지 않습니다.

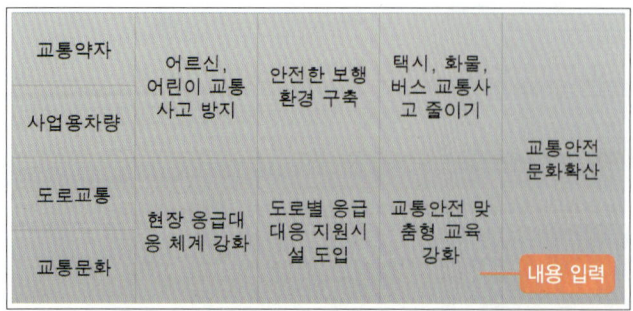
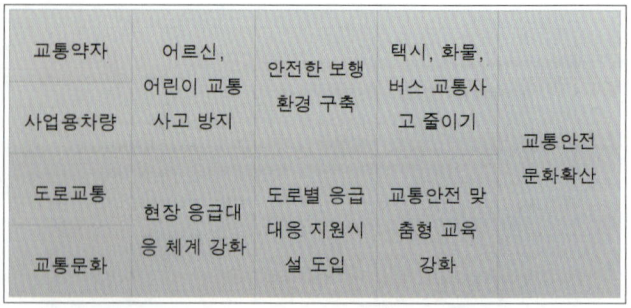

▲ 실제 시험지의 ≪출력형태≫

TIP 표 안에 데이터 입력 시 참고사항

❶ 필요에 따라 Enter 키를 눌러 강제 줄바꿈하여 ≪출력형태≫와 똑같이 입력합니다.
❷ Tab 키 또는 키보드의 방향키(↑, ↓, ←, →)를 눌러 커서를 이동하면 편리합니다.
❸ 셀에 내용 입력이 끝난 상태에서 Enter 키를 눌렀을 경우 글자가 강제 줄바꿈 되어 위로 올라갑니다. 이런 경우에는 마지막 글자 뒤를 클릭한 후 Delete 키를 눌러 빈 줄을 삭제합니다.

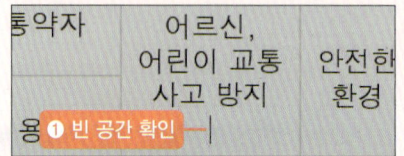
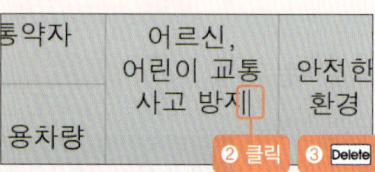
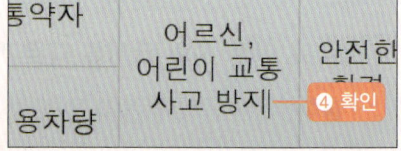

유형 03 상단 도형 작성하기

상단 도형 : 2개 도형의 조합으로 작성

■ 상단 도형 삽입하기(뒤쪽)

❶ [삽입] 탭의 [일러스트레이션] 그룹에서 [도형(　)]-기본 도형-배지(　)를 클릭합니다.

❷ 마우스 포인터가 ＋ 모양으로 변경되면 드래그하여 도형을 삽입합니다. 이어서, 조절점(○)을 드래그하여 ≪출력형태≫와 같이 크기를 조절한 후 위치를 변경합니다.

※ Alt 키를 누른 채 개체의 조절점(○)을 드래그하면 크기를 세밀하게 조절할 수 있습니다.

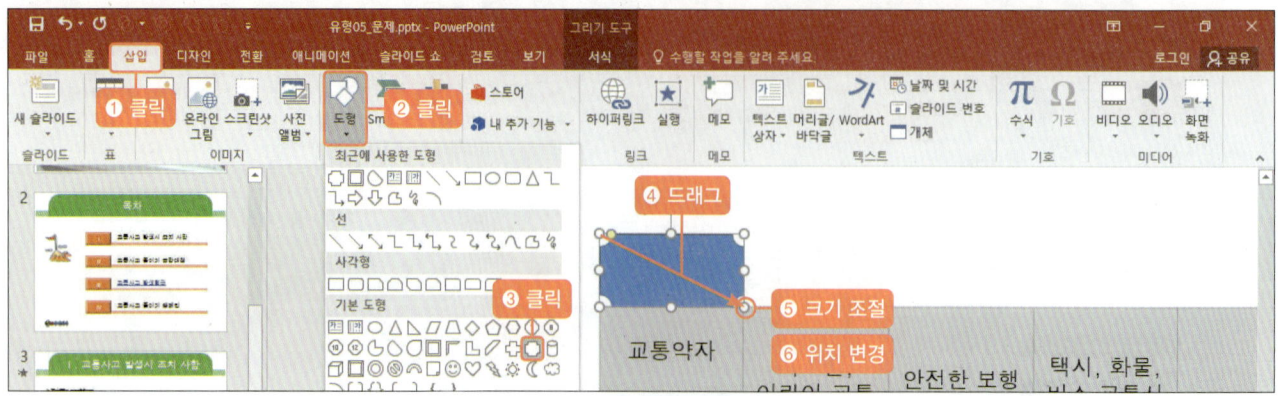

❸ [그리기 도구]-[서식] 탭의 [도형 스타일] 그룹에서 [도형 채우기]-**연한 녹색**을 클릭합니다. 이어서, [도형 윤곽선]-**검정, 텍스트 1**을 클릭합니다.

※ 도형의 색상은 문제지 조건에 없기 때문에 임의의 색으로 선택할 수 있습니다.

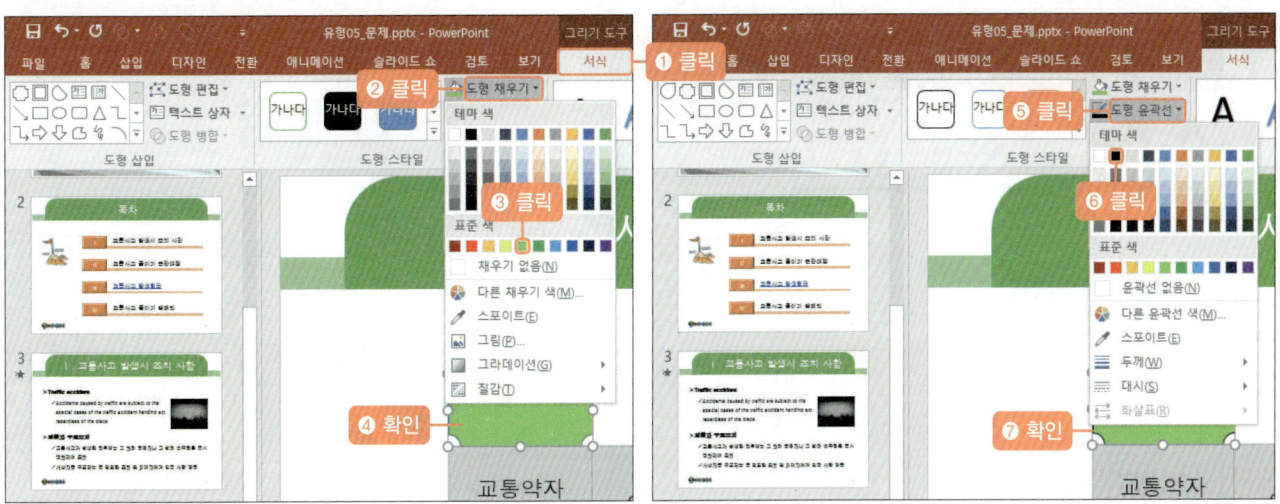

■ 상단 도형 삽입하기(앞쪽)

❶ [삽입] 탭의 [일러스트레이션] 그룹에서 [도형(⬚)]-기본 도형-**눈물 방울**(◯)을 클릭합니다.

❷ 마우스 포인터가 ➕ 모양으로 변경되면 드래그하여 도형을 삽입합니다. 이어서, 조절점(◯)을 드래그하여 ≪출력형태≫와 같이 크기를 조절한 후 위치를 변경합니다.

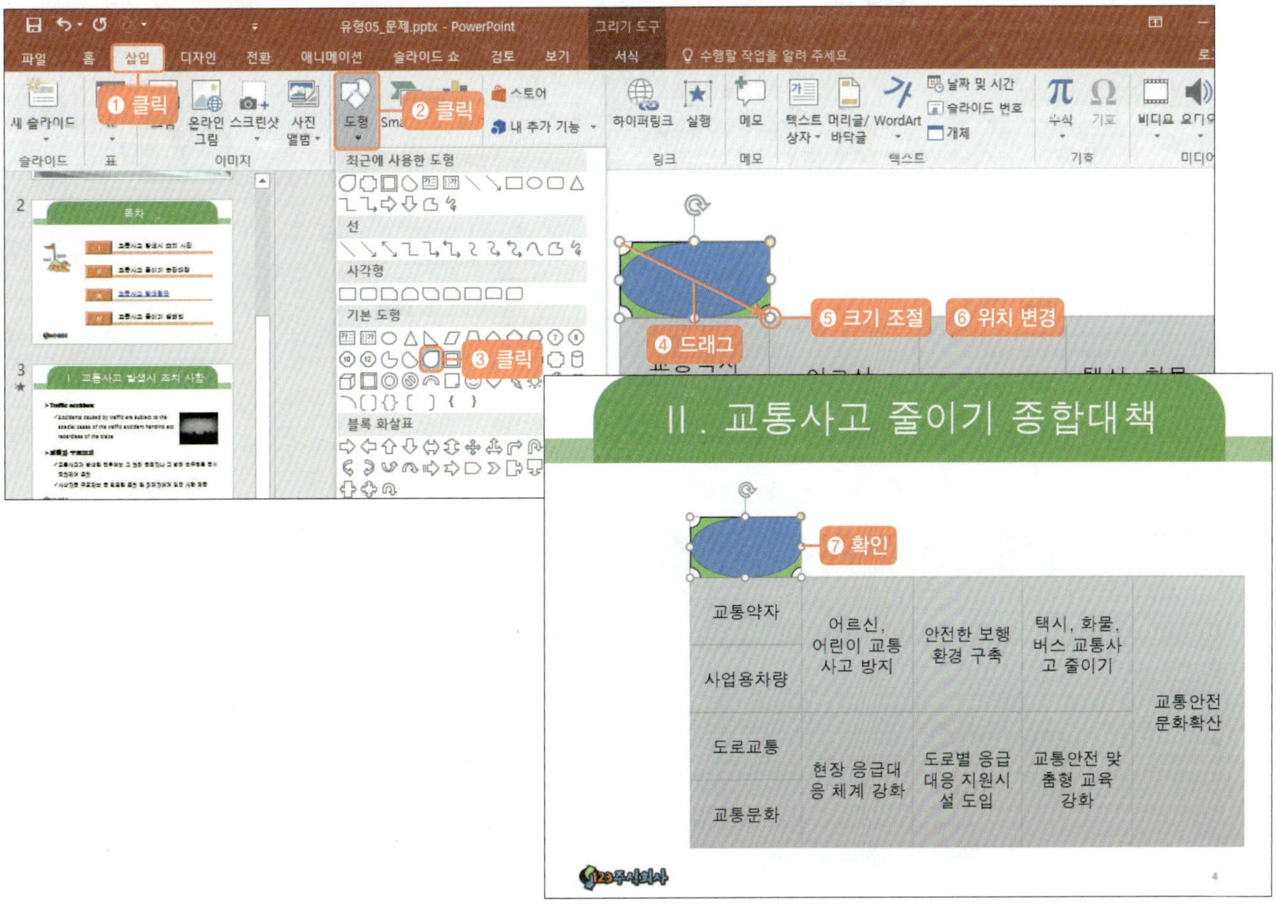

출제유형 05   89   [슬라이드 4] ≪표 슬라이드≫

③ ≪출력형태≫와 같이 도형을 회전하기 위해 [그리기 도구]-[서식] 탭의 [정렬] 그룹에서 [회전( )]-**좌우 대칭**( )을 클릭합니다.

④ 이어서, 도형 왼쪽 상단의 **노란색 조절점**( )을 드래그하여 도형의 모양을 변형시킵니다.

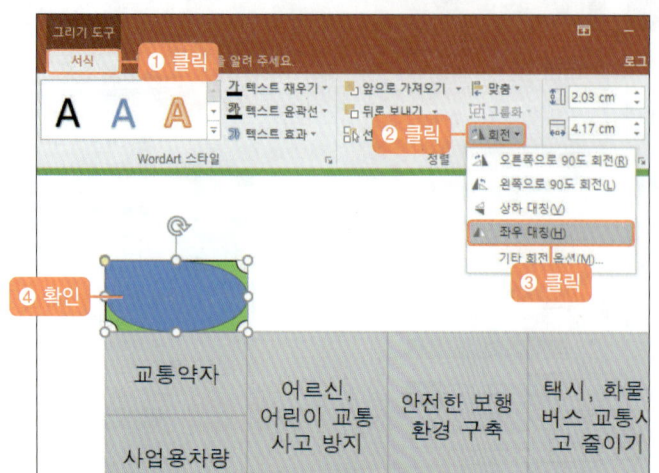
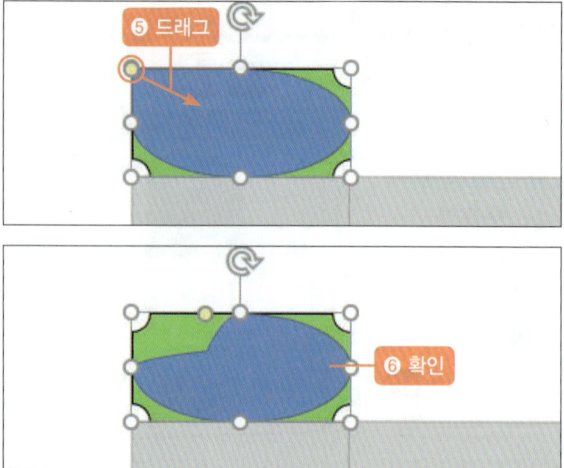

⑤ [그리기 도구]-[서식] 탭의 [도형 스타일] 그룹에서 [도형 채우기]-**황금색, 강조 4, 60% 더 밝게**를 클릭합니다. 이어서, [도형 윤곽선]-**검정, 텍스트 1**을 클릭합니다.

※ 도형의 색상은 문제지 조건에 없기 때문에 임의의 색으로 선택할 수 있습니다.

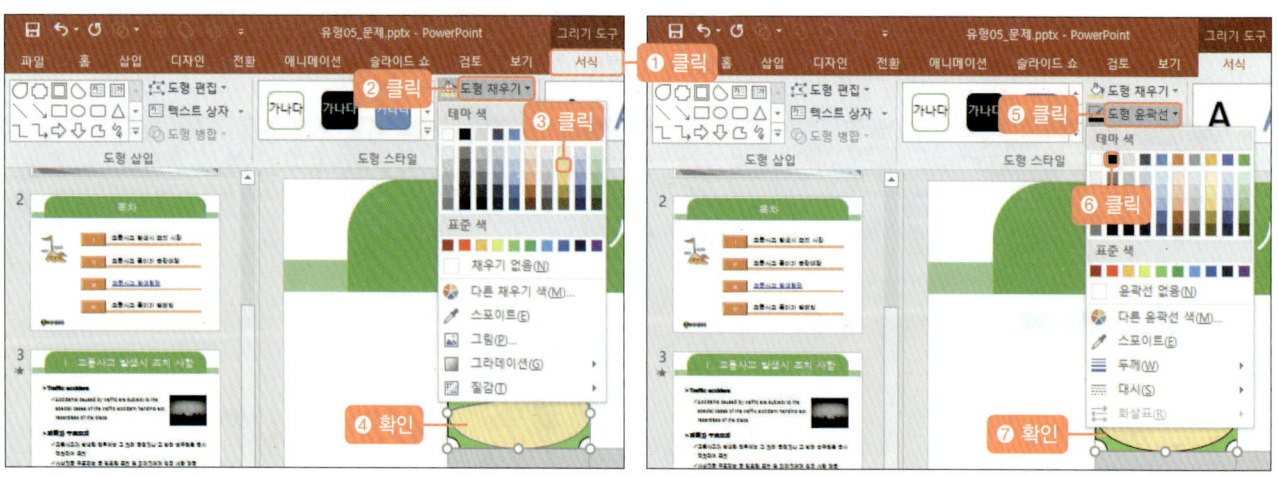

⑥ 앞쪽 도형이 선택된 상태에서 **분야**를 입력합니다.

※ 도형의 스타일에 따라서 글꼴 색상이 '검정색' 또는 '흰색'으로 나타납니다.

■ **도형의 글꼴 서식 변경, 도형 복사, 내용 변경**   글꼴 : 돋움, 18pt

① 그림과 같이 드래그하여 도형을 선택합니다.

※ 드래그하여 두 개의 도형을 같이 선택하는 이유는 글꼴을 변경한 후 복사를 하기 위한 작업 때문입니다.

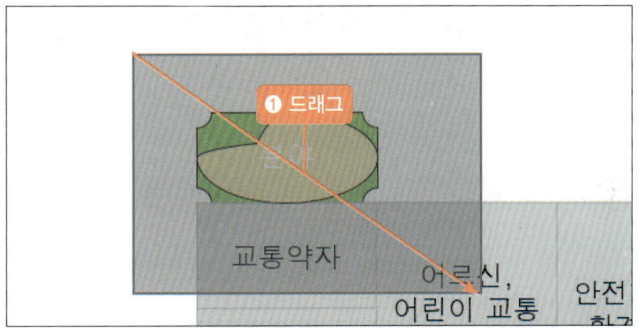

② [홈] 탭의 [글꼴] 그룹에서 **글꼴(돋움)**, **글꼴 크기(18pt)**, **글꼴 색('검정, 텍스트 1')**을 지정합니다.

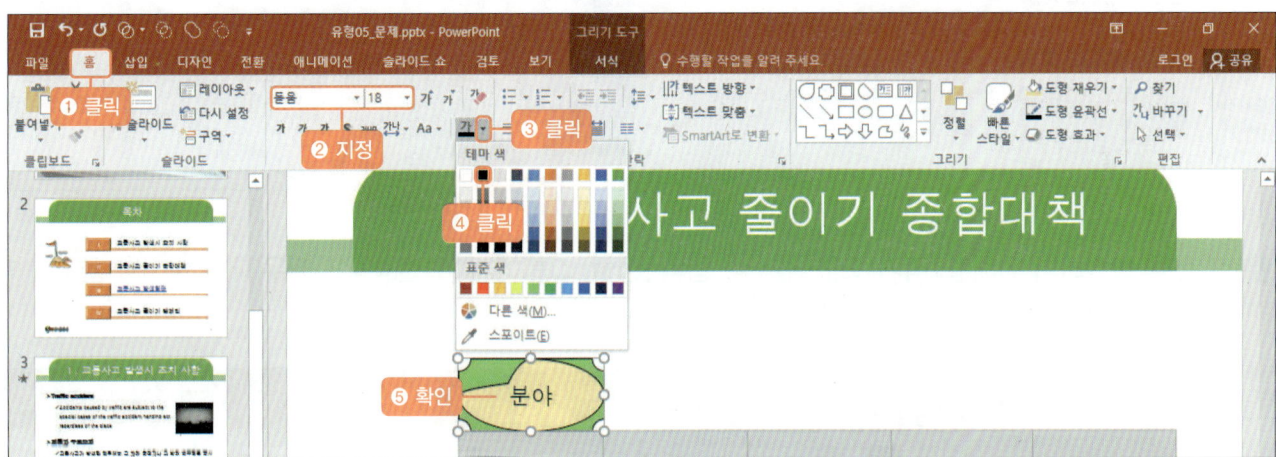

③ 아래 그림을 참고하여 **Ctrl** + **Shift** 키를 누른 채 도형의 테두리 부분을 오른쪽으로 드래그한 후 도형 2개를 복사합니다. 이어서, 복사된 가운데 도형을 드래그하여 선택한 후 조절점(○)을 이용하여 너비를 조절합니다.

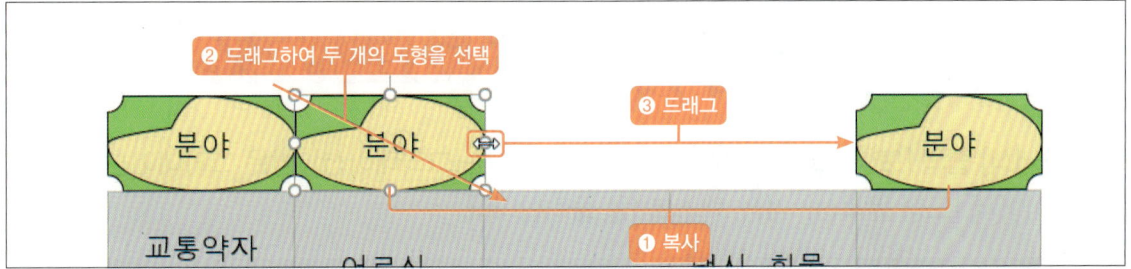

④ 도형 복사가 완료되면 도형 안쪽 텍스트의 내용을 드래그하여 블록으로 지정한 후 내용을 변경합니다.

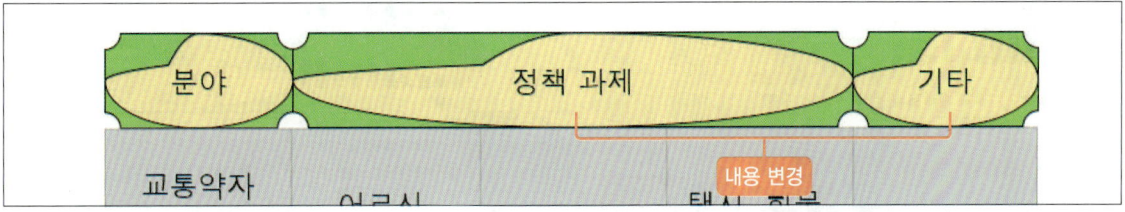

출제유형 05   [슬라이드 4] ≪표 슬라이드≫

유형 04 좌측 도형 작성하기

좌측 도형 : 그라데이션 효과(선형 아래쪽)

❶ [삽입] 탭의 [일러스트레이션] 그룹에서 [도형]–순서도–**순서도: 지연**을 클릭합니다.

❷ 마우스 포인터가 ┼ 모양으로 변경되면 드래그하여 도형을 삽입합니다. 이어서, 조절점(○)을 드래그하여 ≪출력형태≫와 같이 크기를 조절한 후 위치를 변경합니다.

※ Alt 키를 누른 채 조절점(○)을 드래그하여 크기를 세밀하게 조절합니다.

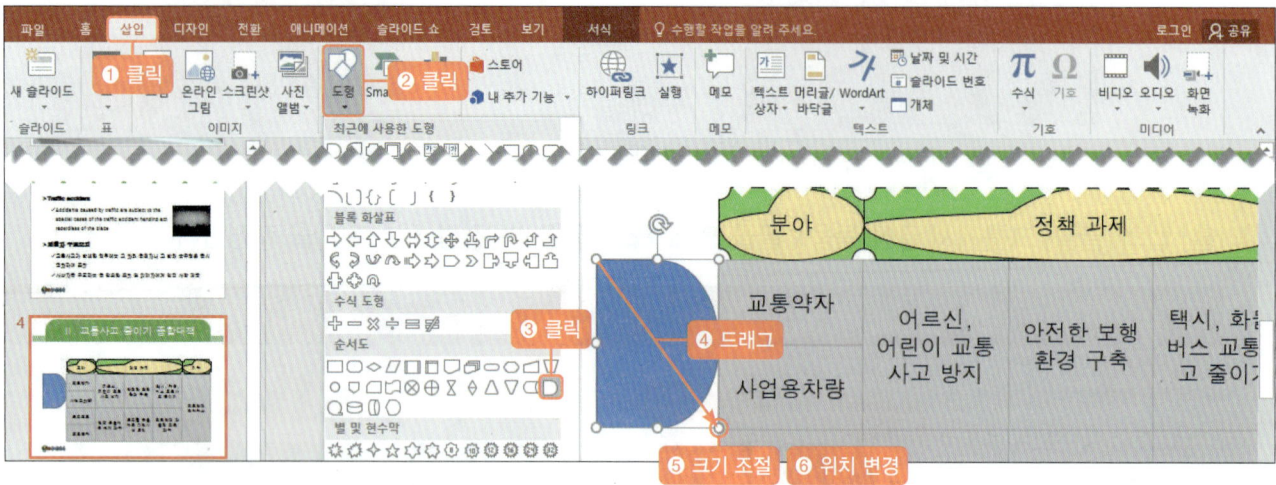

❸ 도형을 회전하기 위해 [그리기 도구]–[서식] 탭의 [정렬] 그룹에서 [회전]–**좌우 대칭**을 클릭한 후 위치를 변경합니다.

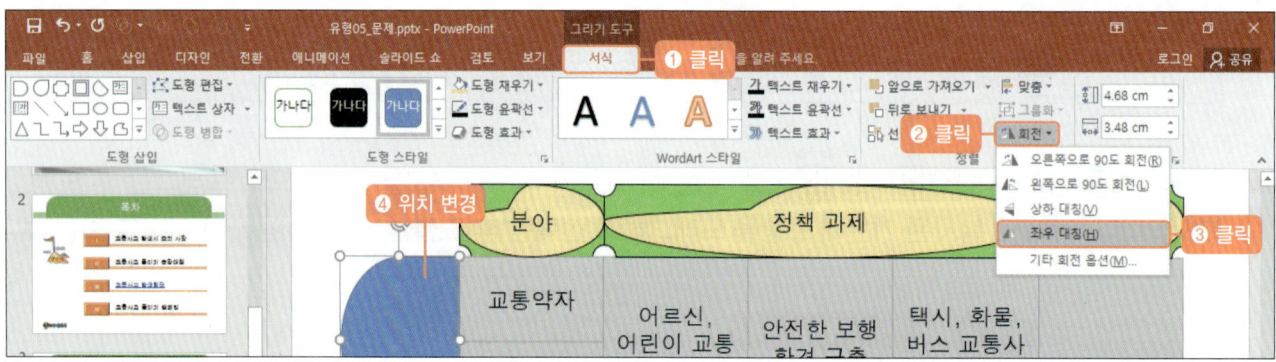

❹ [그리기 도구]–[서식] 탭의 [도형 스타일] 그룹에서 [도형 채우기]–[그라데이션]–밝은 그라데이션–**선형 아래쪽**을 클릭합니다. 이어서, [도형 윤곽선]–**검정, 텍스트 1**을 클릭합니다.

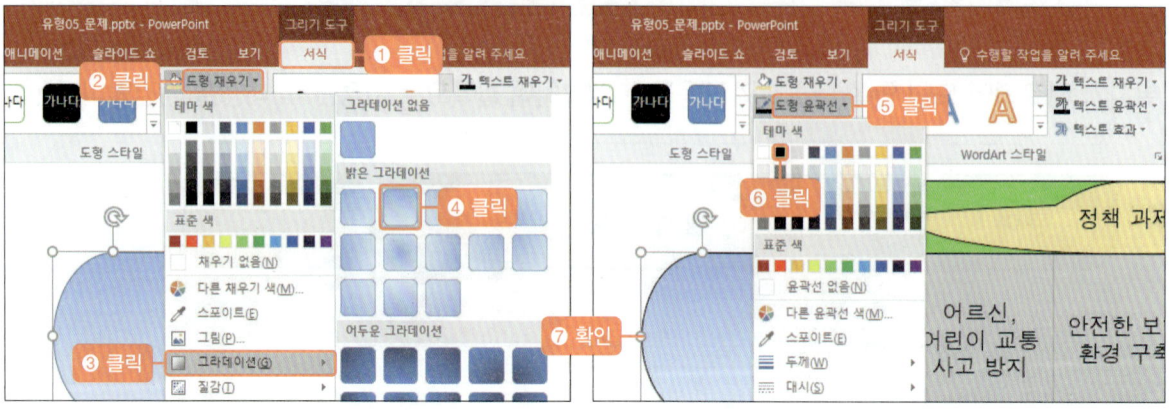

❺ 도형이 선택된 상태에서 **개인**을 입력한 후 Esc 키를 누릅니다. 이어서, [홈] 탭의 [글꼴] 그룹에서 **글꼴**(돋움), **글꼴 크기**(18pt), **글꼴 색**('검정, 텍스트 1')을 지정합니다.

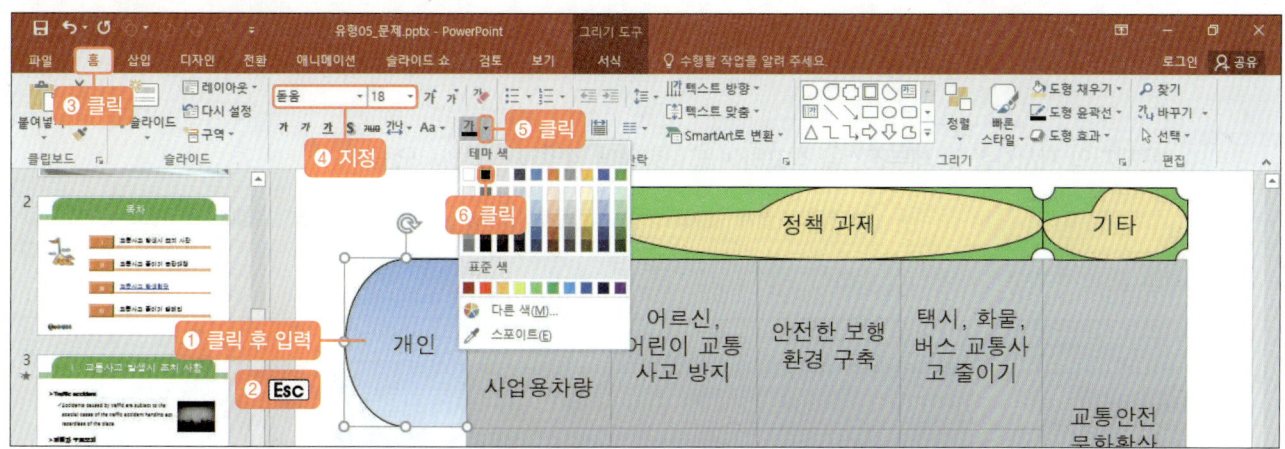

❻ Ctrl + Shift 키를 누른 채 그림과 같이 도형의 테두리 부분을 아래쪽으로 드래그하여 복사한 후 **내용**(기관)을 변경합니다.

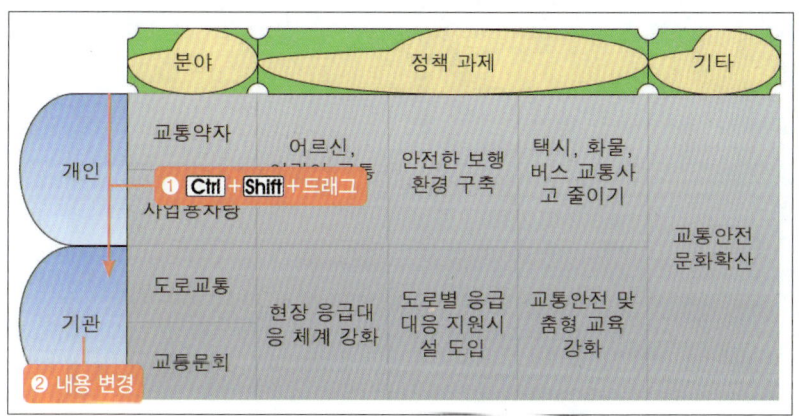

 주의할 점

만약 도형 안쪽에 입력하는 텍스트가 긴 경우에는 내용이 아래쪽으로 밀릴 수 있습니다. 이런 경우에는 도형의 왼쪽/오른쪽 조절점(○)을 이용하여 너비를 조절합니다.

❼ [파일]-[저장](Ctrl + S) 또는 [빠른 실행 도구 모음]에서 **저장**(🖫)을 클릭합니다.

※ 실제 시험을 볼 때 작업 도중에 수시로(10분에 한 번 정도) 저장을 하는 것이 좋습니다.

시험 분석

[슬라이드 4] ≪표 슬라이드≫

- 표 스타일 지정 : 표를 삽입하여 스타일을 변경한 후 반드시 [표 도구]-[디자인]-[표 스타일 옵션]에서 '머리글 행'과 '줄무늬 행'의 체크 표시(✓)를 해제합니다.
- 표 내용 입력하기 : ≪출력형태≫를 참고하여 오타 없이 띄어쓰기 하며 표 안쪽 내용을 정렬할 때는 반드시 '가운데 맞춤(☰)'과 '텍스트 맞춤(🔲)-중간'을 지정해야 합니다.
- 표 테마 스타일은 '테마 스타일 1 강조 1 ~ 테마 스타일 1 강조 6'이 번갈아 가며 출제되고 있습니다.
- 표 왼쪽에 삽입되는 도형을 분석한 결과 2년 동안 거의 '선형 아래쪽'에 그라데이션을 적용하는 문제가 출제되었습니다. 하지만 언제든지 조건이 변경될 수 있기 때문에 항상 문제지의 세부 조건을 확인하여 작업합니다.

[슬라이드 4] ≪표 슬라이드≫

01 문제지의 지시사항 및 세부조건을 참고하여 출력형태에 알맞게 작업하시오.

• 소스파일 : [출제유형05]-정복05_문제01.pptx   • 정답파일 : [출제유형05]-정복05_완성01.pptx

(1) 도형과 표 작성 기능을 이용하여 슬라이드를 작성한다(글꼴 : 굴림, 18pt).

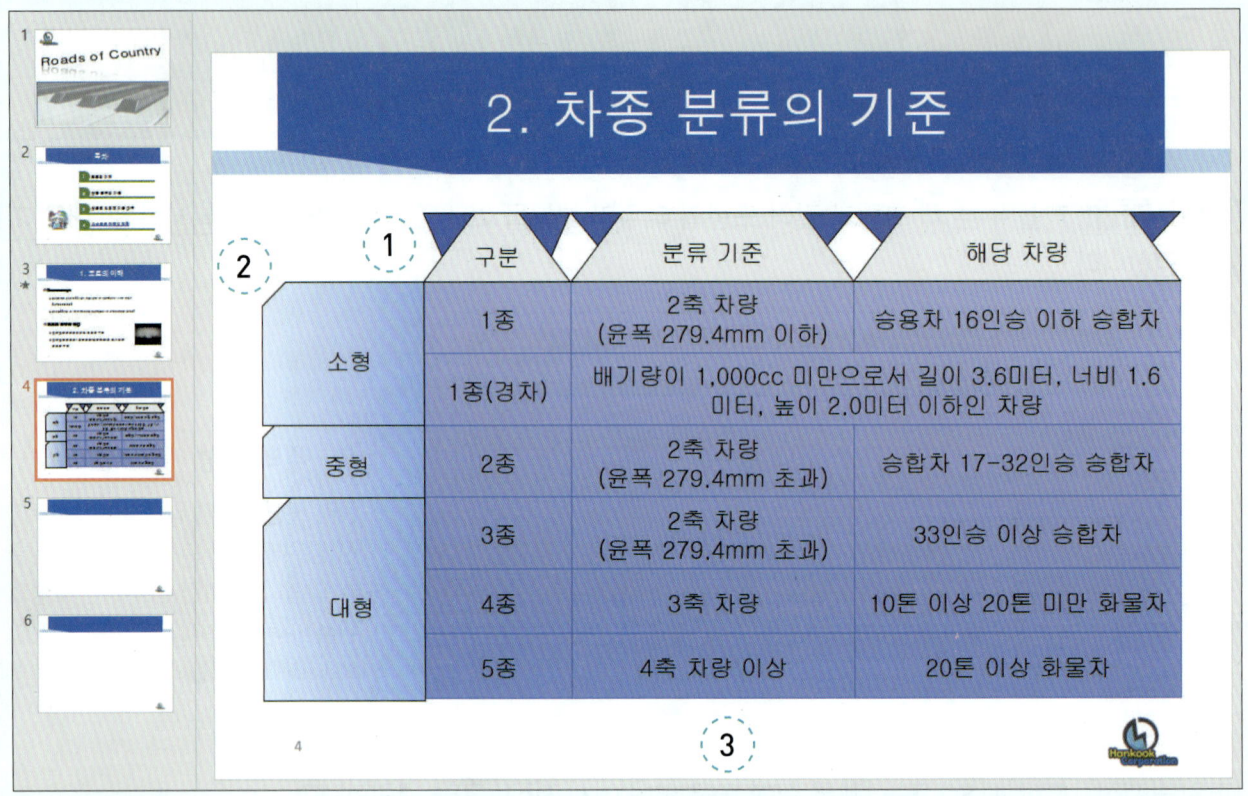

세부 조건

① **상단 도형** : 2개 도형의 조합으로 작성

② **좌측 도형** : 그라데이션 효과(선형 오른쪽)

③ **테이블 디자인 [표 스타일]** : 테마 스타일 1 - 강조 5

02 문제지의 지시사항 및 세부조건을 참고하여 출력형태에 알맞게 작업하시오.

- 소스파일 : [출제유형05]-정복05_문제02.pptx
- 정답파일 : [출제유형05]-정복05_완성02.pptx

(1) 도형과 표 작성 기능을 이용하여 슬라이드를 작성한다(글꼴 : 돋움, 18pt).

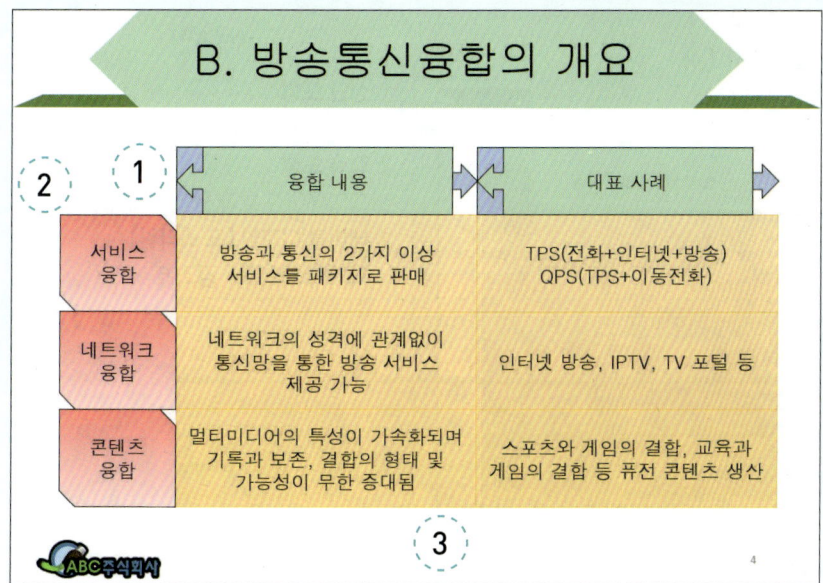

세부조건

① **상단 도형 :**
  2개 도형의 조합으로 작성
② **좌측 도형 :**
  그라데이션 효과(선형 아래쪽)
③ **테이블 디자인【표 스타일】:**
  테마 스타일 1 – 강조 4

---

03 문제지의 지시사항 및 세부조건을 참고하여 출력형태에 알맞게 작업하시오.

- 소스파일 : [출제유형05]-정복05_문제03.pptx
- 정답파일 : [출제유형05]-정복05_완성03.pptx

(1) 도형과 표 작성 기능을 이용하여 슬라이드를 작성한다(글꼴 : 굴림, 18pt).

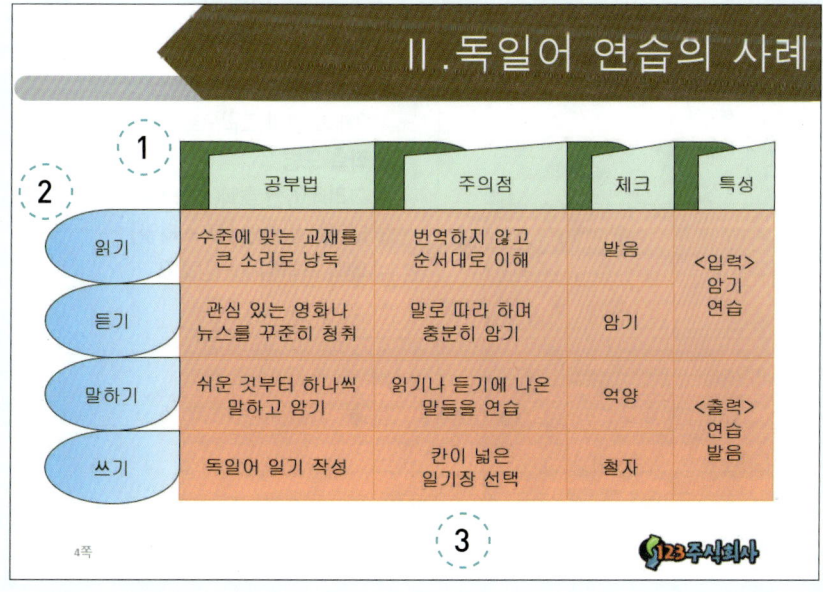

세부조건

① **상단 도형 :**
  2개 도형의 조합으로 작성
② **좌측 도형 :**
  그라데이션 효과(선형 오른쪽)
③ **테이블 디자인【표 스타일】:**
  테마 스타일 1 – 강조 2

04 문제지의 지시사항 및 세부조건을 참고하여 출력형태에 알맞게 작업하시오.

· 소스파일 : [출제유형05]-정복05_문제04.pptx   · 정답파일 : [출제유형05]-정복05_완성04.pptx

(1) 도형과 표 작성 기능을 이용하여 슬라이드를 작성한다(글꼴 : 굴림, 18pt).

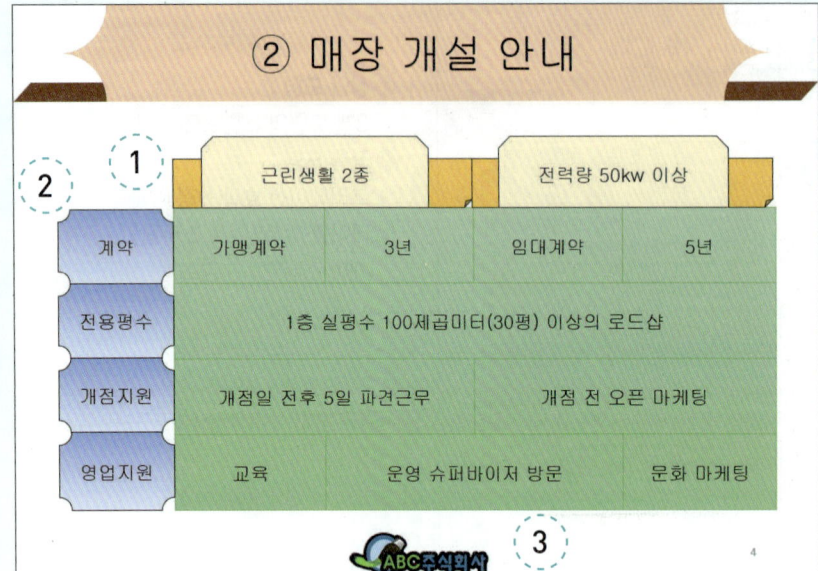

세부조건
① **상단 도형** :
  2개 도형의 조합으로 작성
② **좌측 도형** :
  그라데이션 효과(선형 아래쪽)
③ **테이블 디자인 [표 스타일]** :
  테마 스타일 1 – 강조 6

05 문제지의 지시사항 및 세부조건을 참고하여 출력형태에 알맞게 작업하시오.

· 소스파일 : [출제유형05]-정복05_문제05.pptx   · 정답파일 : [출제유형05]-정복05_완성05.pptx

(1) 도형과 표 작성 기능을 이용하여 슬라이드를 작성한다(글꼴 : 돋움, 18pt).

세부조건
① **상단 도형** :
  2개 도형의 조합으로 작성
② **좌측 도형** :
  그라데이션 효과(선형 위쪽)
③ **테이블 디자인 [표 스타일]** :
  테마 스타일 1 – 강조 3

06 문제지의 지시사항 및 세부조건을 참고하여 출력형태에 알맞게 작업하시오.

- 소스파일 : [출제유형05]-정복05_문제06.pptx
- 정답파일 : [출제유형05]-정복05_완성06.pptx

(1) 도형과 표 작성 기능을 이용하여 슬라이드를 작성한다(글꼴 : 돋움, 18pt).

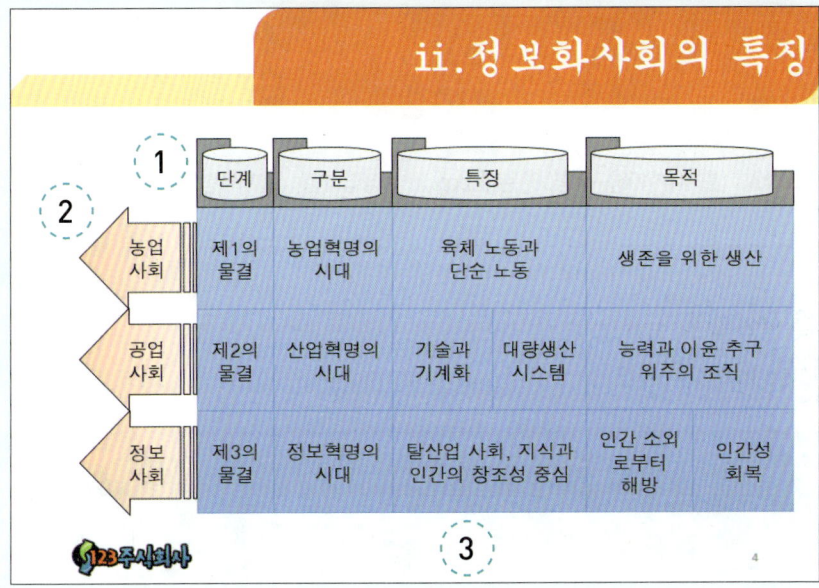

세부조건

① 상단 도형 :
  2개 도형의 조합으로 작성
② 좌측 도형 :
  그라데이션 효과(선형 왼쪽)
③ 테이블 디자인 [표 스타일] :
  테마 스타일 1 – 강조 1

07 문제지의 지시사항 및 세부조건을 참고하여 출력형태에 알맞게 작업하시오.

- 소스파일 : [출제유형05]-정복05_문제07.pptx
- 정답파일 : [출제유형05]-정복05_완성07.pptx

(1) 도형과 표 작성 기능을 이용하여 슬라이드를 작성한다(글꼴 : 굴림, 18pt).

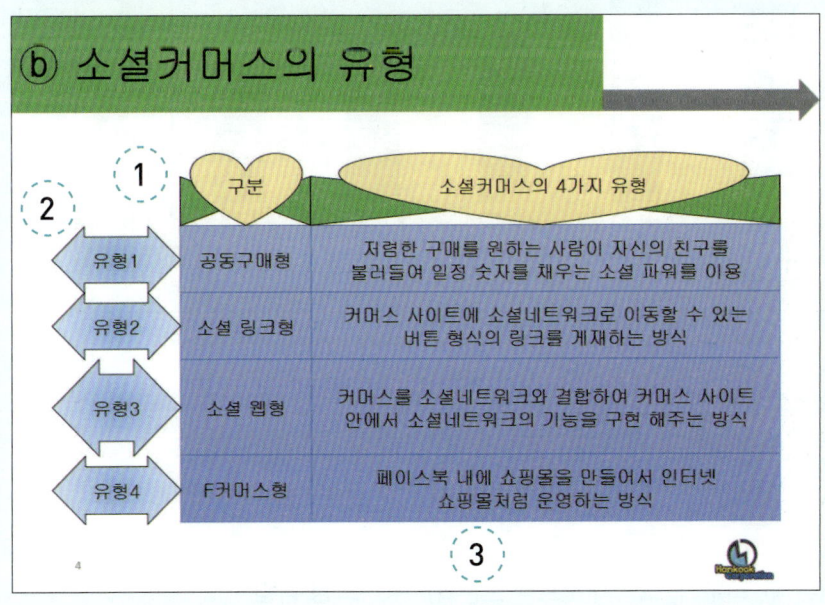

세부조건

① 상단 도형 :
  2개 도형의 조합으로 작성
② 좌측 도형 :
  그라데이션 효과(가운데에서)
③ 테이블 디자인 [표 스타일] :
  테마 스타일 1 – 강조 5

06 출제유형

[슬라이드 5] ≪차트 슬라이드≫

○ 차트 작성 및 편집하기   ○ 도형 삽입 후 스타일 지정하기

• 문제 미리보기 •

· 소스파일 : [출제유형06]-유형06_문제.pptx   · 정답파일 : [출제유형06]-유형06_완성.pptx

◆ [슬라이드 5] ≪차트 슬라이드≫   (100점)

(1) 차트 작성 기능을 이용하여 슬라이드를 작성한다.
(2) 차트 : 종류(묶은 세로 막대형), 글꼴(돋움, 16pt), 외곽선

◆ 세부 조건

※ **차트설명**
- 차트제목 : 궁서, 24pt, 굵게, 채우기(흰색), 테두리, 그림자(오프셋 오른쪽)
- 차트영역 : 채우기(노랑) / 그림영역 : 채우기(흰색)
- 데이터 서식 : 사망자수 계열을 표식이 있는 꺾은선형으로 변경 후 보조축으로 지정
- 값 표시 : 2019년의 사망자수 계열만

① 도형 삽입
  - 스타일 : 미세 효과 - 파랑, 강조 1
  - 글꼴 : 굴림, 18pt

유형 01 차트 작성하기

(2) 차트 : 종류(묶은 세로 막대형), 글꼴(돋움, 16pt), 외곽선

■ 차트 삽입

① 유형06_문제.pptx 파일을 불러와 [슬라이드 5]를 클릭한 후 작업합니다.

※ 파일 불러오기 : [파일]-[열기]-[찾아보기]를 클릭한 후 [열기] 대화상자에서 파일을 선택합니다.

② 슬라이드 상단의 '제목을 입력하십시오'를 클릭한 후 **Ⅲ. 교통사고 발생현황**을 입력합니다. 이어서, 슬라이드 안쪽의 차트 삽입( )을 클릭합니다.

※ 제목을 입력할 때 한글 자음 'ㅈ'을 입력한 후 [한자] 키를 눌러 로마 숫자(Ⅰ, Ⅱ, Ⅲ, Ⅳ)를 선택합니다.

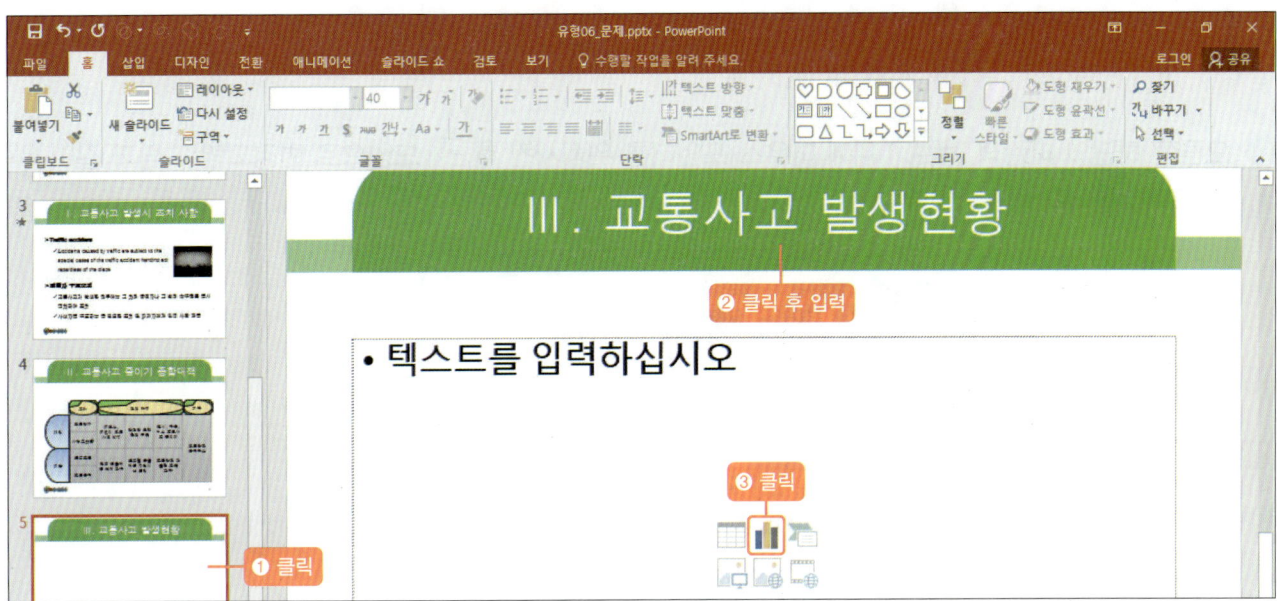

③ [차트 삽입] 대화상자가 나오면 [콤보( )]-**사용자 지정 조합**( )을 선택합니다. 이어서, 계열1(묶은 세로 막대형)과 계열2(표식이 있는 꺾은선형)의 옵션을 그림과 같이 지정한 후 〈확인〉 단추를 클릭합니다.

※ [콤보( )]-사용자 지정 조합( )을 이용하여 차트를 작성하면 계열별로 차트의 모양과 보조축을 미리 지정할 수 있습니다.

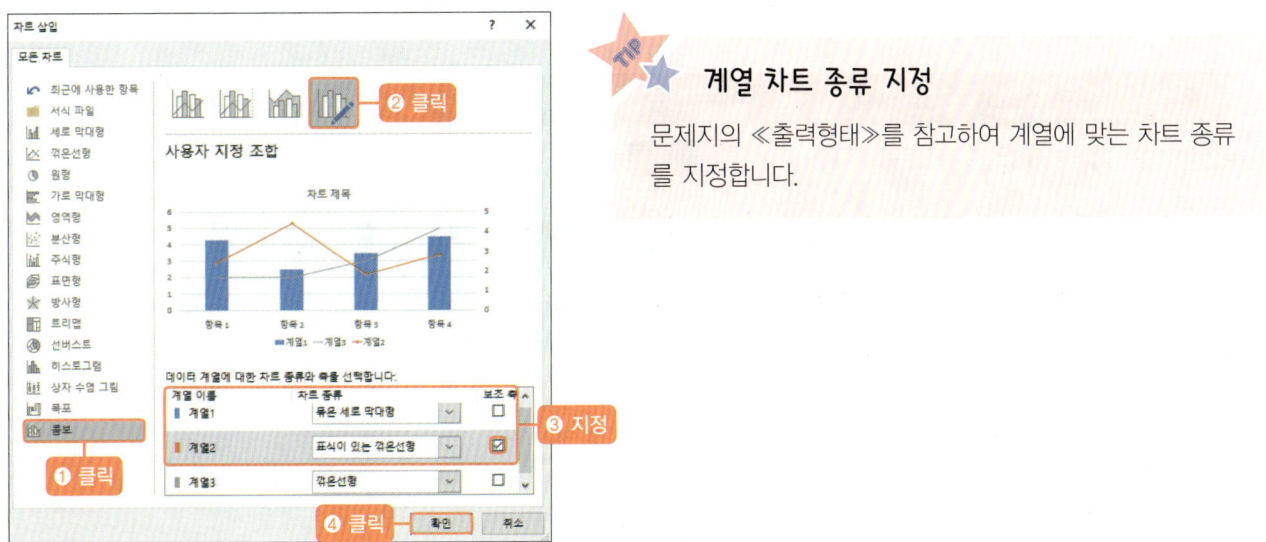

TIP 계열 차트 종류 지정

문제지의 《출력형태》를 참고하여 계열에 맞는 차트 종류를 지정합니다.

■ 차트 데이터 입력 및 범위 지정, 행/열 전환

① 차트 삽입과 동시에 엑셀 데이터 입력 창이 활성화되면 그림과 같이 차트에 필요한 데이터를 입력한 후 파란색 선 바깥쪽의 빈 셀을 클릭합니다.

※ 키보드의 방향키(←, ↑, ↓, →)를 눌러 다른 셀로 이동이 가능합니다.

※ 데이터 입력 시 소수점(.) 또는 천 단위 구분 기호(,)를 잘 구분하여 입력합니다.

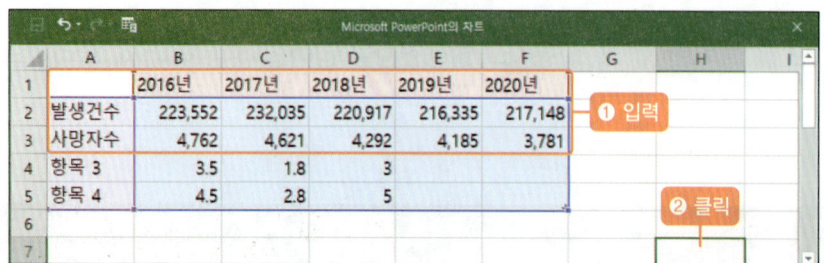

② 오른쪽 하단의 파란색 점( ) 위에 마우스 포인터를 위치시킨 후 모양으로 변경되면 그림과 같이 위쪽으로 드래그합니다.

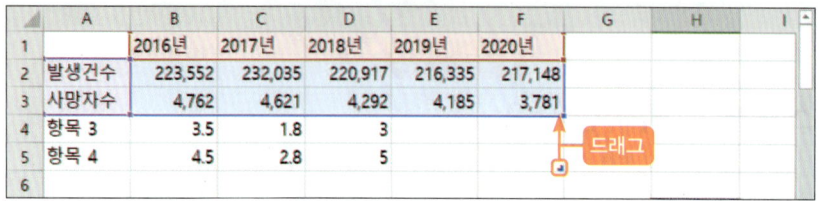

③ 차트 범위가 지정되면 불필요한 데이터를 드래그한 후 Delete 키를 눌러 삭제합니다.

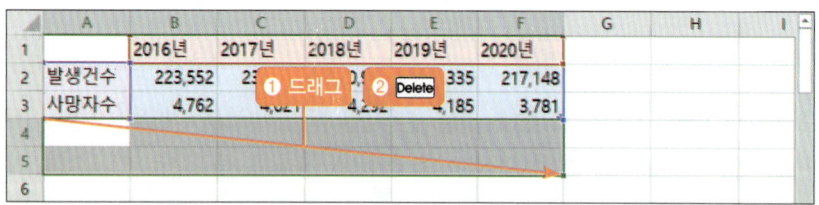

④ 차트의 모양을 변경하기 위해 [차트 도구]-[디자인] 탭의 [데이터] 그룹에서 **행/열 전환**( )을 클릭한 후 변경된 차트 모양을 확인합니다.

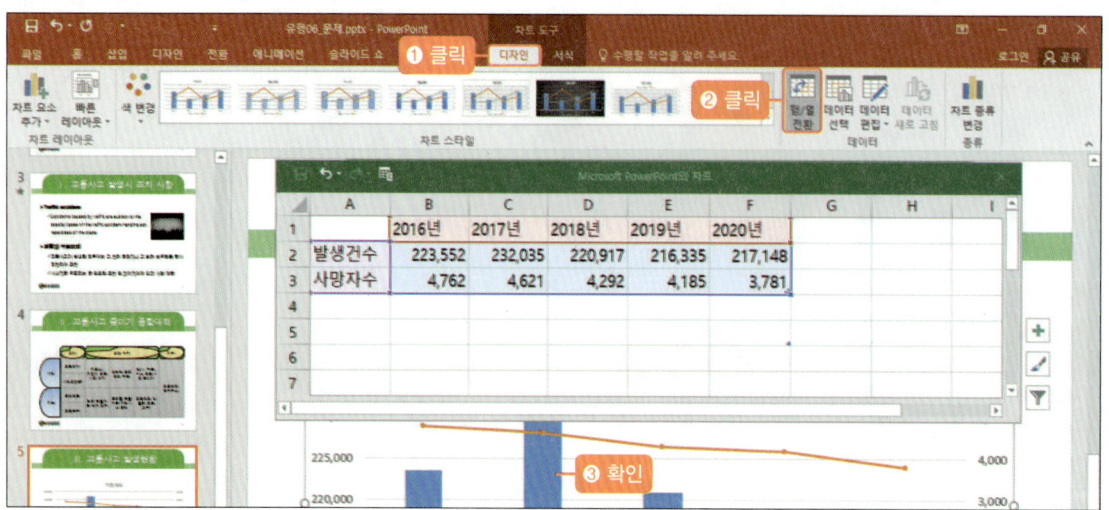

■ 차트 축 서식의 형식 지정하기

① 차트의 ≪출력형태≫를 참고하여 축의 최소값 모양(-)을 확인합니다.
   ※ ITQ 파워포인트 시험에서는 차트 축의 최소값이 '-' 또는 숫자로 출제됩니다.

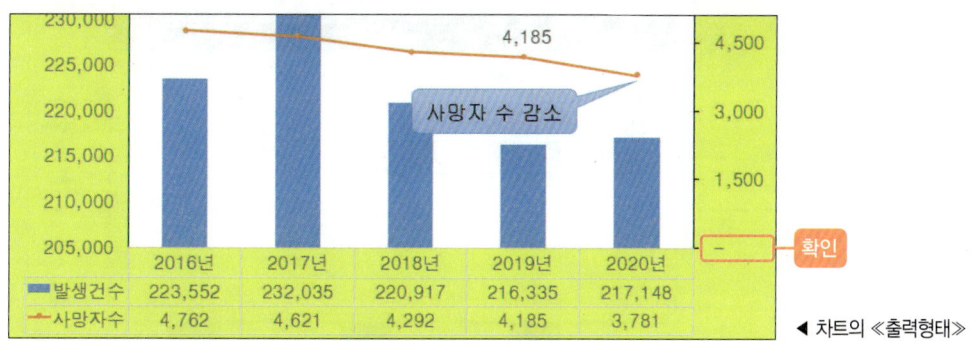

◀ 차트의 ≪출력형태≫

② 보조 세로 축의 형식을 ≪출력형태≫와 똑같이 맞추기 위해 엑셀 데이터 입력 창에서 보조 세로 축의 데이터(사망자수)를 드래그하여 블록으로 지정합니다.

③ 블록으로 지정된 셀 위에서 마우스 오른쪽 단추를 눌러 바로 가기 메뉴가 나오면 [셀 서식]을 클릭합니다.

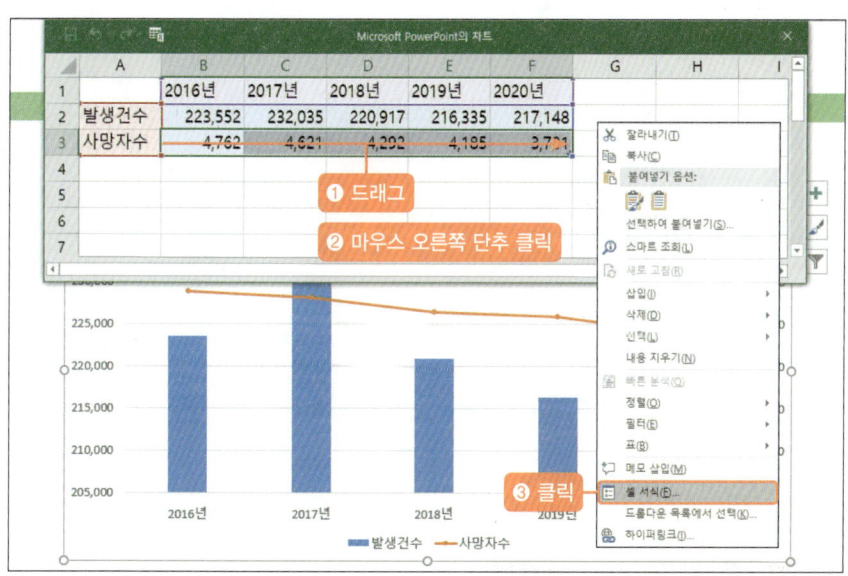

ITQ 파워포인트 2016 차트의 구성 요소

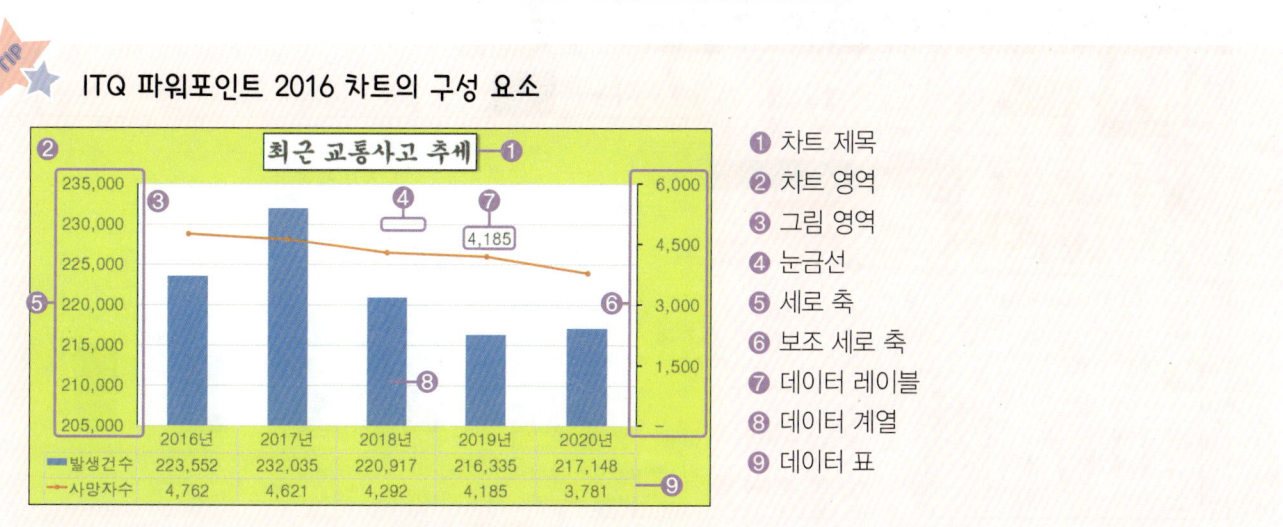

① 차트 제목
② 차트 영역
③ 그림 영역
④ 눈금선
⑤ 세로 축
⑥ 보조 세로 축
⑦ 데이터 레이블
⑧ 데이터 계열
⑨ 데이터 표

④ [셀 서식] 대화상자가 나오면 [표시 형식] 탭에서 **범주-회계**를 클릭한 후 기호(없음)을 확인합니다. 이어서, 〈확인〉 단추를 클릭합니다.

⑤ 변경된 보조 축의 값을 확인한 후 엑셀 데이터 입력 창의 닫기( )를 클릭합니다.

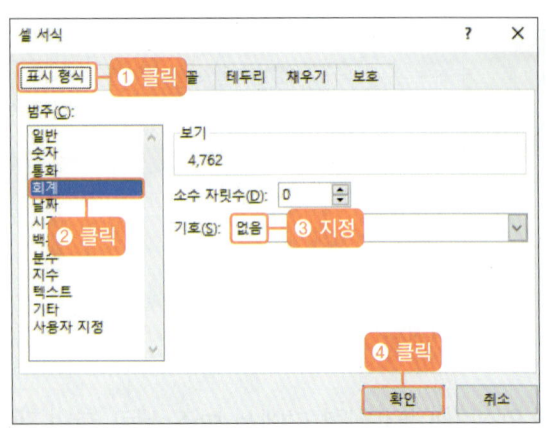

엑셀 데이터 입력 창에서 표시 형식 지정하기

① 차트의 ≪출력형태≫를 참고하여 축의 최소값이 '0'이면 숫자 서식, '-'이면 회계 서식이 적용된 것입니다.
② 만약 소수점 자릿수를 지정하는 문제가 출제되면 데이터를 입력한 후 [셀 서식] 대화상자에서 범주를 숫자 또는 회계 등으로 지정하여 소수 자릿수를 적용할 수 있습니다.

유형 02 차트 레이아웃 설정 및 기본 서식 변경

■ 차트 레이아웃 변경하기

① 차트가 선택된 상태에서 [차트 도구]-[디자인] 탭의 [차트 레이아웃] 그룹에서 빠른 레이아웃( )을 클릭한 후 레이아웃 5( )를 선택합니다.

※ ≪출력형태≫와 가장 비슷한 '레이아웃 5'를 선택하여 작업하면 편리합니다.

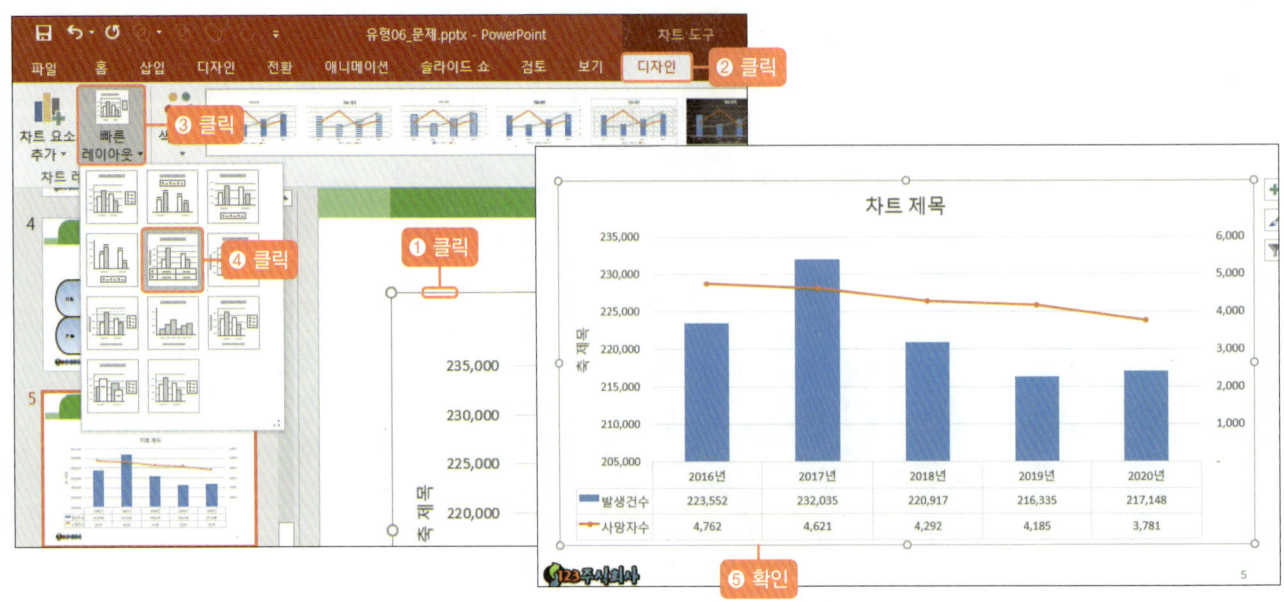

차트 레이아웃 선택

지시사항에 '데이터 테이블 표시'가 없어도 《출력형태》에는 데이터 테이블이 그대로 출제되기 때문에 전체 구성이 가장 비슷한 '레이아웃 5'를 선택하여 작업하는 것이 좋습니다.

❷ 레이아웃이 변경되면 차트 왼쪽의 **축 제목**을 클릭한 후 Delete 키를 눌러 삭제합니다.

※ 반드시 《출력형태》를 참고하여 작업합니다.

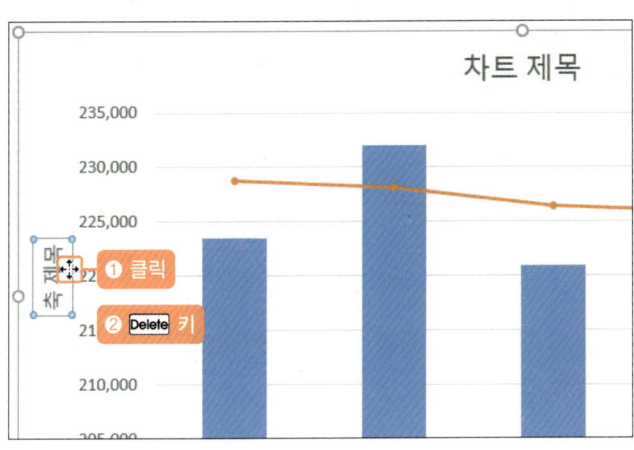
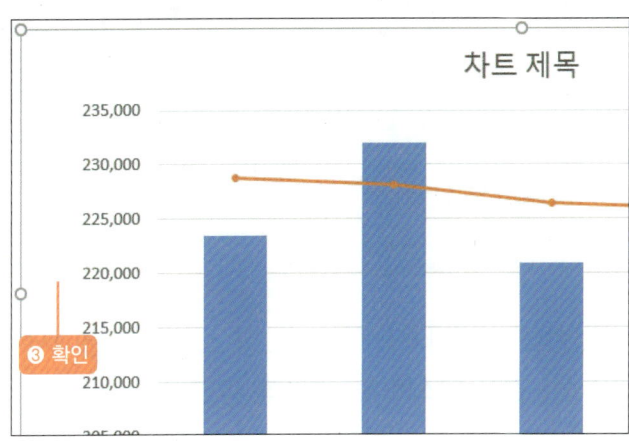

■ 차트 전체 글꼴 변경 및 외곽선 지정하기

❶ 차트의 테두리를 클릭한 후 [홈] 탭의 [글꼴] 그룹에서 **글꼴(돋움), 글꼴 크기(16pt)**를 지정합니다.

※ 차트의 전체 글꼴을 미리 한 번에 변경한 후 제목 글꼴은 나중에 변경합니다.

❷ 글꼴 서식이 변경되면 [차트 도구]-[서식] 탭의 [도형 스타일] 그룹에서 [도형 윤곽선]-**검정, 텍스트 1**을 클릭합니다.

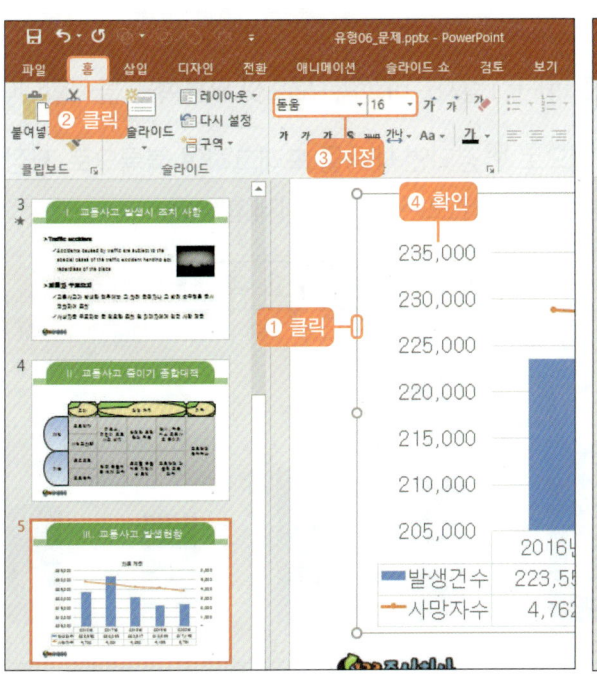
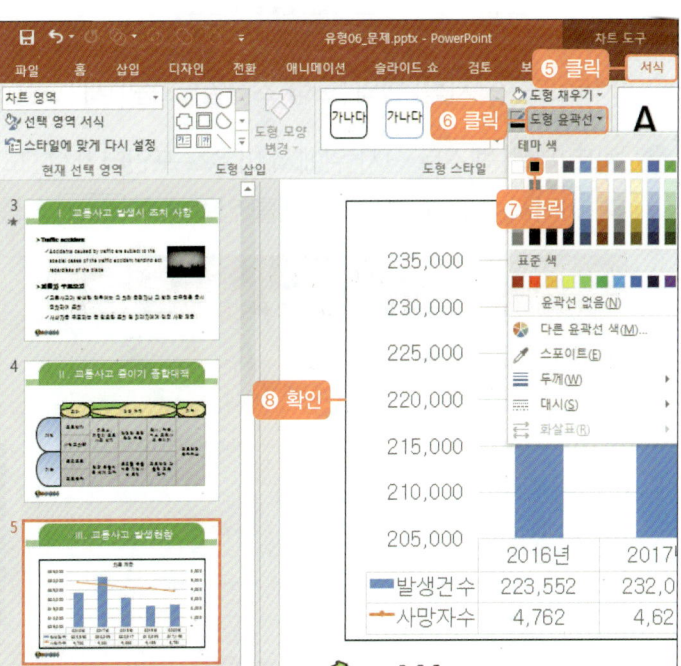

유형 03 차트 세부 조건 작성하기

차트 제목 : 궁서, 24pt, 굵게, 채우기(흰색), 테두리, 그림자(오프셋 오른쪽)

■ 차트 제목 작성하기

① '차트 제목'을 클릭한 후 [홈] 탭의 [글꼴] 그룹에서 **글꼴(궁서)**, **글꼴 크기(24pt)**, **굵게(가)** 를 지정합니다.

   ※ ITQ 파워포인트에서는 문제지 조건에 따라 차트 제목에 굵게(가)를 지정해야 합니다.

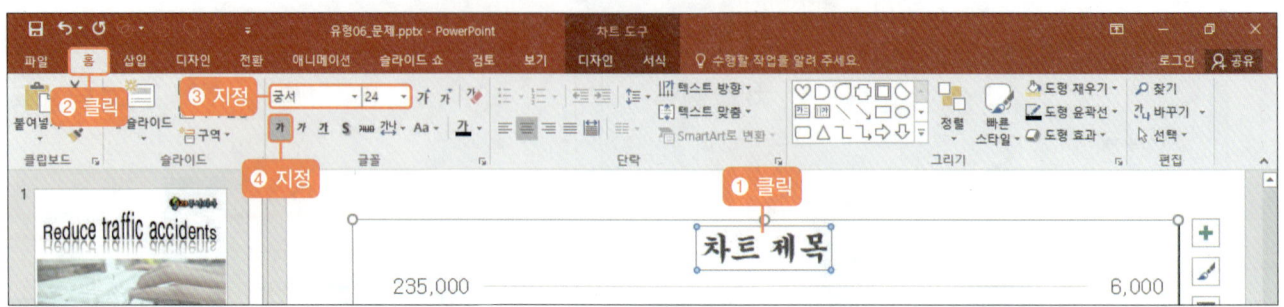

② [차트 도구]-[서식] 탭의 [도형 스타일] 그룹에서 [도형 채우기]-**흰색, 배경 1**을 클릭합니다. 이어서, [도형 윤곽선]-**검정, 텍스트 1**을 클릭합니다.

   ※ 실제 문제지의 세부 조건에는 '테두리'만 표시되기 때문에 임의의 색인 검정색을 선택합니다.

 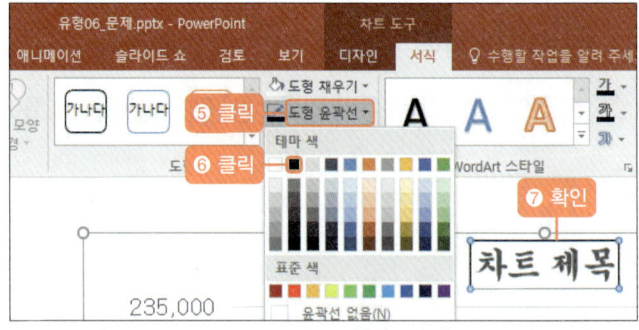

③ [차트 도구]-[서식] 탭의 [도형 스타일] 그룹에서 [도형 효과]-[그림자]-바깥쪽-**오프셋 오른쪽**을 클릭합니다.

④ '차트 제목' 텍스트 상자 위에서 마우스 포인터가 I 모양으로 변경되면 내용을 드래그하여 블록으로 지정합니다. 이어서, **최근 교통사고 추세**를 입력한 후 Esc 키를 두 번 눌러 모든 선택을 해제 합니다.

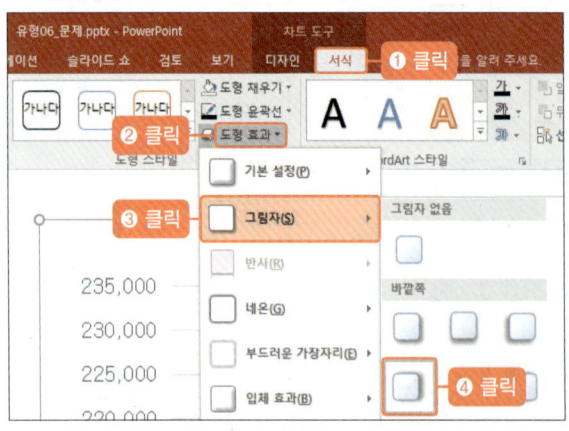 

■ 차트 영역 및 그림 영역 색상 채우기   차트 영역 : 채우기(노랑) / 그림 영역 : 채우기(흰색)

① 차트 영역에 색상을 채우기 위해 차트의 테두리를 클릭한 후 [차트 도구]-[서식] 탭의 [도형 스타일] 그룹에서 [도형 채우기]-**노랑**을 선택합니다.

※ 만약 작업 후 제목 텍스트 상자(최근 교통사고 추세)가 '노랑'으로 채워졌을 때는 다시 '차트 제목(최근 교통사고 추세)'을 선택한 후 [도형 채우기]-'흰색, 배경 1'을 클릭합니다.

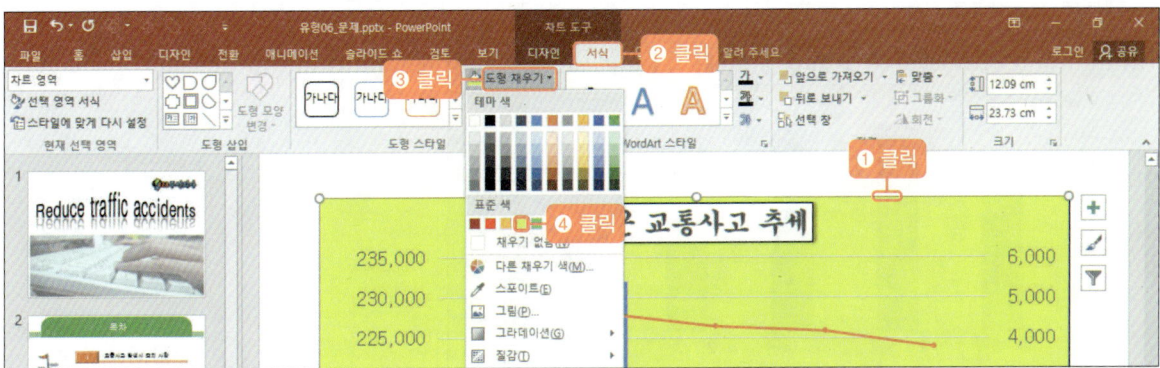

② 그림 영역에 색상을 채우기 위해 그림 영역을 클릭한 후 [도형 채우기]-**흰색, 배경 1**을 선택합니다.

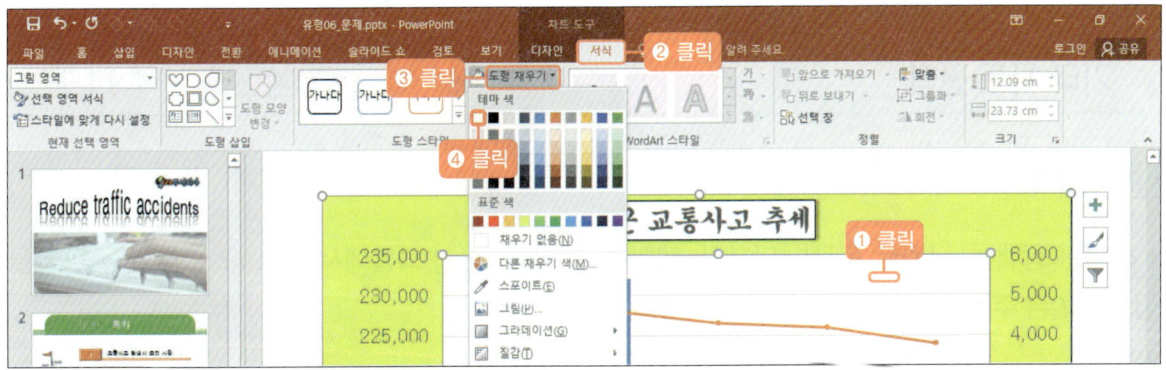

■ 값 표시-데이터 레이블('2019년의 사망자수' 계열에만 값을 표시하기)   값 표시 : 2019년의 사망자수 계열만

① 사망자수 계열을 클릭한 후 2019년의 요소만 선택합니다.

② 이어서, [차트 도구]-[디자인] 탭의 [차트 레이아웃] 그룹에서 차트 요소 추가( )를 클릭한 후 [데이터 레이블]-**위쪽**을 선택합니다.

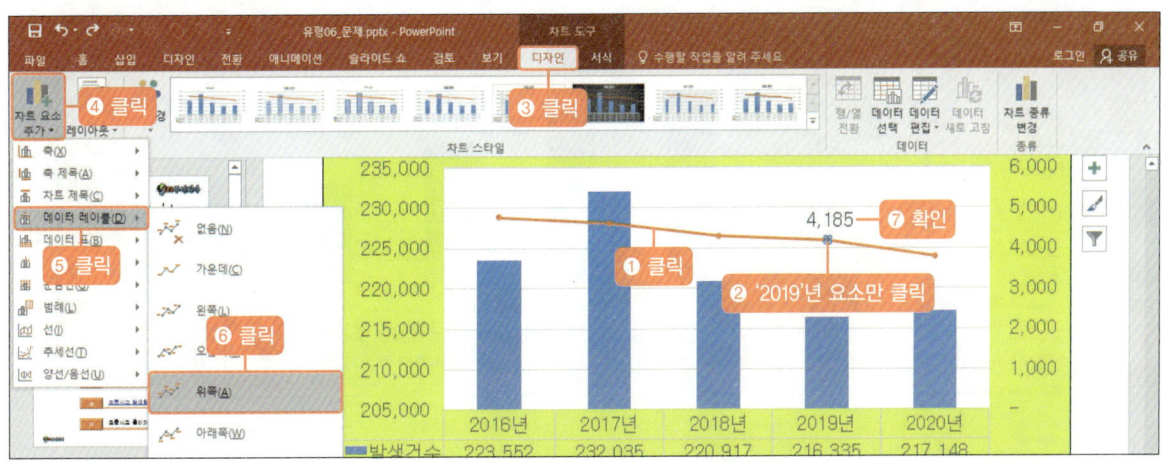

데이터 레이블

❶ 시험 유형에 따라 차트에 데이터 레이블 값이 표시되는 위치(가운데, 위쪽, 아래쪽 등)가 다양하게 출제되기 때문에 ≪출력형태≫를 참고하여 작업합니다.

❷ 데이터 레이블이 특정 요소가 아닌 전체(예 : 사망자수) 계열에 값을 표시하는 문제도 출제되고 있습니다. 이 경우에는 해당 계열을 한 번만 클릭한 후 계열 표식이 전체로 선택되었을 때 데이터 레이블을 추가합니다.

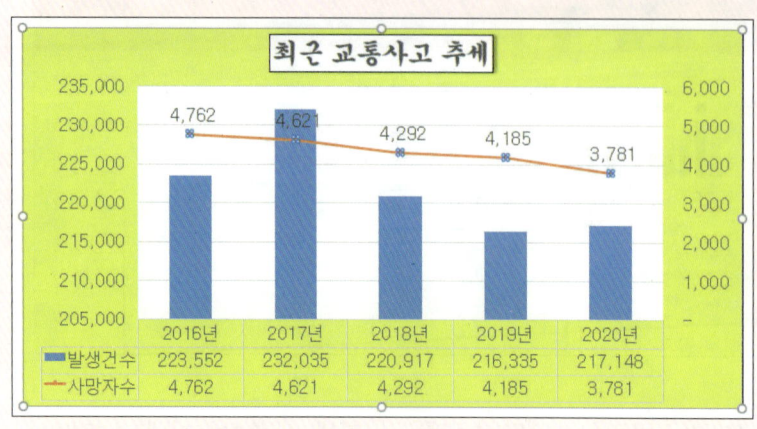

유형 04 기타 차트 편집

> 기타 차트 편집 작업은 문제지의 조건을 모두 충족한 후 ≪출력형태≫와 동일하게 맞추기 위한 세부 작업

■ 차트 눈금선 지우기

❶ 차트가 선택된 상태에서 [차트 도구]-[디자인] 탭의 [차트 레이아웃] 그룹에서 차트 요소 추가(📊)를 클릭한 후 [눈금선]-기본 주 가로(📊)의 선택을 해제합니다.

※ 차트를 작성하면 눈금선은 기본 주 가로(📊)가 기본값으로 설정되어 있으며 ≪출력형태≫와 동일하게 작업하기 위해서는 반드시 선택을 해제합니다.

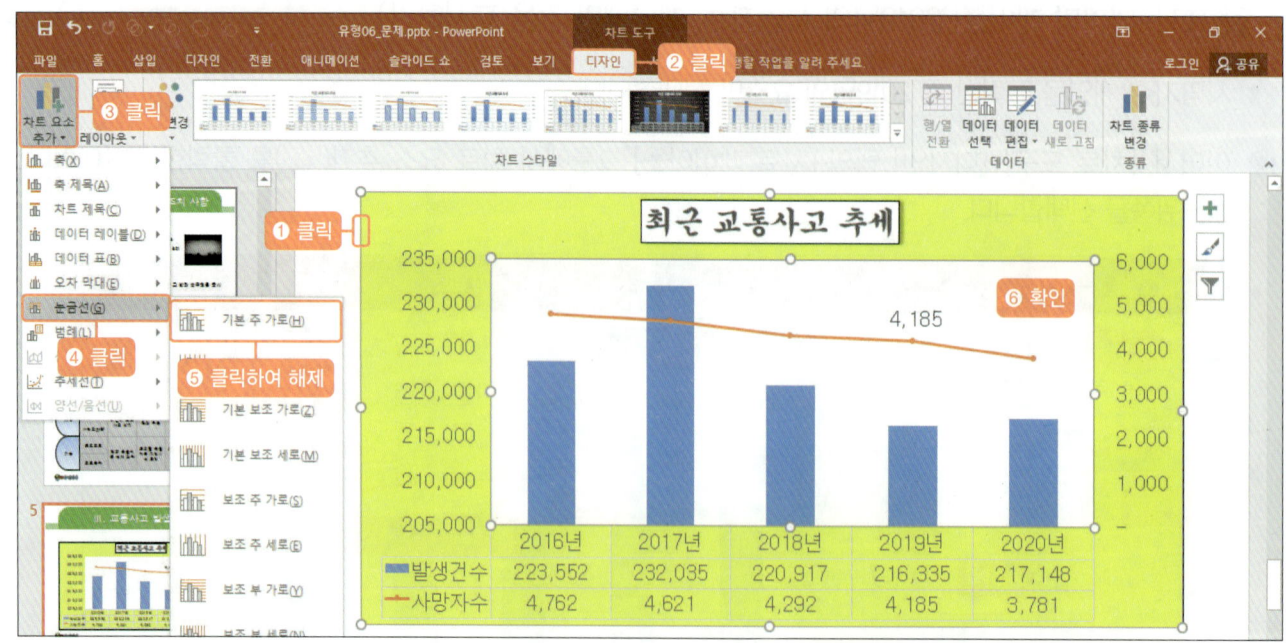

■ 세로 (값) 축 지정하기

① 세로 (값) 축 임의의 숫자(**235,000**) 위에서 마우스 오른쪽 단추를 눌러 바로 가기 메뉴가 나오면 [**축 서식**]을 클릭합니다.

② 오른쪽 작업 창이 활성화되면 **채우기 및 선**( )을 클릭한 후 **선 – '실선', '색 – 검정, 텍스트 1'**을 선택합니다. 이어서, 작업 창을 종료( )합니다.

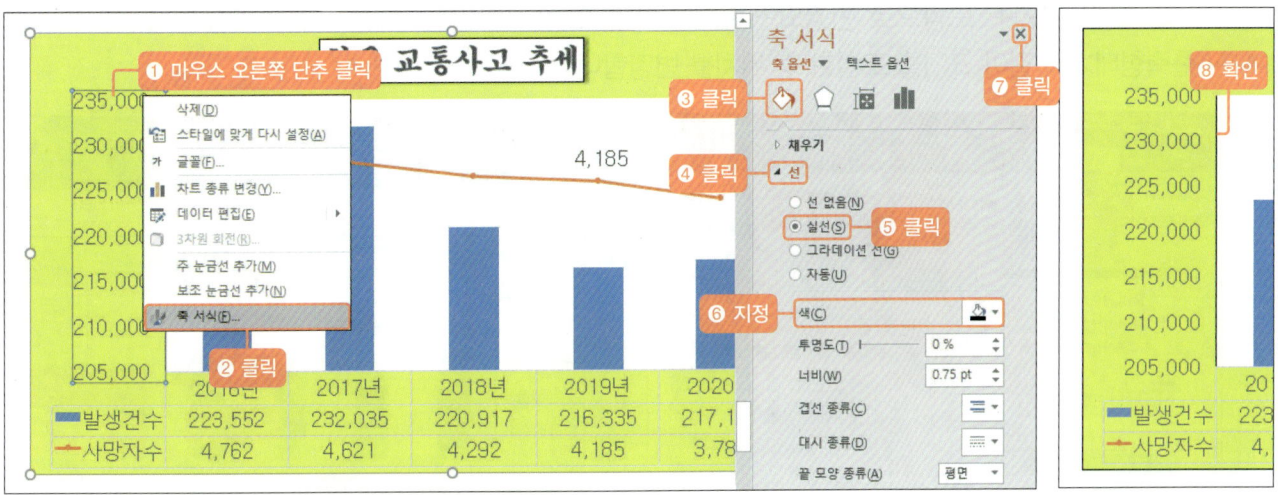

■ 보조 세로 (값) 축 지정하기

① 보조 세로 (값) 축 임의의 숫자(**6,000**) 위에서 마우스 오른쪽 단추를 눌러 바로 가기 메뉴가 나오면 [**축 서식**]을 클릭합니다.

② 오른쪽 작업 창이 활성화되면 **단위 – 주**(**1500**) 값을 입력한 후 ▷ 눈금 을 클릭합니다. 이어서, **주 눈금을 바깥쪽**으로 지정한 후 작업 창을 종료( )합니다.

※ 주 눈금 '바깥쪽'이 한 번에 지정되지 않을 경우에는 다른 항목(예 : 안쪽)을 한 번 선택한 후 '바깥쪽'을 다시 클릭합니다.

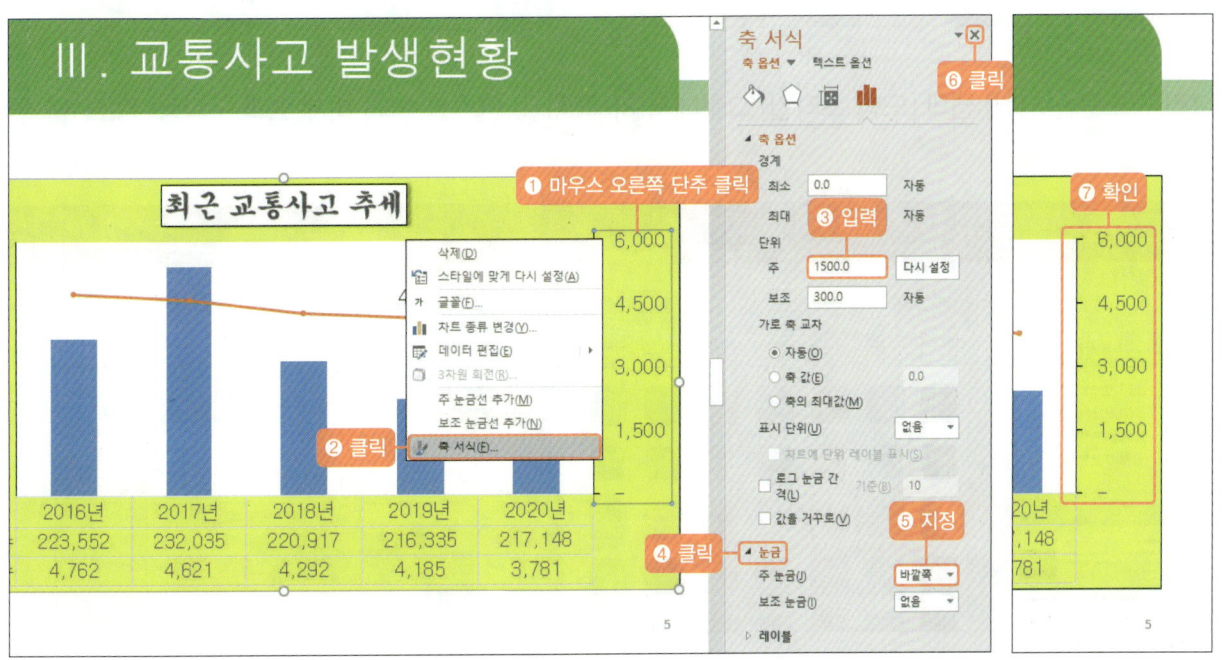

> 스타일 : 미세 효과 – 파랑, 강조 1
> 글꼴 : 굴림, 18pt

유형 05 도형 삽입하기

❶ 차트 바깥쪽을 클릭한 후 [삽입] 탭의 [일러스트레이션] 그룹에서 [도형(　)]-설명선-**모서리가 둥근 사각형 설명선(　)**을 클릭합니다.
   ※ 차트를 선택한 후 도형을 삽입하면 글자 크기가 11pt이며, 정렬이 지정되어 있지 않습니다.

❷ 마우스 포인터가 ┼ 모양으로 변경되면 드래그하여 도형을 삽입합니다. 이어서, 조절점(○)을 드래그하여 ≪출력형태≫와 같이 크기를 조절한 후 위치를 변경합니다.

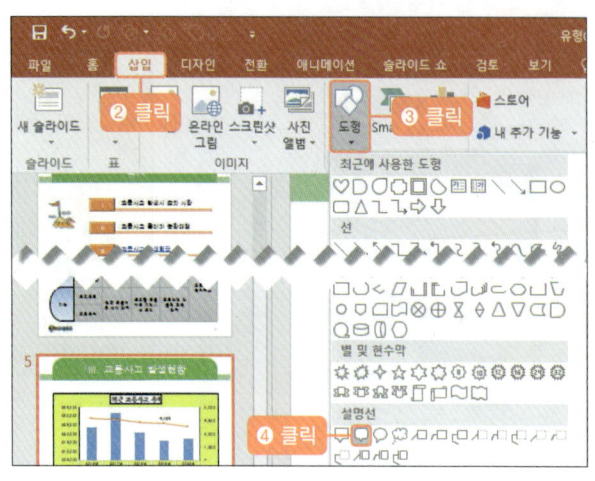
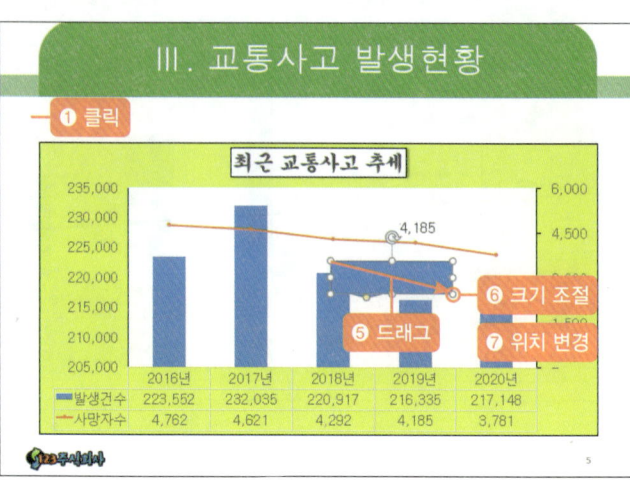

❸ 도형 왼쪽 하단의 **노란색 조절점(○)**을 드래그하여 도형의 모양을 변형시킵니다. 이어서, **사망자 수 감소**를 입력한 후 Esc 키를 누릅니다.

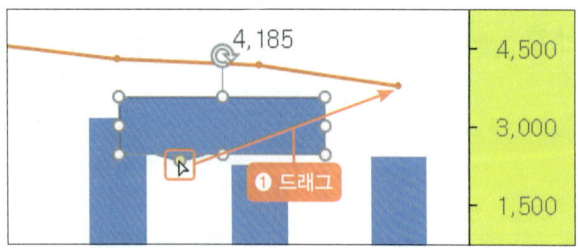
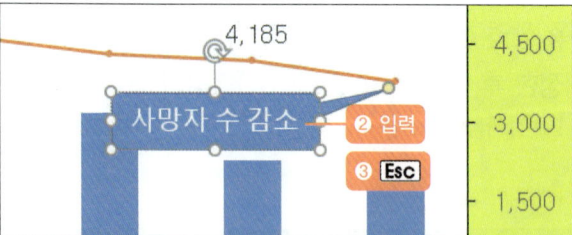

❹ [그리기 도구]-[서식] 탭의 [도형 스타일] 그룹에서 자세히(▽) 단추를 눌러 **미세 효과 – 파랑, 강조 1**을 클릭합니다.

❺ 이어서, [홈] 탭의 [글꼴] 그룹에서 **글꼴(굴림), 글꼴 크기(18pt)**를 지정합니다.

※ 만약, 도형 스타일(예 : 미세 효과 – 파랑, 강조 1)을 변경한 후 ≪출력형태≫의 글꼴 색(검정 또는 흰색)과 일치하지 않을 경우 ≪출력형태≫에 맞추어 글꼴 색을 변경합니다.

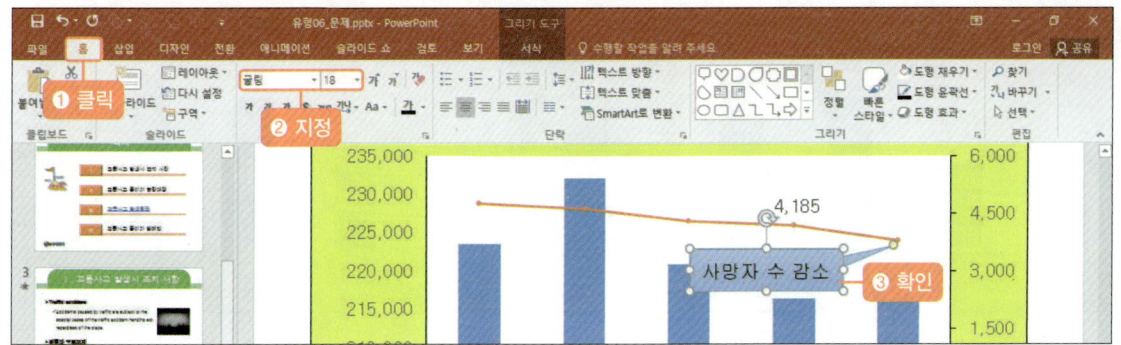

❻ 차트 작업이 끝나면 차트의 크기 및 위치를 조절한 후 [파일]-[저장](Ctrl + S) 또는 [빠른 실행 도구 모음]에서 **저장(🖫)**을 클릭합니다.

※ 실제 시험을 볼 때 작업 도중에 수시로(10분에 한 번 정도) 저장을 하는 것이 좋습니다.

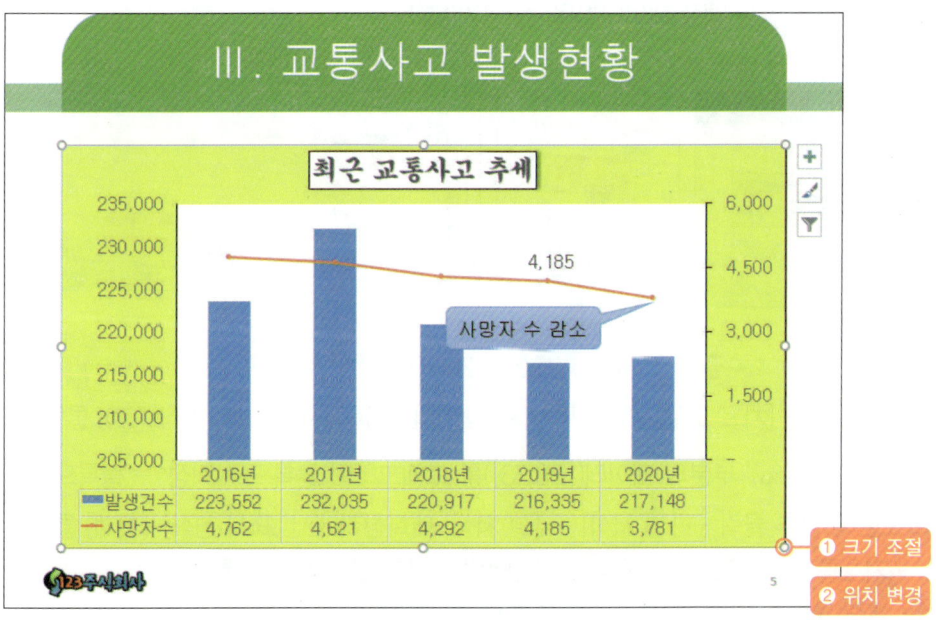

시험 분석

[슬라이드 5] ≪차트 슬라이드≫

- 차트 모양 : 과년도 기출 문제를 분석한 결과 대부분 '묶은 세로 막대형+표식이 있는 꺾은선형'으로 출제되고 있습니다.

- 차트 도형 : 차트에 삽입되는 도형은 다양한 도형이 출제되고 있으며, 특히 노란색 조절점(◯)을 이용하여 도형의 모양을 변형하는 문제가 자주 출제됩니다.

- 축 서식 : 기본 축 서식 및 보조 축 서식에서 표시 형식 변경과 눈금의 간격을 지정하는 문제가 지속적으로 출제되고 있으니 ≪출력형태≫를 잘 확인하여 작업합니다.

학습포인트 ★ 차트 편집시 참고할 사항 ★

*소스파일 : 차트_문제.pptx

※ 소스 파일을 불러와 삽입되어 있는 차트를 조건에 맞게 편집해 봅시다.

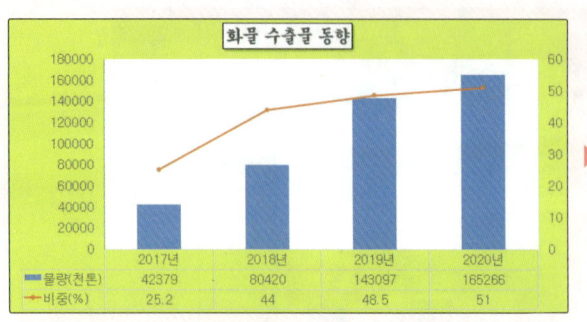 ▶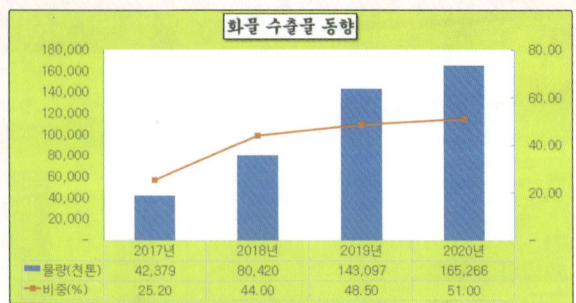

[조건 1] 기본 축 데이터 '물량(천톤)' 부분에 '천 단위 구분 기호'를 표시(예 : 42379 → 42,379)

❶ [슬라이드 1]에 삽입된 차트를 클릭 → [차트 도구]-[디자인] 탭의 [데이터] 그룹에서 [데이터 편집(📝)] 클릭

❷ 엑셀 데이터 입력 창이 열리면 '물량(천톤)' 부분의 데이터([B2:E2])를 드래그하여 블록으로 지정 → 블록으로 지정된 셀 위에서 마우스 오른쪽 단추 클릭 → [셀 서식] → [셀 서식] 대화상자에서 [표시 형식]-[회계] 클릭 → 기호를 '없음'으로 지정 → 〈확인〉 → 엑셀 데이터 입력 창 닫기(❌)

※ 표시 형식을 '회계'로 선택하는 이유는 축의 최소값을 숫자(0)가 아닌 '-'로 표시하기 위함입니다.

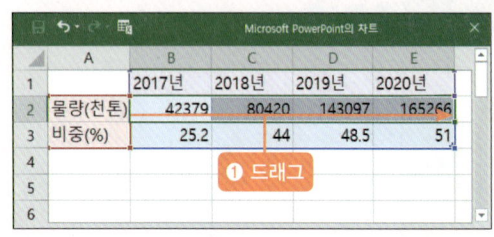 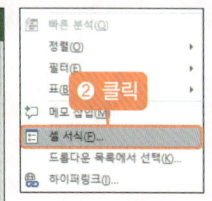 

[조건 2] 보조 축 데이터 '비중(%)' 부분에 '소수점'을 표시(예 : 25.2 → 25.20)

❶ [슬라이드 1]에 삽입된 차트를 클릭 → [차트 도구]-[디자인] 탭의 [데이터] 그룹에서 [데이터 편집(📝)] 클릭

❷ 엑셀 데이터 입력 창이 열리면 '비중(%)' 부분의 데이터([B3:E3])를 드래그하여 블록으로 지정 → 블록으로 지정된 셀 위에서 마우스 오른쪽 단추 클릭 → [셀 서식] → [셀 서식] 대화상자에서 [표시 형식]-[회계] 클릭 → 소수 자릿수(2) 지정 → 기호를 없음으로 지정 → 〈확인〉 → 엑셀 데이터 입력 창 닫기(❌)

※ 표시 형식을 '회계'로 선택하는 이유는 축의 최소값을 숫자(0)가 아닌 '-'로 표시하기 위함입니다.

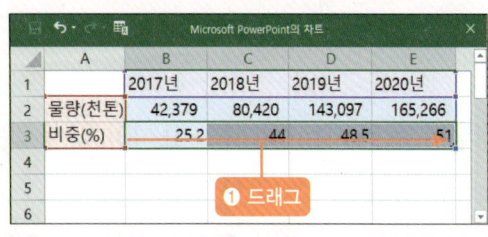 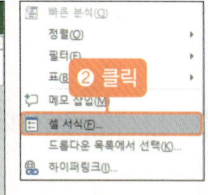 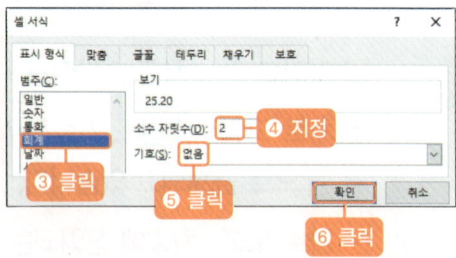

[조건 3] 보조 축 데이터 '비중(%)'의 '축 단위를 변경한 후 눈금선을 지정'

❶ 보조 축 임의의 숫자(60.00) 위에서 마우스 오른쪽 단추 클릭 → [축 서식] → 축 옵션에서 '경계-최대(80)', '단위-주(20)' 값을 입력

❷ 눈금 을 클릭 → 주 눈금을 '안쪽'으로 지정 → 작업 창을 종료(X)

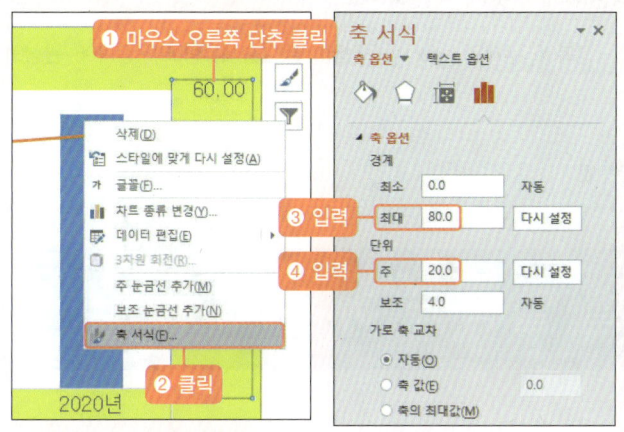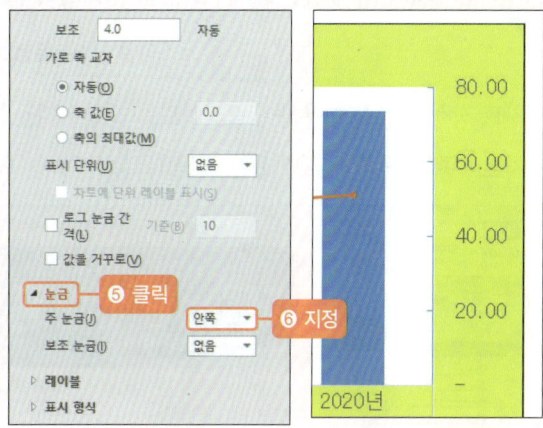

[조건 4] 꺾은선형 계열의 '표식 모양'을 변경

❶ 꺾은선형 계열의 표식 위에서 마우스 오른쪽 단추 클릭 → [데이터 계열 서식] → 채우기 및 선(◇) 클릭 → 표식 클릭 → 표식 옵션 클릭 → 기본 제공 선택 → 형식(■) 및 크기(7)를 변경 → 작업 창을 종료(X)

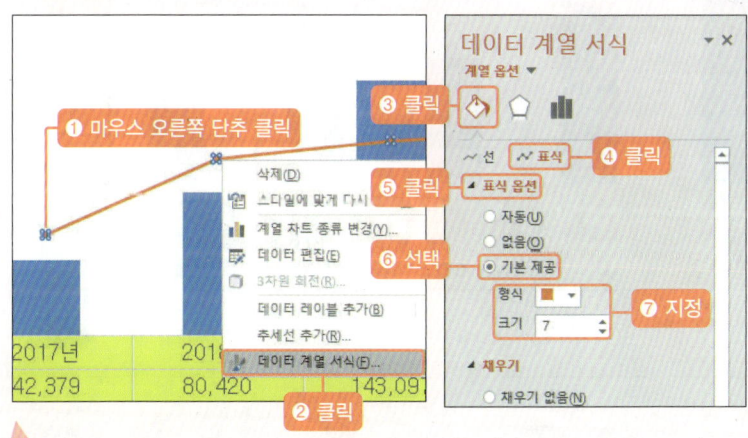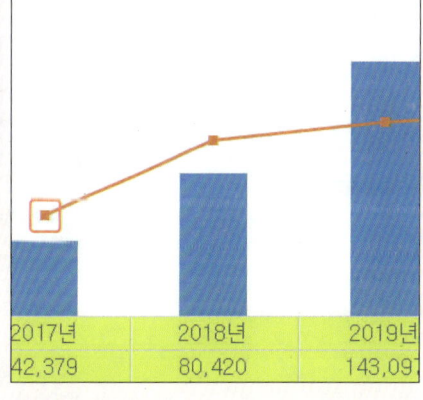

참고해주세요!

❶ 축 주변의 선(데이터 테이블, 축 서식의 눈금선 등)은 작업 환경에 따라 파랑, 회색, 검정 등으로 나타납니다. 색상은 채점대상이 아니며 선의 유무만 채점하기 때문에 ≪출력형태≫를 참고하여 선을 지정하도록 합니다. 단, 임의대로 흰색 선을 지정했을 경우에는 감점 대상이니 유의하시기 바랍니다.

❷ 표식이 있는 꺾은선형의 표식의 모양은 세부 조건에 없더라도 반드시 ≪출력형태≫와 동일하게 맞춰야 합니다. 표식의 모양은 여러 가지 형태로 출제될 가능성이 있으니 참고하시기 바랍니다.

[슬라이드 5] ≪차트 슬라이드≫

01 문제지의 지시사항 및 세부조건을 참고하여 출력형태에 알맞게 작업하시오.

• 소스파일 : [출제유형06]-정복06_문제01.pptx   • 정답파일 : [출제유형06]-정복06_완성01.pptx

(1) 차트 작성 기능을 이용하여 슬라이드를 작성한다.
(2) 차트 : 종류(묶은 세로 막대형), 글꼴(돋움, 16pt), 외곽선

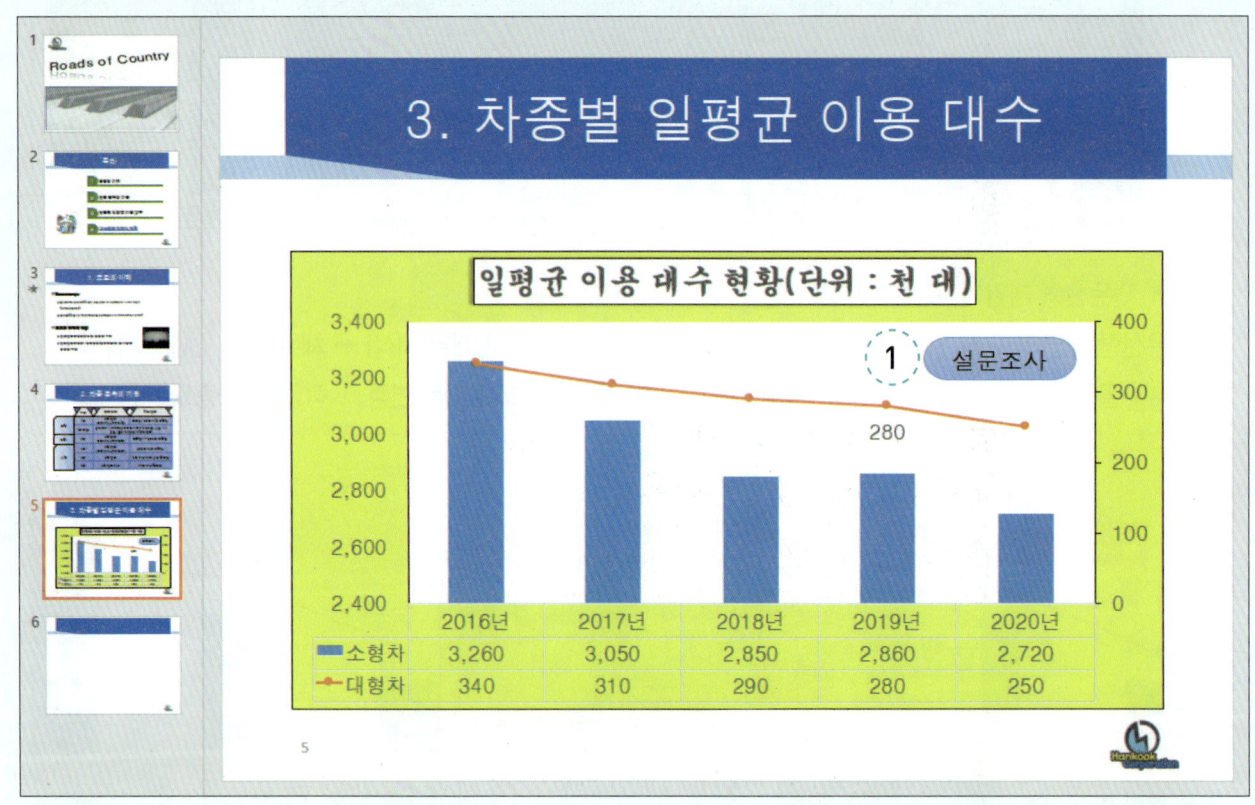

세부 조건

※ **차트설명**
- 차트제목 : 궁서, 24pt, 굵게, 채우기(흰색), 테두리, 그림자(오프셋 왼쪽)
- 차트영역 : 채우기(노랑) / 그림영역 : 채우기(흰색)
- 데이터 서식 : 대형차 계열을 표식이 있는 꺾은선형으로 변경 후 보조축으로 지정
- 값 표시 : 2019년의 대형차 계열만

① **도형 삽입**
- 스타일 : 미세 효과 – 파랑, 강조 1
- 글꼴 : 돋움, 18pt

02 문제지의 지시사항 및 세부조건을 참고하여 출력형태에 알맞게 작업하시오.

• 소스파일 : [출제유형06]-정복06_문제02.pptx   • 정답파일 : [출제유형06]-정복06_완성02.pptx

(1) 차트 작성 기능을 이용하여 슬라이드를 작성한다.
(2) 차트 : 종류(묶은 세로 막대형), 글꼴(굴림, 16pt), 외곽선

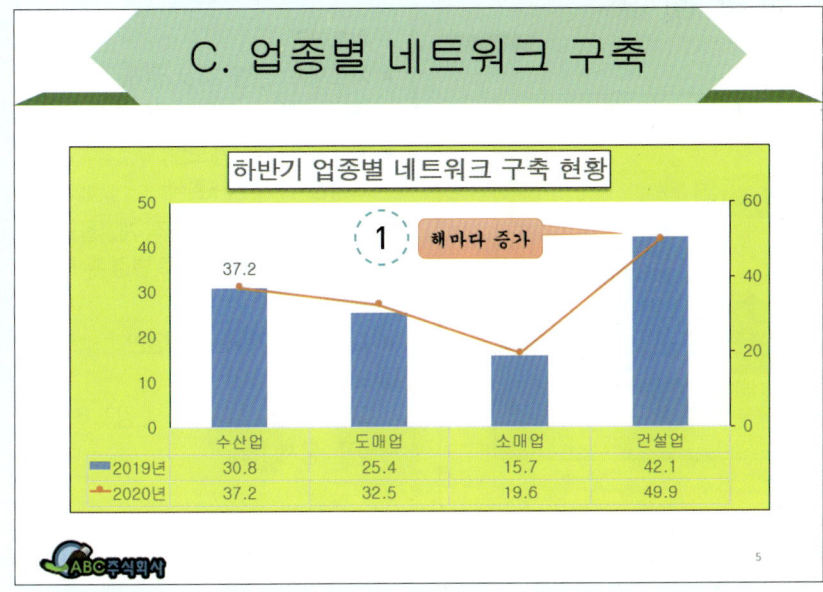

세부조건

※ **차트설명**
- 차트제목 : 돋움, 24pt, 굵게, 채우기(흰색), 테두리, 그림자(오프셋 아래쪽)
- 차트영역 : 채우기(노랑)
  그림영역 : 채우기(흰색)
- 데이터 서식 : 2020년 계열을 표식이 있는 꺾은선형으로 변경 후 보조축으로 지정
- 값 표시 : 2020년의 수산업 계열만
① **도형 삽입**
– 스타일 : 미세 효과 – 주황, 강조 2
– 글꼴 : 궁서, 18pt

03 문제지의 지시사항 및 세부조건을 참고하여 출력형태에 알맞게 작업하시오.

• 소스파일 : [출제유형06]-정복06_문제03.pptx   • 정답파일 : [출제유형06]-정복06_완성03.pptx

(1) 차트 작성 기능을 이용하여 슬라이드를 작성한다.
(2) 차트 : 종류(묶은 세로 막대형), 글꼴(굴림, 16pt), 외곽선

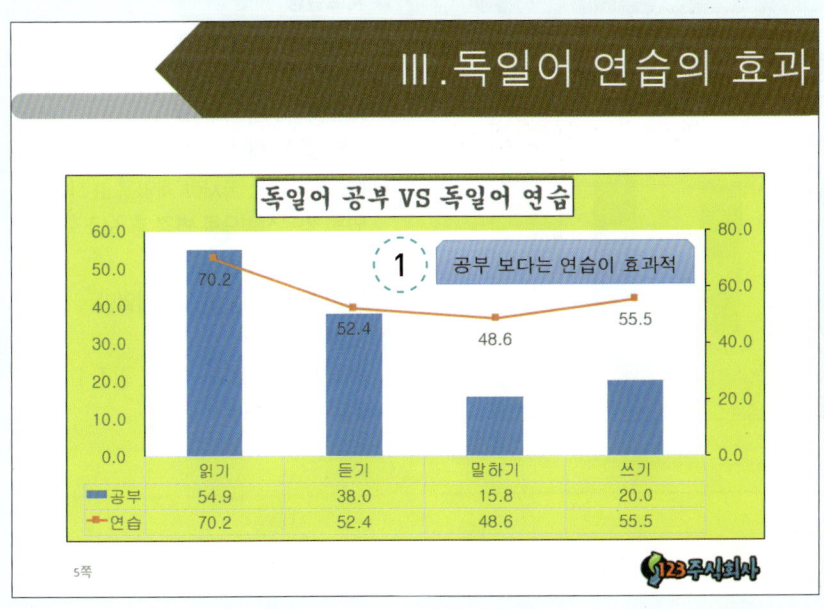

세부조건

※ **차트설명**
- 차트제목 : 궁서, 24pt, 굵게, 채우기(흰색), 테두리, 그림자(오프셋 위쪽)
- 차트영역 : 채우기(노랑)
  그림영역 : 채우기(흰색)
- 데이터 서식 : 연습 계열을 표식이 있는 꺾은선형으로 변경 후 보조축으로 지정
- 값 표시 : 연습 계열만
① **도형 삽입**
– 스타일 : 미세 효과 – 파랑, 강조 1
– 글꼴 : 돋움, 18pt

04 문제지의 지시사항 및 세부조건을 참고하여 출력형태에 알맞게 작업하시오.

(1) 차트 작성 기능을 이용하여 슬라이드를 작성한다.
(2) 차트 : 종류(묶은 세로 막대형), 글꼴(굴림, 16pt), 외곽선

• 소스파일 : [출제유형06]-정복06_문제04.pptx
• 정답파일 : [출제유형06]-정복06_완성04.pptx

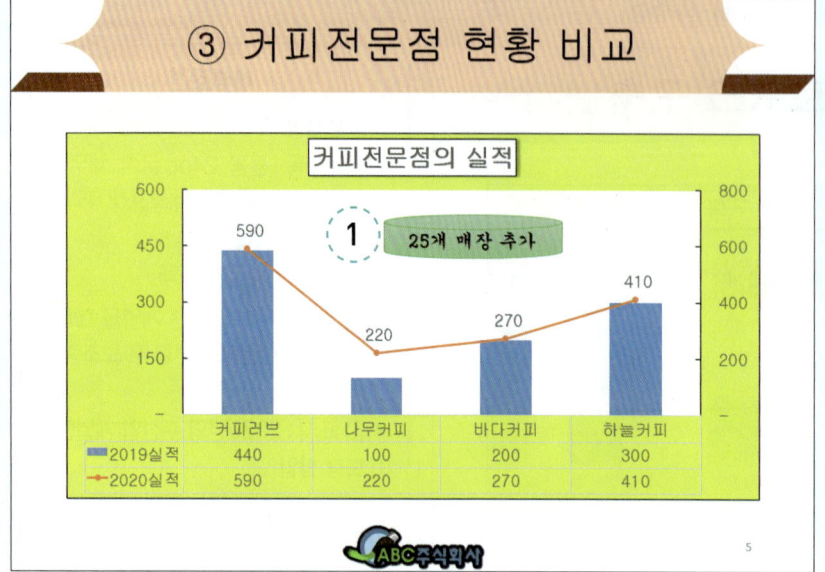

세부조건

※ **차트설명**
- 차트제목 : 굴림, 24pt, 굵게, 채우기(흰색), 테두리, 그림자(오프셋 오른쪽)
- 차트영역 : 채우기(노랑)
  그림영역 : 채우기(흰색)
- 데이터 서식 : 2020 실적 계열을 표식이 있는 꺾은선형으로 변경 후 보조축으로 지정
- 값 표시 : 2020실적 계열만
① **도형 삽입**
- 스타일 : 미세 효과 – 녹색, 강조 6
- 글꼴 : 궁서, 18pt

05 문제지의 지시사항 및 세부조건을 참고하여 출력형태에 알맞게 작업하시오.

(1) 차트 작성 기능을 이용하여 슬라이드를 작성한다.
(2) 차트 : 종류(묶은 세로 막대형), 글꼴(굴림, 16pt), 외곽선

• 소스파일 : [출제유형06]-정복06_문제05.pptx
• 정답파일 : [출제유형06]-정복06_완성05.pptx

세부조건

※ **차트설명**
- 차트제목 : 궁서, 24pt, 굵게, 채우기(흰색), 테두리, 그림자(오프셋 가운데)
- 차트영역 : 채우기(노랑)
  그림영역 : 채우기(흰색)
- 데이터 서식 : 독서량 계열을 표식이 있는 꺾은선형으로 변경 후 보조축으로 지정
- 값 표시 : 독서량의 3세 계열만
① **도형 삽입**
- 스타일 : 미세 효과 – 파랑, 강조 1
- 글꼴 : 돋움, 18pt

 엑셀에서 데이터 소수 자릿수 변경

엑셀 창의 독서량 데이터[B3:F3]를 드래그 → 지정된 블록 위에서 마우스 오른쪽 단추 클릭 → [셀 서식] 클릭 → [표시 형식]-[백분율]-소수 자릿수 입력(1) → 〈확인〉

06 문제지의 지시사항 및 세부조건을 참고하여 출력형태에 알맞게 작업하시오.

· 소스파일 : [출제유형06]-정복06_문제06.pptx   · 정답파일 : [출제유형06]-정복06_완성06.pptx

(1) 차트 작성 기능을 이용하여 슬라이드를 작성한다.
(2) 차트 : 종류(묶은 세로 막대형), 글꼴(돋움, 16pt), 외곽선

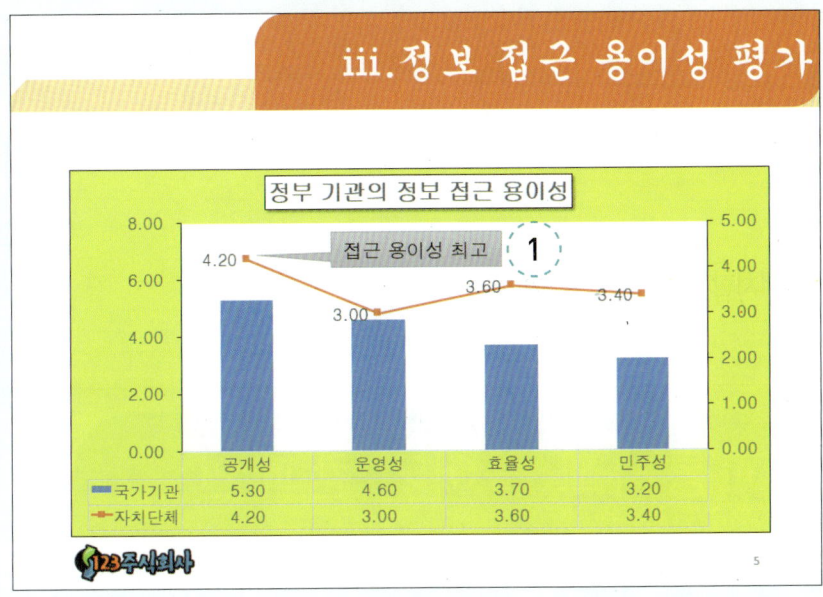

세부조건

※ **차트설명**
- 차트제목 : 굴림, 22pt, 굵게, 채우기(흰색), 테두리, 그림자(오프셋 대각선 오른쪽 아래)
- 차트영역 : 채우기(노랑)
  그림영역 : 채우기(흰색)
- 데이터 서식 : 자치단체 계열을 표식이 있는 꺾은선형으로 변경 후 보조축으로 지정
- 값 표시 : 자치단체 계열만
① 도형 삽입
- 스타일 : 미세 효과 - 회색-50%, 강조 3
- 글꼴 : 돋움, 18pt

07 문제지의 지시사항 및 세부조건을 참고하여 출력형태에 알맞게 작업하시오.

· 소스파일 : [출제유형06]-정복06_문제07.pptx   · 정답파일 : [출제유형06]-정복06_완성07.pptx

(1) 차트 작성 기능을 이용하여 슬라이드를 작성한다.
(2) 차트 : 종류(묶은 세로 막대형), 글꼴(굴림, 16pt), 외곽선

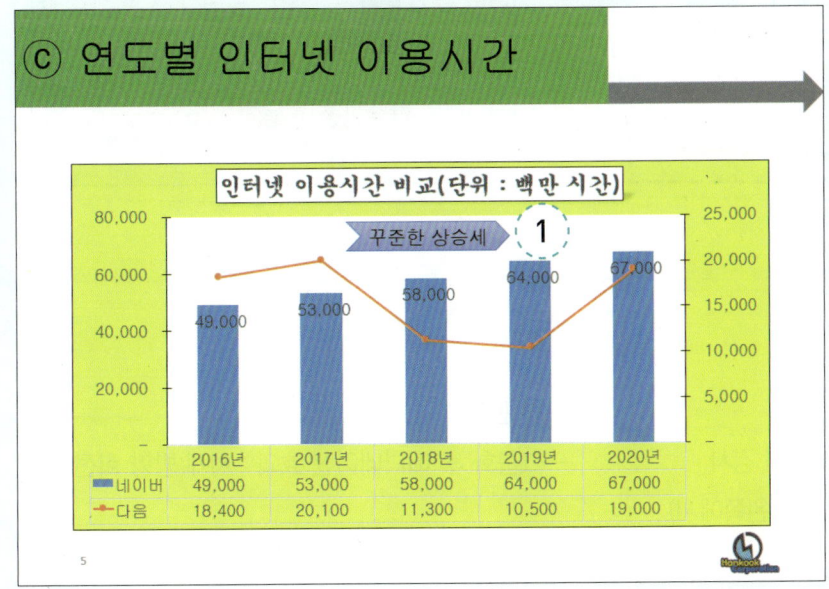

세부조건

※ **차트설명**
- 차트제목 : 궁서, 22pt, 굵게, 채우기(흰색), 테두리, 그림자(원근감 대각선 오른쪽 위)
- 차트영역 : 채우기(노랑)
  그림영역 : 채우기(흰색)
- 데이터 서식 : 다음 계열을 표식이 있는 꺾은선형으로 변경 후 보조축으로 지정
- 값 표시 : 네이버 계열만
① 도형 삽입
- 스타일 : 미세 효과 - 파랑, 강조 5
- 글꼴 : 돋움, 18pt

출제유형 07

[슬라이드 6] ≪도형 슬라이드≫

○ 다양한 도형 작성하기   ○ 스마트아트 작성하기
○ 그룹 지정하기   ○ 애니메이션 설정하기

문제 미리보기

· 소스파일 : [출제유형07]-유형07_문제.pptx   · 정답파일 : [출제유형07]-유형07_완성.pptx

◆ [슬라이드 6] ≪도형 슬라이드≫   (100점)

(1) 슬라이드와 같이 도형 및 스마트아트를 배치한다(글꼴 : 굴림, 18pt).
(2) 애니메이션 순서 : ① ⇒ ②

◆ 세부 조건

① 도형 및 스마트아트 편집
    - 스마트아트 디자인 : 3차원 벽돌, 3차원 경사
    - 그룹화 후 애니메이션 효과 : 날아오기(왼쪽에서)

② 도형 편집
    - 그룹화 후 애니메이션 효과 : 시계 방향 회전

유형 01 왼쪽 배경 도형 작성하기

① **유형07_문제.pptx** 파일을 불러와 [슬라이드 6]을 클릭한 후 작업합니다.

※ 파일 불러오기 : [파일]-[열기]-[찾아보기]를 클릭한 후 [열기] 대화상자에서 파일을 선택합니다.

② 슬라이드 상단의 '제목을 입력하십시오'를 클릭한 후 **Ⅳ. 교통사고 줄이기 캠페인**를 입력합니다. 이어서, '텍스트를 입력하십시오' 텍스트 상자의 테두리를 클릭한 후 Delete 키를 눌러 삭제합니다.

※ 제목을 입력할 때 한글 자음 'ㅈ'을 입력한 후 한자 키를 눌러 로마 숫자(Ⅰ, Ⅱ, Ⅲ, Ⅳ)를 선택합니다.

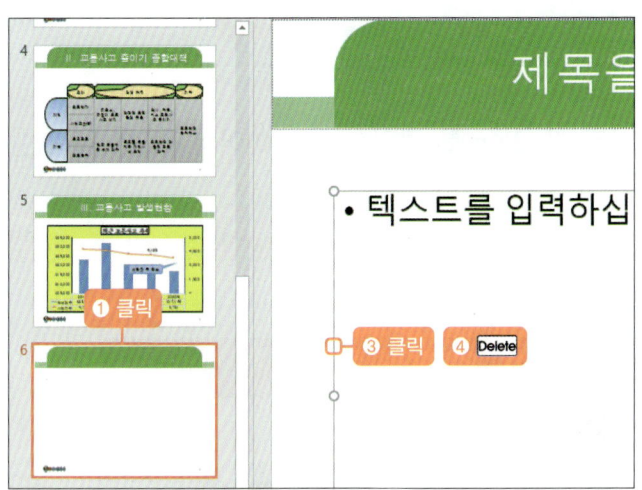
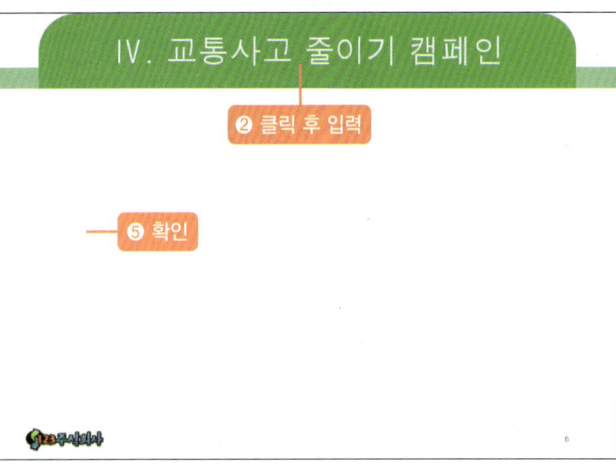

③ [삽입] 탭의 [일러스트레이션] 그룹에서 [도형(⌂)]-순서도-**순서도: 문서**(□)를 클릭합니다.

④ 마우스 포인터가 + 모양으로 변경되면 드래그하여 도형을 삽입합니다. 이어서, 조절점(○)을 드래그하여 ≪출력형태≫와 같이 크기를 조절한 후 위치를 변경합니다.

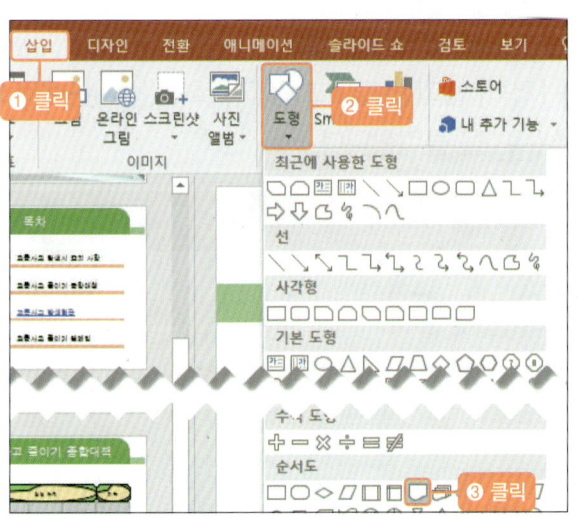
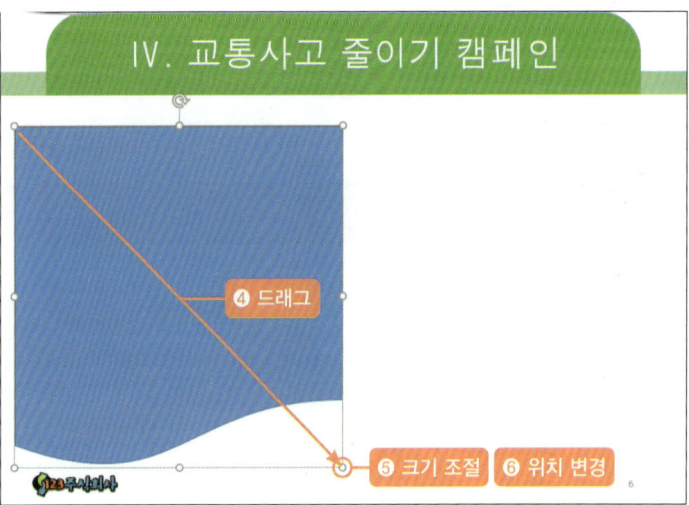

[슬라이드 6] 도형 작성 요령

[슬라이드 6]에서는 배경 도형을 먼저 작성하는 것이 편리합니다. 배경 도형은 ≪출력형태≫를 참고하여 슬라이드의 절반 정도로 크기 및 위치를 조절합니다.

❺ [그리기 도구]-[서식] 탭의 [도형 스타일] 그룹에서 [도형 채우기]-**녹색, 강조 6, 60% 더 밝게**를 클릭합니다. 이어서, [도형 윤곽선]-**검정, 텍스트 1**을 클릭합니다.

※ 도형의 색상은 문제지 조건에 없기 때문에 임의의 색으로 선택할 수 있습니다.

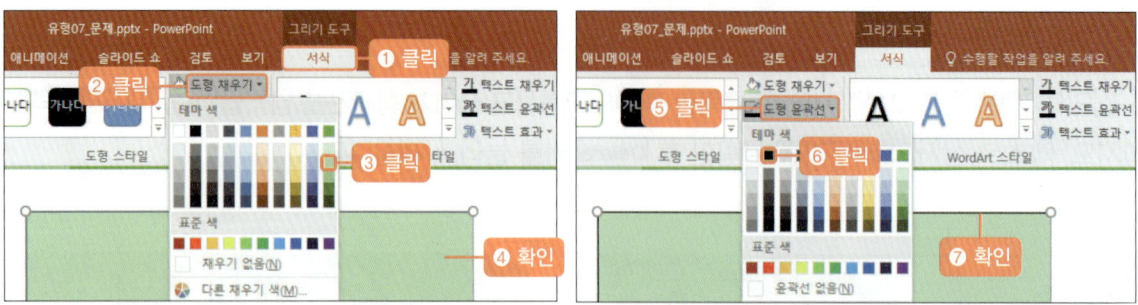

❻ 선의 두께와 모양을 변경하기 위해 [도형 윤곽선]-[두께]-2¼pt를 클릭합니다. 이어서, [도형 윤곽선]-[대시]-**파선**을 클릭합니다.

※ 도형 윤곽선의 두께는 문제지 조건에 없기 때문에 ≪출력형태≫를 참고하여 임의의 두께(얇은 선 : '1pt', 두꺼운 선 : '2¼pt')로 지정합니다.

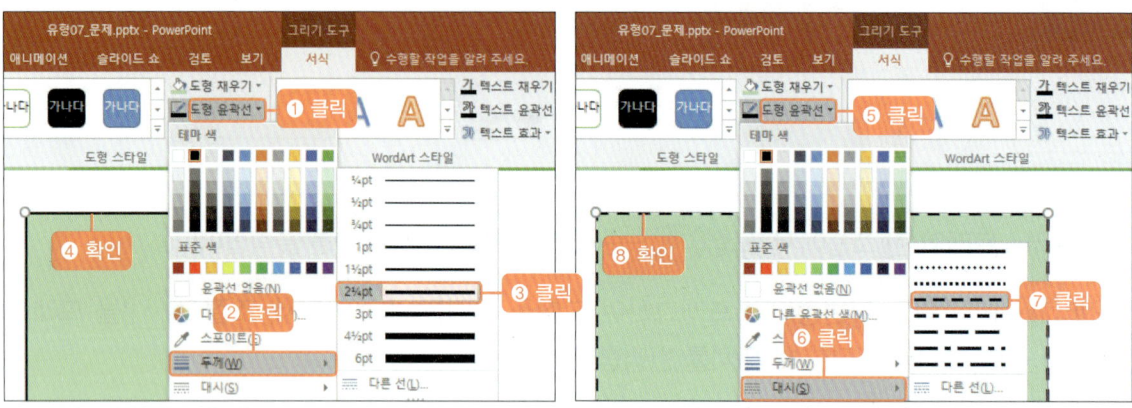

❼ ≪출력형태≫와 같이 도형을 회전하기 위해 [그리기 도구]-[서식] 탭의 [정렬] 그룹에서 [회전()]-**왼쪽으로 90° 회전()**을 클릭합니다. 이어서, [회전()]-**상하 대칭()**을 클릭합니다.

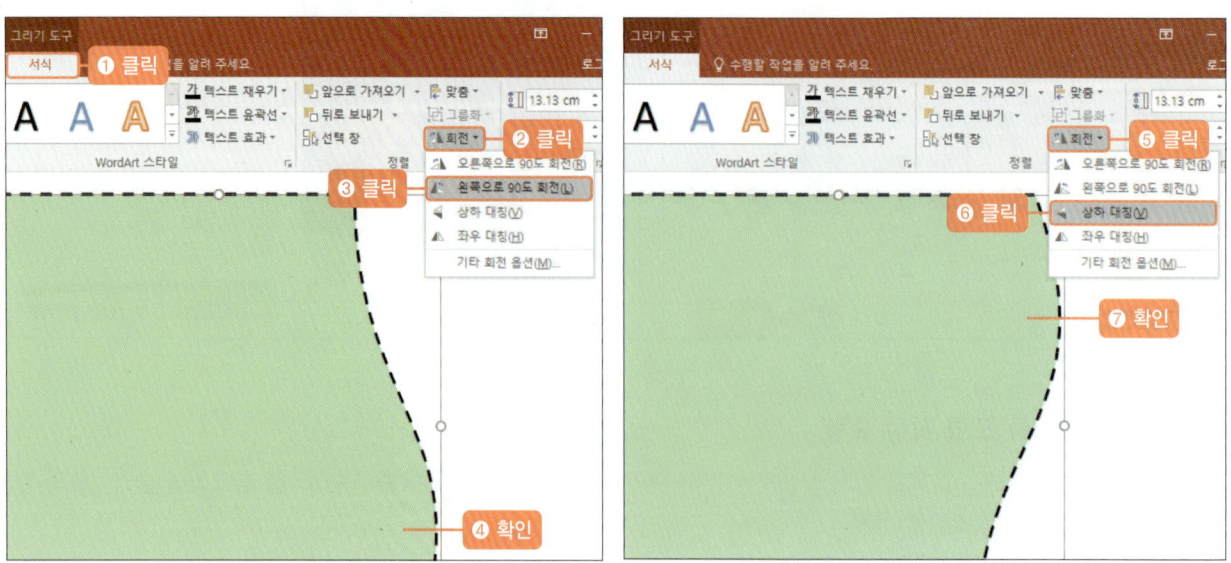

유형 02 왼쪽 제목 도형 작성하기

글꼴 : 굴림, 18pt

① [삽입] 탭의 [일러스트레이션] 그룹에서 [도형()]-블록 화살표-**왼쪽/위쪽 화살표()**를 클릭하여 도형을 삽입합니다.

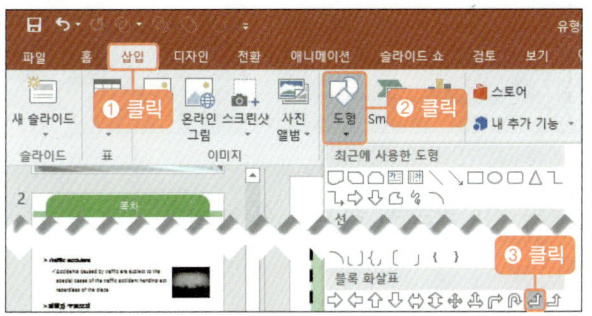

② [그리기 도구]-[서식] 탭의 [도형 스타일] 그룹에서 [도형 윤곽선]-**검정, 텍스트 1**을 클릭합니다.

③ 도형이 선택된 상태에서 [홈] 탭의 [글꼴] 그룹에서 **글꼴(굴림), 글꼴 크기(18pt), 글꼴 색('검정, 텍스트 1')**을 지정합니다. 이어서, 도형 위에서 마우스 오른쪽 단추를 눌러 바로 가기 메뉴가 나오면 [**기본 도형으로 설정**]을 클릭합니다.

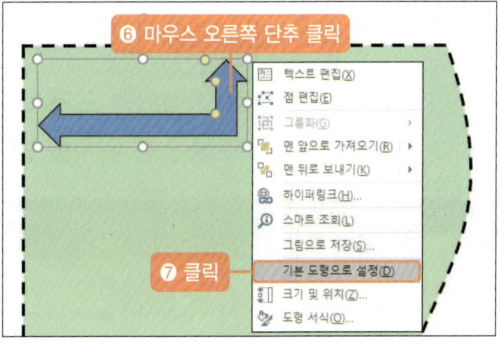

기본 도형으로 설정

① [기본 도형으로 설정]은 새로 삽입하려는 도형들의 서식을 한 번에 지정할 수 있는 편리한 기능으로 다양한 도형에 동일한 글꼴 서식을 요구하는 [슬라이드 6] 작업 시 도형 작성 시간을 단축할 수 있습니다.

② 도형 윤곽선과 글꼴 서식을 조건에 맞게 변경한 후 [기본 도형으로 설정]을 지정합니다. 단, 텍스트 상자에는 기본 도형 서식이 적용되지 않으니 유의하시기 바랍니다.

④ 도형 **아래쪽의 노란색 조절점(** ○ **)**을 위쪽으로 드래그하여 두께를 조절합니다. 이어서, **위쪽 노란색 조절점(** ○ **)**을 왼쪽으로 드래그하여 모양을 변형시킵니다.

※ 도형 변형 후 위치가 ≪출력형태≫와 다를 경우 키보드의 방향키(↑, ↓, ←, →)를 눌러 위치를 변경합니다.

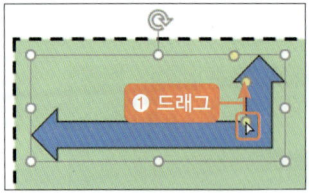 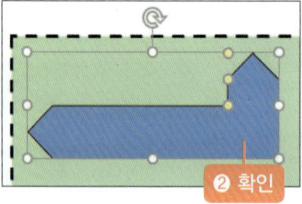 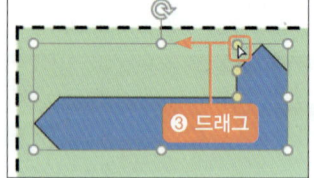 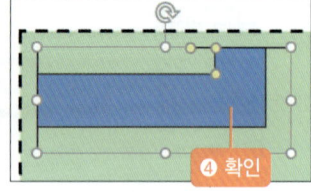

⑤ [그리기 도구]-[서식] 탭의 [도형 스타일] 그룹에서 [도형 채우기]-**황금색, 강조 4, 40% 더 밝게**를 클릭합니다. 이어서, **안전속도 유지**를 입력합니다.

※ 텍스트가 두 줄로 나오는 경우에는 도형의 너비를 넓힌 후 작업합니다.

※ 도형에 텍스트를 입력한 후 [홈] 탭의 [글꼴] 그룹에서 기본 도형으로 설정했던 글꼴 서식(굴림, 18pt)이 적용되었는지 확인할 수 있습니다.

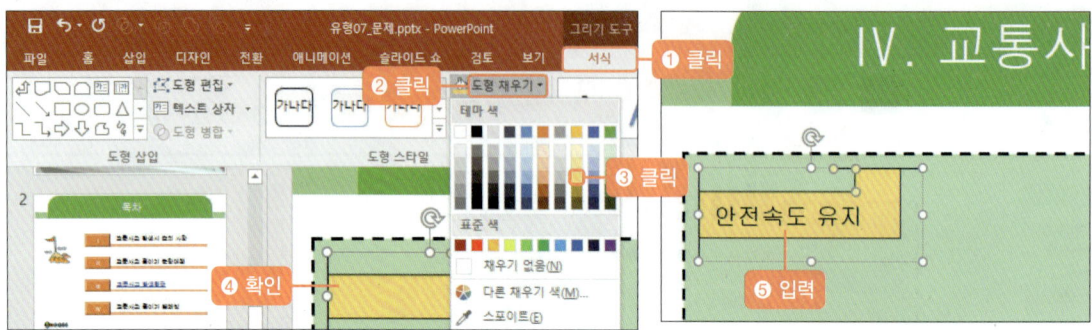

유형 03 왼쪽 하단 도형 작성하기

글꼴 : 굴림, 18pt

■ 도형 삽입 및 조절점을 이용한 도형 모양 변형

① [삽입] 탭의 [일러스트레이션] 그룹에서 [도형( )]-별 및 현수막-**물결( )**을 클릭합니다.

② 마우스 포인터가 ┼ 모양으로 변경되면 드래그하여 도형을 삽입합니다. 이어서, 조절점(○)을 드래그하여 ≪출력형태≫와 같이 크기를 조절한 후 위치를 변경합니다.

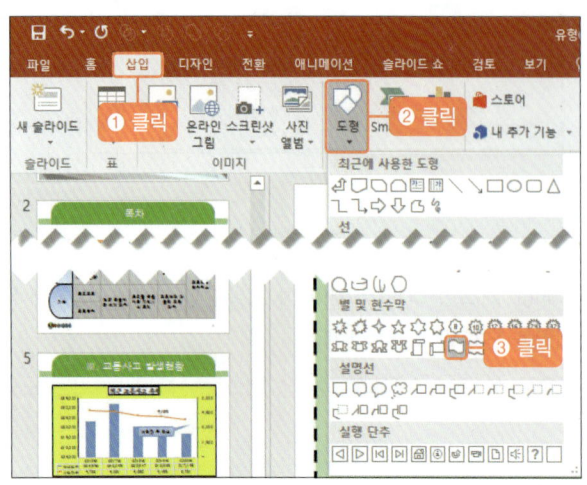 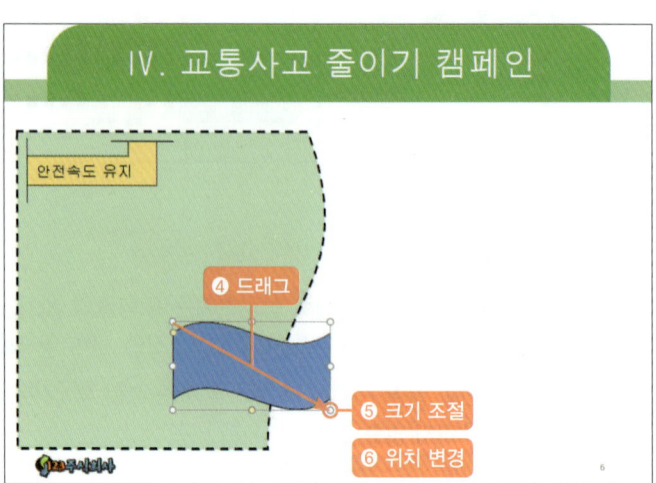

❸ 도형 **아래쪽의 노란색 조절점**(◯)을 왼쪽으로 드래그한 후 **위쪽 노란색 조절점**(◯) 아래쪽으로 드래그하여 그림과 같이 모양을 변경시킵니다.

 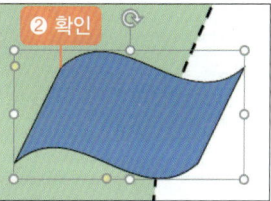 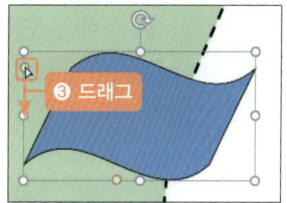 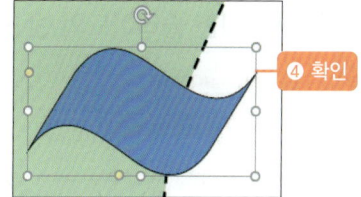

❹ 도형 모양이 변형되면 **Shift** 키를 누른 채 위쪽의 **회전 조절점**(↻)을 드래그하여 그림과 같이 회전시킵니다.

❺ 도형의 방향을 변경하기 위해 [그리기 도구]-[서식] 탭의 [정렬] 그룹에서 [회전(△)]-**좌우 대칭**(◁)을 클릭합니다.

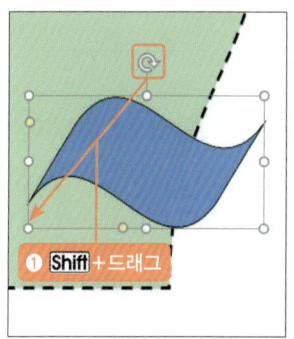 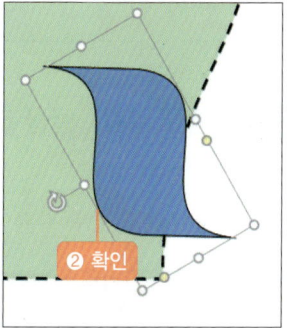 

❻ 이어서, ≪출력형태≫와 같이 도형의 크기 및 위치를 조절한 후 도형을 임의의 색상으로 변경합니다.

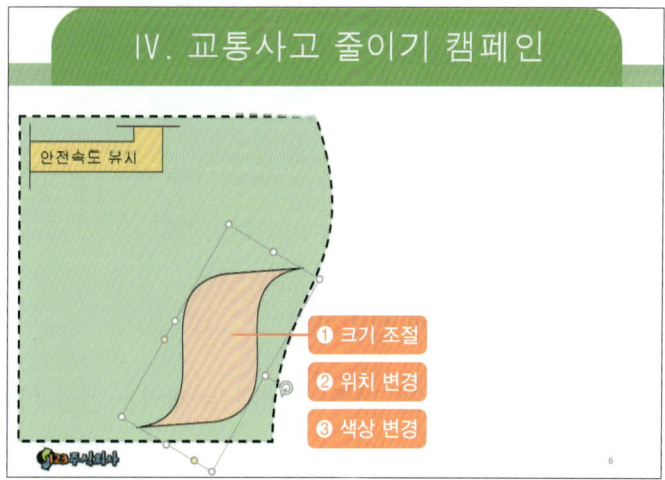

 **도형 색상 변경하기**

[슬라이드 6]에서는 다양한 도형이 출제되며 도형의 색상은 각각 다른 임의의 색(흰색, 검정은 제외)으로 변경합니다(**단, 문제지 세부 조건 등에 색상이 명시되면 조건에 따라 지정된 색으로 변경해야 함**). 도형의 색상을 변경하기 위해서는 도형이 선택된 상태에서 [그리기 도구]-[서식] 탭의 [도형 스타일] 그룹에서 [도형 채우기]를 클릭하여 변경할 수 있습니다.

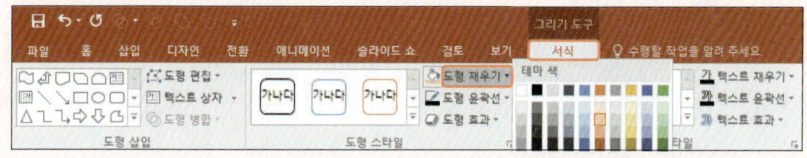

■ 텍스트 상자 삽입하기   글꼴 : 굴림, 18pt

① [삽입] 탭의 [텍스트] 그룹에서 **가로 텍스트 상자 그리기**(📝)를 클릭합니다. 이어서, 마우스 포인터가 ↓ 모양으로 변경되면 **슬라이드의 빈 곳**을 클릭한 후 **주행**을 입력합니다.

> ※ 회전한 도형에 글자를 입력하면 도형과 함께 글자가 회전됩니다. 이런 경우에는 텍스트 상자를 이용하여 글자를 입력한 후 ≪출력형태≫와 같이 위치를 변경합니다.

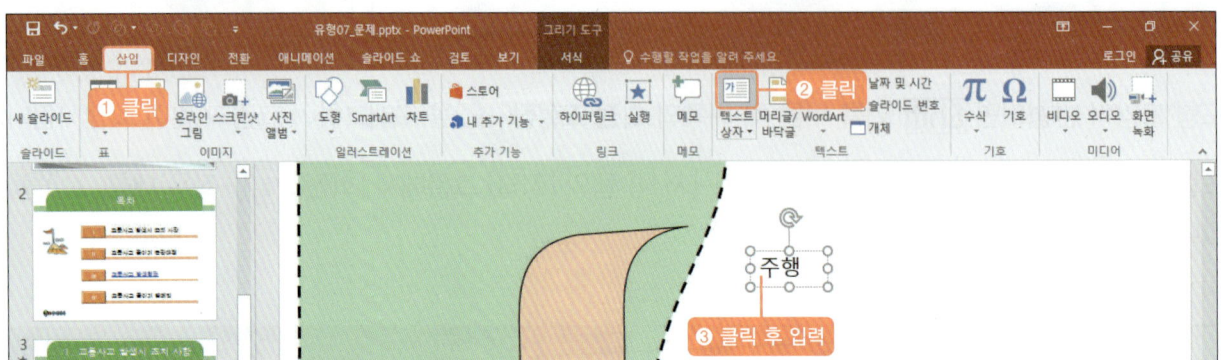

② 텍스트 상자의 테두리를 클릭한 후 [홈] 탭의 [글꼴] 그룹에서 **글꼴(굴림), 글꼴 크기(18pt)**를 지정 합니다. 이어서, 텍스트 상자의 테두리를 드래그하여 위치를 변경합니다.

> ※ 텍스트 상자는 [기본 도형으로 설정]된 도형의 서식이 적용되지 않기 때문에 글꼴을 매번 변경해야 합니다.

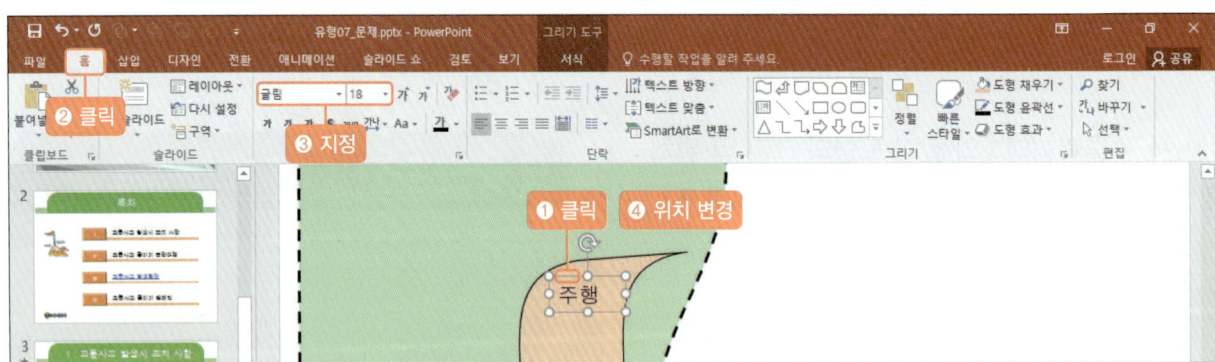

■ 나머지 도형 두 개 삽입하기

① ≪출력형태≫를 참고하여 나머지 두 개의 도형을 삽입한 후 임의의 색상으로 변경합니다.

> ※ 도형을 삽입할 때 Shift 키를 누른 채 드래그하면 비율이 일정한 도형을 그릴 수 있습니다.

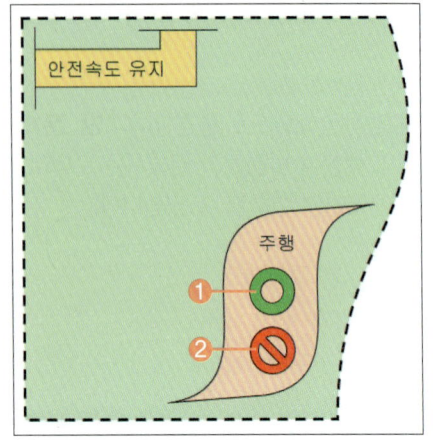

❶ [삽입]-[일러스트레이션]-[도형(▱)] → 기본 도형-'도넛(◎)' → 크기 및 위치 조절 → [그리기 도구]-[서식]-[도형 채우기]에서 임의의 색 지정

❷ [삽입]-[일러스트레이션]-[도형(▱)] → 기본 도형-'"없음"기호(⊘)' → 크기 및 위치 조절 → [그리기 도구]-[서식]-[도형 채우기]에서 임의의 색 지정

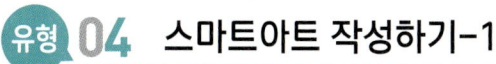

유형 04 스마트아트 작성하기-1

> 스마트아트 디자인 : 3차원 벽돌, 3차원 경사
> 글꼴 : 굴림, 18pt

❶ [삽입] 탭의 [일러스트레이션] 그룹에서 SmartArt( )를 클릭합니다.

❷ [SmartArt 그래픽 선택] 대화상자가 나오면 [프로세스형]-**세로 프로세스형**을 선택한 후 〈확인〉 단추를 클릭합니다.

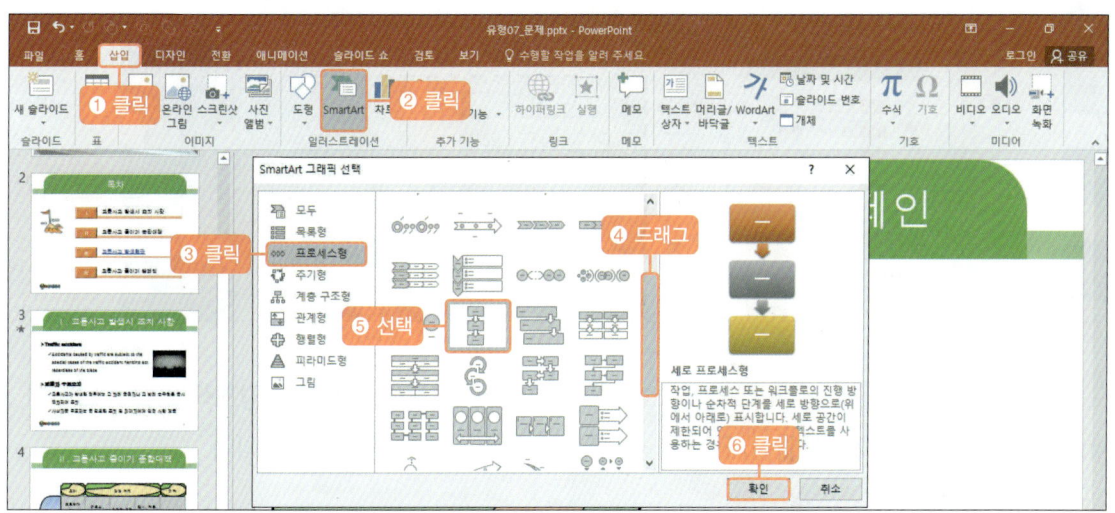

❸ 세로 프로세스형 스마트아트가 삽입되면 [SmartArt 도구]-[디자인] 탭의 [그래픽 만들기] 그룹에서 **도형 추가**( )를 두 번 클릭합니다.

※ 세 번째 도형을 선택한 후 도형을 추가하면 아래쪽에 도형이 추가됩니다.

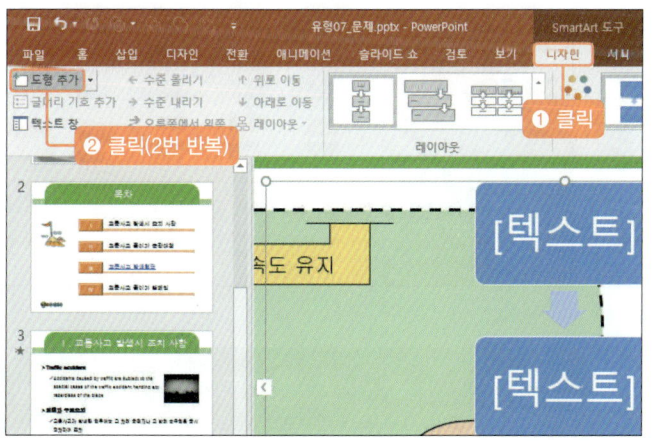
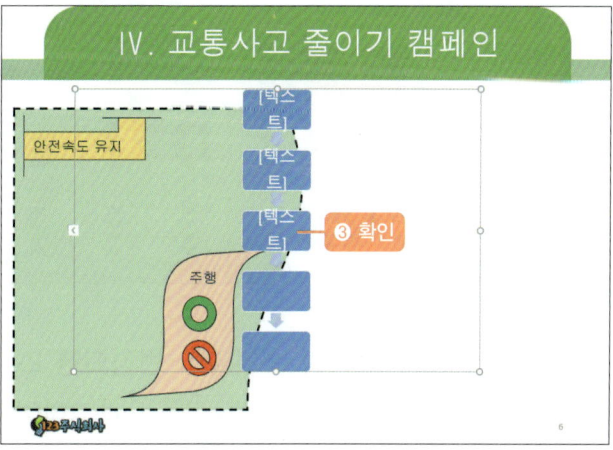

스마트아트

❶ [슬라이드 6]에서는 스마트아트를 두 개 작성하는 문제가 출제되며, 반드시 스마트아트 기능으로만 작성해야 합니다.

❷ 스마트아트는 입체 효과 등이 적용되어 있는지 확인하여 도형과 구분할 수 있습니다.

❸ 스마트아트의 글꼴은 따로 지정해야 하며, ≪출력형태≫를 참고하여 글꼴 색을 선택합니다.(흰색 또는 검정)

❹ ≪출력형태≫를 참고하여 스마트아트의 색상을 임의로 지정하고, 문제지의 세부 조건에 따라 스마트아트 디자인을 변경해야 합니다.

❺ 최근 다양한 모양의 스마트아트가 출제되고 있기 때문에 많은 연습이 필요한 부분입니다.

④ ≪출력형태≫를 참고하여 스마트아트 도형 안쪽에 내용을 입력합니다.

⑤ 이어서, 스마트아트의 테두리를 클릭한 후 [홈] 탭의 [글꼴] 그룹에서 **글꼴(굴림)**, **글꼴 크기(18pt)**를 지정합니다.

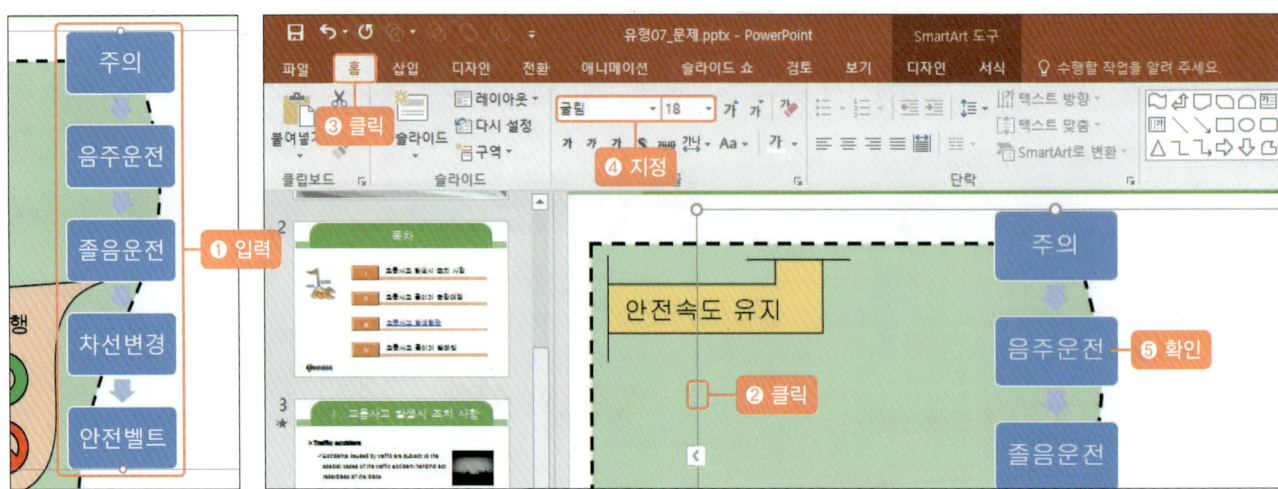

⑥ [SmartArt 도구]-[디자인] 탭의 [SmartArt 스타일] 그룹에서 [색 변경( )]-**색상형 - 강조색**을 클릭합니다. 이어서, [SmartArt 스타일] 그룹에서 자세히( ) 단추를 클릭한 후 **3차원 - 벽돌**을 선택합니다.

※ 스마트아트의 색 변경은 임의의 색으로 지정합니다.
※ 스마트아트의 스타일과 색상을 변경한 후 ≪출력형태≫를 참고하여 스마트아트의 글꼴 색상을 지정합니다.

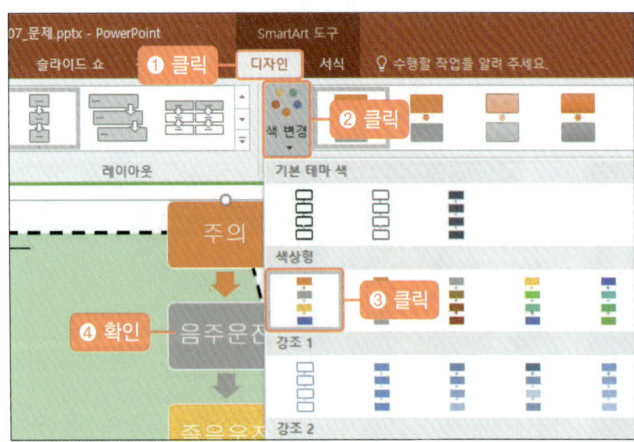 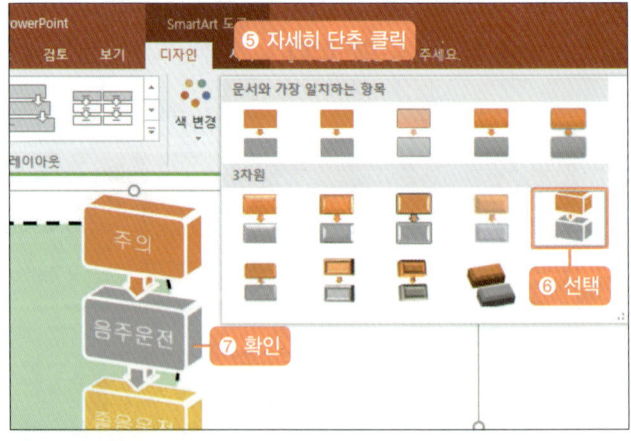

⑦ 스마트아트의 색상과 스타일이 변경되면 스마트아트의 대각선 조절점( )을 드래그하여 ≪출력형태≫와 같이 크기를 조절한 후 위치를 변경합니다.

※ 스마트아트의 테두리는 슬라이드 밖에 위치해도 감점되지 않습니다.

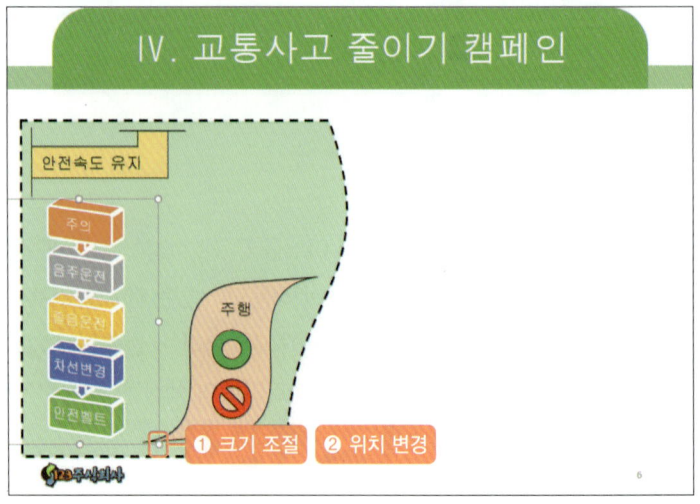

유형 05 스마트아트 작성하기-2

스마트아트 디자인 : 3차원 벽돌, 3차원 경사
글꼴 : 굴림, 18pt

① [삽입] 탭의 [일러스트레이션] 그룹에서 SmartArt(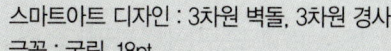)를 클릭합니다.

② [SmartArt 그래픽 선택] 대화상자가 나오면 [계층 구조형]-**조직도형**을 선택한 후 〈확인〉 단추를 클릭합니다.

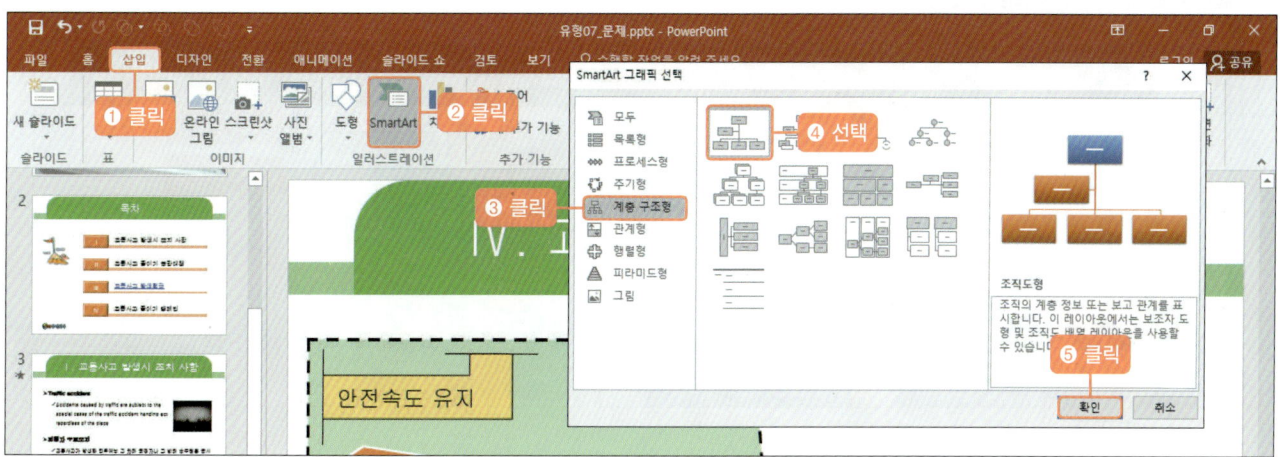

③ 조직도형 스마트아트가 삽입되면 그림과 같이 보조자 도형의 테두리를 선택한 후 Delete 키를 눌러 삭제합니다. 이어서, ≪출력형태≫를 참고하여 내용을 입력합니다.

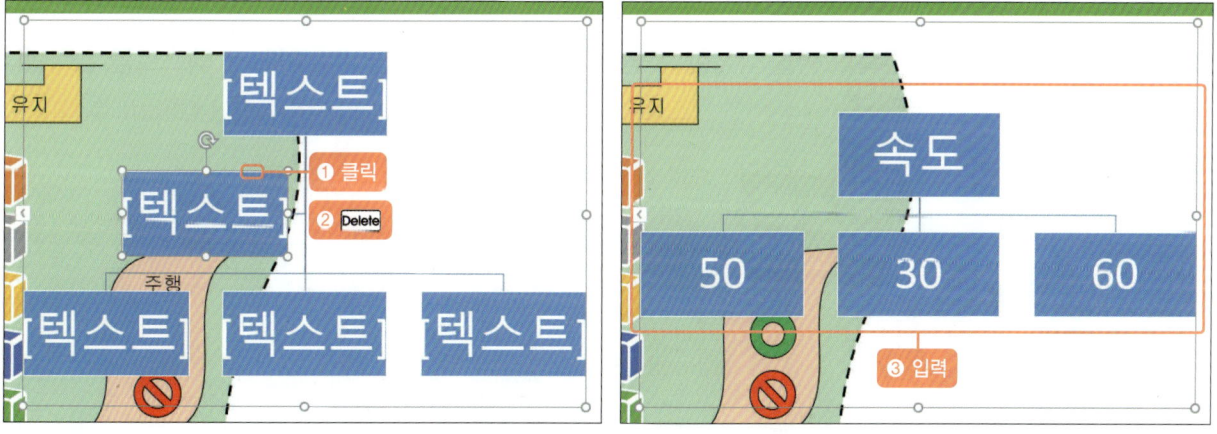

④ 스마트아트의 테두리를 클릭한 후 [홈] 탭의 [글꼴] 그룹에서 **글꼴(굴림), 글꼴 크기(18pt)**을 지정 합니다.

❺ [SmartArt 도구]-[디자인] 탭의 [SmartArt 스타일] 그룹에서 자세히(▼) 단추를 클릭한 후 **3차원 - 경사**를 선택합니다.

※ ≪출력형태≫를 참고하여 스마트아트의 색 변경이 필요없는 경우에는 스타일만 지정합니다.

❻ 스마트아트의 스타일이 변경되면 스마트아트의 대각선 조절점(○)을 드래그하여 ≪출력형태≫와 같이 크기를 조절한 후 위치를 변경합니다.

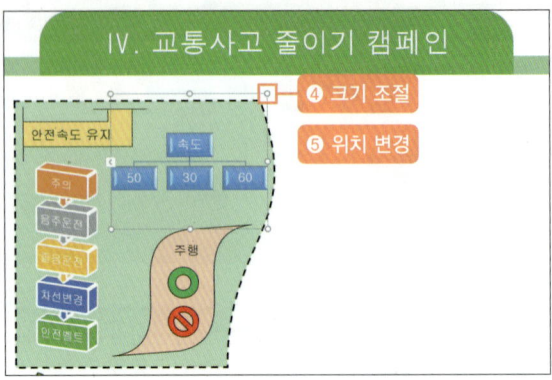

유형 06 나머지 도형 작성

글꼴 : 굴림, 18pt

■ 오른쪽 도형 작성하기

❶ ≪출력형태≫를 참고하여 오른쪽 도형을 작성한 후 임의의 색상으로 변경합니다. 이어서, 텍스트를 입력합니다.

- 도형 삽입 : [삽입]-[일러스트레이션]-[도형]
- 채우기 : [그리기 도구]-[서식]-[도형 스타일]-[도형 채우기]
- 회전 : [그리기 도구]-[서식]-[정렬]-[회전]
- 글꼴 변경 : [홈]-[글꼴]

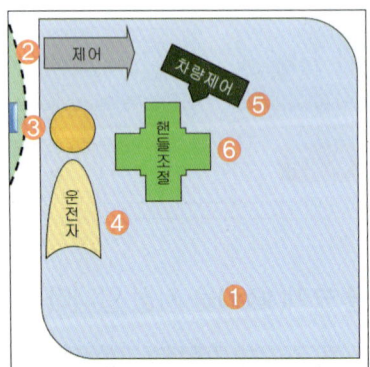

❶ [사각형]-'대각선 방향의 모서리가 둥근 사각형(▭)' → [회전]-오른쪽으로 90° 회전
❷ [블록 화살표]-'오른쪽 화살표(⇨)' → 노란색 조절점(○)
❸ [기본 도형]-'타원(○)'
❹ [기본 도형]-'달(☾)' → [회전]-오른쪽으로 90° 회전 → 노란색 조절점(○) → [기본 도형]-'세로 텍스트 상자(▯)' → '운전자' 입력 → 글꼴 변경(굴림, 18pt)
❺ [블록 화살표]-'아래쪽 화살표 설명선(⬇)' → 노란색 조절점(○) → 회전 조절점(⟲) → 글꼴 색 변경('흰색, 배경 1')
❻ [블록 화살표]-'왼쪽/오른쪽/위쪽/아래쪽 설명선(✥)' → 노란색 조절점(○) → [기본 도형]-'세로 텍스트 상자(▯)' → '핸들조절' 입력 → 글꼴 변경(굴림, 18pt)
※ 텍스트 상자 : [삽입]-[텍스트]-텍스트 상자(▭)의 목록 단추(▭)를 눌러 '가로 텍스트 상자' 또는 '세로 텍스트 상자'를 선택할 수도 있습니다.

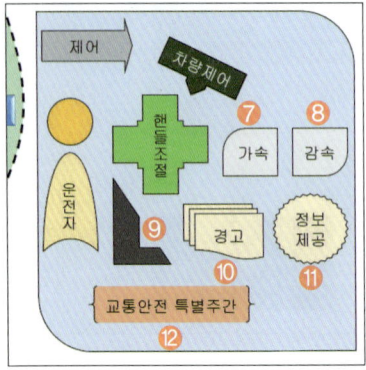

❼ [사각형]-'한쪽 모서리가 둥근 사각형(▭)' → [회전]-좌우 대칭 → 노란색 조절점(○)
❽ [사각형]-'한쪽 모서리가 둥근 사각형(▭)' → [회전]-상하 대칭 → 노란색 조절점(○) → [기본 도형]-'텍스트 상자(㉠)' → '감속' 입력 → 글꼴 변경(굴림, 18pt)
❾ [기본 도형]-'1/2 액자(▭)' → [회전]-왼쪽으로 90° 회전 → 노란색 조절점(○)
❿ [순서도]-'순서도: 다중문서(▭)' → [회전]-좌우 대칭
⓫ [별 및 현수막]-'포인트가 32개인 별(✺)' → 노란색 조절점(○)
⓬ [기본 도형]-'양쪽 중괄호({})' → 윤곽선 변경('검정, 텍스트 1') → 글꼴 변경(굴림, 18pt)
※ 양쪽 중괄호 : [기본 도형]-'양쪽 중괄호({})' 도형은 삽입 후 반드시 글꼴을 변경해야 합니다('양쪽 대괄호[]' 도형도 동일함).

■ 채우기가 없는 도형 삽입 후 [맨 뒤로 보내기]

❶ [삽입] 탭의 [일러스트레이션] 그룹에서 [도형(▨)]-기본 도형-**타원**(◯)을 클릭합니다.

❷ 마우스 포인터가 ✚ 모양으로 변경되면 드래그하여 도형을 삽입합니다. 이어서, 조절점(◦)을 드래그하여 ≪출력형태≫와 같이 크기를 조절한 후 위치를 변경합니다.

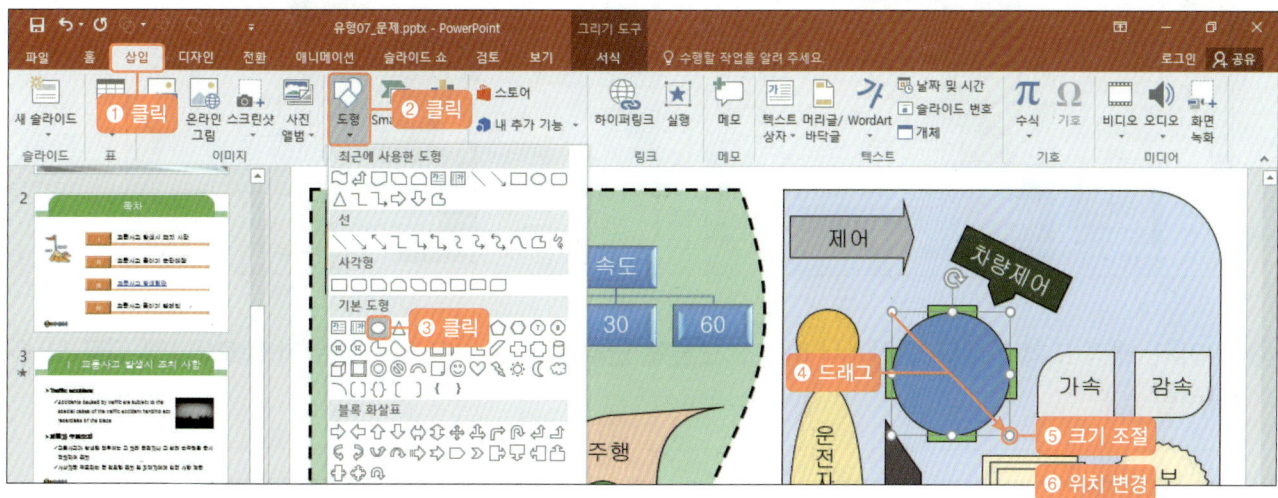

❸ 도형의 윤곽선을 변경하기 위해 [그리기 도구]-[서식] 탭의 [도형 스타일] 그룹에서 [도형 윤곽선]-[두께]-2¼pt을 클릭합니다. 이어서, [도형 윤곽선]-[대시]-**사각 점선**을 클릭합니다.

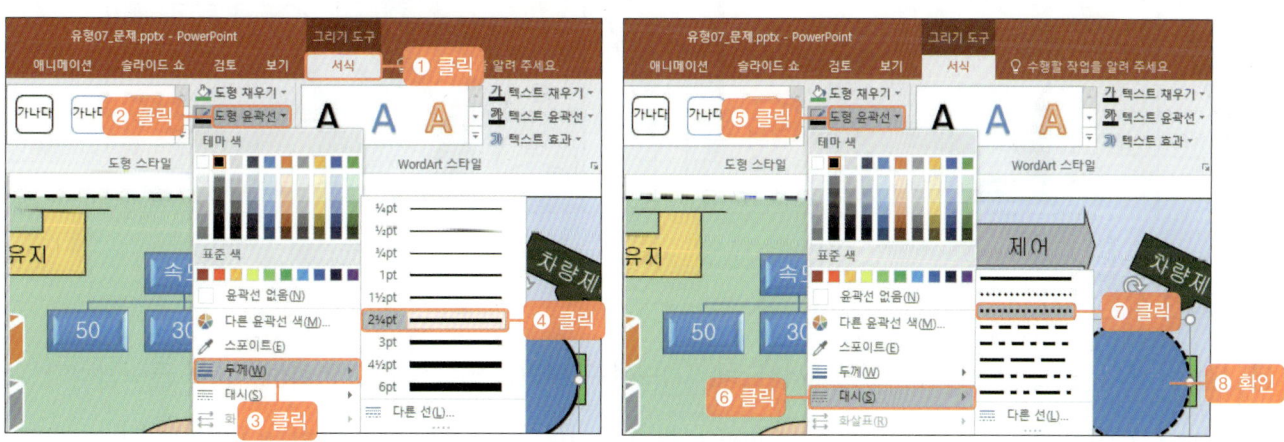

❹ 도형의 채우기를 변경하기 위해 [도형 채우기]-**채우기 없음**을 선택합니다.

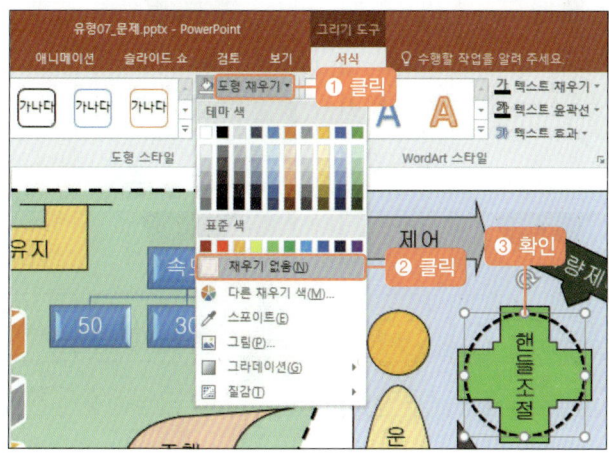

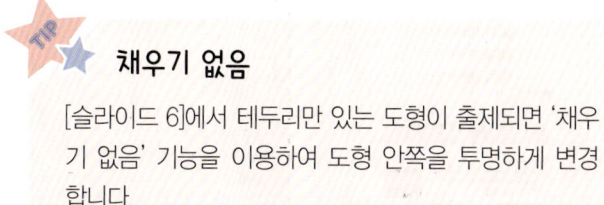

🌟 TIP 채우기 없음

[슬라이드 6]에서 테두리만 있는 도형이 출제되면 '채우기 없음' 기능을 이용하여 도형 안쪽을 투명하게 변경합니다.

⑤ 서식이 변경된 도형을 뒤쪽으로 보내기 위해 도형의 테두리 위에서 마우스 오른쪽 단추를 눌러 바로 가기 메뉴가 나오면 [맨 뒤로 보내기]를 클릭합니다.

 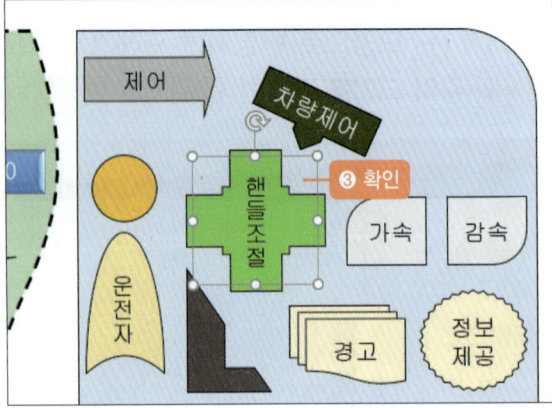

⑥ 이어서, 배경 도형의 테두리 위에서 마우스 오른쪽 단추를 눌러 바로 가기 메뉴가 나오면 [맨 뒤로 보내기]를 클릭합니다.

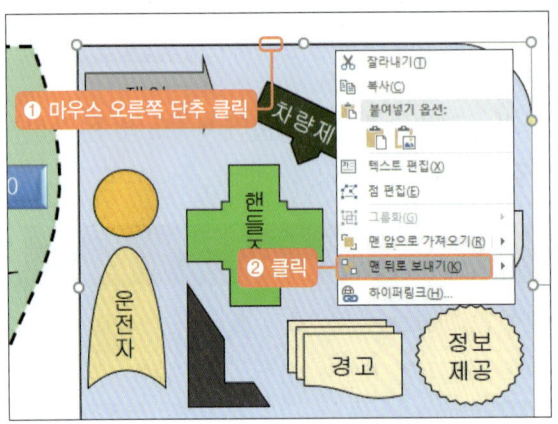 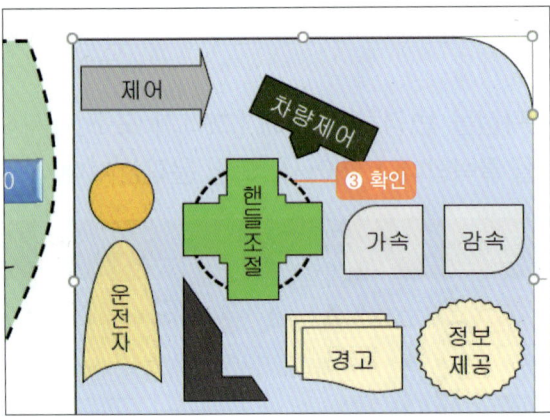

■ **연결선 작성하기**

① [삽입] 탭의 [일러스트레이션] 그룹에서 [도형( )]-선-**구부러진 양쪽 화살표 연결선**( )을 클릭합니다.

② 마우스 포인터가 ┼ 모양으로 변경되면 **가속 도형** 위에 연결 선의 **시작 점**을 클릭합니다. 이어서, **끝 점**을 그림과 같이 드래그하여 **감속 도형**에 연결합니다.

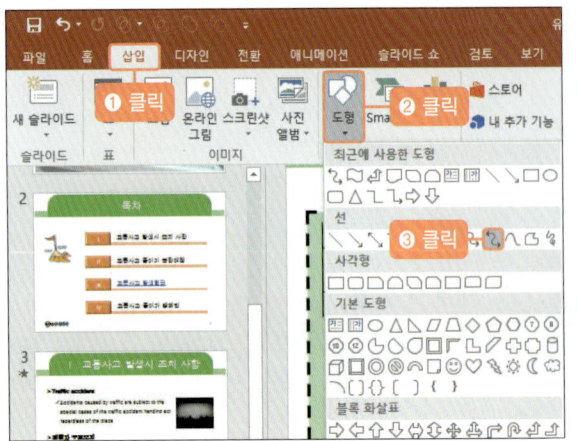 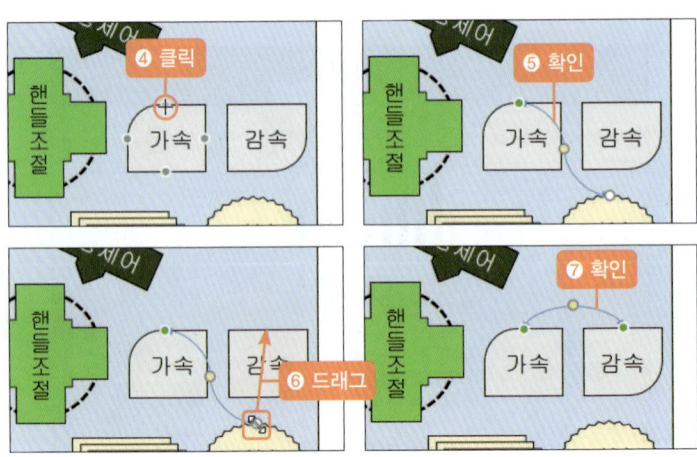

❸ 도형 윤곽선의 서식을 변경하기 위해 [그리기 도구]-[서식] 탭의 [도형 스타일] 그룹에서 [도형 윤곽선]-**검정, 텍스트 1**을 클릭합니다. 이어서, [도형 윤곽선]-[두께]-**2¼pt**를 선택합니다.

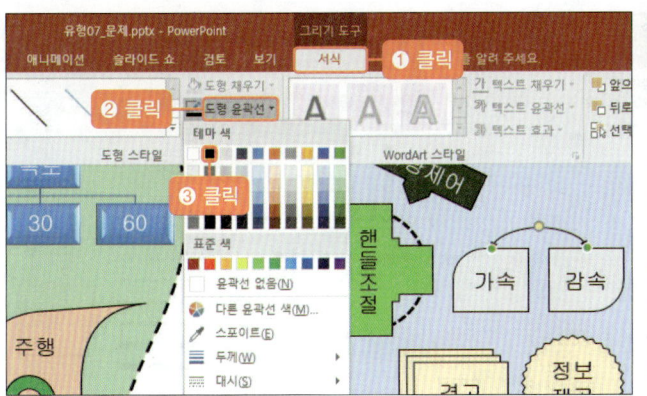 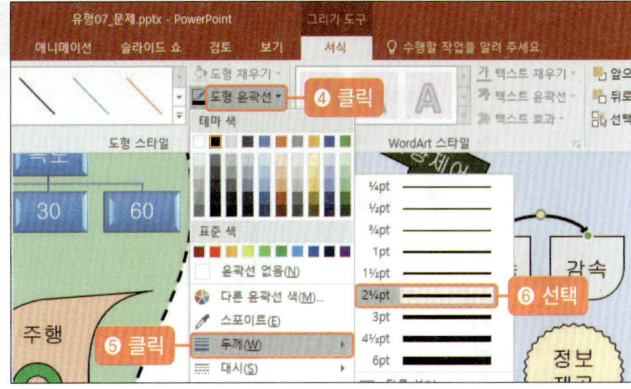

❹ 도형 윤곽선의 색상과 두께가 변경되면 화살표 모양을 변경하기 위해 [도형 윤곽선]-[화살표]- **화살표 스타일 11**을 클릭합니다.

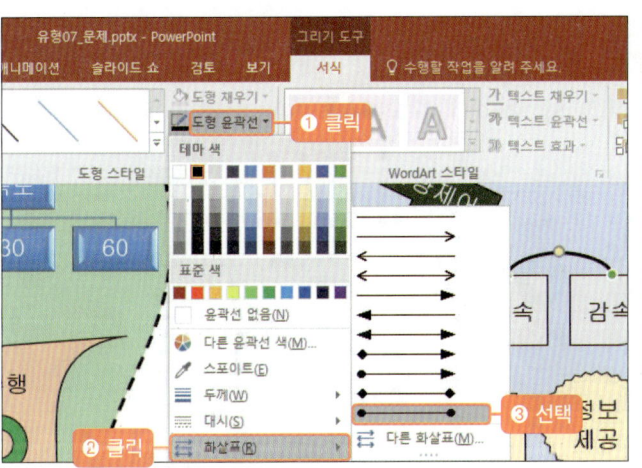 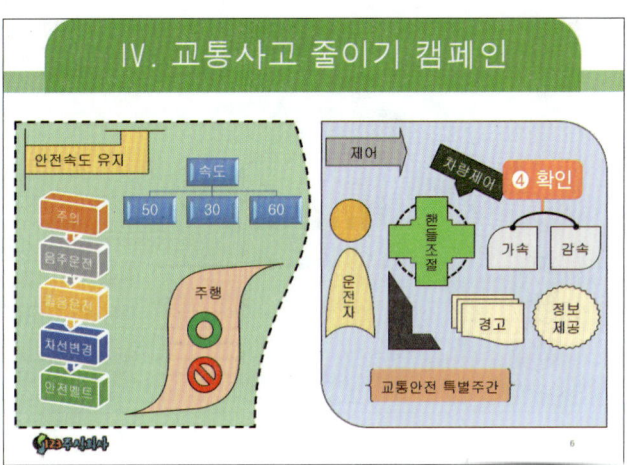

❺ [삽입] 탭의 [일러스트레이션] 그룹에서 [도형( )]- 선-**꺾인 화살표 연결선**( )을 클릭합니다.

❻ 마우스 포인터가 ┼ 모양으로 변경되면 **교통안전 특별주간 도형** 오른쪽에 연결 선의 **시작 점**을 클릭합니다. 이어서, **끝 점**을 그림과 같이 드래그하여 **정보 제공 도형**에 연결합니다.

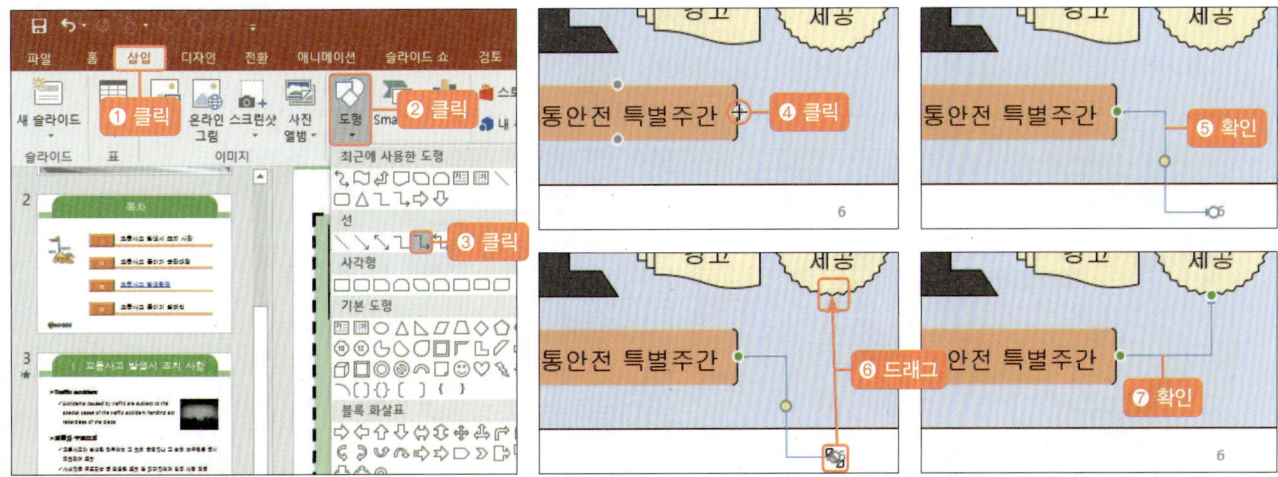

❼ 도형 윤곽선의 서식을 변경하기 위해 [그리기 도구]-[서식] 탭의 [도형 스타일] 그룹에서 [도형 윤곽선]-**검정, 텍스트 1**을 클릭합니다. 이어서, [도형 윤곽선]-[두께]-**2¼pt**를 선택합니다.

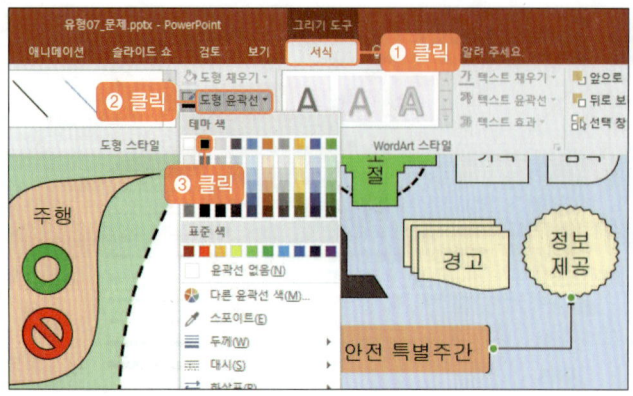
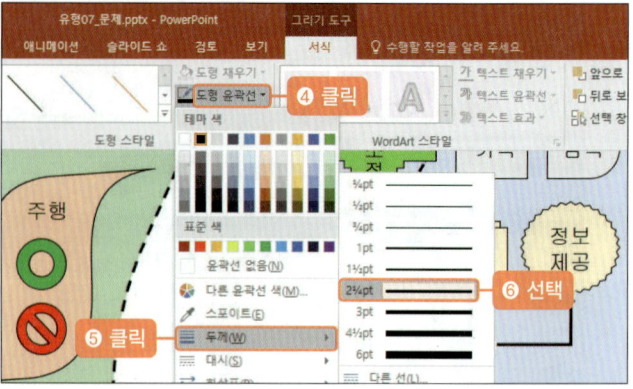

❽ 도형 윤곽선의 색상과 두께가 변경되면 [도형 윤곽선]-[대시]-**사각 점선**을 클릭합니다. 이어서, [도형 윤곽선]-[화살표]-**화살표 스타일 2**를 클릭합니다.

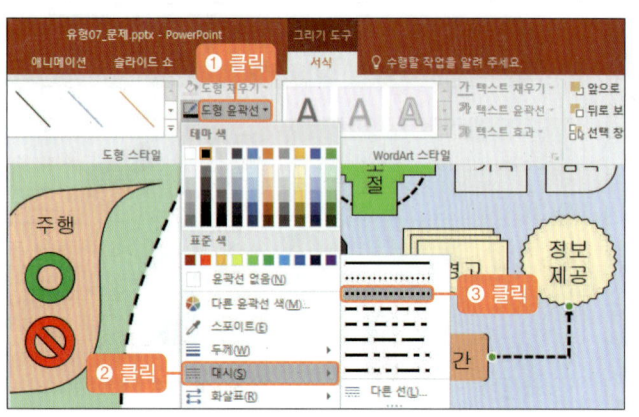
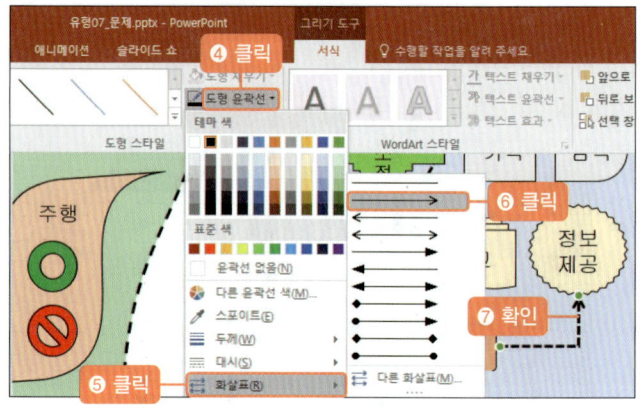

| 유형 07 | 그룹화한 후 애니메이션 지정하기 |

① 그룹화 후 애니메이션 효과 : 날아오기(왼쪽에서)
② 그룹화 후 애니메이션 효과 : 시계 방향 회전

❶ 그림과 같이 드래그하여 왼쪽 개체들을 모두 선택한 후 도형 위에서 마우스 오른쪽 단추를 눌러 바로 가기 메뉴가 나오면 [**그룹화**]-[**그룹**]을 클릭합니다.

※ 스마트아트의 테두리가 슬라이드 바깥쪽에 위치하여 선택하기 힘들 때는 Shift 키를 누른 채 스마트아트를 클릭하여 추가적으로 선택합니다. (선택이 어려운 도형도 똑같은 방법으로 선택이 가능)

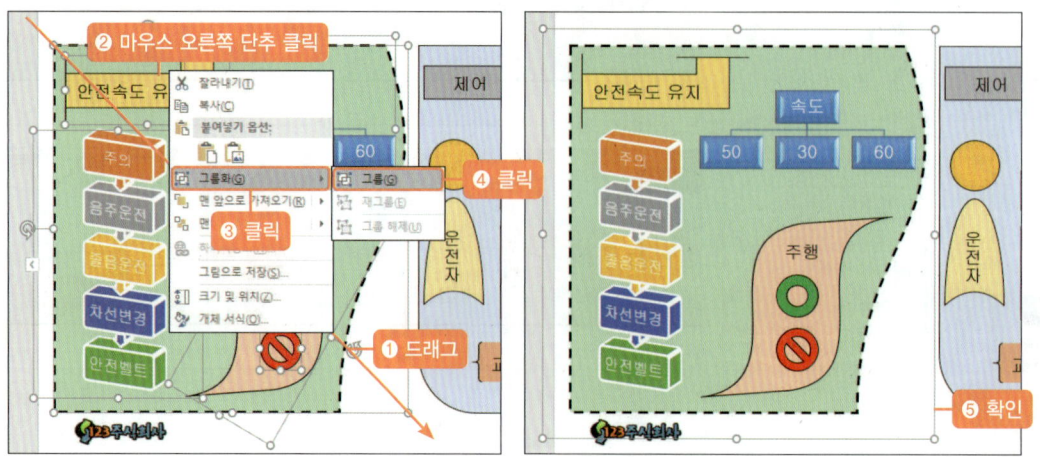

❷ 그림과 같이 드래그하여 오른쪽 개체들을 모두 선택한 후 도형 위에서 마우스 오른쪽 단추를 눌러 바로 가기 메뉴가 나오면 [그룹화]-[그룹]을 클릭합니다.

※ 오른쪽 도형들을 선택할 때는 오른쪽 하단의 '페이지 번호 텍스트 상자(6)'가 선택되지 않도록 주의합니다.

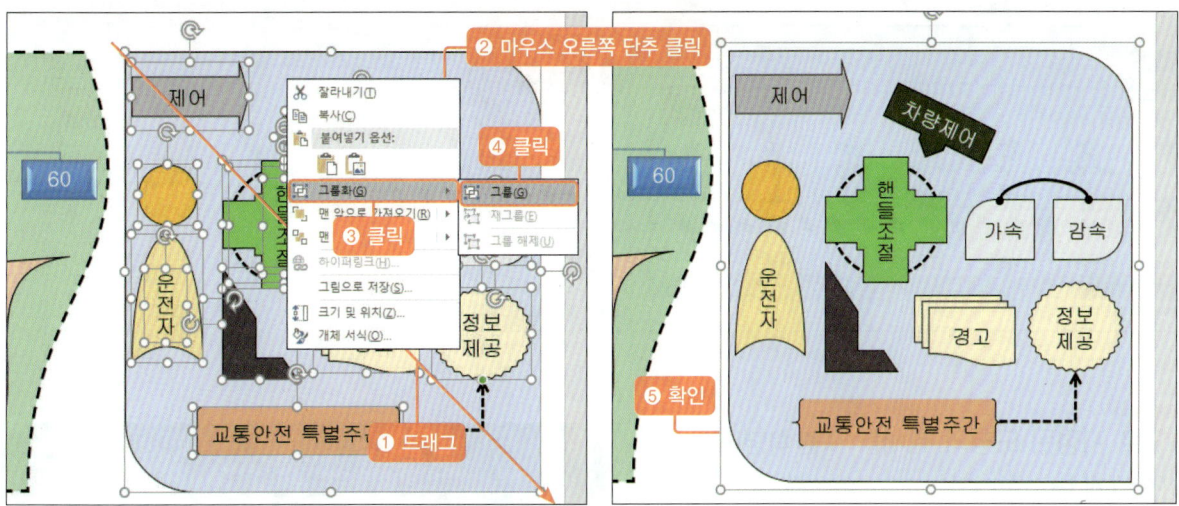

❸ 그룹화된 왼쪽 도형을 클릭합니다. [애니메이션] 탭의 [애니메이션] 그룹에서 자세히(▼) 단추를 클릭한 후 [나타내기]-**날아오기**를 선택합니다. 이어서, [효과 옵션]-**왼쪽에서**(→)를 클릭합니다.

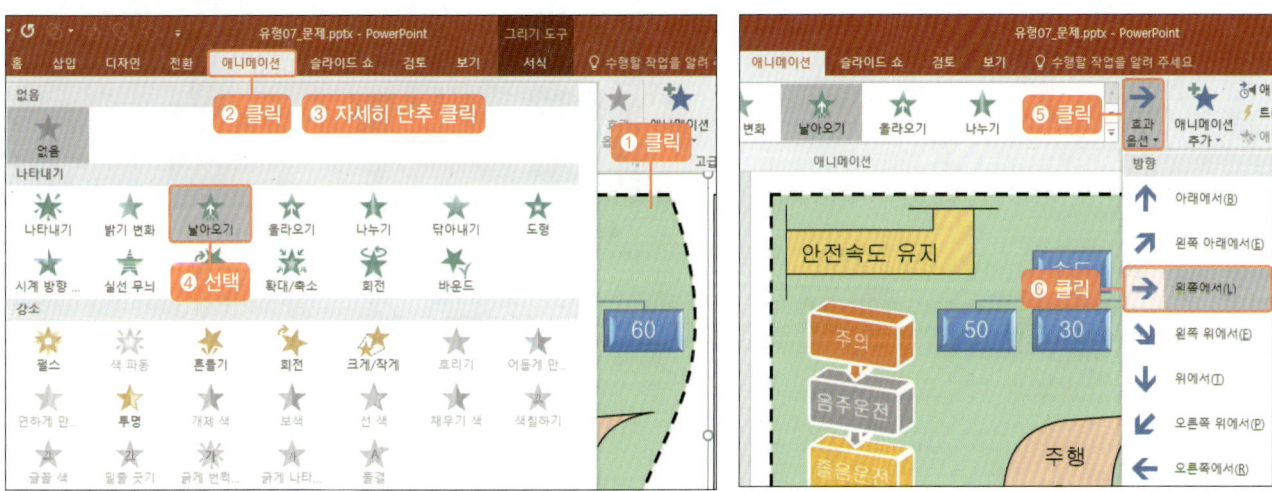

❹ 그룹화된 오른쪽 도형을 클릭합니다. [애니메이션] 탭의 [애니메이션] 그룹에서 자세히(▼) 단추를 클릭한 후 [나타내기]-**시계 방향 회전**을 선택합니다.

 **애니메이션 지정하기**

[애니메이션] 탭의 [애니메이션] 그룹에서 자세히(▼) 단추를 클릭한 후 **추가 나타내기 효과**를 클릭하면 더 많은 애니메이션을 찾을 수 있습니다.

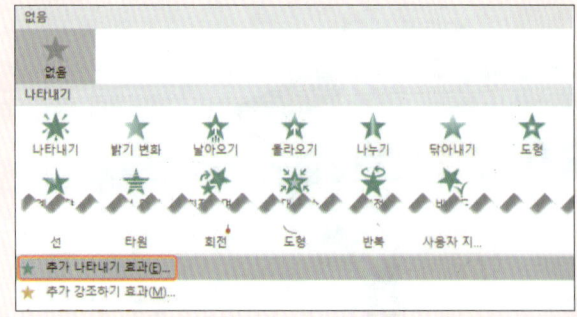
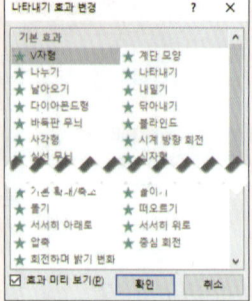

❺ 그룹으로 지정된 도형의 위치를 ≪출력형태≫와 비슷하게 변경합니다.

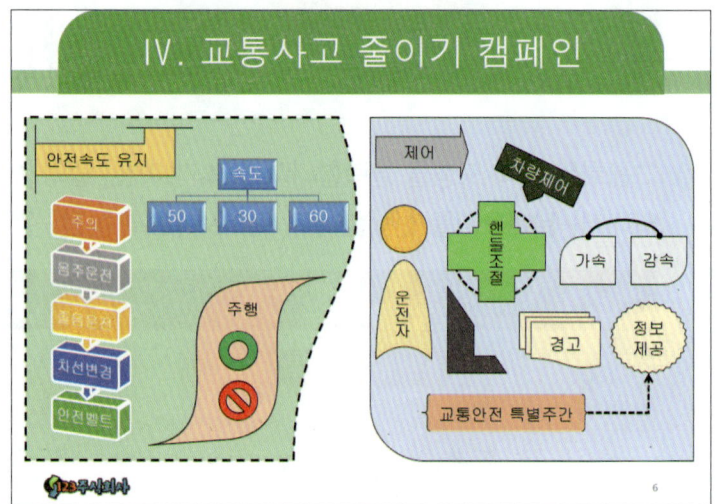

❻ [파일]-[저장](Ctrl+S) 또는 [빠른 실행 도구 모음]에서 **저장**(🖫)을 클릭합니다.

※ 실제 시험을 볼 때 작업 도중에 수시로(10분에 한 번 정도) 저장을 하는 것이 좋습니다.

시험 분석

[슬라이드 6] ≪도형 슬라이드≫

- 도형 삽입 : [슬라이드 6]에서 처음 도형을 삽입하여 도형의 윤곽선 및 글꼴을 변경한 후 [기본 도형으로 설정]을 지정합니다.(단, 굵은 테두리 또는 대시의 모양이 지정된 도형 제외)
  최근 시험에서는 조절점이나 회전 등을 이용한 변형 도형이 출제되고 있기 때문에 도형의 모양을 잘 알고 있어야 하며, 회전된 도형에 텍스트를 입력할 때는 텍스트 상자를 이용합니다. 또한 ITQ 파워포인트의 모든 개체(도형, 스마트아트, 텍스트 상자 등)는 ≪출력형태≫를 참고하여 글꼴 색상을 지정해야 합니다.
- 스마트아트 : 다양한 모양의 스마트아트가 출제되며, 스마트아트를 작성하는 방법이 조금씩 다르기 때문에 많은 연습이 필요합니다.
- 애니메이션 : 날아오기, 닦아내기, 블라인드, 시계 방향 회전, 바운드 등이 자주 출제되며, [효과 옵션]을 이용하여 애니메이션의 방향 등을 변경하는 문제도 출제되고 있습니다.

[슬라이드 6] ≪도형 슬라이드≫

01 문제지의 지시사항 및 세부조건을 참고하여 출력형태에 알맞게 작업하시오.

· 소스파일 : [출제유형07]-정복07_문제01.pptx   · 정답파일 : [출제유형07]-정복07_완성01.pptx

(1) 슬라이드와 같이 도형 및 스마트아트를 배치한다(글꼴 : 굴림, 18pt).
(2) 애니메이션 순서 : ① ⇒ ②

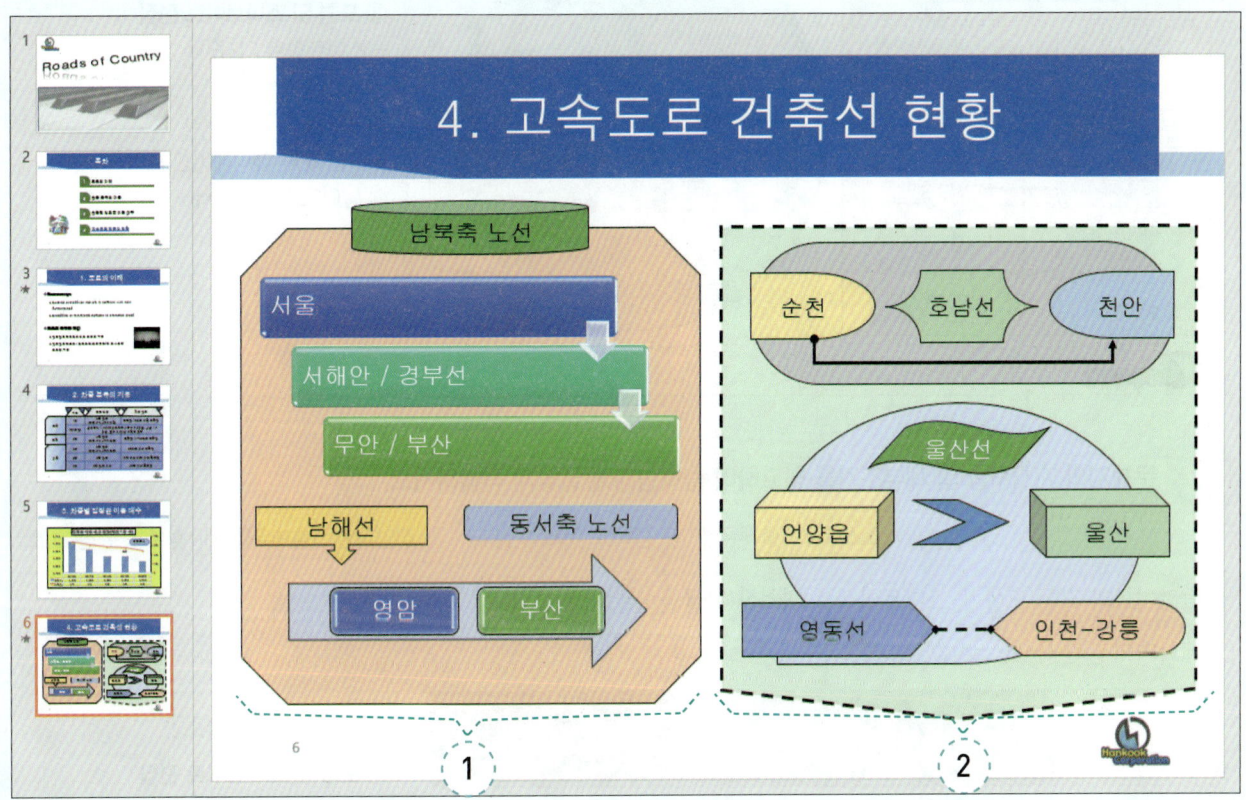

세부 조건

① 도형 및 스마트아트 편집
 - 스마트아트 디자인 : 3차원 광택 처리, 3차원 만화
 - 그룹화 후 애니메이션 효과 : 바운드

② 도형 편집
 - 그룹화 후 애니메이션 효과 : 시계 방향 회전

02 문제지의 지시사항 및 세부조건을 참고하여 출력형태에 알맞게 작업하시오.

• 소스파일 : [출제유형07]-정복07_문제02.pptx   • 정답파일 : [출제유형07]-정복07_완성02.pptx

(1) 슬라이드와 같이 도형 및 스마트아트를 배치한다(글꼴 : 돋움, 18pt).
(2) 애니메이션 순서 : ① ⇒ ②

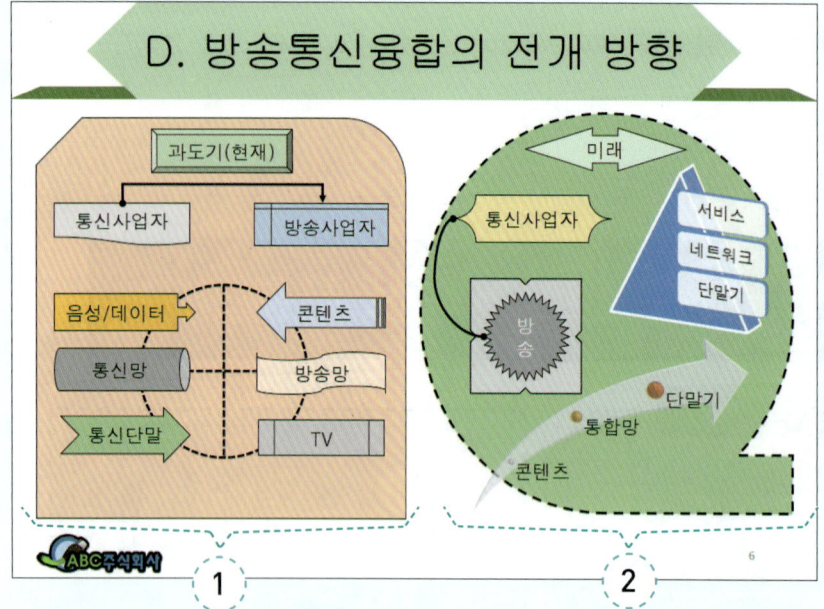

세부조건
① **도형 편집**
- 그룹화 후 애니메이션 효과
  : 블라인드(세로)
② **도형 및 스마트아트 편집**
- 스마트아트 디자인
  : 3차원 벽돌,
    3차원 파우더
- 그룹화 후 애니메이션 효과
  : 날아오기(왼쪽에서)

03 문제지의 지시사항 및 세부조건을 참고하여 출력형태에 알맞게 작업하시오.

• 소스파일 : [출제유형07]-정복07_문제03.pptx   • 정답파일 : [출제유형07]-정복07_완성03.pptx

(1) 슬라이드와 같이 도형 및 스마트아트를 배치한다(글꼴 : 굴림, 18pt).
(2) 애니메이션 순서 : ① ⇒ ②

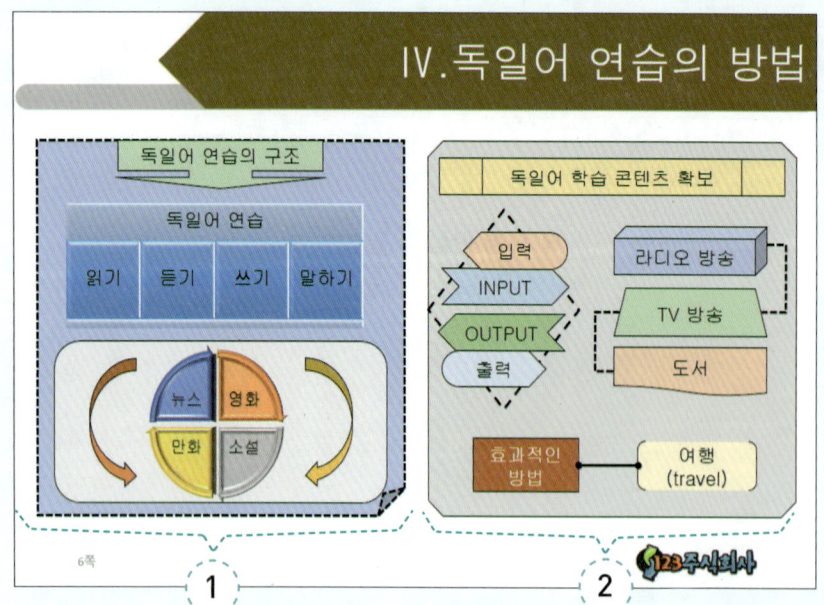

세부조건
① **도형 및 스마트아트 편집**
- 스마트아트 디자인
  : 3차원 광택 처리,
    3차원 금속
- 그룹화 후 애니메이션 효과
  : 실선무늬
② **도형 편집**
- 그룹화 후 애니메이션 효과
  : 시계 방향 회전

04 문제지의 지시사항 및 세부조건을 참고하여 출력형태에 알맞게 작업하시오.

• 소스파일 : [출제유형07]-정복07_문제04.pptx   • 정답파일 : [출제유형07]-정복07_완성04.pptx

(1) 슬라이드와 같이 도형 및 스마트아트를 배치한다(글꼴 : 돋움, 18pt).

(2) 애니메이션 순서 : ① ⇒ ②

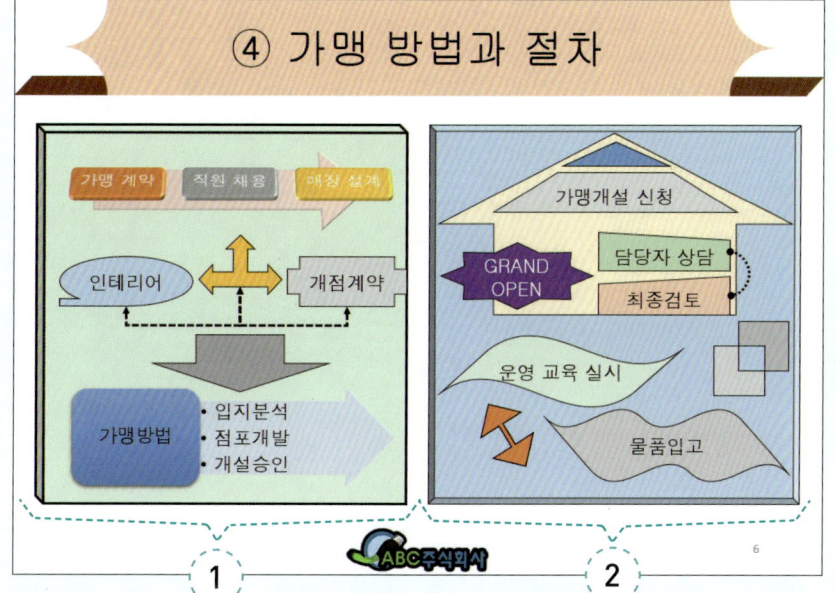

세부조건

① 도형 및 스마트아트 편집
- 스마트아트 디자인
  : 3차원 평면,
    강한 효과
- 그룹화 후 애니메이션 효과
  : 닦아내기(위에서)

② 도형 편집
- 그룹화 후 애니메이션 효과
  : 블라인드(세로)

05 문제지의 지시사항 및 세부조건을 참고하여 출력형태에 알맞게 작업하시오.

• 소스파일 : [출제유형07]-정복07_문제05.pptx   • 정답파일 : [출제유형07]-정복07_완성05.pptx

(1) 슬라이드와 같이 도형 및 스마트아트를 배치한다(글꼴 : 굴림, 18pt).

(2) 애니메이션 순서 : ① → ②

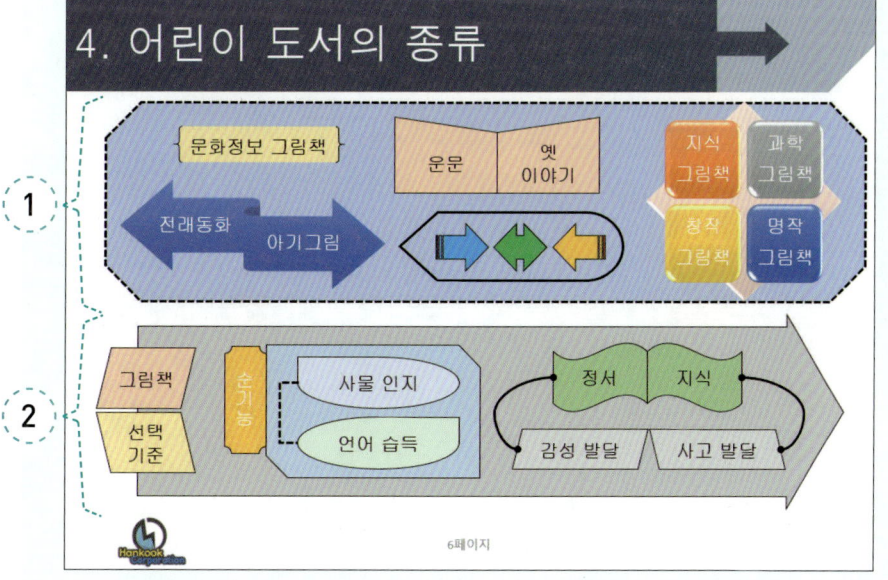

세부조건

① 도형 및 스마트아트 편집
- 스마트아트 디자인
  : 3차원 경사,
    3차원 광택 처리
- 그룹화 후 애니메이션 효과
  : 바운드

② 도형 편집
- 그룹화 후 애니메이션 효과
  : 실선 무늬(세로)

MEMO

PART 03

출제예상 모의고사

제 01 회 정보기술자격(ITQ) 출제예상 모의고사

과목	코드	문제유형	시험시간	수험번호	성명
한글파워포인트	1142	A	60분		

MS오피스

•수험자 유의사항•

- 수험자는 문제지를 받는 즉시 문제지와 **수험표상의 시험과목(프로그램)이 동일한지 반드시 확인**하여야 합니다.
- 파일명은 본인의 "수험번호-성명"으로 입력하여 답안폴더(내 PC\문서\ITQ)에 하나의 파일로 저장해야 하며, 답안 문서 파일명이 "수험번호-성명"과 일치하지 않거나, 답안파일을 전송하지 않아 미제출로 처리될 경우 실격 처리합니다 (예 : 12345678-홍길동.pptx).
- 답안 작성을 마치면 파일을 저장하고, '답안 전송' 버튼을 선택하여 감독위원 PC로 답안을 전송하십시오. 수험생 정보와 저장한 파일명이 다를 경우 전송되지 않으므로 주의하시기 바랍니다.
- 답안 작성 중에도 **주기적으로 저장하고, '답안 전송'**하여야 문제 발생을 줄일 수 있습니다. 작업한 내용을 저장하지 않고 전송할 경우 이전에 저장된 내용이 전송되오니 이점 유의하시기 바랍니다.
- 답안문서는 지정된 경로 외의 다른 보조기억장치에 저장하는 경우, 지정된 시험 시간 외에 작성된 파일을 활용할 경우, 기타 통신수단(이메일, 메신저, 네트워크 등)을 이용하여 타인에게 전달 또는 외부 반출하는 경우는 부정 처리합니다.
- 시험 중 부주의 또는 고의로 시스템을 파손한 경우는 수험자가 변상해야 하며, 〈수험자 유의사항〉에 기재된 방법대로 이행하지 않아 생기는 불이익은 수험생 당사자의 책임임을 알려 드립니다.
- 문제의 조건은 MS오피스 2021 버전으로 설정되어 있으며 MS오피스 2016은【 】에 표기되어 있습니다. 이와 관련하여 작성한 답안의 출력형태가 문제지와 다를 수 있습니다.
- 시험을 완료한 수험자는 답안파일이 전송되었는지 확인한 후 감독위원의 지시에 따라 문제지를 제출하고 퇴실합니다.

•답안 작성요령•

- 온라인 답안 작성 절차
  수험자 등록 ⇒ 시험 시작 ⇒ 답안파일 저장 ⇒ 답안 전송 ⇒ 시험 종료
- 슬라이드의 크기는 A4 Paper로 설정하여 작성합니다.
- 슬라이드의 총 개수는 6개로 구성되어 있으며 슬라이드 1부터 순서대로 작업하고 반드시 문제와 세부조건대로 합니다.
- 별도의 지시사항이 없는 경우 출력형태를 참조하여 글꼴색은 검정 또는 흰색으로 작성하고, 기타사항은 전체적인 균형을 고려하여 작성합니다.
- 슬라이드 도형 및 개체에 출력형태와 다른 스타일(그림자, 외곽선 등)을 적용했을 경우 감점처리 됩니다.
- 슬라이드 번호를 작성합니다(슬라이드 1에는 생략).
- 2~6번 슬라이드 제목 도형과 하단 로고는 슬라이드 마스터를 이용하여 출력형태와 동일하게 작성합니다(슬라이드 1에는 생략).
- 문제와 세부조건, 세부조건 번호 ۞(점선원)는 입력하지 않습니다.
- 각 개체의 위치는 오른쪽의 슬라이드와 동일하게 구성합니다.
- 그림 삽입 문제의 경우 반드시「내 PC\문서\ITQ\Picture」폴더에서 정확한 파일을 선택하여 삽입하십시오.
- 각 슬라이드를 각각의 파일로 작업해서 저장할 경우 실격 처리됩니다.

kpc 한국생산성본부

[전체구성] 60점

(1) 슬라이드 크기 및 순서 : 크기를 A4 용지로 설정하고 슬라이드 순서에 맞게 작성한다.
(2) 슬라이드 마스터 : 2~6슬라이드의 제목, 하단 로고, 슬라이드 번호는 슬라이드 마스터를 이용하여 작성한다.
 - 제목 글꼴(굴림, 40pt, 흰색), 가운데 맞춤, 도형(선 없음)
 - 하단 로고(「내 PC\문서\ITQ\Picture\로고1.jpg」, 배경(회색) 투명색으로 설정)

[슬라이드 1] ≪표지 디자인≫ 40점

(1) 표지 디자인 : 도형, 워드아트 및 그림을 이용하여 작성한다.

세부조건
① 도형 편집
 - 도형에 그림 채우기 :
  「내 PC\문서\ITQ\Picture\그림2.jpg」, 투명도 50%
 - 도형 효과 :
  부드러운 가장자리 5포인트
② 워드아트 삽입
 - 변환 : 갈매기형 수장, 위로
  【갈매기형 수장】
 - 글꼴 : 궁서, 굵게
 - 텍스트 반사 : 근접 반사, 터치
③ 그림 삽입
 - 「내 PC\문서\ITQ\Picture\로고1.jpg」
 - 배경(회색) 투명색으로 설정

[슬라이드 2] ≪목차 슬라이드≫ 60점

(1) 출력형태와 같이 도형을 이용하여 목차를 작성한다(글꼴 : 굴림, 24pt).
(2) 도형 : 선 없음

세부조건
① 텍스트에 하이퍼링크 적용
 → '슬라이드 3'
② 그림 삽입
 - 「내 PC\문서\ITQ\Picture\그림4.jpg」
 - 자르기 기능 이용

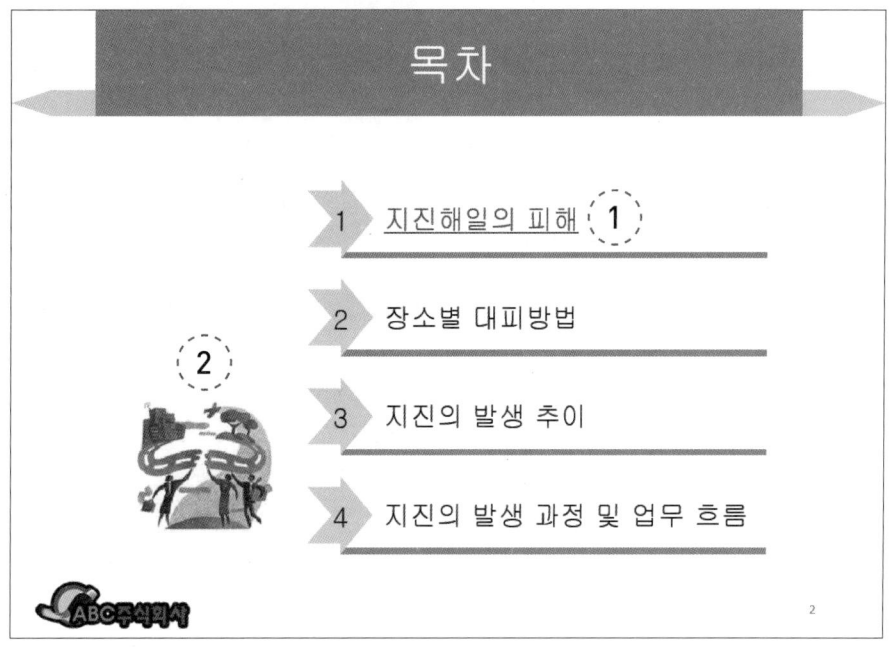

제 01 회 139 출제예상 모의고사

[슬라이드 3] ≪텍스트/동영상 슬라이드≫ 60점

(1) 텍스트 작성 : 글머리 기호 사용(◆, ■)
◆문단(굴림, 24pt, 굵게, 줄간격 : 1.5줄), ■문단(굴림, 20pt, 줄간격 : 1.5줄)

세부조건
① 동영상 삽입 :
- 「내 PC₩문서₩ITQ₩Picture₩동영상.wmv」
- 자동실행, 반복재생 설정

1. 지진해일의 피해

◆피해 개요
- 기상청은 한반도 인근 해역에서 일정 규모 이상의 지진이 발생거나 지진해일의 가능성이 있을 때 해안 지역에 지진해일 특보를 발표함
- 동해의 지진해일 감시를 위하여 울릉도에 해일 파고계를 설치하여 운영하고 있음

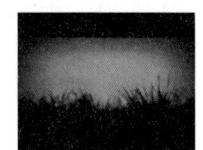

◆Earthquakes Trends
- Since 1978, when full scale seismic observation was first started, a total of 770 earthquakes have occurred in and around the vicinity of the Korean Peninsula

[슬라이드 4] ≪표 슬라이드≫ 80점

(1) 도형과 표 작성 기능을 이용하여 슬라이드를 작성한다(글꼴 : 굴림, 18pt).

세부조건
① 상단 도형 :
  2개 도형의 조합으로 작성
② 좌측 도형 :
  그라데이션 효과(왼쪽 위 모서리에서)
③ 테이블 디자인【표 스타일】:
  테마 스타일 1 – 강조 6

2. 장소별 대피방법

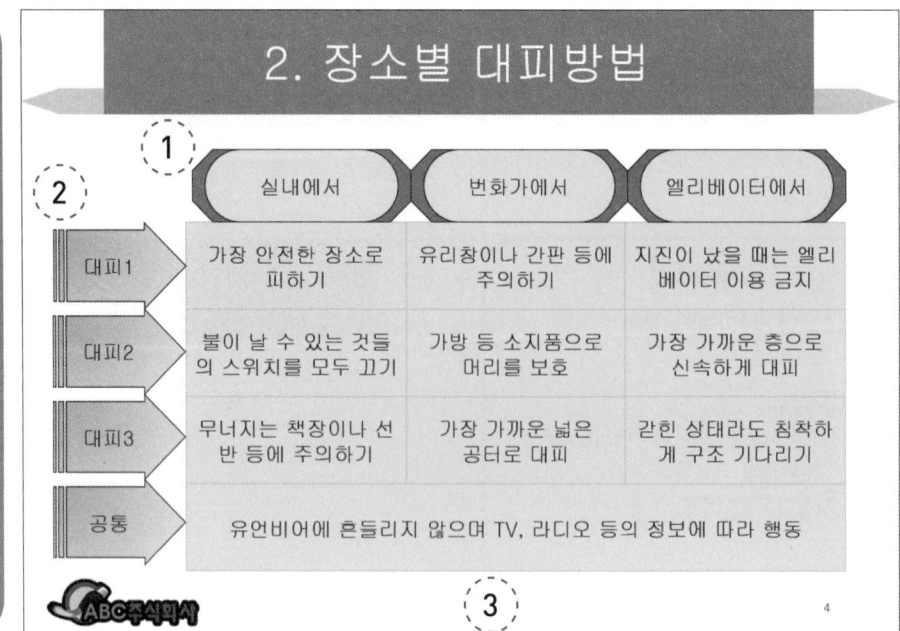

[슬라이드 5] ≪차트 슬라이드≫ 100점

(1) 차트 작성 기능을 이용하여 슬라이드를 작성한다.
(2) 차트 : 종류(묶은 세로 막대형), 글꼴(굴림, 16pt), 외곽선

세부조건

※ 차트설명
- 차트 제목 : 궁서, 24pt, 굵게, 채우기(흰색), 테두리, 그림자(오프셋 대각선 오른쪽 위)
- 차트 영역 : 채우기(노랑)
  그림 영역 : 채우기(흰색)
- 데이터 서식 : 유감횟수 계열을 표식이 있는 꺾은선형으로 변경 후 보조 축으로 지정
- 값 표시 : 유감횟수 계열만
① 도형 삽입
  - 스타일 : 미세 효과 – 파랑, 강조 1
  - 글꼴 : 돋움, 18pt

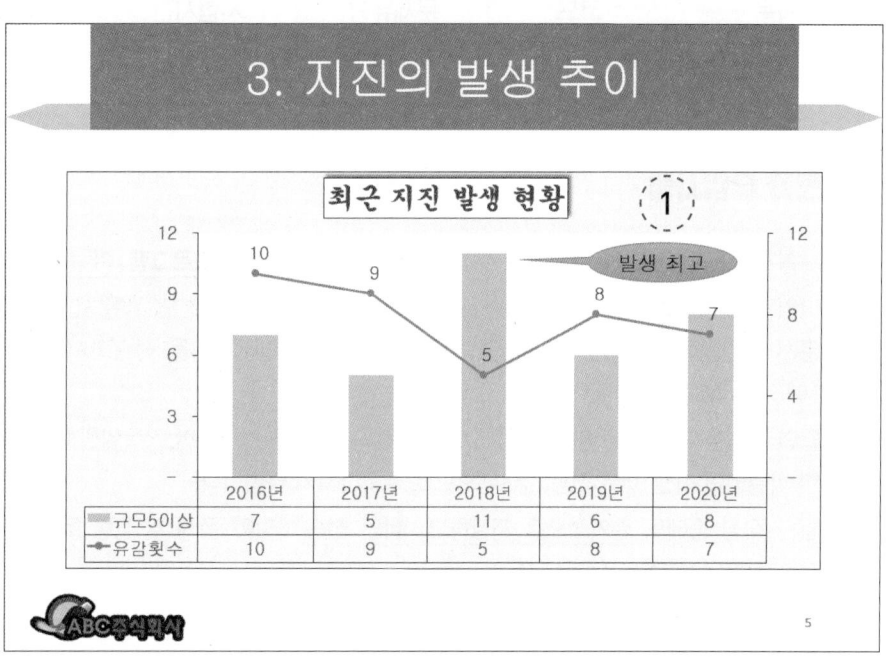

[슬라이드 6] ≪도형 슬라이드≫ 100점

(1) 슬라이드와 같이 도형 및 스마트아트를 배치한다(글꼴 : 돋움, 18pt).
(2) 애니메이션 순서 : ① ⇒ ②

세부조건

① 도형 편집
  - 그룹화 후 애니메이션 효과
    : 실선 무늬(세로)
② 도형 및 스마트아트 편집
  - 스마트아트 디자인
    : 3차원 경사,
    3차원 만화
  - 그룹화 후 애니메이션 효과
    : 회전하며 밝기 변화

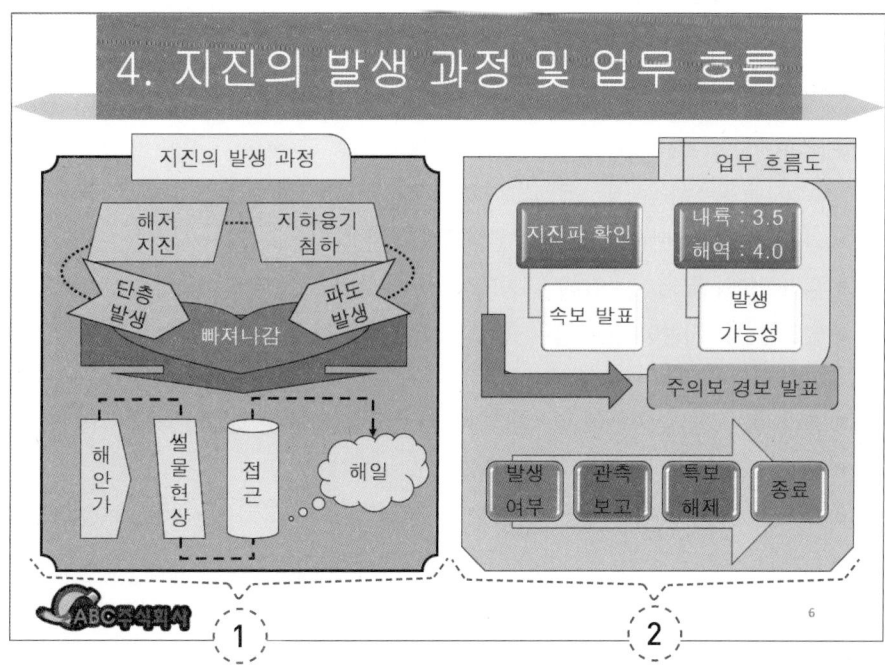

제 02 회 정보기술자격(ITQ) 출제예상 모의고사

과목	코드	문제유형	시험시간	수험번호	성명
한글파워포인트	1142	A	60분		

MS오피스

• 수험자 유의사항 •

- 수험자는 문제지를 받는 즉시 문제지와 **수험표상의 시험과목(프로그램)이 동일한지 반드시 확인**하여야 합니다.
- 파일명은 본인의 "수험번호-성명"으로 입력하여 답안폴더(내 PC\문서\ITQ)에 하나의 파일로 저장해야 하며, 답안 문서 파일명이 "수험번호-성명"과 일치하지 않거나, 답안파일을 전송하지 않아 미제출로 처리될 경우 실격 처리합니다. (예 : 12345678-홍길동.pptx).
- 답안 작성을 마치면 파일을 저장하고, '답안 전송' 버튼을 선택하여 감독위원 PC로 답안을 전송하십시오. 수험생 정보와 저장한 파일명이 다를 경우 전송되지 않으므로 주의하시기 바랍니다.
- 답안 작성 중에도 **주기적으로 저장하고, '답안 전송'**하여야 문제 발생을 줄일 수 있습니다. 작업한 내용을 저장하지 않고 전송할 경우 이전에 저장된 내용이 전송되오니 이점 유의하시기 바랍니다.
- 답안문서는 지정된 경로 외의 다른 보조기억장치에 저장하는 경우, 지정된 시험 시간 외에 작성된 파일을 활용할 경우, 기타 통신수단(이메일, 메신저, 네트워크 등)을 이용하여 타인에게 전달 또는 외부 반출하는 경우는 부정 처리합니다.
- 시험 중 부주의 또는 고의로 시스템을 파손한 경우는 수험자가 변상해야 하며, 〈수험자 유의사항〉에 기재된 방법대로 이행하지 않아 생기는 불이익은 수험생 당사자의 책임임을 알려 드립니다.
- 문제의 조건은 MS오피스 2021 버전으로 설정되어 있으며 MS오피스 2016은 【 】에 표기되어 있습니다. 이와 관련하여 작성한 답안의 출력형태가 문제지와 다를 수 있습니다.
- 시험을 완료한 수험자는 답안파일이 전송되었는지 확인한 후 감독위원의 지시에 따라 문제지를 제출하고 퇴실합니다.

• 답안 작성요령 •

- 온라인 답안 작성 절차
  수험자 등록 ⇒ 시험 시작 ⇒ 답안파일 저장 ⇒ 답안 전송 ⇒ 시험 종료
- 슬라이드의 크기는 A4 Paper로 설정하여 작성합니다.
- 슬라이드의 총 개수는 6개로 구성되어 있으며 슬라이드 1부터 순서대로 작업하고 반드시 문제와 세부조건대로 합니다.
- 별도의 지시사항이 없는 경우 출력형태를 참조하여 글꼴색은 검정 또는 흰색으로 작성하고, 기타사항은 전체적인 균형을 고려하여 작성합니다.
- 슬라이드 도형 및 개체에 출력형태와 다른 스타일(그림자, 외곽선 등)을 적용했을 경우 감점처리 됩니다.
- 슬라이드 번호를 작성합니다(슬라이드 1에는 생략).
- 2~6번 슬라이드 제목 도형과 하단 로고는 슬라이드 마스터를 이용하여 출력형태와 동일하게 작성합니다(슬라이드 1에는 생략).
- 문제와 세부조건, 세부조건 번호 ◌(점선원)는 입력하지 않습니다.
- 각 개체의 위치는 오른쪽의 슬라이드와 동일하게 구성합니다.
- 그림 삽입 문제의 경우 반드시 「내 PC\문서\ITQ\Picture」 폴더에서 정확한 파일을 선택하여 삽입하십시오.
- 각 슬라이드를 각각의 파일로 작업해서 저장할 경우 실격 처리됩니다.

kpc 한국생산성본부

[전체구성] 60점

(1) 슬라이드 크기 및 순서 : 크기를 A4 용지로 설정하고 슬라이드 순서에 맞게 작성한다.
(2) 슬라이드 마스터 : 2~6슬라이드의 제목, 하단 로고, 슬라이드 번호는 슬라이드 마스터를 이용하여 작성한다.
- 제목 글꼴(돋움, 40pt, 흰색), 왼쪽 맞춤, 도형(선 없음)
- 하단 로고(「내 PC\문서\ITQ\Picture\로고2.jpg」, 배경(회색) 투명색으로 설정)

[슬라이드 1] ≪표지 디자인≫ 40점

(1) 표지 디자인 : 도형, 워드아트 및 그림을 이용하여 작성한다.

세부조건

① 도형 편집
  - 도형에 그림 채우기 :
    「내 PC\문서\ITQ\Picture\
    그림3.jpg」, 투명도 50%
  - 도형 효과 :
    부드러운 가장자리 5포인트
② 워드아트 삽입
  - 변환 : 팽창【팽창】
  - 글꼴 : 굴림, 굵게
  - 텍스트 반사 : 1/2 반사, 터치
③ 그림 삽입
  - 「내 PC\문서\ITQ\Picture\
    로고2.jpg」
  - 배경(회색) 투명색으로 설정

[슬라이드 2] ≪목차 슬라이드≫ 60점

(1) 출력형태와 같이 도형을 이용하여 목차를 작성한다(글꼴 : 궁서, 24pt).
(2) 도형 : 선 없음

세부조건

① 텍스트에 하이퍼링크 적용
  → '슬라이드 5'
② 그림 삽입
  - 「내 PC\문서\ITQ\Picture\
    그림4.jpg」
  - 자르기 기능 이용

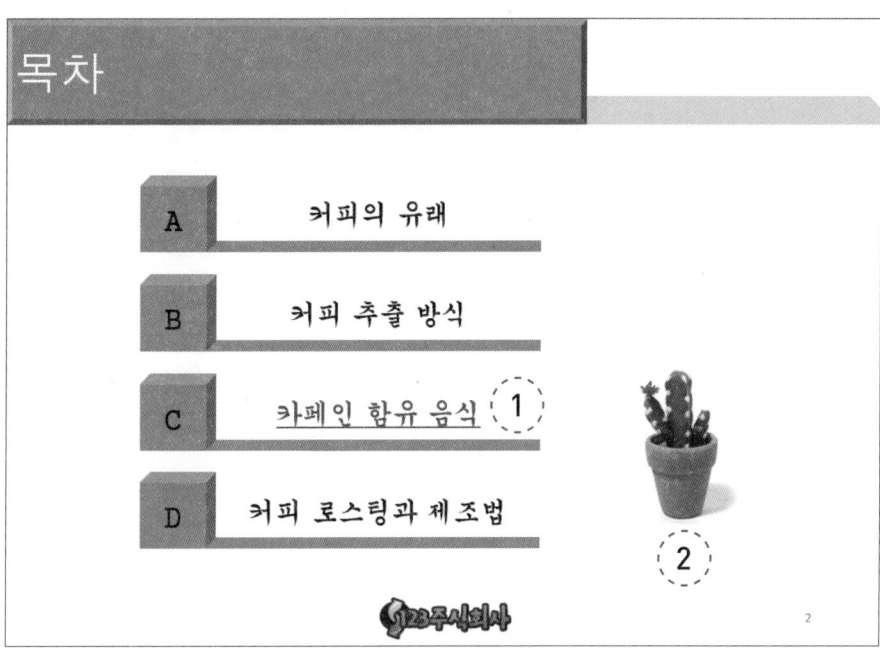

[슬라이드 3] ≪텍스트/동영상 슬라이드≫   60점

(1) 텍스트 작성 : 글머리 기호 사용(❖, ❑)
  ❖문단(굴림, 24pt, 굵게, 줄간격 : 1.5줄), ❑문단(굴림, 20pt, 줄간격 : 1.5줄)

세부조건

① 동영상 삽입 :
  - 「내 PC₩문서₩ITQ₩Picture₩동영상.wmv」
  - 자동실행, 반복재생 설정

A. 커피의 유래

❖ 커피의 시작
  ❑ 커피나무는 동아프리카의 에티오피아에서 시작된 것으로 증명되었으나, 어떤 지식인들은 중동의 예멘에서 시작되었다고 주장

❖ Coffee Beans
  ❑ Coffee beans were first exported from Ethiopia to Yemen
  ❑ Yemeni traders brought coffee back to their homeland and began to cultivate the bean

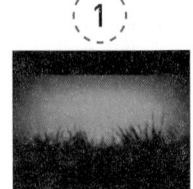

[슬라이드 4] ≪표 슬라이드≫   80점

(1) 도형과 표 작성 기능을 이용하여 슬라이드를 작성한다(글꼴 : 돋움, 18pt).

세부조건

① 상단 도형 :
  2개 도형의 조합으로 작성
② 좌측 도형 :
  그라데이션 효과(선형 아래쪽)
③ 테이블 디자인【표 스타일】:
  테마 스타일 1 - 강조 1

B. 커피 추출 방식

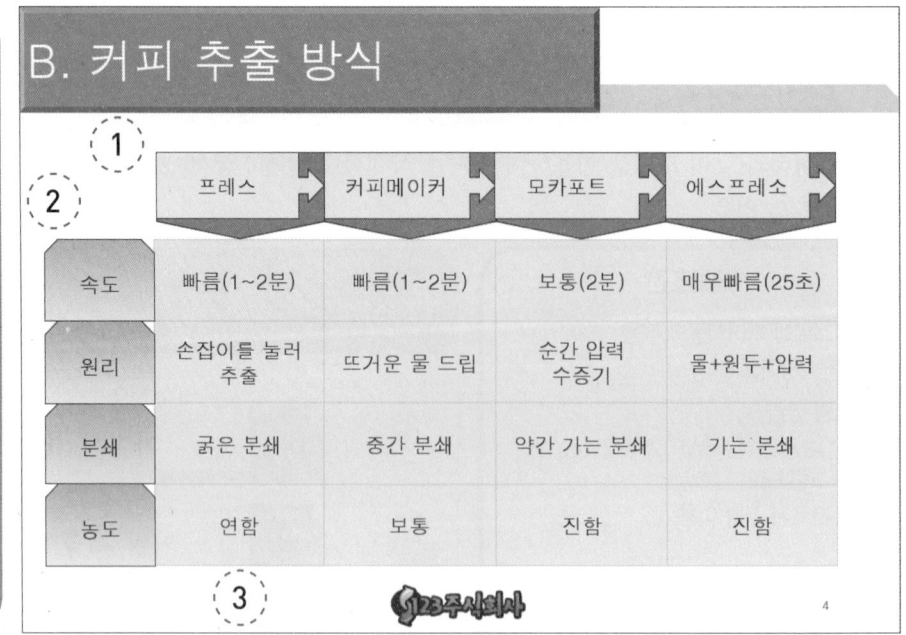

	프레스	커피메이커	모카포트	에스프레소
속도	빠름(1~2분)	빠름(1~2분)	보통(2분)	매우빠름(25초)
원리	손잡이를 눌러 추출	뜨거운 물 드립	순간 압력 수증기	물+원두+압력
분쇄	굵은 분쇄	중간 분쇄	약간 가는 분쇄	가는 분쇄
농도	연함	보통	진함	진함

[슬라이드 5] ≪차트 슬라이드≫ 100점

(1) 차트 작성 기능을 이용하여 슬라이드를 작성한다.
(2) 차트 : 종류(묶은 세로 막대형), 글꼴(굴림, 16pt), 외곽선

세부조건

※ 차트설명
- 차트 제목 : 궁서, 24pt, 굵게, 채우기 (흰색), 테두리, 그림자(오프셋 가운데)
- 차트 영역 : 채우기(노랑)
  그림 영역 : 채우기(흰색)
- 데이터 서식 : 온스(oz) 계열을 표식이 있는 꺾은선형으로 변경 후 보조축으로 지정
- 값 표시 : 아이스티의 카페인 함량 (mg) 계열만

① 도형 삽입
  - 스타일 : 미세 효과 – 주황, 강조 2
  - 글꼴 : 돋움, 18pt

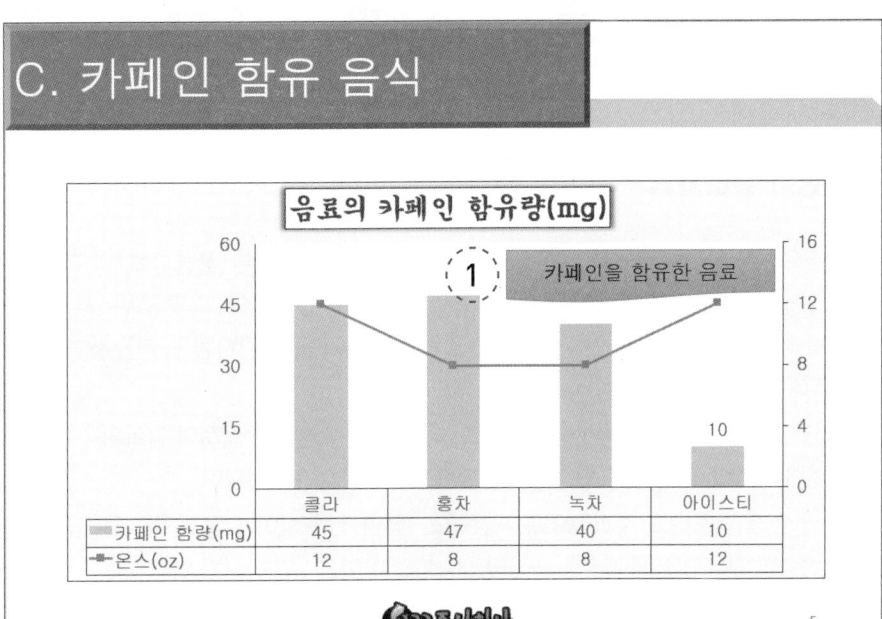

[슬라이드 6] ≪도형 슬라이드≫ 100점

(1) 슬라이드와 같이 도형 및 스마트아트를 배치한다(글꼴 : 돋움, 18pt).
(2) 애니메이션 순서 : ① ⇒ ②

세부조건

① 도형 및 스마트아트 편집
  - 스마트아트 디자인
    : 3차원 만화,
    3차원 경사
  - 그룹화 후 애니메이션 효과
    : 바운드
② 도형 편집
  - 그룹화 후 애니메이션 효과
    : 닦아내기(위에서)

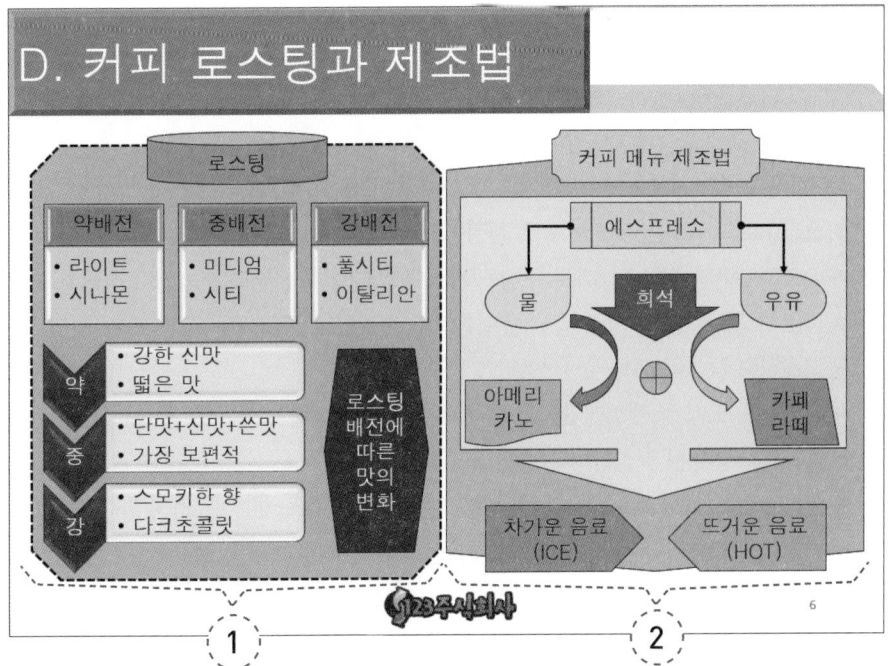

제 03 회 정보기술자격(ITQ) 출제예상 모의고사

과목	코드	문제유형	시험시간	수험번호	성명
한글파워포인트	1142	A	60분		

MS오피스

・수험자 유의사항・

- 수험자는 문제지를 받는 즉시 문제지와 **수험표상의 시험과목(프로그램)이 동일한지 반드시 확인**하여야 합니다.
- 파일명은 본인의 "수험번호-성명"으로 입력하여 답안폴더(내 PC\문서\ITQ)에 하나의 파일로 저장해야 하며, 답안 문서 파일명이 "수험번호-성명"과 일치하지 않거나, 답안파일을 전송하지 않아 미제출로 처리될 경우 실격 처리합니다(예 : 12345678-홍길동.pptx).
- 답안 작성을 마치면 파일을 저장하고, '답안 전송' 버튼을 선택하여 감독위원 PC로 답안을 전송하십시오. 수험생 정보와 저장한 파일명이 다를 경우 전송되지 않으므로 주의하시기 바랍니다.
- 답안 작성 중에도 **주기적으로 저장하고, '답안 전송'**하여야 문제 발생을 줄일 수 있습니다. 작업한 내용을 저장하지 않고 전송할 경우 이전에 저장된 내용이 전송되오니 이점 유의하시기 바랍니다.
- 답안문서는 지정된 경로 외의 다른 보조기억장치에 저장하는 경우, 지정된 시험 시간 외에 작성된 파일을 활용할 경우, 기타 통신수단(이메일, 메신저, 네트워크 등)을 이용하여 타인에게 전달 또는 외부 반출하는 경우는 부정 처리합니다.
- 시험 중 부주의 또는 고의로 시스템을 파손한 경우는 수험자가 변상해야 하며, 〈수험자 유의사항〉에 기재된 방법대로 이행하지 않아 생기는 불이익은 수험생 당사자의 책임임을 알려 드립니다.
- 문제의 조건은 MS오피스 2021 버전으로 설정되어 있으며 MS오피스 2016은 【 】에 표기되어 있습니다. 이와 관련하여 작성한 답안의 출력형태가 문제지와 다를 수 있습니다.
- 시험을 완료한 수험자는 답안파일이 전송되었는지 확인한 후 감독위원의 지시에 따라 문제지를 제출하고 퇴실합니다.

・답안 작성요령・

- 온라인 답안 작성 절차
  수험자 등록 ⇒ 시험 시작 ⇒ 답안파일 저장 ⇒ 답안 전송 ⇒ 시험 종료
- 슬라이드의 크기는 A4 Paper로 설정하여 작성합니다.
- 슬라이드의 총 개수는 6개로 구성되어 있으며 슬라이드 1부터 순서대로 작업하고 반드시 문제와 세부조건대로 합니다.
- 별도의 지시사항이 없는 경우 출력형태를 참조하여 글꼴색은 검정 또는 흰색으로 작성하고, 기타사항은 전체적인 균형을 고려하여 작성합니다.
- 슬라이드 도형 및 개체에 출력형태와 다른 스타일(그림자, 외곽선 등)을 적용했을 경우 감점처리 됩니다.
- 슬라이드 번호를 작성합니다(슬라이드 1에는 생략).
- 2~6번 슬라이드 제목 도형과 하단 로고는 슬라이드 마스터를 이용하여 출력형태와 동일하게 작성합니다(슬라이드 1에는 생략).
- 문제와 세부조건, 세부조건 번호 ☼(점선원)는 입력하지 않습니다.
- 각 개체의 위치는 오른쪽의 슬라이드와 동일하게 구성합니다.
- 그림 삽입 문제의 경우 반드시 「내 PC\문서\ITQ\Picture」 폴더에서 정확한 파일을 선택하여 삽입하십시오.
- 각 슬라이드를 각각의 파일로 작업해서 저장할 경우 실격 처리됩니다.

[전체구성] 60점

(1) 슬라이드 크기 및 순서 : 크기를 A4 용지로 설정하고 슬라이드 순서에 맞게 작성한다.
(2) 슬라이드 마스터 : 2~6슬라이드의 제목, 하단 로고, 슬라이드 번호는 슬라이드 마스터를 이용하여 작성한다.
 - 제목 글꼴(궁서, 40pt, 검정), 오른쪽 맞춤, 도형(선 없음)
 - 하단 로고(「내 PC₩문서₩ITQ₩Picture₩로고3.jpg」, 배경(연보라) 투명색으로 설정)

[슬라이드 1] ≪표지 디자인≫ 40점

(1) 표지 디자인 : 도형, 워드아트 및 그림을 이용하여 작성한다.

세부조건
① 도형 편집
 - 도형에 그림 채우기 :
  「내 PC₩문서₩ITQ₩Picture₩그림1.jpg」, 투명도 50%
 - 도형 효과 :
  부드러운 가장자리 5포인트
② 워드아트 삽입
 - 변환 : 삼각형, 위로【삼각형】
 - 글꼴 : 굴림, 굵게
 - 텍스트 반사 : 근접 반사, 4pt 오프셋
③ 그림 삽입
 - 「내 PC₩문서₩ITQ₩Picture₩로고3.jpg」
 - 배경(연보라) 투명색으로 설정

[슬라이드 2] ≪목차 슬라이드≫ 60점

(1) 출력형태와 같이 도형을 이용하여 목차를 작성한다(글꼴 : 돋움, 24pt).
(2) 도형 : 선 없음

세부조건
① 텍스트에 하이퍼링크 적용
 → '슬라이드 5'
② 그림 삽입
 - 「내 PC₩문서₩ITQ₩Picture₩그림5.jpg」
 - 자르기 기능 이용

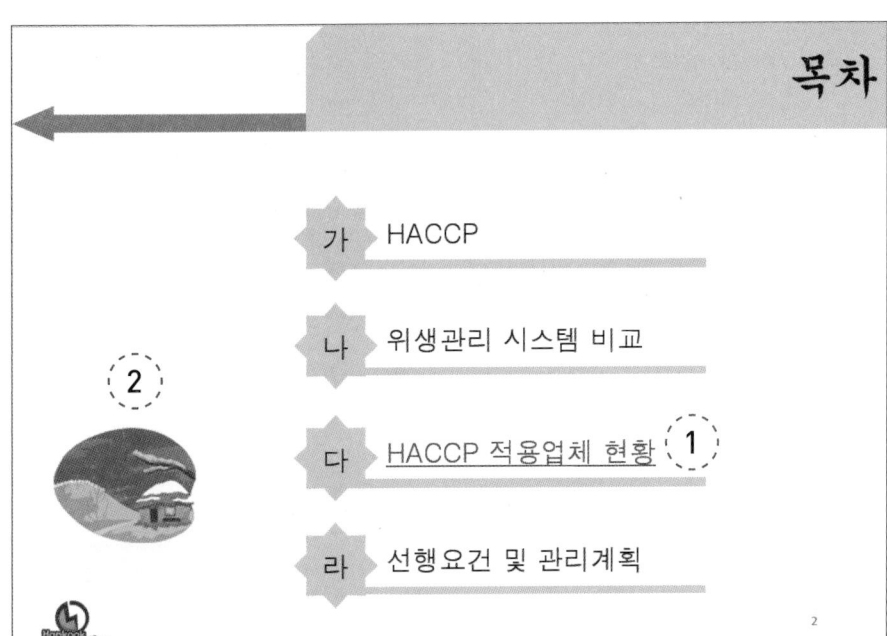

[슬라이드 3] ≪텍스트/동영상 슬라이드≫   60점

(1) 텍스트 작성 : 글머리 기호 사용(●, ➢)
  ●문단(굴림, 24pt, 굵게, 줄간격 : 1.5줄), ➢문단(굴림, 20pt, 줄간격 : 1.5줄)

세부조건
① 동영상 삽입 :
  - 「내 PC₩문서₩ITQ₩Picture₩동영상.wmv」
  - 자동실행, 반복재생 설정

가. HACCP

●HACCP
  ➢ Establish critical limits for each critical control point
  ➢ Establish critical control point monitoring requirements

●해썹(HACCP)이란?
  ➢ 생산-제조-유통의 전 과정에서 식품의 위생에 해로운 영향을 미칠 수 있는 위해 요소를 분석
  ➢ 과학적이고 체계적으로 식품의 안전을 관리하는 제도

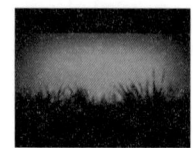

[슬라이드 4] ≪표 슬라이드≫   80점

(1) 도형과 표 작성 기능을 이용하여 슬라이드를 작성한다(글꼴 : 굴림, 18pt).

세부조건
① 상단 도형 :
  2개 도형의 조합으로 작성
② 좌측 도형 :
  그라데이션 효과(선형 왼쪽)
③ 테이블 디자인【표 스타일】:
  테마 스타일 1 - 강조 3

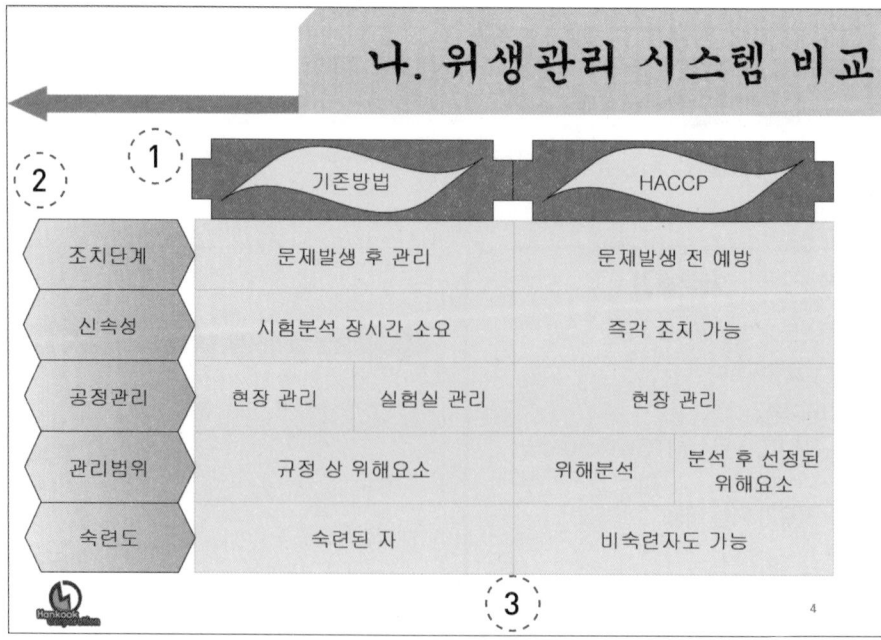

나. 위생관리 시스템 비교

	기존방법	HACCP
조치단계	문제발생 후 관리	문제발생 전 예방
신속성	시험분석 장시간 소요	즉각 조치 가능
공정관리	현장 관리 / 실험실 관리	현장 관리
관리범위	규정 상 위해요소	위해분석 / 분석 후 선정된 위해요소
숙련도	숙련된 자	비숙련자도 가능

[슬라이드 5] ≪차트 슬라이드≫ 100점

(1) 차트 작성 기능을 이용하여 슬라이드를 작성한다.
(2) 차트 : 종류(묶은 세로 막대형), 글꼴(굴림, 16pt), 외곽선

세부조건

※ 차트설명
- 차트 제목 : 궁서, 22pt, 굵게, 채우기 (흰색), 테두리,
  그림자(오프셋 대각선 왼쪽 아래)
- 차트 영역 : 채우기(노랑)
  그림 영역 : 채우기(흰색)
- 데이터 서식 : 자율업체 계열을 꺾은 선형으로 변경 후 보조축으로 지정
- 값 표시 : 의무업체 계열만

① 도형 삽입
- 스타일 : 보통 효과 – 파랑, 강조 1
- 글꼴 : 돋움, 18pt

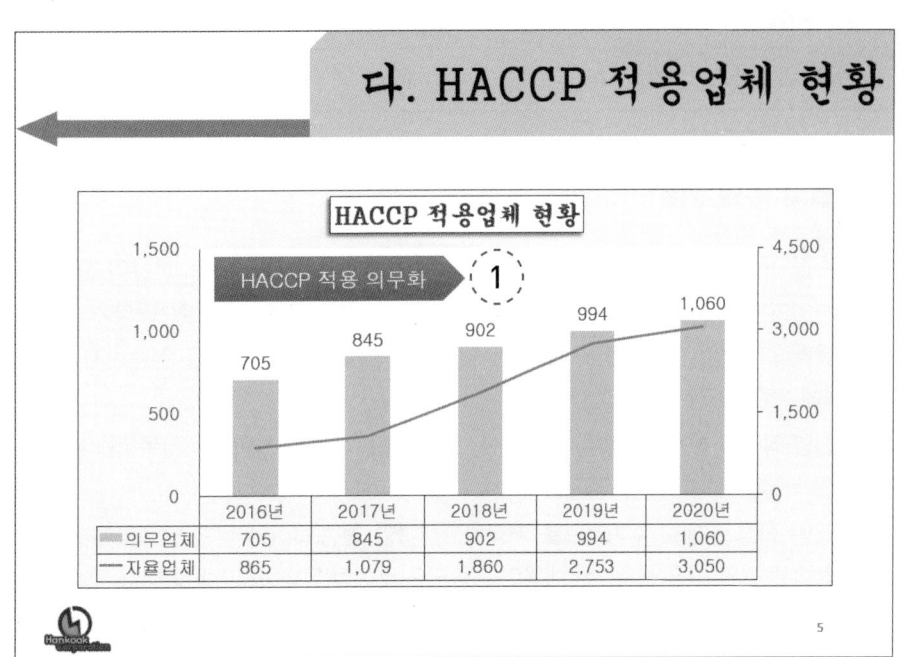

[슬라이드 6] ≪도형 슬라이드≫ 100점

(1) 슬라이드와 같이 도형 및 스마트아트를 배치한다(글꼴 : 굴림, 18pt).
(2) 애니메이션 순서 : ① ⇒ ②

세부조건

① 도형 편집
- 그룹화 후 애니메이션 효과
  : 시계 방향 회전
② 도형 및 스마트아트 편집
- 스마트아트 디자인
  : 흰색 윤곽선,
  3차원 광택 처리
- 그룹화 후 애니메이션 효과
  : 회전

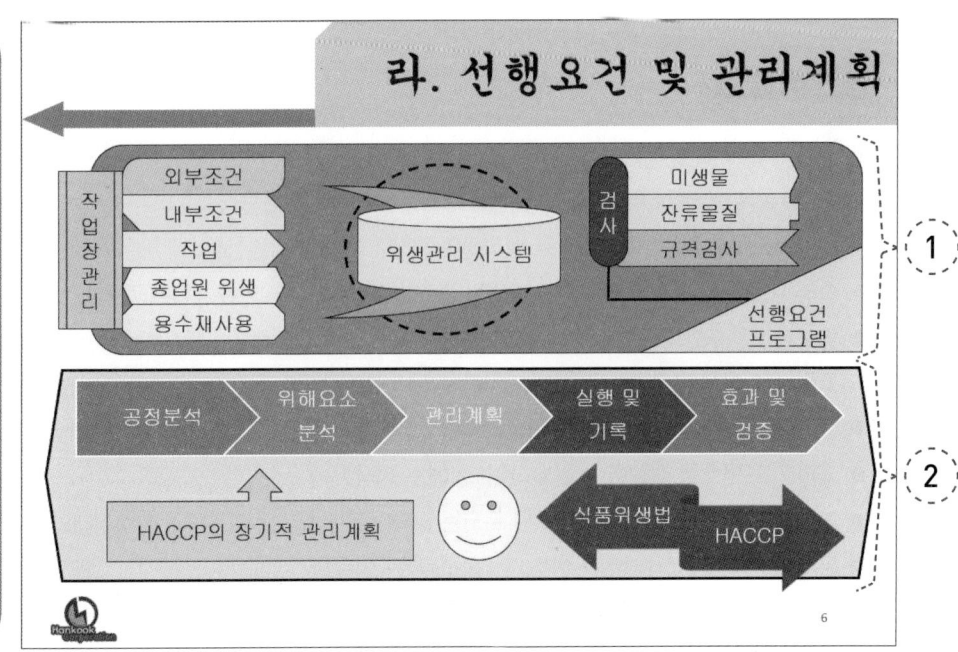

제 04 회 정보기술자격(ITQ) 출제예상 모의고사

과목	코드	문제유형	시험시간	수험번호	성명
한글파워포인트	1142	A	60분		

MS오피스

• 수험자 유의사항 •

- 수험자는 문제지를 받는 즉시 문제지와 **수험표상의 시험과목(프로그램)이 동일한지 반드시 확인**하여야 합니다.
- 파일명은 본인의 "수험번호-성명"으로 입력하여 답안폴더(내 PC\문서\ITQ)에 하나의 파일로 저장해야 하며, 답안 문서 파일명이 "수험번호-성명"과 일치하지 않거나, 답안파일을 전송하지 않아 미제출로 처리될 경우 실격 처리합니다. (예 : 12345678-홍길동.pptx).
- 답안 작성을 마치면 파일을 저장하고, '답안 전송' 버튼을 선택하여 감독위원 PC로 답안을 전송하십시오. 수험생 정보와 저장한 파일명이 다를 경우 전송되지 않으므로 주의하시기 바랍니다.
- 답안 작성 중에도 **주기적으로 저장하고, '답안 전송'**하여야 문제 발생을 줄일 수 있습니다. 작업한 내용을 저장하지 않고 전송할 경우 이전에 저장된 내용이 전송되오니 이점 유의하시기 바랍니다.
- 답안문서는 지정된 경로 외의 다른 보조기억장치에 저장하는 경우, 지정된 시험 시간 외에 작성된 파일을 활용할 경우, 기타 통신수단(이메일, 메신저, 네트워크 등)을 이용하여 타인에게 전달 또는 외부 반출하는 경우는 부정 처리합니다.
- 시험 중 부주의 또는 고의로 시스템을 파손한 경우는 수험자가 변상해야 하며, 〈수험자 유의사항〉에 기재된 방법대로 이행하지 않아 생기는 불이익은 수험생 당사자의 책임임을 알려 드립니다.
- 문제의 조건은 MS오피스 2021 버전으로 설정되어 있으며 MS오피스 2016은 【 】에 표기되어 있습니다. 이와 관련하여 작성한 답안의 출력형태가 문제지와 다를 수 있습니다.
- 시험을 완료한 수험자는 답안파일이 전송되었는지 확인한 후 감독위원의 지시에 따라 문제지를 제출하고 퇴실합니다.

• 답안 작성요령 •

- 온라인 답안 작성 절차
  수험자 등록 ⇒ 시험 시작 ⇒ 답안파일 저장 ⇒ 답안 전송 ⇒ 시험 종료
- 슬라이드의 크기는 A4 Paper로 설정하여 작성합니다.
- 슬라이드의 총 개수는 6개로 구성되어 있으며 슬라이드 1부터 순서대로 작업하고 반드시 문제와 세부조건대로 합니다.
- 별도의 지시사항이 없는 경우 출력형태를 참조하여 글꼴색은 검정 또는 흰색으로 작성하고, 기타사항은 전체적인 균형을 고려하여 작성합니다.
- 슬라이드 도형 및 개체에 출력형태와 다른 스타일(그림자, 외곽선 등)을 적용했을 경우 감점처리 됩니다.
- 슬라이드 번호를 작성합니다(슬라이드 1에는 생략).
- 2~6번 슬라이드 제목 도형과 하단 로고는 슬라이드 마스터를 이용하여 출력형태와 동일하게 작성합니다(슬라이드 1에는 생략).
- 문제와 세부조건, 세부조건 번호 ◌(점선원)는 입력하지 않습니다.
- 각 개체의 위치는 오른쪽의 슬라이드와 동일하게 구성합니다.
- 그림 삽입 문제의 경우 반드시 「내 PC\문서\ITQ\Picture」 폴더에서 정확한 파일을 선택하여 삽입하십시오.
- 각 슬라이드를 각각의 파일로 작업해서 저장할 경우 실격 처리됩니다.

[전체구성] 60점

(1) 슬라이드 크기 및 순서 : 크기를 A4 용지로 설정하고 슬라이드 순서에 맞게 작성한다.
(2) 슬라이드 마스터 : 2~6슬라이드의 제목, 하단 로고, 슬라이드 번호는 슬라이드 마스터를 이용하여 작성한다.
 - 제목 글꼴(돋움, 40pt, 흰색), 가운데 맞춤, 도형(선 없음)
 - 하단 로고(「내 PC₩문서₩ITQ₩Picture₩로고2.jpg」, 배경(회색) 투명색으로 설정)

[슬라이드 1] ≪표지 디자인≫ 40점

(1) 표지 디자인 : 도형, 워드아트 및 그림을 이용하여 작성한다.

세부조건
① 도형 편집
 - 도형에 그림 채우기 :
  「내 PC₩문서₩ITQ₩Picture₩그림2.jpg」, 투명도 50%
 - 도형 효과 :
  부드러운 가장자리 5포인트
② 워드아트 삽입
 - 변환 : 수축, 아래쪽【아래쪽 수축】
 - 글꼴 : 궁서, 굵게
 - 텍스트 반사 : 근접 반사, 터치
③ 그림 삽입
 - 「내 PC₩문서₩ITQ₩Picture₩로고2.jpg」
 - 배경(회색) 투명색으로 설정

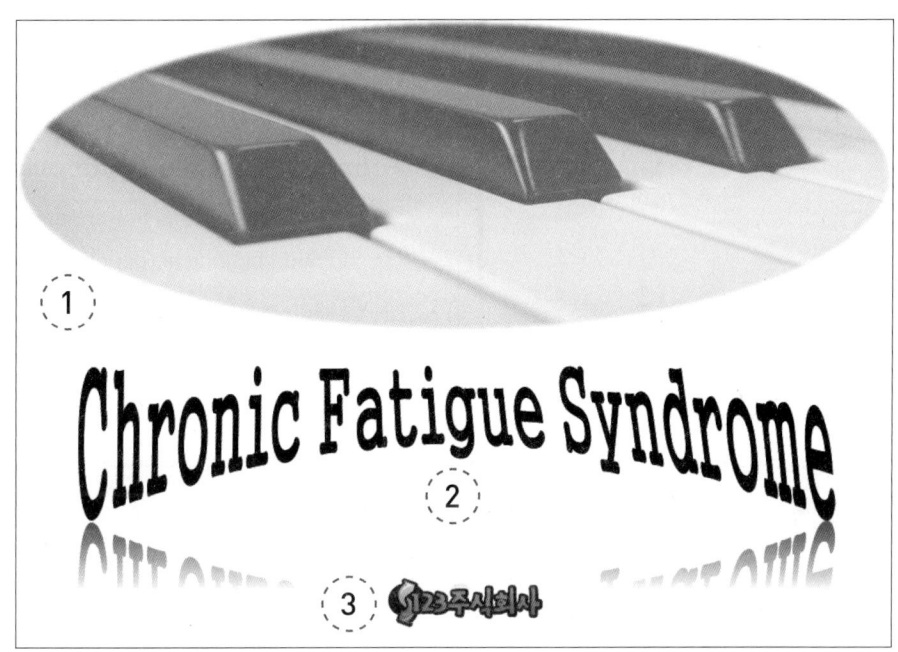

[슬라이드 2] ≪목차 슬라이드≫ 60점

(1) 출력형태와 같이 도형을 이용하여 목차를 작성한다(글꼴 : 굴림, 24pt).
(2) 도형 : 선 없음

세부조건
① 텍스트에 하이퍼링크 적용
 → '슬라이드 6'
② 그림 삽입
 - 「내 PC₩문서₩ITQ₩Picture₩그림5.jpg」
 - 자르기 기능 이용

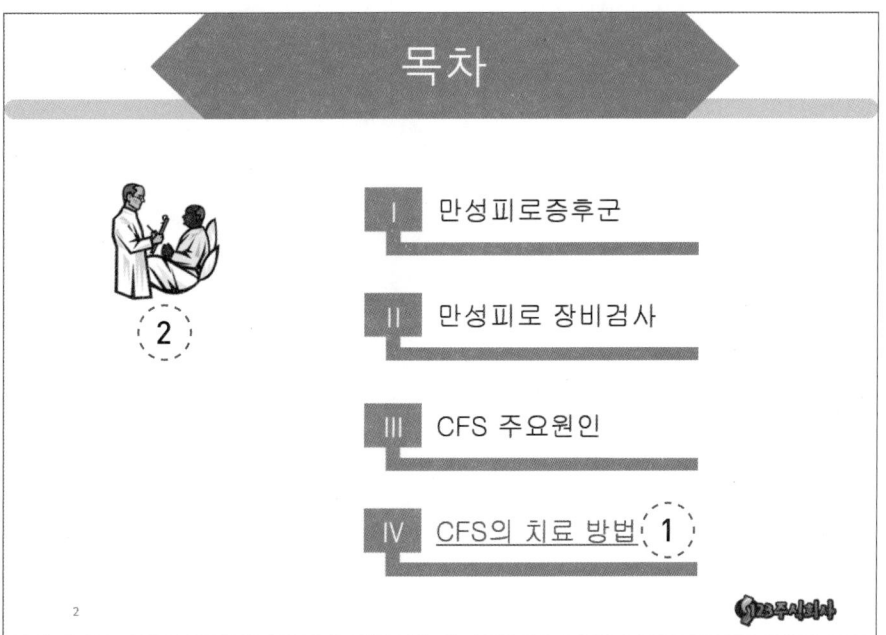

[슬라이드 3] ≪텍스트/동영상 슬라이드≫ 60점

(1) 텍스트 작성 : 글머리 기호 사용(➤, ✓)
   ➤문단(궁서, 24pt, 굵게, 줄간격 : 1.5줄), ✓문단(굴림, 20pt, 줄간격 : 1.5줄)

세부조건
① 동영상 삽입 :
   - 「내 PC₩문서₩ITQ₩Picture₩동영상.wmv」
   - 자동실행, 반복재생 설정

Ⅰ. 만성피로증후군

➤**만성 피로 증후군이란?**
  ✓ 최소 6개월 이상 다른 증상과 함께 피로가 지속되는 피로를 질병으로 명시하여 부르는 통칭
  ✓ 근육통성 뇌 척수염, 바이러스성 질환 후 피로 증후군 등으로도 알려짐

➤**chronic fatigue syndrome**
  ✓ While the cause is not understood, proposed mechanisms include biological, genetic, infectious and psychological
  ✓ Diagnosis is based on a person's symptoms because there is no confirmed diagnostic test

[슬라이드 4] ≪표 슬라이드≫ 80점

(1) 도형과 표 작성 기능을 이용하여 슬라이드를 작성한다(글꼴 : 돋움, 18pt).

세부조건
① 상단 도형 :
   2개 도형의 조합으로 작성
② 좌측 도형 :
   그라데이션 효과(선형 위쪽)
③ 테이블 디자인【표 스타일】:
   테마 스타일 1 - 강조 4

Ⅱ. 만성피로 장비검사

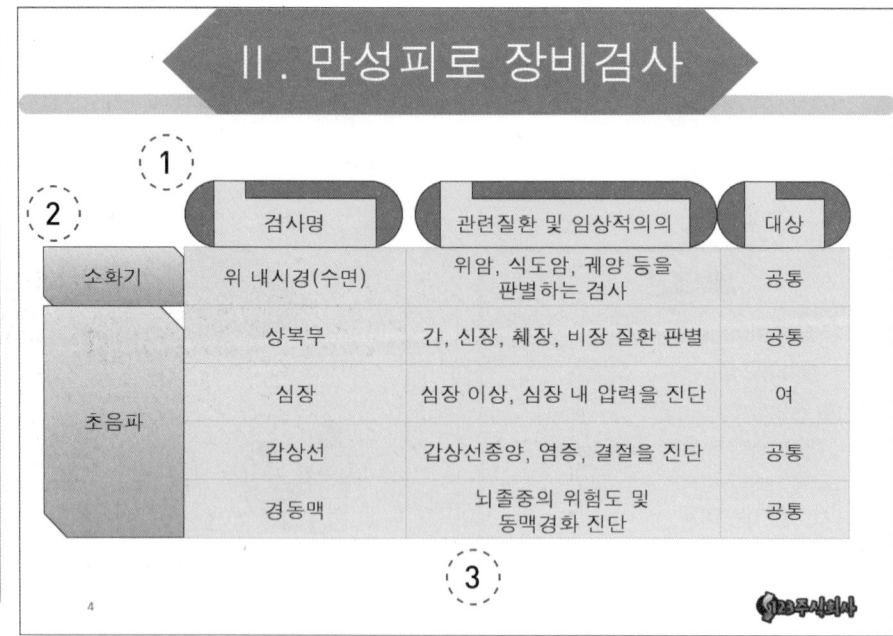

	검사명	관련질환 및 임상적의의	대상
소화기	위 내시경(수면)	위암, 식도암, 궤양 등을 판별하는 검사	공통
초음파	상복부	간, 신장, 췌장, 비장 질환 판별	공통
	심장	심장 이상, 심장 내 압력을 진단	여
	갑상선	갑상선종양, 염증, 결절을 진단	공통
	경동맥	뇌졸중의 위험도 및 동맥경화 진단	공통

[슬라이드 5] ≪차트 슬라이드≫ 100점

(1) 차트 작성 기능을 이용하여 슬라이드를 작성한다.
(2) 차트 : 종류(묶은 세로 막대형), 글꼴(돋움, 16pt), 외곽선

세부조건

※ 차트설명
- 차트 제목 : 굴림, 20pt, 굵게, 채우기(흰색), 테두리, 그림자(오프셋 대각선 오른쪽 아래)
- 차트 영역 : 채우기(노랑) 그림 영역 : 채우기(흰색)
- 데이터 서식 : 여자 계열을 표식이 있는 꺾은선형으로 변경 후 보조축으로 지정
- 값 표시 : 스트레스 요소만
① 도형 삽입
 - 스타일 : 미세 효과 – 황금색, 강조 4
 - 글꼴 : 궁서, 18pt

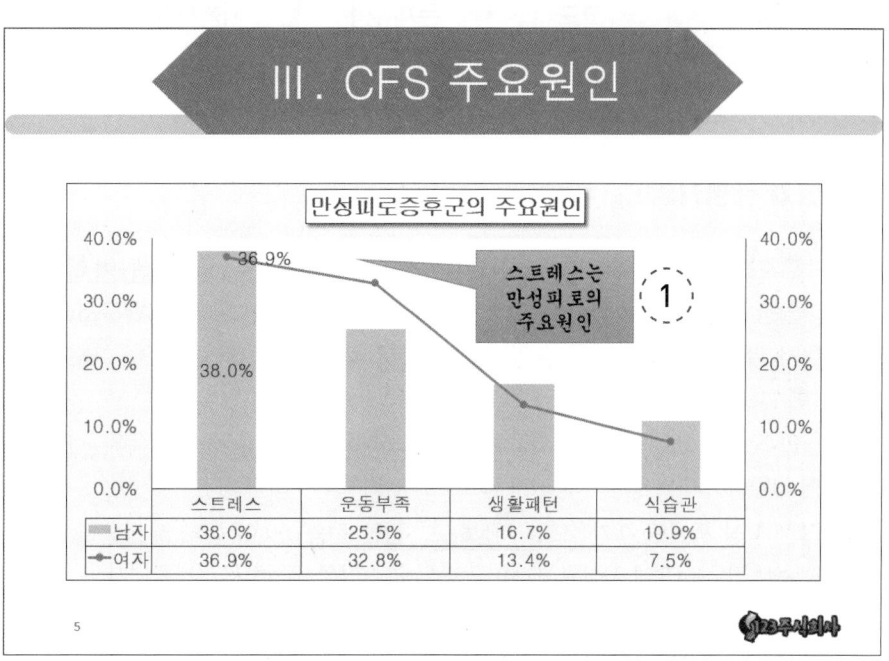

[슬라이드 6] ≪도형 슬라이드≫ 100점

(1) 슬라이드와 같이 도형 및 스마트아트를 배치한다(글꼴 : 굴림, 18pt).
(2) 애니메이션 순서 : ① ⇒ ②

세부조건

① 도형 및 스마트아트 편집
 - 스마트아트 디자인
  : 3차원 금속, 3차원 만화
 - 그룹화 후 애니메이션 효과
  : 날아오기(왼쪽에서)
② 도형 편집
 - 그룹화 후 애니메이션 효과
  : 회전

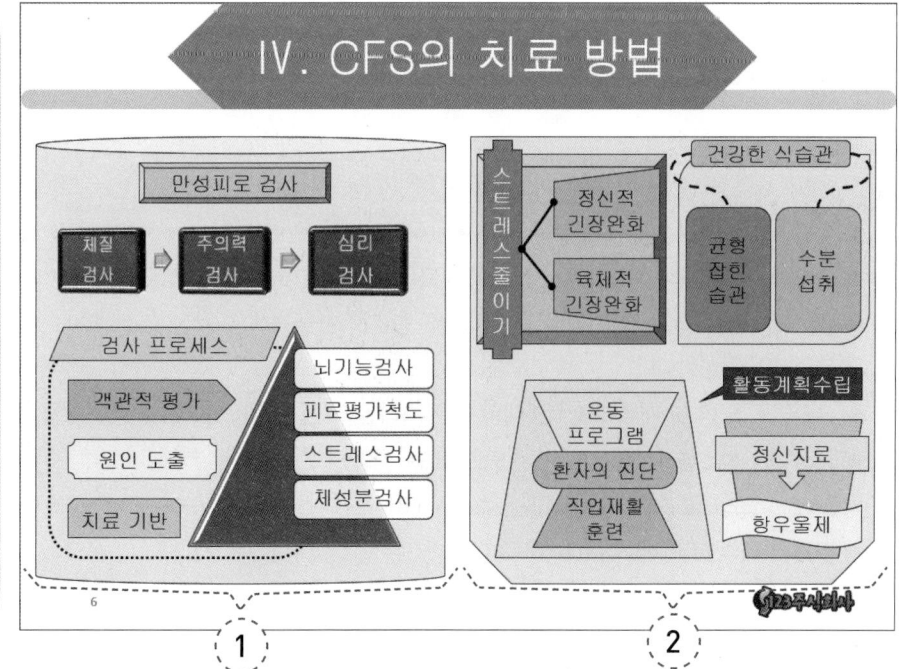

제05회 정보기술자격(ITQ) 출제예상 모의고사

과목	코드	문제유형	시험시간	수험번호	성명
한글파워포인트	1142	A	60분		

MS오피스

• 수험자 유의사항 •

- 수험자는 문제지를 받는 즉시 문제지와 **수험표상의 시험과목(프로그램)이 동일한지 반드시 확인**하여야 합니다.
- 파일명은 본인의 "수험번호-성명"으로 입력하여 답안폴더(내 PC₩문서₩ITQ)에 하나의 파일로 저장해야 하며, 답안 문서 파일명이 "수험번호-성명"과 일치하지 않거나, 답안파일을 전송하지 않아 미제출로 처리될 경우 실격 처리합니다 (예 : 12345678-홍길동.pptx).
- 답안 작성을 마치면 파일을 저장하고, '답안 전송' 버튼을 선택하여 감독위원 PC로 답안을 전송하십시오. 수험생 정보와 저장한 파일명이 다를 경우 전송되지 않으므로 주의하시기 바랍니다.
- 답안 작성 중에도 **주기적으로 저장하고, '답안 전송'**하여야 문제 발생을 줄일 수 있습니다. 작업한 내용을 저장하지 않고 전송할 경우 이전에 저장된 내용이 전송되오니 이점 유의하시기 바랍니다.
- 답안문서는 지정된 경로 외의 다른 보조기억장치에 저장하는 경우, 지정된 시험 시간 외에 작성된 파일을 활용할 경우, 기타 통신수단(이메일, 메신저, 네트워크 등)을 이용하여 타인에게 전달 또는 외부 반출하는 경우는 부정 처리합니다.
- 시험 중 부주의 또는 고의로 시스템을 파손한 경우는 수험자가 변상해야 하며, 〈수험자 유의사항〉에 기재된 방법대로 이행하지 않아 생기는 불이익은 수험생 당사자의 책임임을 알려 드립니다.
- 문제의 조건은 MS오피스 2021 버전으로 설정되어 있으며 MS오피스 2016은 【 】에 표기되어 있습니다. 이와 관련하여 작성한 답안의 출력형태가 문제지와 다를 수 있습니다.
- 시험을 완료한 수험자는 답안파일이 전송되었는지 확인한 후 감독위원의 지시에 따라 문제지를 제출하고 퇴실합니다.

• 답안 작성요령 •

- 온라인 답안 작성 절차
  수험자 등록 ⇒ 시험 시작 ⇒ 답안파일 저장 ⇒ 답안 전송 ⇒ 시험 종료
- 슬라이드의 크기는 A4 Paper로 설정하여 작성합니다.
- 슬라이드의 총 개수는 6개로 구성되어 있으며 슬라이드 1부터 순서대로 작업하고 반드시 문제와 세부조건대로 합니다.
- 별도의 지시사항이 없는 경우 출력형태를 참조하여 글꼴색은 검정 또는 흰색으로 작성하고, 기타사항은 전체적인 균형을 고려하여 작성합니다.
- 슬라이드 도형 및 개체에 출력형태와 다른 스타일(그림자, 외곽선 등)을 적용했을 경우 감점처리 됩니다.
- 슬라이드 번호를 작성합니다(슬라이드 1에는 생략).
- 2~6번 슬라이드 제목 도형과 하단 로고는 슬라이드 마스터를 이용하여 출력형태와 동일하게 작성합니다(슬라이드 1에는 생략).
- 문제와 세부조건, 세부조건 번호 ◌(점선원)는 입력하지 않습니다.
- 각 개체의 위치는 오른쪽의 슬라이드와 동일하게 구성합니다.
- 그림 삽입 문제의 경우 반드시 「내 PC₩문서₩ITQ₩Picture」 폴더에서 정확한 파일을 선택하여 삽입하십시오.
- 각 슬라이드를 각각의 파일로 작업해서 저장할 경우 실격 처리됩니다.

kpc 한국생산성본부

[전체구성] 60점

(1) 슬라이드 크기 및 순서 : 크기를 A4 용지로 설정하고 슬라이드 순서에 맞게 작성한다.
(2) 슬라이드 마스터 : 2~6슬라이드의 제목, 하단 로고, 슬라이드 번호는 슬라이드 마스터를 이용하여 작성한다.
  - 제목 글꼴(돋움, 40pt, 파랑), 왼쪽 맞춤, 도형(선 없음)
  - 하단 로고(「내 PC\문서\ITQ\Picture\로고3.jpg」, 배경(연보라) 투명색으로 설정)

[슬라이드 1] ≪표지 디자인≫ 40점

(1) 표지 디자인 : 도형, 워드아트 및 그림을 이용하여 작성한다.

세부조건
① 도형 편집
  - 도형에 그림 채우기 :
    「내 PC\문서\ITQ\Picture\
    그림1.jpg」, 투명도 50%
  - 도형 효과 :
    부드러운 가장자리 5포인트
② 워드아트 삽입
  - 변환 : 팽창【팽창】
  - 글꼴 : 돋움, 굵게
  - 텍스트 반사 : 전체 반사, 터치
③ 그림 삽입
  -「내 PC\문서\ITQ\Picture\
    로고3.jpg」
  - 배경(연보라) 투명색으로 설정

[슬라이드 2] ≪목차 슬라이드≫ 60점

(1) 출력형태와 같이 도형을 이용하여 목차를 작성한다(글꼴 : 궁서, 24pt).
(2) 도형 : 선 없음

세부조건
① 텍스트에 하이퍼링크 적용
  → '슬라이드 6'
② 그림 삽입
  -「내 PC\문서\ITQ\Picture\
    그림4.jpg」
  - 자르기 기능 이용

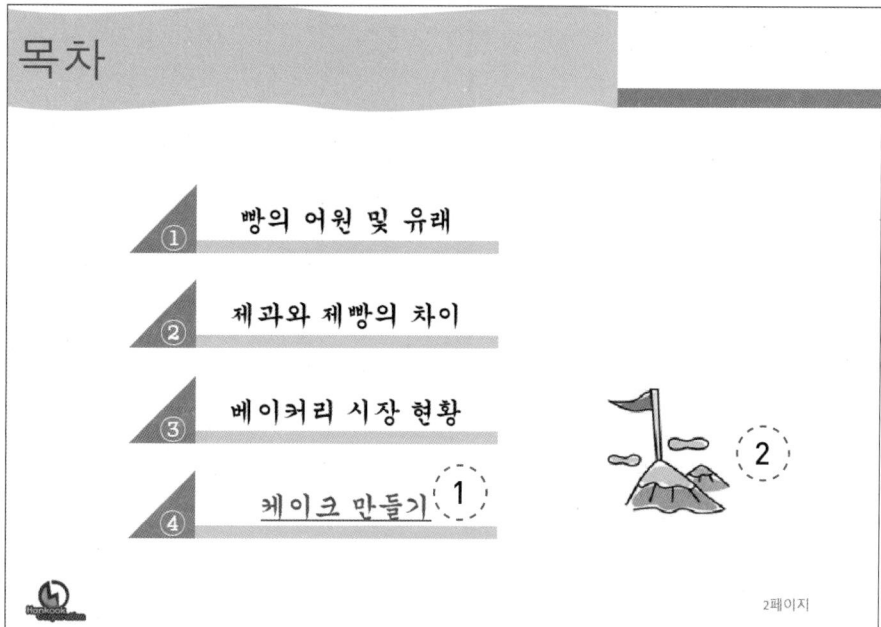

[슬라이드 3] ≪텍스트/동영상 슬라이드≫   60점

(1) 텍스트 작성 : 글머리 기호 사용(❖, ✓)
- ❖문단(굴림, 24pt, 굵게, 줄간격 : 1.5줄), ✓문단(굴림, 20pt, 줄간격 : 1.5줄)

세부조건
① 동영상 삽입 :
 - 「내 PC₩문서₩ITQ₩Picture₩동영상.wmv」
 - 자동실행, 반복재생 설정

① 빵의 어원 및 유래

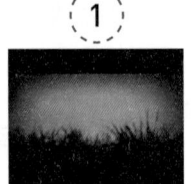

❖ 빵의 어원
  ✓ 포르투갈어인 팡(pao)이 일본을 거쳐 우리나라로 들어오며 빵이라고 불리게 됨

❖ History of Bread
  ✓ Evidence from 30,000 years ago in Europe revealed starch residue on rocks used for pounding plants
  ✓ Around 10,000 BC, with the dawn of the Neolithic age and the spread of agriculture, grains became the mainstay of making bread

3페이지

[슬라이드 4] ≪표 슬라이드≫   80점

(1) 도형과 표 작성 기능을 이용하여 슬라이드를 작성한다(글꼴 : 굴림, 20pt).

세부조건
① 상단 도형 :
  2개 도형의 조합으로 작성
② 좌측 도형 :
  그라데이션 효과(선형 오른쪽)
③ 테이블 디자인【표 스타일】:
  테마 스타일 1 - 강조 2

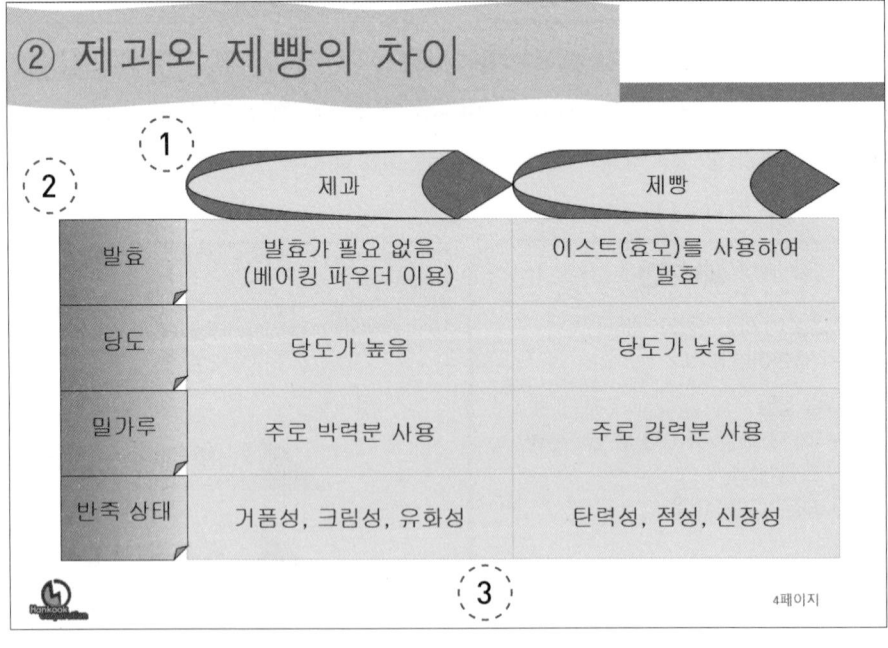

② 제과와 제빵의 차이

	제과	제빵
발효	발효가 필요 없음 (베이킹 파우더 이용)	이스트(효모)를 사용하여 발효
당도	당도가 높음	당도가 낮음
밀가루	주로 박력분 사용	주로 강력분 사용
반죽 상태	거품성, 크림성, 유화성	탄력성, 점성, 신장성

4페이지

[슬라이드 5] ≪차트 슬라이드≫   100점

(1) 차트 작성 기능을 이용하여 슬라이드를 작성한다.
(2) 차트 : 종류(묶은 세로 막대형), 글꼴(돋움, 16pt), 외곽선

세부조건

※ 차트설명
- 차트 제목 : 궁서, 20pt, 굵게, 채우기(흰색), 테두리, 그림자(오프셋 가운데)
- 차트 영역 : 채우기(노랑)
  그림 영역 : 채우기(흰색)
- 데이터 서식 : 종사자(명) 계열을 표식이 있는 꺾은선형으로 변경 후 보조 축으로 지정
- 값 표시 : 종사자(명)의 2020년 계열만

① 도형 삽입
- 스타일 : 미세 효과 – 녹색, 강조 6
- 글꼴 : 돋움, 18pt

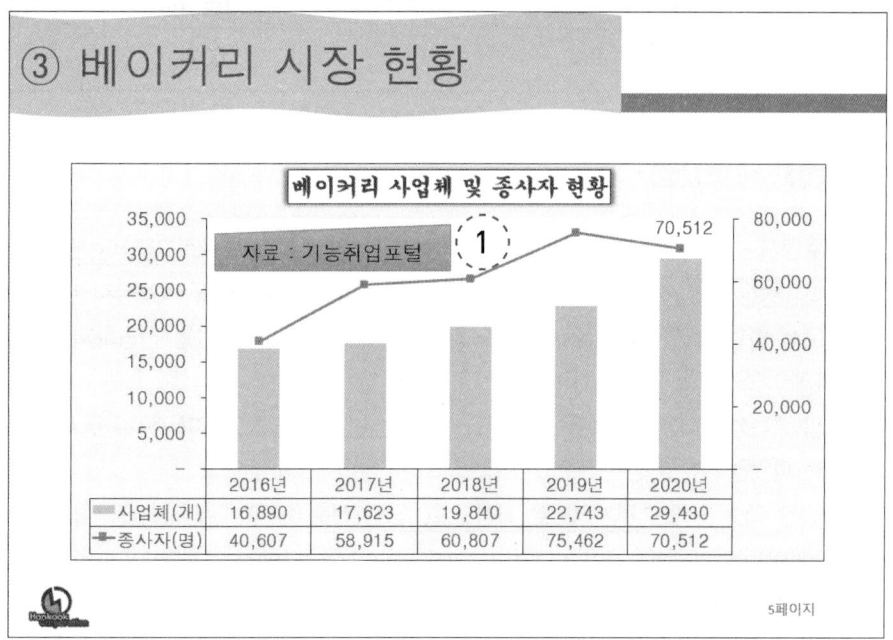

[슬라이드 6] ≪도형 슬라이드≫   100점

(1) 슬라이드와 같이 도형 및 스마트아트를 배치한다(글꼴 : 굴림, 18pt).
(2) 애니메이션 순서 : ① ⇒ ②

세부조건

① 도형 및 스마트아트 편집
- 스마트아트 디자인
  : 3차원 경사,
    3차원 벽돌
- 그룹화 후 애니메이션 효과
  : 시계 방향 회전(살 3개(3))
② 도형 편집
- 그룹화 후 애니메이션 효과
  : 바운드

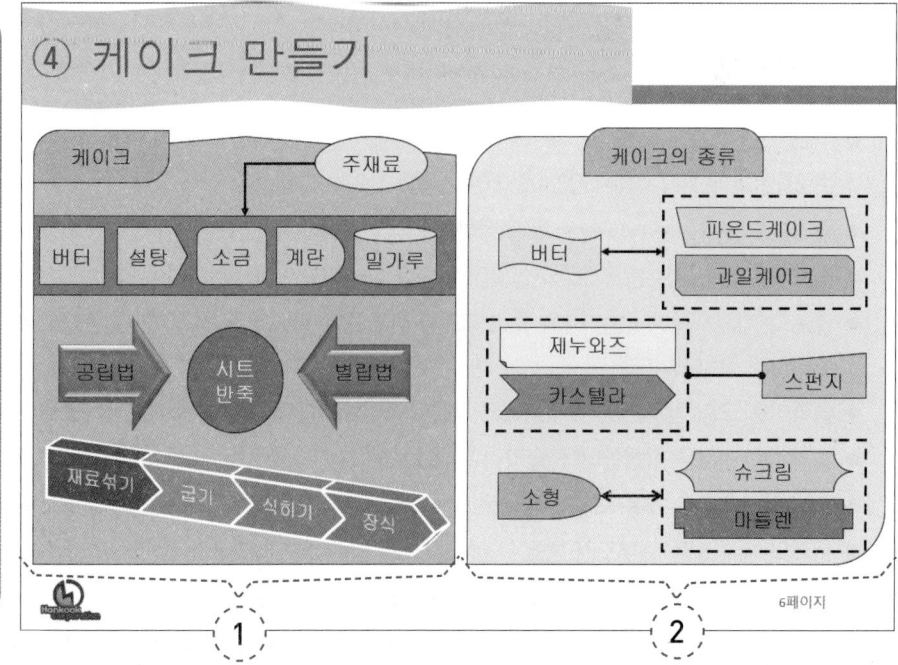

제 06 회 정보기술자격(ITQ) 출제예상 모의고사

과목	코드	문제유형	시험시간	수험번호	성명
한글파워포인트	1142	A	60분		

MS오피스

・수험자 유의사항・

- 수험자는 문제지를 받는 즉시 문제지와 **수험표상의 시험과목(프로그램)이 동일한지 반드시 확인**하여야 합니다.
- 파일명은 본인의 "수험번호-성명"으로 입력하여 답안폴더(내 PC₩문서₩ITQ)에 하나의 파일로 저장해야 하며, 답안 문서 파일명이 "수험번호-성명"과 일치하지 않거나, 답안파일을 전송하지 않아 미제출로 처리될 경우 실격 처리합니다. (예 : 12345678-홍길동.pptx).
- 답안 작성을 마치면 파일을 저장하고, '답안 전송' 버튼을 선택하여 감독위원 PC로 답안을 전송하십시오. 수험생 정보와 저장한 파일명이 다를 경우 전송되지 않으므로 주의하시기 바랍니다.
- 답안 작성 중에도 **주기적으로 저장하고, '답안 전송'**하여야 문제 발생을 줄일 수 있습니다. 작업한 내용을 저장하지 않고 전송할 경우 이전에 저장된 내용이 전송되오니 이점 유의하시기 바랍니다.
- 답안문서는 지정된 경로 외의 다른 보조기억장치에 저장하는 경우, 지정된 시험 시간 외에 작성된 파일을 활용할 경우, 기타 통신수단(이메일, 메신저, 네트워크 등)을 이용하여 타인에게 전달 또는 외부 반출하는 경우는 부정 처리합니다.
- 시험 중 부주의 또는 고의로 시스템을 파손한 경우는 수험자가 변상해야 하며, 〈수험자 유의사항〉에 기재된 방법대로 이행하지 않아 생기는 불이익은 수험생 당사자의 책임임을 알려 드립니다.
- 문제의 조건은 MS오피스 2021 버전으로 설정되어 있으며 MS오피스 2016은 【 】에 표기되어 있습니다. 이와 관련하여 작성한 답안의 출력형태가 문제지와 다를 수 있습니다.
- 시험을 완료한 수험자는 답안파일이 전송되었는지 확인한 후 감독위원의 지시에 따라 문제지를 제출하고 퇴실합니다.

・답안 작성요령・

- 온라인 답안 작성 절차
  수험자 등록 ⇒ 시험 시작 ⇒ 답안파일 저장 ⇒ 답안 전송 ⇒ 시험 종료
- 슬라이드의 크기는 A4 Paper로 설정하여 작성합니다.
- 슬라이드의 총 개수는 6개로 구성되어 있으며 슬라이드 1부터 순서대로 작업하고 반드시 문제와 세부조건대로 합니다.
- 별도의 지시사항이 없는 경우 출력형태를 참조하여 글꼴색은 검정 또는 흰색으로 작성하고, 기타사항은 전체적인 균형을 고려하여 작성합니다.
- 슬라이드 도형 및 개체에 출력형태와 다른 스타일(그림자, 외곽선 등)을 적용했을 경우 감점처리 됩니다.
- 슬라이드 번호를 작성합니다(슬라이드 1에는 생략).
- 2~6번 슬라이드 제목 도형과 하단 로고는 슬라이드 마스터를 이용하여 출력형태와 동일하게 작성합니다(슬라이드 1에는 생략).
- 문제와 세부조건, 세부조건 번호 ○(점선원)는 입력하지 않습니다.
- 각 개체의 위치는 오른쪽의 슬라이드와 동일하게 구성합니다.
- 그림 삽입 문제의 경우 반드시「내 PC₩문서₩ITQ₩Picture」폴더에서 정확한 파일을 선택하여 삽입하십시오.
- 각 슬라이드를 각각의 파일로 작업해서 저장할 경우 실격 처리됩니다.

[전체구성] 60점

(1) 슬라이드 크기 및 순서 : 크기를 A4 용지로 설정하고 슬라이드 순서에 맞게 작성한다.
(2) 슬라이드 마스터 : 2~6슬라이드의 제목, 하단 로고, 슬라이드 번호는 슬라이드 마스터를 이용하여 작성한다.
 - 제목 글꼴(궁서, 40pt, 검정), 오른쪽 맞춤, 도형(선 없음)
 - 하단 로고(「내 PC₩문서₩ITQ₩Picture₩로고1.jpg」, 배경(회색) 투명색으로 설정)

[슬라이드 1] ≪표지 디자인≫ 40점

(1) 표지 디자인 : 도형, 워드아트 및 그림을 이용하여 작성한다.

세부조건
① 도형 편집
 - 도형에 그림 채우기 :
  「내 PC₩문서₩ITQ₩Picture₩
  그림3.jpg」, 투명도 50%
 - 도형 효과 :
  부드러운 가장자리 5포인트
② 워드아트 삽입
 - 변환 : 수축: 위쪽, 팽창: 아래쪽
  【수축 팽창】
 - 글꼴 : 궁서, 굵게
 - 텍스트 반사 : 전체 반사, 터치
③ 그림 삽입
 - 「내 PC₩문서₩ITQ₩Picture₩
  로고1.jpg」
 - 배경(회색) 투명색으로 설정

[슬라이드 2] ≪목차 슬라이드≫ 60점

(1) 출력형태와 같이 도형을 이용하여 목차를 작성한다(글꼴 : 궁서, 24pt).
(2) 도형 : 선 없음

세부조건
① 텍스트에 하이퍼링크 적용
 → '슬라이드 3'
② 그림 삽입
 - 「내 PC₩문서₩ITQ₩Picture₩
  그림4.jpg」
 - 자르기 기능 이용

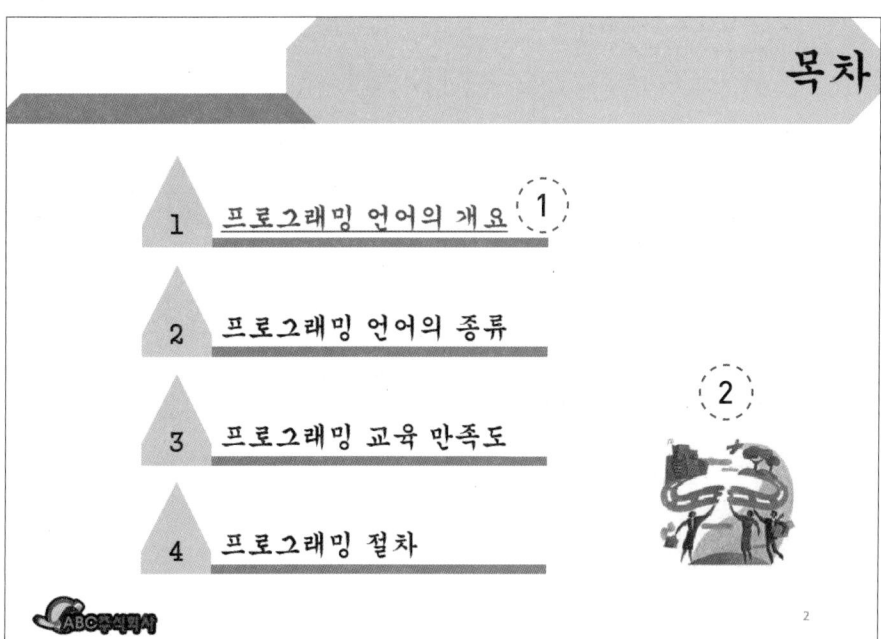

[슬라이드 3] ≪텍스트/동영상 슬라이드≫ 60점

(1) 텍스트 작성 : 글머리 기호 사용(➢, ■)
➢문단(굴림, 24pt, 굵게, 줄간격 : 1.5줄), ■문단(굴림, 20pt, 줄간격 : 1.5줄)

세부조건
① 동영상 삽입 :
- 「내 PC₩문서₩ITQ₩Picture₩동영상.wmv」
- 자동실행, 반복재생 설정

1. 프로그래밍 언어의 개요

➢**Programming Language**
- A programming language is an artificial language designed to express computations that can be performed by a machine
- Programming languages can be used to create programs that control the behavior of a machine, or as a mode of human communication

➢**프로그래밍 언어란**
- 컴퓨터에게 인간이 지시하고 싶은 내용을 전달하기 위한 표기법으로 기계어, 어셈블러 및 고급언어로 구분

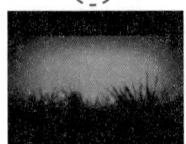

[슬라이드 4] ≪표 슬라이드≫ 80점

(1) 도형과 표 작성 기능을 이용하여 슬라이드를 작성한다(글꼴 : 굴림, 18pt).

세부조건
① 상단 도형 :
  2개 도형의 조합으로 작성
② 좌측 도형 :
  그라데이션 효과(선형 아래쪽)
③ 테이블 디자인【표 스타일】:
  테마 스타일 1 - 강조 6

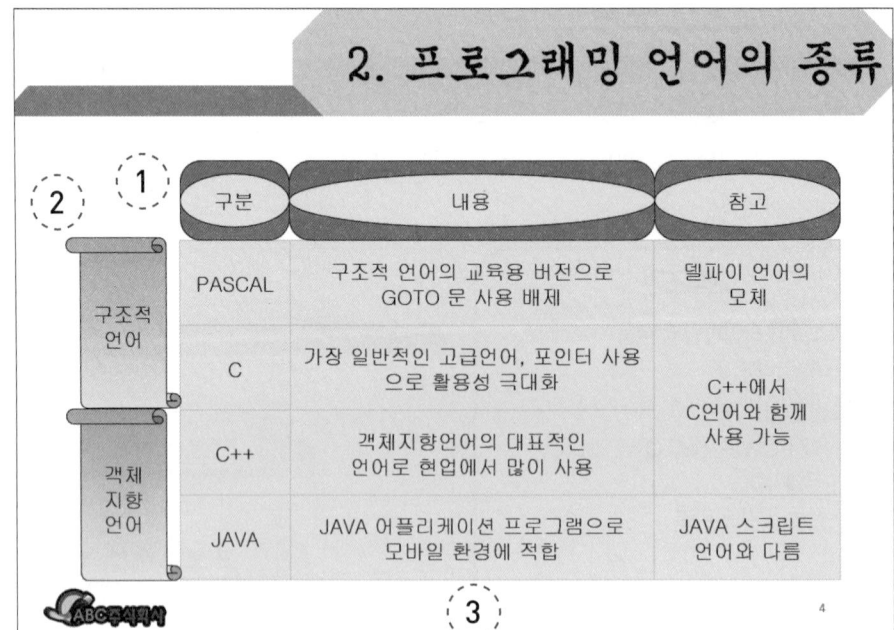

[슬라이드 5] ≪차트 슬라이드≫ 100점

(1) 차트 작성 기능을 이용하여 슬라이드를 작성한다.
(2) 차트 : 종류(묶은 세로 막대형), 글꼴(돋움, 16pt), 외곽선

세부조건

※ 차트설명
- 차트 제목 : 굴림, 24pt, 굵게, 채우기
  (흰색), 테두리,
  그림자(원근감 대각선 오른쪽 위)
- 차트 영역 : 채우기(노랑)
  그림 영역 : 채우기(흰색)
- 데이터 서식 : 성인 계열을 꺾은선형
  으로 변경 후 보조축으로 지정
- 값 표시 : 학생 계열만
① 도형 삽입
  - 스타일 : 보통 효과 – 파랑, 강조 5
  - 글꼴 : 돋움, 18pt

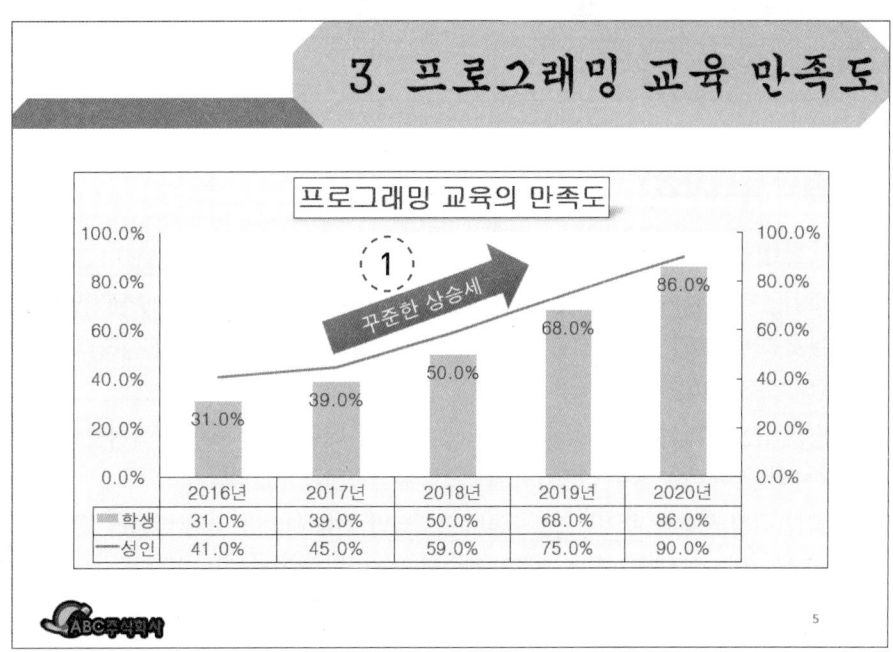

[슬라이드 6] ≪도형 슬라이드≫ 100점

(1) 슬라이드와 같이 도형 및 스마트아트를 배치한다(글꼴 : 굴림, 18pt).
(2) 애니메이션 순서 : ① ⇒ ②

세부조건

① 도형 및 스마트아트 편집
  - 스마트아트 디자인
    : 3차원 만화,
    미세 효과
  - 그룹화 후 애니메이션 효과
    : 회전하며 밝기 변화
② 도형 편집
  - 그룹화 후 애니메이션 효과
    : 실선 무늬(세로)

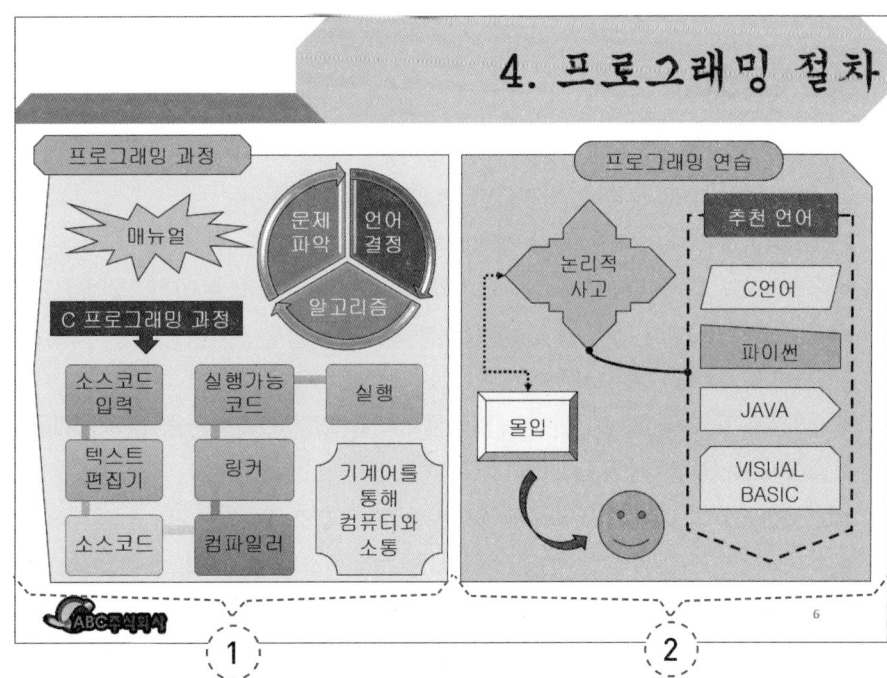

제 07 회 정보기술자격(ITQ) 출제예상 모의고사

과목	코드	문제유형	시험시간	수험번호	성명
한글파워포인트	1142	A	60분		

MS오피스

• 수험자 유의사항 •

- 수험자는 문제지를 받는 즉시 문제지와 **수험표상의 시험과목(프로그램)이 동일한지 반드시 확인**하여야 합니다.
- 파일명은 본인의 "수험번호-성명"으로 입력하여 답안폴더(내 PC₩문서₩ITQ)에 하나의 파일로 저장해야 하며, 답안 문서 파일명이 "수험번호-성명"과 일치하지 않거나, 답안파일을 전송하지 않아 미제출로 처리될 경우 실격 처리합니다 (예 : 12345678-홍길동.pptx).
- 답안 작성을 마치면 파일을 저장하고, '답안 전송' 버튼을 선택하여 감독위원 PC로 답안을 전송하십시오. 수험생 정보와 저장한 파일명이 다를 경우 전송되지 않으므로 주의하시기 바랍니다.
- 답안 작성 중에도 **주기적으로 저장하고, '답안 전송'**하여야 문제 발생을 줄일 수 있습니다. 작업한 내용을 저장하지 않고 전송할 경우 이전에 저장된 내용이 전송되오니 이점 유의하시기 바랍니다.
- 답안문서는 지정된 경로 외의 다른 보조기억장치에 저장하는 경우, 지정된 시험 시간 외에 작성된 파일을 활용할 경우, 기타 통신수단(이메일, 메신저, 네트워크 등)을 이용하여 타인에게 전달 또는 외부 반출하는 경우는 부정 처리합니다.
- 시험 중 부주의 또는 고의로 시스템을 파손한 경우는 수험자가 변상해야 하며, 〈수험자 유의사항〉에 기재된 방법대로 이행하지 않아 생기는 불이익은 수험생 당사자의 책임임을 알려 드립니다.
- 문제의 조건은 MS오피스 2021 버전으로 설정되어 있으며 MS오피스 2016은【 】에 표기되어 있습니다. 이와 관련하여 작성한 답안의 출력형태가 문제지와 다를 수 있습니다.
- 시험을 완료한 수험자는 답안파일이 전송되었는지 확인한 후 감독위원의 지시에 따라 문제지를 제출하고 퇴실합니다.

• 답안 작성요령 •

- 온라인 답안 작성 절차
  수험자 등록 ⇒ 시험 시작 ⇒ 답안파일 저장 ⇒ 답안 전송 ⇒ 시험 종료
- 슬라이드의 크기는 A4 Paper로 설정하여 작성합니다.
- 슬라이드의 총 개수는 6개로 구성되어 있으며 슬라이드 1부터 순서대로 작업하고 반드시 문제와 세부조건대로 합니다.
- 별도의 지시사항이 없는 경우 출력형태를 참조하여 글꼴색은 검정 또는 흰색으로 작성하고, 기타사항은 전체적인 균형을 고려하여 작성합니다.
- 슬라이드 도형 및 개체에 출력형태와 다른 스타일(그림자, 외곽선 등)을 적용했을 경우 감점처리 됩니다.
- 슬라이드 번호를 작성합니다(슬라이드 1에는 생략).
- 2~6번 슬라이드 제목 도형과 하단 로고는 슬라이드 마스터를 이용하여 출력형태와 동일하게 작성합니다(슬라이드 1에는 생략).
- 문제와 세부조건, 세부조건 번호 ◌(점선원)는 입력하지 않습니다.
- 각 개체의 위치는 오른쪽의 슬라이드와 동일하게 구성합니다.
- 그림 삽입 문제의 경우 반드시 「내 PC₩문서₩ITQ₩Picture」 폴더에서 정확한 파일을 선택하여 삽입하십시오.
- 각 슬라이드를 각각의 파일로 작업해서 저장할 경우 실격 처리됩니다.

[전체구성]   60점

(1) 슬라이드 크기 및 순서 : 크기를 A4 용지로 설정하고 슬라이드 순서에 맞게 작성한다.
(2) 슬라이드 마스터 : 2~6슬라이드의 제목, 하단 로고, 슬라이드 번호는 슬라이드 마스터를 이용하여 작성한다.
 - 제목 글꼴(궁서, 40pt, 흰색), 가운데 맞춤, 도형(선 없음)
 - 하단 로고(「내 PC\문서\ITQ\Picture\로고2.jpg」, 배경(회색) 투명색으로 설정)

[슬라이드 1] ≪표지 디자인≫   40점

(1) 표지 디자인 : 도형, 워드아트 및 그림을 이용하여 작성한다.

세부조건
① 도형 편집
 - 도형에 그림 채우기 :
   「내 PC\문서\ITQ\Picture\
   그림2.jpg」, 투명도 50%
 - 도형 효과 :
   부드러운 가장자리 5포인트
② 워드아트 삽입
 - 변환 : 계단식, 아래로【아래로 계단식】
 - 글꼴 : 돋움, 굵게
 - 텍스트 반사 : 전체 반사, 터치
③ 그림 삽입
 - 「내 PC\문서\ITQ\Picture\
   로고2.jpg」
 - 배경(회색) 투명색으로 설정

[슬라이드 2] ≪목차 슬라이드≫   60점

(1) 출력형태와 같이 도형을 이용하여 목차를 작성한다(글꼴 : 돋움, 24pt).
(2) 도형 : 선 없음

세부조건
① 텍스트에 하이퍼링크 적용
   → '슬라이드 3'
② 그림 삽입
 - 「내 PC\문서\ITQ\Picture\
   그림4.jpg」
 - 자르기 기능 이용

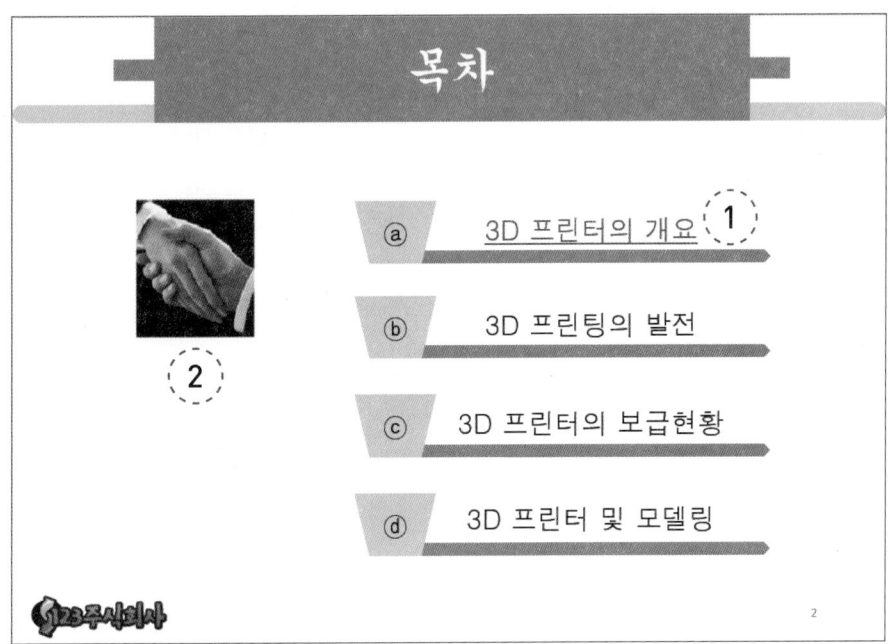

[슬라이드 3] ≪텍스트/동영상 슬라이드≫ 60점

(1) 텍스트 작성 : 글머리 기호 사용(◆, □)
  ◆문단(굴림, 24pt, 굵게, 줄간격 : 1.5줄), □문단(굴림, 20pt, 줄간격 : 1.5줄)

세부조건
① 동영상 삽입 :
  - 「내 PC₩문서₩ITQ₩Picture₩동영상.wmv」
  - 자동실행, 반복재생 설정

ⓐ 3D 프린터의 개요

◆3차원 인쇄
  □연속적인 계층의 물질을 뿌리며 3차원 물체를 만들어내는 제조 기술
  □4차 산업혁명으로 불리며 산업 및 제조 기술에 큰 변화를 가져올 것으로 예상

◆3D Printer
  □The disadvantages are that current technology makes manufacturing very slow and that the surface is not smooth due to layered architecture

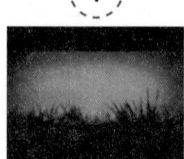

[슬라이드 4] ≪표 슬라이드≫ 80점

(1) 도형과 표 작성 기능을 이용하여 슬라이드를 작성한다(글꼴 : 돋움, 18pt).

세부조건
① 상단 도형 :
  2개 도형의 조합으로 작성
② 좌측 도형 :
  그라데이션 효과(선형 오른쪽)
③ 테이블 디자인 【표 스타일】 :
  테마 스타일 1 – 강조 4

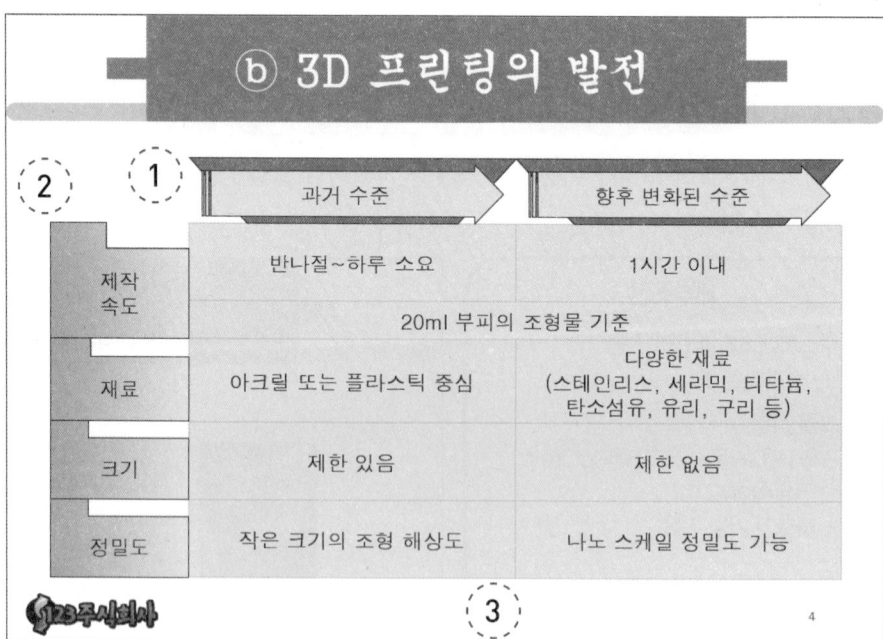

[슬라이드 5] ≪차트 슬라이드≫   100점

(1) 차트 작성 기능을 이용하여 슬라이드를 작성한다.
(2) 차트 : 종류(묶은 세로 막대형), 글꼴(돋움, 16pt), 외곽선

세부조건

※ 차트설명
- 차트 제목 : 궁서, 24pt, 굵게, 채우기(흰색), 테두리, 그림자(오프셋 아래쪽)
- 차트 영역 : 채우기(노랑)
  그림 영역 : 채우기(흰색)
- 데이터 서식 : 2020년 계열을 표식이 있는 꺾은선형으로 변경 후 보조축으로 지정
- 값 표시 : 자동차의 2020년 계열만
① 도형 삽입
  - 스타일 : 보통 효과 – 녹색, 강조 6
  - 글꼴 : 굴림, 18pt

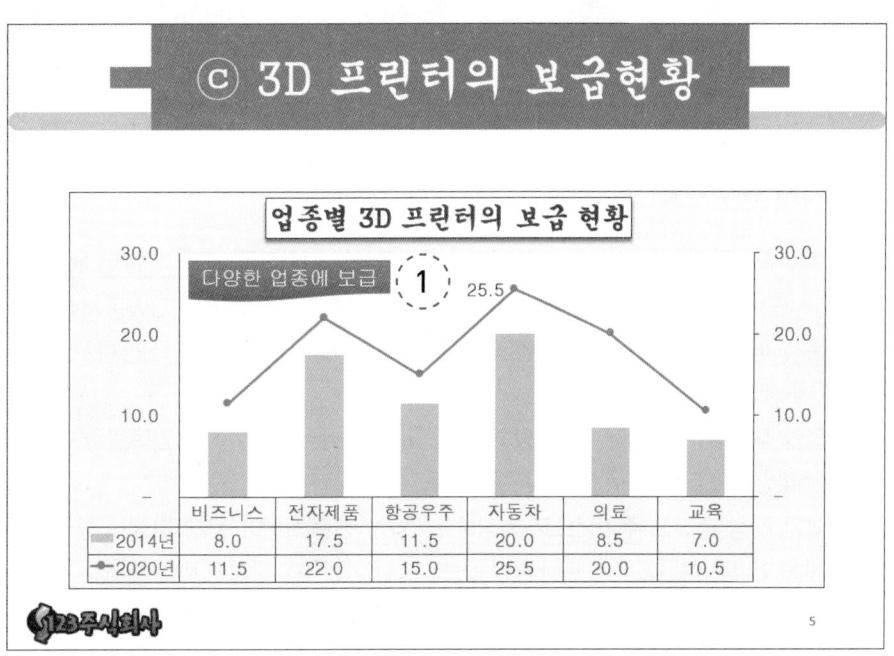

[슬라이드 6] ≪도형 슬라이드≫   100점

(1) 슬라이드와 같이 도형 및 스마트아트를 배치한다(글꼴 : 굴림, 18pt).
(2) 애니메이션 순서 : ① ⇒ ②

세부조건

① 도형 및 스마트아트 편집
  - 스마트아트 디자인
    : 3차원 벽돌,
    3차원 만화
  - 그룹화 후 애니메이션 효과
    : 날아오기(오른쪽에서)
② 도형 편집
  - 그룹화 후 애니메이션 효과
    : 시계 방향 회전

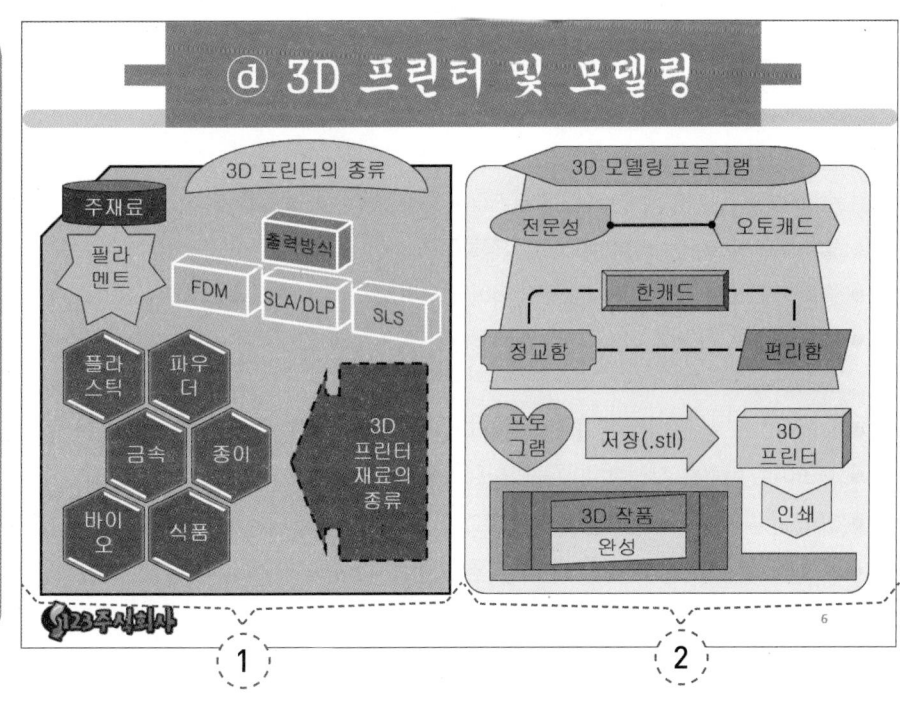

제 08 회 정보기술자격(ITQ) 출제예상 모의고사

과목	코드	문제유형	시험시간	수험번호	성명
한글파워포인트	1142	A	60분		

MS오피스

• 수험자 유의사항 •

- 수험자는 문제지를 받는 즉시 문제지와 **수험표상의 시험과목(프로그램)이 동일한지 반드시 확인**하여야 합니다.
- 파일명은 본인의 "수험번호-성명"으로 입력하여 답안폴더(내 PC\문서\ITQ)에 하나의 파일로 저장해야 하며, 답안 문서 파일명이 "수험번호-성명"과 일치하지 않거나, 답안파일을 전송하지 않아 미제출로 처리될 경우 실격 처리합니다. (예 : 12345678-홍길동.pptx).
- 답안 작성을 마치면 파일을 저장하고, '답안 전송' 버튼을 선택하여 감독위원 PC로 답안을 전송하십시오. 수험생 정보와 저장한 파일명이 다를 경우 전송되지 않으므로 주의하시기 바랍니다.
- 답안 작성 중에도 **주기적으로 저장하고, '답안 전송'**하여야 문제 발생을 줄일 수 있습니다. 작업한 내용을 저장하지 않고 전송할 경우 이전에 저장된 내용이 전송되오니 이점 유의하시기 바랍니다.
- 답안문서는 지정된 경로 외의 다른 보조기억장치에 저장하는 경우, 지정된 시험 시간 외에 작성된 파일을 활용할 경우, 기타 통신수단(이메일, 메신저, 네트워크 등)을 이용하여 타인에게 전달 또는 외부 반출하는 경우는 부정 처리합니다.
- 시험 중 부주의 또는 고의로 시스템을 파손한 경우는 수험자가 변상해야 하며, 〈수험자 유의사항〉에 기재된 방법대로 이행하지 않아 생기는 불이익은 수험생 당사자의 책임임을 알려 드립니다.
- 문제의 조건은 MS오피스 2021 버전으로 설정되어 있으며 MS오피스 2016은 【 】에 표기되어 있습니다. 이와 관련하여 작성한 답안의 출력형태가 문제지와 다를 수 있습니다.
- 시험을 완료한 수험자는 답안파일이 전송되었는지 확인한 후 감독위원의 지시에 따라 문제지를 제출하고 퇴실합니다.

• 답안 작성요령 •

- 온라인 답안 작성 절차
  수험자 등록 ⇒ 시험 시작 ⇒ 답안파일 저장 ⇒ 답안 전송 ⇒ 시험 종료
- 슬라이드의 크기는 A4 Paper로 설정하여 작성합니다.
- 슬라이드의 총 개수는 6개로 구성되어 있으며 슬라이드 1부터 순서대로 작업하고 반드시 문제와 세부조건대로 합니다.
- 별도의 지시사항이 없는 경우 출력형태를 참조하여 글꼴색은 검정 또는 흰색으로 작성하고, 기타사항은 전체적인 균형을 고려하여 작성합니다.
- 슬라이드 도형 및 개체에 출력형태와 다른 스타일(그림자, 외곽선 등)을 적용했을 경우 감점처리 됩니다.
- 슬라이드 번호를 작성합니다(슬라이드 1에는 생략).
- 2~6번 슬라이드 제목 도형과 하단 로고는 슬라이드 마스터를 이용하여 출력형태와 동일하게 작성합니다(슬라이드 1에는 생략).
- 문제와 세부조건, 세부조건 번호 ◌(점선원)는 입력하지 않습니다.
- 각 개체의 위치는 오른쪽의 슬라이드와 동일하게 구성합니다.
- 그림 삽입 문제의 경우 반드시 「내 PC\문서\ITQ\Picture」 폴더에서 정확한 파일을 선택하여 삽입하십시오.
- 각 슬라이드를 각각의 파일로 작업해서 저장할 경우 실격 처리됩니다.

[전체구성] 60점

(1) 슬라이드 크기 및 순서 : 크기를 A4 용지로 설정하고 슬라이드 순서에 맞게 작성한다.
(2) 슬라이드 마스터 : 2~6슬라이드의 제목, 하단 로고, 슬라이드 번호는 슬라이드 마스터를 이용하여 작성한다.
 - 제목 글꼴(돋움, 40pt, 파랑), 왼쪽 맞춤, 도형(선 없음)
 - 하단 로고(「내 PC₩문서₩ITQ₩Picture₩로고3.jpg」, 배경(연보라) 투명색으로 설정)

[슬라이드 1] ≪표지 디자인≫ 40점

(1) 표지 디자인 : 도형, 워드아트 및 그림을 이용하여 작성한다.

세부조건
① 도형 편집
 - 도형에 그림 채우기 :
   「내 PC₩문서₩ITQ₩Picture₩그림1.jpg」, 투명도 50%
 - 도형 효과 :
   부드러운 가장자리 5포인트
② 워드아트 삽입
 - 변환 : 위로 구부리기【원통 위】
 - 글꼴 : 돋움, 굵게
 - 텍스트 반사 : 1/2 반사, 터치
③ 그림 삽입
 - 「내 PC₩문서₩ITQ₩Picture₩로고3.jpg」
 - 배경(연보라) 투명색으로 설정

[슬라이드 2] ≪목차 슬라이드≫ 60점

(1) 출력형태와 같이 도형을 이용하여 목차를 작성한다(글꼴 : 돋움, 24pt).
(2) 도형 : 선 없음

세부조건
① 텍스트에 하이퍼링크 적용
 → '슬라이드 4'
② 그림 삽입
 - 「내 PC₩문서₩ITQ₩Picture₩그림4.jpg」
 - 자르기 기능 이용

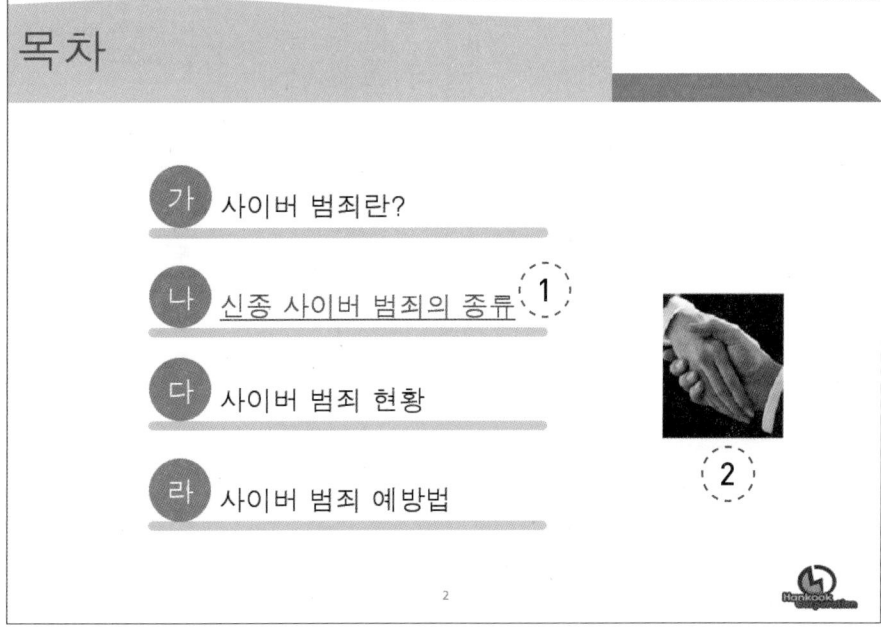

[슬라이드 3] ≪텍스트/동영상 슬라이드≫ 60점

(1) 텍스트 작성 : 글머리 기호 사용(▶, ✓)
▶문단(돋움, 24pt, 굵게, 줄간격 : 1.5줄), ✓문단(돋움, 20pt, 줄간격 : 1.5줄)

세부조건
① 동영상 삽입 :
 - 「내 PC\문서\ITQ\Picture\동영상.wmv」
 - 자동실행, 반복재생 설정

가. 사이버 범죄란?

▶사이버 범죄란 무엇인가?
  ✓컴퓨터, 통신, 인터넷 등을 악용하여 사이버 공간에서 행하는 범죄로, 범행 목적에 따라 사이버 테러형과 일반 범죄형으로 분류

▶Cyber Crime Type
  ✓Ambiguity in categorizing cyber crime exists. Even so, since its launching of the Cyber Terror Response Center (CTRC) in 2000
  ✓The Korean National Police Agency has put cyber crimes into two categories; one is 'Cyber Terror Type Crime' and the other is 'General Cyber crime'

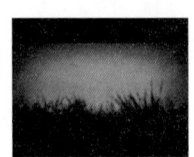

[슬라이드 4] ≪표 슬라이드≫ 80점

(1) 도형과 표 작성 기능을 이용하여 슬라이드를 작성한다(글꼴 : 굴림, 18pt).

세부조건
① 상단 도형 :
  2개 도형의 조합으로 작성
② 좌측 도형 :
  그라데이션 효과(선형 위쪽)
③ 테이블 디자인【표 스타일】:
  테마 스타일 1 - 강조 5

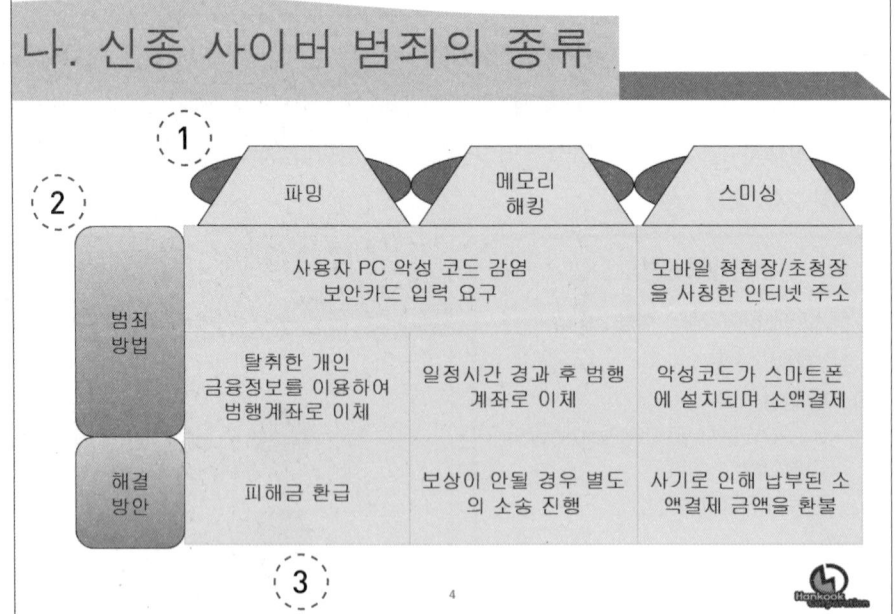

[슬라이드 5] ≪차트 슬라이드≫   100점

(1) 차트 작성 기능을 이용하여 슬라이드를 작성한다.
(2) 차트 : 종류(묶은 세로 막대형), 글꼴(돋움, 16pt), 외곽선

세부조건

※ 차트설명
- 차트 제목 : 궁서, 20pt, 굵게, 채우기(흰색), 테두리, 그림자(오프셋 위쪽)
- 차트 영역 : 채우기(노랑)
  그림 영역 : 채우기(흰색)
- 데이터 서식 : 신원도용 및 구매/판매사기 계열을 표식이 있는 꺾은선형으로 변경 후 보조축으로 지정
- 값 표시 : 해킹 계열만

① 도형 삽입
  - 스타일 : 보통 효과 – 주황, 강조 2
  - 글꼴 : 돋움, 18pt

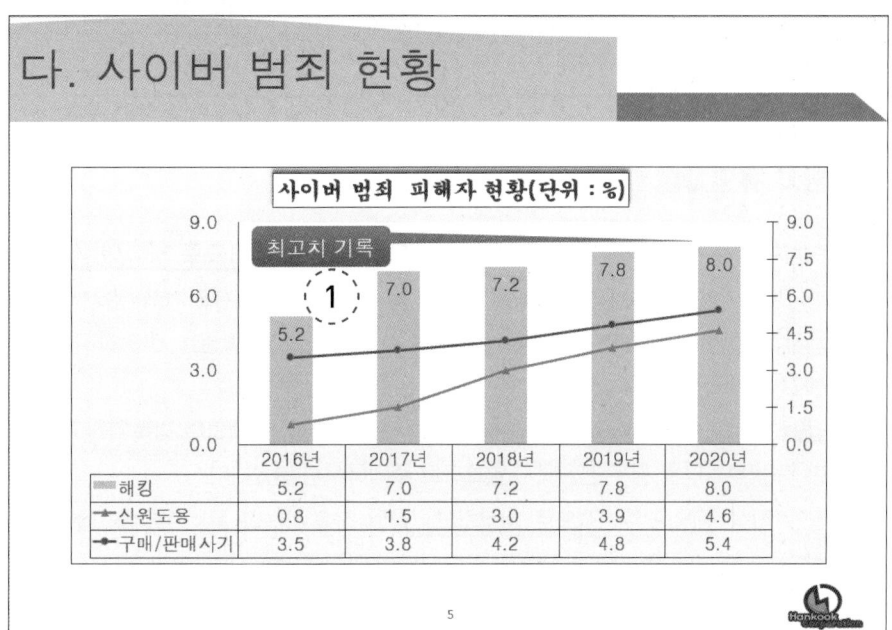

[슬라이드 6] ≪도형 슬라이드≫   100점

(1) 슬라이드와 같이 도형 및 스마트아트를 배치한다(글꼴 : 돋움, 18pt).
(2) 애니메이션 순서 : ① ⇒ ②

세부조건

① 도형 편집
  - 그룹화 후 애니메이션 효과
    : 닦아내기(오른쪽에서)
② 도형 및 스마트아트 편집
  - 스마트아트 디자인
    : 3차원 경사,
      강한 효과
  - 그룹화 후 애니메이션 효과
    : 바운드

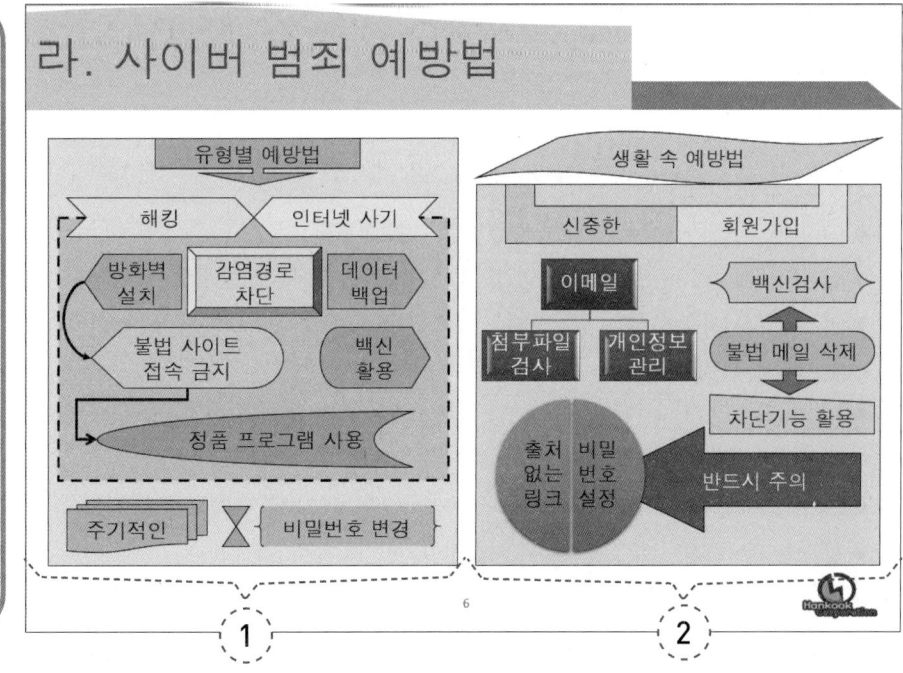

제 09 회 정보기술자격(ITQ) 출제예상 모의고사

과목	코드	문제유형	시험시간	수험번호	성명
한글파워포인트	1142	A	60분		

MS오피스

◆수험자 유의사항◆

- 수험자는 문제지를 받는 즉시 문제지와 **수험표상의 시험과목(프로그램)이 동일한지 반드시 확인**하여야 합니다.
- 파일명은 본인의 "수험번호-성명"으로 입력하여 답안폴더(내 PC\문서\ITQ)에 하나의 파일로 저장해야 하며, 답안문서 파일명이 "수험번호-성명"과 일치하지 않거나, 답안파일을 전송하지 않아 미제출로 처리될 경우 실격 처리합니다. (예 : 12345678-홍길동.pptx).
- 답안 작성을 마치면 파일을 저장하고, '답안 전송' 버튼을 선택하여 감독위원 PC로 답안을 전송하십시오. 수험생 정보와 저장한 파일명이 다를 경우 전송되지 않으므로 주의하시기 바랍니다.
- 답안 작성 중에도 **주기적으로 저장하고, '답안 전송'**하여야 문제 발생을 줄일 수 있습니다. 작업한 내용을 저장하지 않고 전송할 경우 이전에 저장된 내용이 전송되오니 이점 유의하시기 바랍니다.
- 답안문서는 지정된 경로 외의 다른 보조기억장치에 저장하는 경우, 지정된 시험 시간 외에 작성된 파일을 활용할 경우, 기타 통신수단(이메일, 메신저, 네트워크 등)을 이용하여 타인에게 전달 또는 외부 반출하는 경우는 부정 처리합니다.
- 시험 중 부주의 또는 고의로 시스템을 파손한 경우는 수험자가 변상해야 하며, 〈수험자 유의사항〉에 기재된 방법대로 이행하지 않아 생기는 불이익은 수험생 당사자의 책임임을 알려 드립니다.
- 문제의 조건은 MS오피스 2021 버전으로 설정되어 있으며 MS오피스 2016은 【 】에 표기되어 있습니다. 이와 관련하여 작성한 답안의 출력형태가 문제지와 다를 수 있습니다.
- 시험을 완료한 수험자는 답안파일이 전송되었는지 확인한 후 감독위원의 지시에 따라 문제지를 제출하고 퇴실합니다.

◆답안 작성요령◆

- 온라인 답안 작성 절차
  수험자 등록 ⇒ 시험 시작 ⇒ 답안파일 저장 ⇒ 답안 전송 ⇒ 시험 종료
- 슬라이드의 크기는 A4 Paper로 설정하여 작성합니다.
- 슬라이드의 총 개수는 6개로 구성되어 있으며 슬라이드 1부터 순서대로 작업하고 반드시 문제와 세부조건대로 합니다.
- 별도의 지시사항이 없는 경우 출력형태를 참조하여 글꼴색은 검정 또는 흰색으로 작성하고, 기타사항은 전체적인 균형을 고려하여 작성합니다.
- 슬라이드 도형 및 개체에 출력형태와 다른 스타일(그림자, 외곽선 등)을 적용했을 경우 감점처리 됩니다.
- 슬라이드 번호를 작성합니다(슬라이드 1에는 생략).
- 2~6번 슬라이드 제목 도형과 하단 로고는 슬라이드 마스터를 이용하여 출력형태와 동일하게 작성합니다(슬라이드 1에는 생략).
- 문제와 세부조건, 세부조건 번호 ⦿(점선원)는 입력하지 않습니다.
- 각 개체의 위치는 오른쪽의 슬라이드와 동일하게 구성합니다.
- 그림 삽입 문제의 경우 반드시 「내 PC\문서\ITQ\Picture」 폴더에서 정확한 파일을 선택하여 삽입하십시오.
- 각 슬라이드를 각각의 파일로 작업해서 저장할 경우 실격 처리됩니다.

kpc 한국생산성본부

[전체구성] 60점

(1) 슬라이드 크기 및 순서 : 크기를 A4 용지로 설정하고 슬라이드 순서에 맞게 작성한다.
(2) 슬라이드 마스터 : 2~6슬라이드의 제목, 하단 로고, 슬라이드 번호는 슬라이드 마스터를 이용하여 작성한다.
- 제목 글꼴(궁서, 40pt, 검정), 가운데 맞춤, 도형(선 없음)
- 하단 로고(「내 PC\문서\ITQ\Picture\로고1.jpg」, 배경(회색) 투명색으로 설정)

[슬라이드 1] ≪표지 디자인≫ 40점

(1) 표지 디자인 : 도형, 워드아트 및 그림을 이용하여 작성한다.

세부조건

① 도형 편집
- 도형에 그림 채우기 :
「내 PC\문서\ITQ\Picture\그림3.jpg」, 투명도 50%
- 도형 효과 :
부드러운 가장자리 5포인트

② 워드아트 삽입
- 변환 : 페이드, 위로【위쪽 줄이기】
- 글꼴 : 궁서, 굵게
- 텍스트 반사 : 근접 반사, 터치

③ 그림 삽입
-「내 PC\문서\ITQ\Picture\로고1.jpg」
- 배경(회색) 투명색으로 설정

[슬라이드 2] ≪목차 슬라이드≫ 60점

(1) 출력형태와 같이 도형을 이용하여 목차를 작성한다(글꼴 : 돋움, 24pt).
(2) 도형 : 선 없음

세부조건

① 텍스트에 하이퍼링크 적용
→ '슬라이드 5'

② 그림 삽입
-「내 PC\문서\ITQ\Picture\그림5.jpg」
- 자르기 기능 이용

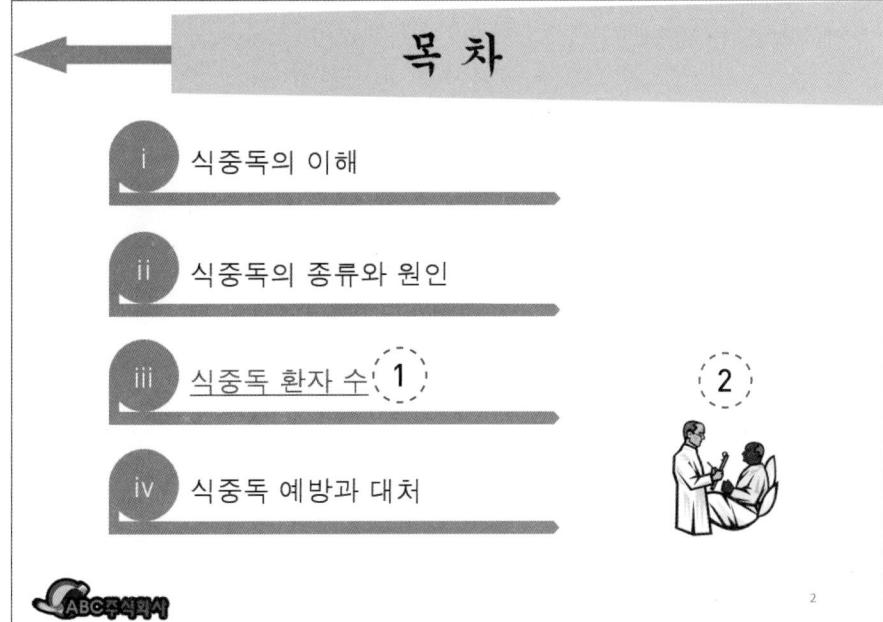

[슬라이드 3] ≪텍스트/동영상 슬라이드≫ 60점

(1) 텍스트 작성 : 글머리 기호 사용(➢, •)
➢문단(굴림, 24pt, 굵게, 줄간격 : 1.5줄), •문단(굴림, 20pt, 줄간격 : 1.5줄)

세부조건

① 동영상 삽입 :
- 「내 PC₩문서₩ITQ₩Picture₩ 동영상.wmv」
- 자동실행, 반복재생 설정

i.식중독의 이해

➢Food Poisoning
- All types of diseases that result from eating contaminated food such as pathogenic bacteria, toxins, viruses, prions, parasites, chemicals, and natural toxins

➢식중독 증상
- 복통, 구역질, 구토, 설사, 발열, 두통, 피로감 등이 나타남
- 발병 후 단기간에 완치가 되지만, 면역력이 약한 환자에게는 영구적인 건강 장애가 생길 수 있음

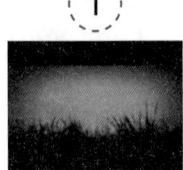

[슬라이드 4] ≪표 슬라이드≫ 80점

(1) 도형과 표 작성 기능을 이용하여 슬라이드를 작성한다(글꼴 : 굴림, 18pt).

세부조건

① 상단 도형 :
2개 도형의 조합으로 작성
② 좌측 도형 :
그라데이션 효과(선형 위쪽)
③ 테이블 디자인【표 스타일】:
테마 스타일 1 - 강조 6

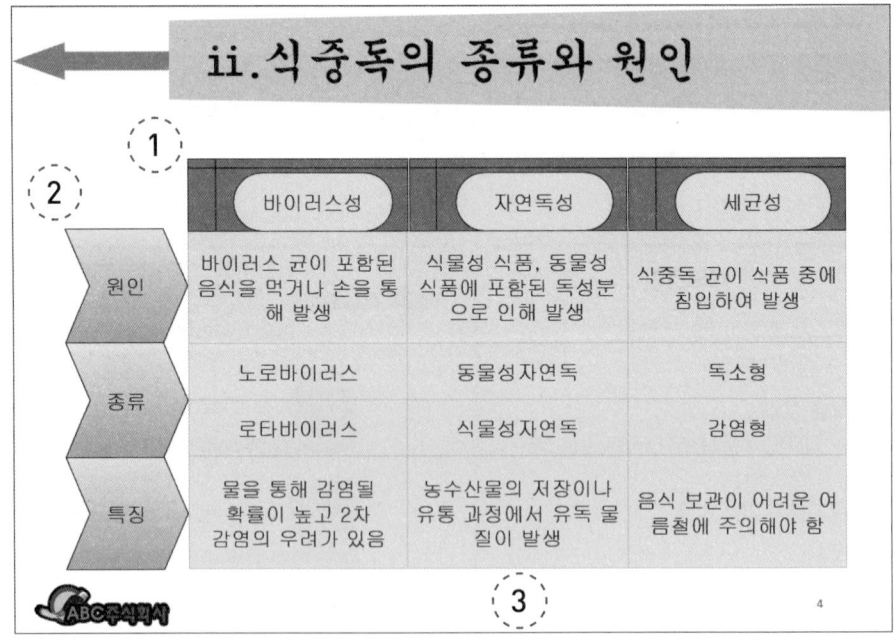

제 09 회 172 출제예상 모의고사

[슬라이드 5] ≪차트 슬라이드≫ 100점

(1) 차트 작성 기능을 이용하여 슬라이드를 작성한다.
(2) 차트 : 종류(묶은 세로 막대형), 글꼴(돋움, 16pt), 외곽선

세부조건

※ 차트설명
- 차트 제목 : 궁서, 24pt, 굵게, 채우기(흰색), 테두리, 그림자(오프셋 아래쪽)
- 차트 영역 : 채우기(노랑)
  그림 영역 : 채우기(흰색)
- 데이터 서식 : 2020년 계열을 꺾은선형으로 변경 후 보조축으로 지정
- 값 표시 : 2016년의 5월 계열만
① 도형 삽입
  - 스타일 : 보통효과 – 회색–50%, 강조3
  - 글꼴 : 돋움, 18pt

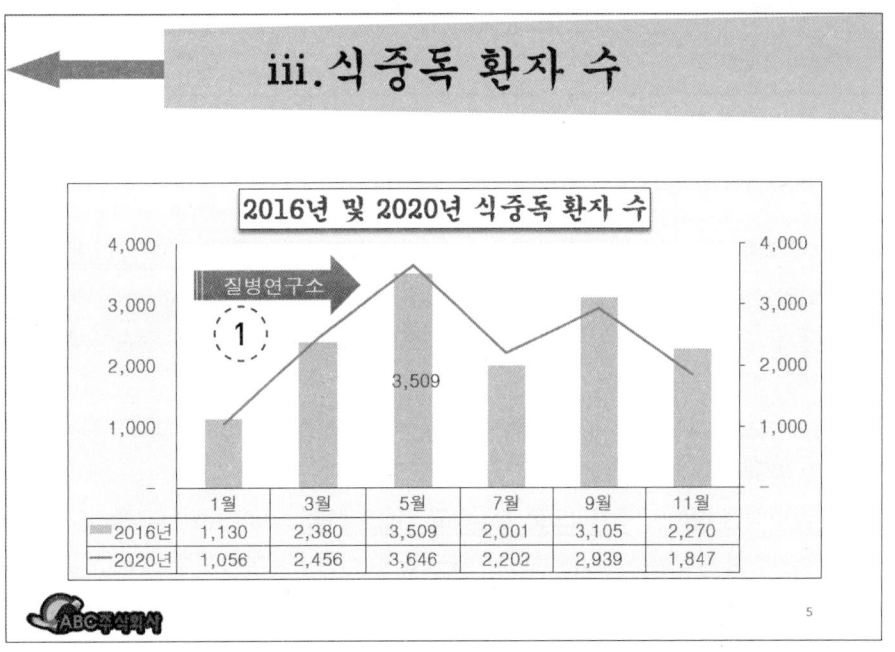

[슬라이드 6] ≪도형 슬라이드≫ 100점

(1) 슬라이드와 같이 도형 및 스마트아트를 배치한다(글꼴 : 굴림, 18pt).
(2) 애니메이션 순서 : ① ⇒ ②

세부조건

① 도형 편집
  - 그룹화 후 애니메이션 효과
    : 시계 방향 회전
② 도형 및 스마트아트 편집
  - 스마트아트 디자인
    : 3차원 광택 처리,
    3차원 경사
  - 그룹화 후 애니메이션 효과
    : 바운드

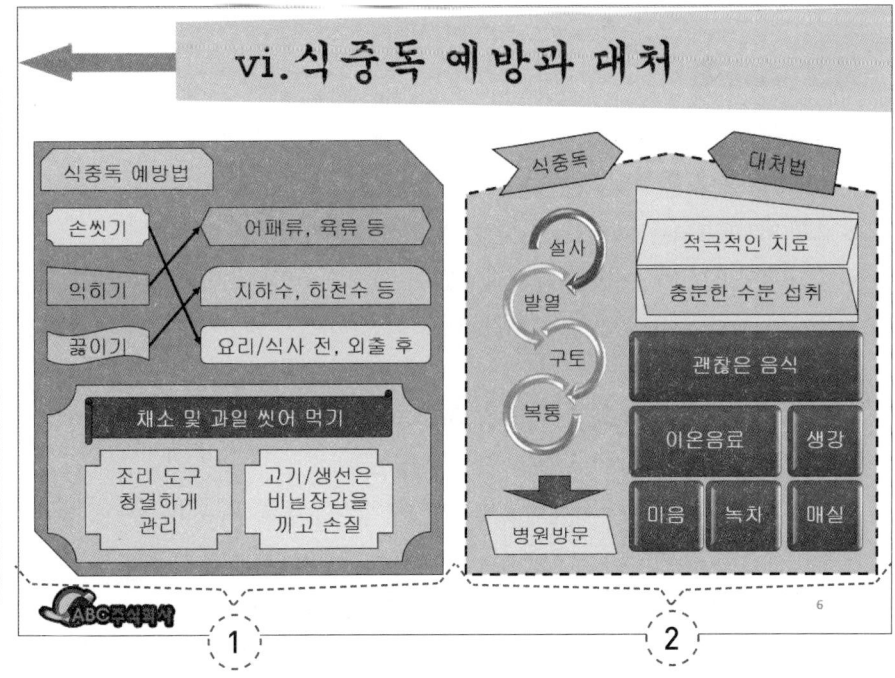

제 10 회 정보기술자격(ITQ) 출제예상 모의고사

과목	코드	문제유형	시험시간	수험번호	성명
한글파워포인트	1142	A	60분		

MS오피스

• 수험자 유의사항 •

- 수험자는 문제지를 받는 즉시 문제지와 **수험표상의 시험과목(프로그램)이 동일한지 반드시 확인**하여야 합니다.
- 파일명은 본인의 "수험번호-성명"으로 입력하여 답안폴더(내 PC\문서\ITQ)에 하나의 파일로 저장해야 하며, 답안문서 파일명이 "수험번호-성명"과 일치하지 않거나, 답안파일을 전송하지 않아 미제출로 처리될 경우 실격 처리합니다. (예 : 12345678-홍길동.pptx).
- 답안 작성을 마치면 파일을 저장하고, '답안 전송' 버튼을 선택하여 감독위원 PC로 답안을 전송하십시오. 수험생 정보와 저장한 파일명이 다를 경우 전송되지 않으므로 주의하시기 바랍니다.
- 답안 작성 중에도 **주기적으로 저장하고, '답안 전송'**하여야 문제 발생을 줄일 수 있습니다. 작업한 내용을 저장하지 않고 전송할 경우 이전에 저장된 내용이 전송되오니 이점 유의하시기 바랍니다.
- 답안문서는 지정된 경로 외의 다른 보조기억장치에 저장하는 경우, 지정된 시험 시간 외에 작성된 파일을 활용할 경우, 기타 통신수단(이메일, 메신저, 네트워크 등)을 이용하여 타인에게 전달 또는 외부 반출하는 경우는 부정 처리합니다.
- 시험 중 부주의 또는 고의로 시스템을 파손한 경우는 수험자가 변상해야 하며, 〈수험자 유의사항〉에 기재된 방법대로 이행하지 않아 생기는 불이익은 수험생 당사자의 책임임을 알려 드립니다.
- 문제의 조건은 MS오피스 2021 버전으로 설정되어 있으며 MS오피스 2016은 【 】에 표기되어 있습니다. 이와 관련하여 작성한 답안의 출력형태가 문제지와 다를 수 있습니다.
- 시험을 완료한 수험자는 답안파일이 전송되었는지 확인한 후 감독위원의 지시에 따라 문제지를 제출하고 퇴실합니다.

• 답안 작성요령 •

- 온라인 답안 작성 절차
  수험자 등록 ⇒ 시험 시작 ⇒ 답안파일 저장 ⇒ 답안 전송 ⇒ 시험 종료
- 슬라이드의 크기는 A4 Paper로 설정하여 작성합니다.
- 슬라이드의 총 개수는 6개로 구성되어 있으며 슬라이드 1부터 순서대로 작업하고 반드시 문제와 세부조건대로 합니다.
- 별도의 지시사항이 없는 경우 출력형태를 참조하여 글꼴색은 검정 또는 흰색으로 작성하고, 기타사항은 전체적인 균형을 고려하여 작성합니다.
- 슬라이드 도형 및 개체에 출력형태와 다른 스타일(그림자, 외곽선 등)을 적용했을 경우 감점처리 됩니다.
- 슬라이드 번호를 작성합니다(슬라이드 1에는 생략).
- 2~6번 슬라이드 제목 도형과 하단 로고는 슬라이드 마스터를 이용하여 출력형태와 동일하게 작성합니다(슬라이드 1에는 생략).
- 문제와 세부조건, 세부조건 번호 ◌(점선원)는 입력하지 않습니다.
- 각 개체의 위치는 오른쪽의 슬라이드와 동일하게 구성합니다.
- 그림 삽입 문제의 경우 반드시 「내 PC\문서\ITQ\Picture」 폴더에서 정확한 파일을 선택하여 삽입하십시오.
- 각 슬라이드를 각각의 파일로 작업해서 저장할 경우 실격 처리됩니다.

kpc 한국생산성본부

[전체구성] 60점

(1) 슬라이드 크기 및 순서 : 크기를 A4 용지로 설정하고 슬라이드 순서에 맞게 작성한다.
(2) 슬라이드 마스터 : 2~6슬라이드의 제목, 하단 로고, 슬라이드 번호는 슬라이드 마스터를 이용하여 작성한다.
　　- 제목 글꼴(돋움, 40pt, 흰색), 오른쪽 맞춤, 도형(선 없음)
　　- 하단 로고(「내 PC₩문서₩ITQ₩Picture₩로고2.jpg」, 배경(회색) 투명색으로 설정)

[슬라이드 1] ≪표지 디자인≫ 40점

(1) 표지 디자인 : 도형, 워드아트 및 그림을 이용하여 작성한다.

세부조건
① 도형 편집
　- 도형에 그림 채우기 :
　　「내 PC₩문서₩ITQ₩Picture₩
　　그림2.jpg」, 투명도 50%
　- 도형 효과 :
　　부드러운 가장자리 5포인트
② 워드아트 삽입
　- 변환 : 이중 물결, 아래에서 위로
　　【이중 물결 1】
　- 글꼴 : 궁서, 굵게
　- 텍스트 반사 : 근접 반사, 터치
③ 그림 삽입
　- 「내 PC₩문서₩ITQ₩Picture₩
　　로고2.jpg」
　- 배경(회색) 투명색으로 설정

[슬라이드 2] ≪목차 슬라이드≫ 60점

(1) 출력형태와 같이 도형을 이용하여 목차를 작성한다(글꼴 : 굴림, 24pt).
(2) 도형 : 선 없음

세부조건
① 텍스트에 하이퍼링크 적용
　→ '슬라이드 5'
② 그림 삽입
　- 「내 PC₩문서₩ITQ₩Picture₩
　　그림5.jpg」
　- 자르기 기능 이용

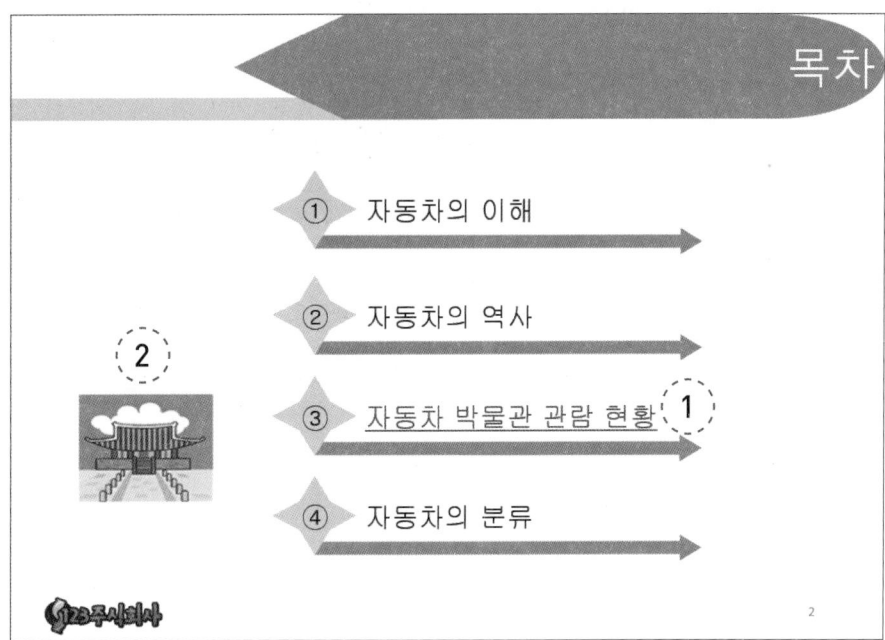

[슬라이드 3] ≪텍스트/동영상 슬라이드≫　　　60점

(1) 텍스트 작성 : 글머리 기호 사용(➤, ✓)
　➤문단(굴림, 24pt, 굵게, 줄간격 : 1.5줄), ✓문단(굴림, 20pt, 줄간격 : 1.5줄)

세부조건
① 동영상 삽입 :
　- 「내 PC₩문서₩ITQ₩Picture₩동영상.wmv」
　- 자동실행, 반복재생 설정

① 자동차의 이해

➤What is a car?
　✓A car is a means of transporting passengers or freight on the ground by transmitting power from its own engine to the wheels
　✓Cars have controls for driving, parking, passenger comfort and safety, and controlling a variety of lights

➤자동차의 시작
　✓1769년 프랑스에서 대포를 견인할 목적으로 발명한 증기 자동차로부터 자동차의 역사가 시작됨

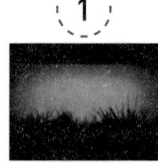

[슬라이드 4] ≪표 슬라이드≫　　　80점

(1) 도형과 표 작성 기능을 이용하여 슬라이드를 작성한다(글꼴 : 돋움, 18pt).

세부조건
① 상단 도형 :
　2개 도형의 조합으로 작성
② 좌측 도형 :
　그라데이션 효과(선형 아래쪽)
③ 테이블 디자인【표 스타일】:
　테마 스타일 1 - 강조 2

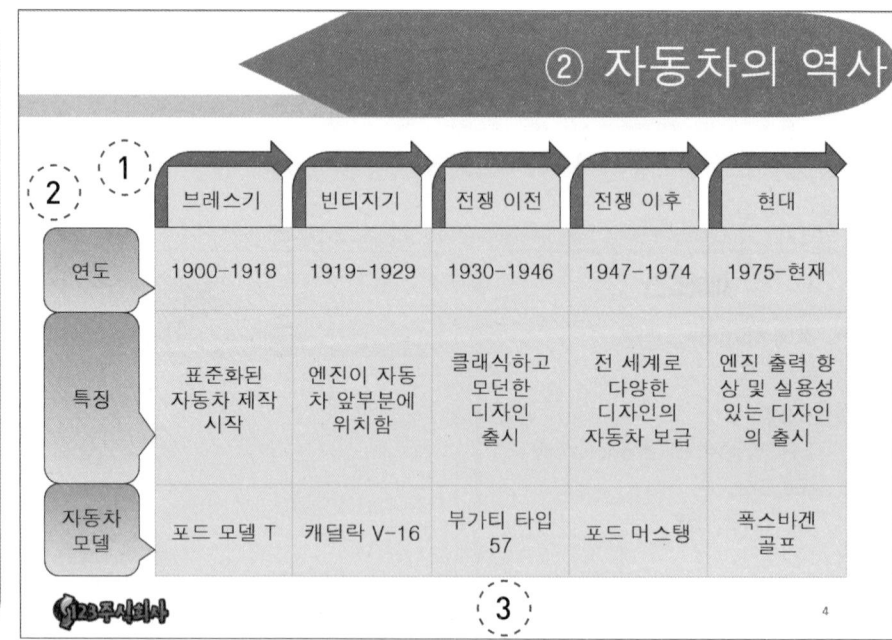

[슬라이드 5] ≪차트 슬라이드≫   100점

(1) 차트 작성 기능을 이용하여 슬라이드를 작성한다.
(2) 차트 : 종류(묶은 세로 막대형), 글꼴(굴림, 16pt), 외곽선

세부조건

※ 차트설명
- 차트 제목 : 궁서, 22pt, 굵게, 채우기(흰색), 테두리, 그림자(오프셋 아래쪽)
- 차트 영역 : 채우기(노랑)
  그림 영역 : 채우기(흰색)
- 데이터 서식 : 성인 계열을 표식이 있는 꺾은선형으로 변경 후 보조축으로 지정
- 값 표시 : 2020년의 성인 계열만
① 도형 삽입
  - 스타일 : 보통 효과 – 주황, 강조 2
  - 글꼴 : 굴림, 18pt

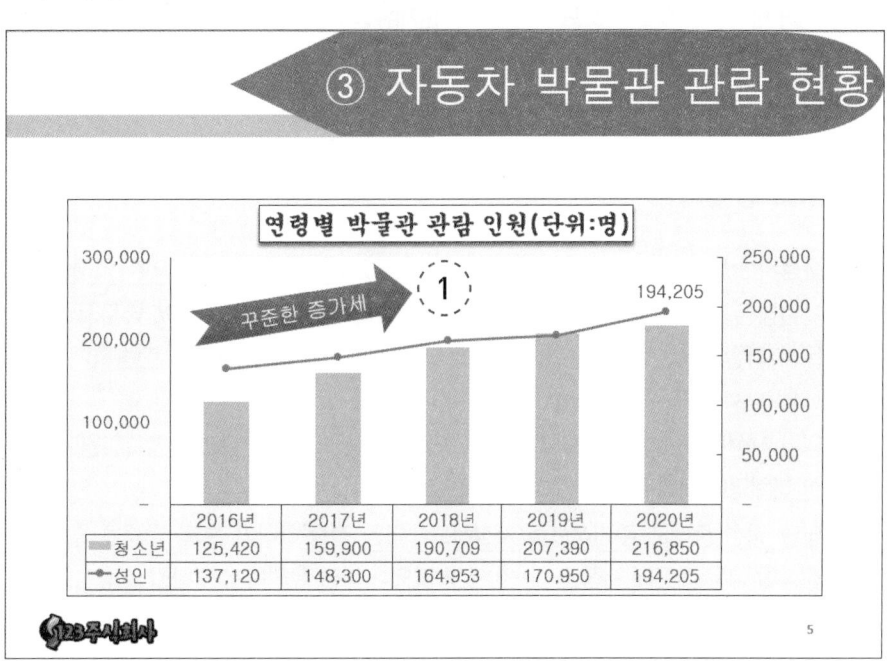

[슬라이드 6] ≪도형 슬라이드≫   100점

(1) 슬라이드와 같이 도형 및 스마트아트를 배치한다(글꼴 : 굴림, 18pt).
(2) 애니메이션 순서 : ① ⇒ ②

세부조건

① 도형 및 스마트아트 편집
  - 스마트아트 디자인
    : 3차원 만화, 미세 효과
  - 그룹화 후 애니메이션 효과
    : 실선 무늬(세로)
② 도형 편집
  - 그룹화 후 애니메이션 효과
    : 바운드

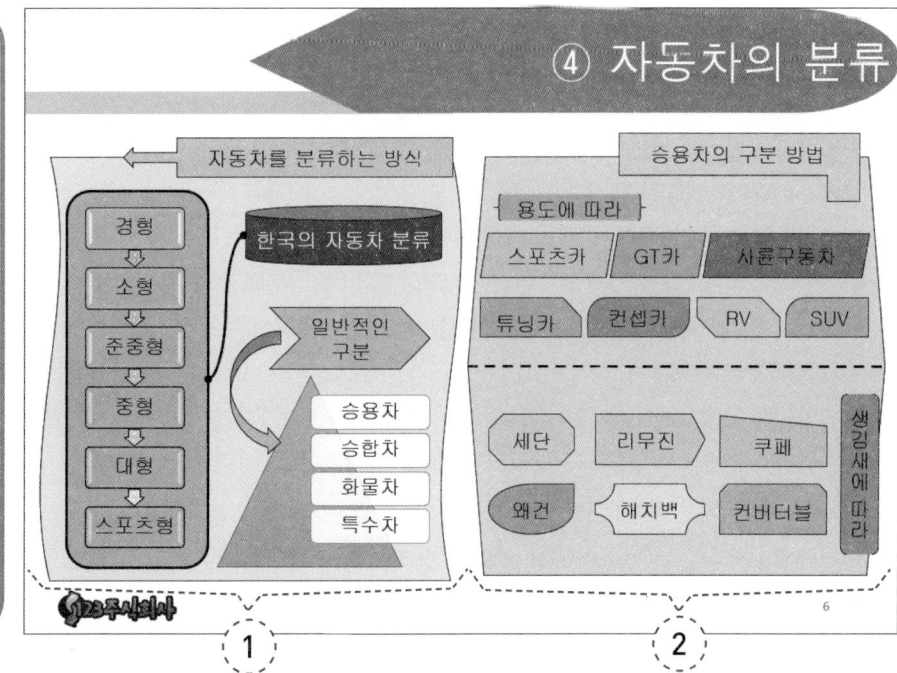

제11회 정보기술자격(ITQ) 출제예상 모의고사

과목	코드	문제유형	시험시간	수험번호	성명
한글파워포인트	1142	A	60분		

MS오피스

• 수험자 유의사항 •

- 수험자는 문제지를 받는 즉시 문제지와 **수험표상의 시험과목(프로그램)이 동일한지 반드시 확인**하여야 합니다.
- 파일명은 본인의 "수험번호-성명"으로 입력하여 답안폴더(내 PC₩문서₩ITQ)에 하나의 파일로 저장해야 하며, 답안문서 파일명이 "수험번호-성명"과 일치하지 않거나, 답안파일을 전송하지 않아 미제출로 처리될 경우 실격 처리합니다. (예 : 12345678-홍길동.pptx).
- 답안 작성을 마치면 파일을 저장하고, '답안 전송' 버튼을 선택하여 감독위원 PC로 답안을 전송하십시오. 수험생 정보와 저장한 파일명이 다를 경우 전송되지 않으므로 주의하시기 바랍니다.
- 답안 작성 중에도 **주기적으로 저장하고, '답안 전송'**하여야 문제 발생을 줄일 수 있습니다. 작업한 내용을 저장하지 않고 전송할 경우 이전에 저장된 내용이 전송되오니 이점 유의하시기 바랍니다.
- 답안문서는 지정된 경로 외의 다른 보조기억장치에 저장하는 경우, 지정된 시험 시간 외에 작성된 파일을 활용할 경우, 기타 통신수단(이메일, 메신저, 네트워크 등)을 이용하여 타인에게 전달 또는 외부 반출하는 경우는 부정 처리합니다.
- 시험 중 부주의 또는 고의로 시스템을 파손한 경우는 수험자가 변상해야 하며, 〈수험자 유의사항〉에 기재된 방법대로 이행하지 않아 생기는 불이익은 수험생 당사자의 책임임을 알려 드립니다.
- 문제의 조건은 MS오피스 2021 버전으로 설정되어 있으며 MS오피스 2016은 【 】에 표기되어 있습니다. 이와 관련하여 작성한 답안의 출력형태가 문제지와 다를 수 있습니다.
- 시험을 완료한 수험자는 답안파일이 전송되었는지 확인한 후 감독위원의 지시에 따라 문제지를 제출하고 퇴실합니다.

• 답안 작성요령 •

- 온라인 답안 작성 절차
  수험자 등록 ⇒ 시험 시작 ⇒ 답안파일 저장 ⇒ 답안 전송 ⇒ 시험 종료
- 슬라이드의 크기는 A4 Paper로 설정하여 작성합니다.
- 슬라이드의 총 개수는 6개로 구성되어 있으며 슬라이드 1부터 순서대로 작업하고 반드시 문제와 세부조건대로 합니다.
- 별도의 지시사항이 없는 경우 출력형태를 참조하여 글꼴색은 검정 또는 흰색으로 작성하고, 기타사항은 전체적인 균형을 고려하여 작성합니다.
- 슬라이드 도형 및 개체에 출력형태와 다른 스타일(그림자, 외곽선 등)을 적용했을 경우 감점처리 됩니다.
- 슬라이드 번호를 작성합니다(슬라이드 1에는 생략).
- 2~6번 슬라이드 제목 도형과 하단 로고는 슬라이드 마스터를 이용하여 출력형태와 동일하게 작성합니다(슬라이드 1에는 생략).
- 문제와 세부조건, 세부조건 번호 ◌(점선원)는 입력하지 않습니다.
- 각 개체의 위치는 오른쪽의 슬라이드와 동일하게 구성합니다.
- 그림 삽입 문제의 경우 반드시 「내 PC₩문서₩ITQ₩Picture」 폴더에서 정확한 파일을 선택하여 삽입하십시오.
- 각 슬라이드를 각각의 파일로 작업해서 저장할 경우 실격 처리됩니다.

[전체구성]   60점

(1) 슬라이드 크기 및 순서 : 크기를 A4 용지로 설정하고 슬라이드 순서에 맞게 작성한다.
(2) 슬라이드 마스터 : 2~6슬라이드의 제목, 하단 로고, 슬라이드 번호는 슬라이드 마스터를 이용하여 작성한다.
 - 제목 글꼴(궁서, 40pt, 파랑), 가운데 맞춤, 도형(선 없음)
 - 하단 로고(「내 PC₩문서₩ITQ₩Picture₩로고3.jpg」, 배경(연보라) 투명색으로 설정)

[슬라이드 1] ≪표지 디자인≫   40점

(1) 표지 디자인 : 도형, 워드아트 및 그림을 이용하여 작성한다.

세부조건

① 도형 편집
 - 도형에 그림 채우기 :
  「내 PC₩문서₩ITQ₩Picture₩
  그림1.jpg」, 투명도 50%
 - 도형 효과 :
  부드러운 가장자리 5포인트
② 워드아트 삽입
 - 변환 : 삼각형, 위로【삼각형】
 - 글꼴 : 돋움, 굵게
 - 텍스트 반사 : 근접 반사, 터치
③ 그림 삽입
 -「내 PC₩문서₩ITQ₩Picture₩
  로고3.jpg」
 - 배경(연보라) 투명색으로 설정

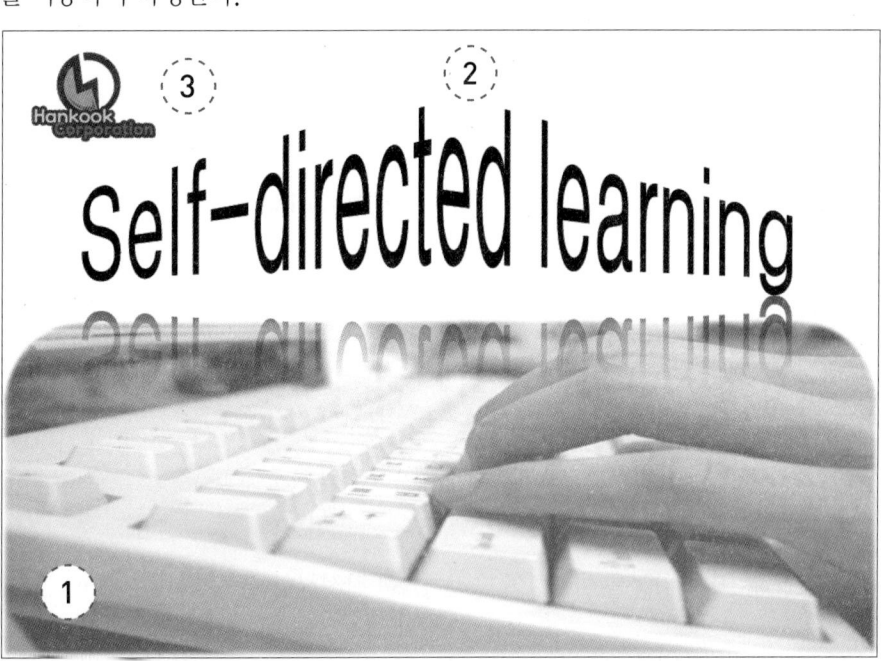

[슬라이드 2] ≪목차 슬라이드≫   60점

(1) 출력형태와 같이 도형을 이용하여 목차를 작성한다(글꼴 : 굴림, 24pt).
(2) 도형 : 선 없음

세부조건

① 텍스트에 하이퍼링크 적용
 → '슬라이드 4'
② 그림 삽입
 -「내 PC₩문서₩ITQ₩Picture₩
  그림4.jpg」
 - 자르기 기능 이용

[슬라이드 3] ≪텍스트/동영상 슬라이드≫ 60점

(1) 텍스트 작성 : 글머리 기호 사용(❖, ✓)
  ❖문단(굴림, 24pt, 굵게, 줄간격 : 1.5줄), ✓문단(굴림, 20pt, 줄간격 : 1.5줄)

세부조건

① 동영상 삽입 :
  - 「내 PC₩문서₩ITQ₩Picture₩동영상.wmv」
  - 자동실행, 반복재생 설정

1. 자기주도적 학습

❖자기주도적 학습의 의미
  ✓학습자 스스로 학습 목표 달성을 위해 계획, 학습, 평가에 이르기까지의 모든 과정을 의미
  ✓전 과정을 스스로 하거나 타인의 도움을 받아 수행할 수 있음

❖Autodidacticism
  ✓Autodidacticism is self-education or self-directed learning
  ✓An autodidact is a mostly self-taught person, as opposed to learning in a school setting or from a tutor

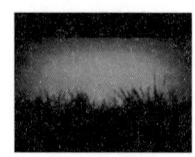

[슬라이드 4] ≪표 슬라이드≫ 80점

(1) 도형과 표 작성 기능을 이용하여 슬라이드를 작성한다(글꼴 : 돋움, 18pt).

세부조건

① 상단 도형 :
  2개 도형의 조합으로 작성
② 좌측 도형 :
  그라데이션 효과(선형 위쪽)
③ 테이블 디자인【표 스타일】:
  테마 스타일 1 - 강조 1

2. 타인주도 학습과의 비교

	타인주도적 학습	자기주도적 학습
학생 성향	의존적인 존재(수동적)	자율적인 존재(능동적)
학습 동기	외재적 동기	내재적 동기
학습 목적	교과 중심	문제 해결 중심
학습 중요	교사의 교육 내용	학생의 다양한 경험
학습 방법	획일화된 교육 방법	자신에게 맞는 교육 방법

[슬라이드 5] ≪차트 슬라이드≫ 100점

(1) 차트 작성 기능을 이용하여 슬라이드를 작성한다.
(2) 차트 : 종류(묶은 세로 막대형), 글꼴(돋움, 16pt), 외곽선

세부조건

※ 차트설명
- 차트 제목 : 궁서, 24pt, 굵게, 채우기(흰색), 테두리, 그림자(오프셋 오른쪽)
- 차트 영역 : 채우기(노랑)
  그림 영역 : 채우기(흰색)
- 데이터 서식 : 중학생 및 고등학생 계열을 표식이 있는 꺾은선형으로 변경 후 보조축으로 지정
- 값 표시 : 11시간 요소만
① 도형 삽입
  - 스타일 : 보통 효과 - 파랑, 강조 5
  - 글꼴 : 돋움, 18pt

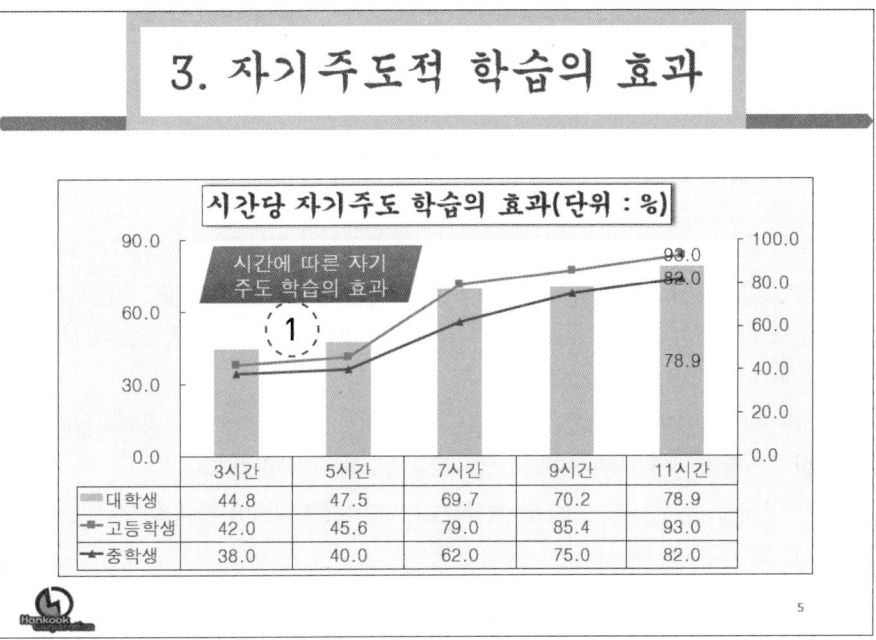

[슬라이드 6] ≪도형 슬라이드≫ 100점

(1) 슬라이드와 같이 도형 및 스마트아트를 배치한다(글꼴 : 굴림, 18pt).
(2) 애니메이션 순서 : ① ⇒ ②

세부조건

① 도형 편집
  - 그룹화 후 애니메이션 효과
    : 회전하며 밝기 변화
② 도형 및 스마트아트 편집
  - 스마트아트 디자인
    : 3차원 경사,
      3차원 만화
  - 그룹화 후 애니메이션 효과
    : 블라인드(세로)

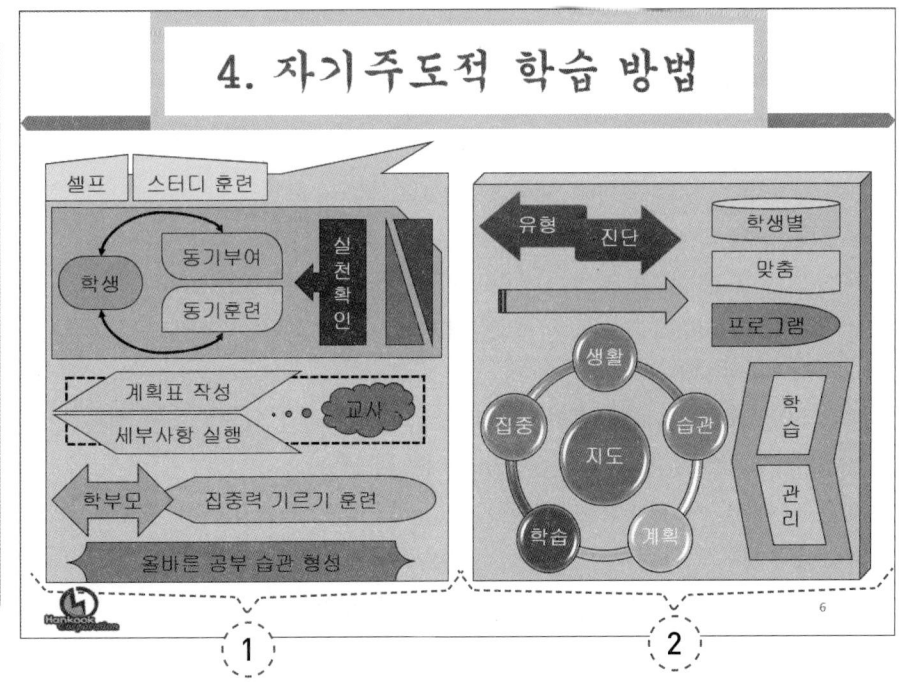

제 12 회 정보기술자격(ITQ) 출제예상 모의고사

과목	코드	문제유형	시험시간	수험번호	성명
한글파워포인트	1142	A	60분		

MS오피스

·수험자 유의사항·

- 수험자는 문제지를 받는 즉시 문제지와 **수험표상의 시험과목(프로그램)이 동일한지 반드시 확인**하여야 합니다.
- 파일명은 본인의 "수험번호-성명"으로 입력하여 답안폴더(내 PC₩문서₩ITQ)에 하나의 파일로 저장해야 하며, 답안 문서 파일명이 "수험번호-성명"과 일치하지 않거나, 답안파일을 전송하지 않아 미제출로 처리될 경우 실격 처리합니다. (예 : 12345678-홍길동.pptx).
- 답안 작성을 마치면 파일을 저장하고, '답안 전송' 버튼을 선택하여 감독위원 PC로 답안을 전송하십시오. 수험생 정보와 저장한 파일명이 다를 경우 전송되지 않으므로 주의하시기 바랍니다.
- 답안 작성 중에도 **주기적으로 저장하고, '답안 전송'**하여야 문제 발생을 줄일 수 있습니다. 작업한 내용을 저장하지 않고 전송할 경우 이전에 저장된 내용이 전송되오니 이점 유의하시기 바랍니다.
- 답안문서는 지정된 경로 외의 다른 보조기억장치에 저장하는 경우, 지정된 시험 시간 외에 작성된 파일을 활용할 경우, 기타 통신수단(이메일, 메신저, 네트워크 등)을 이용하여 타인에게 전달 또는 외부 반출하는 경우는 부정 처리합니다.
- 시험 중 부주의 또는 고의로 시스템을 파손한 경우는 수험자가 변상해야 하며, 〈수험자 유의사항〉에 기재된 방법대로 이행하지 않아 생기는 불이익은 수험생 당사자의 책임임을 알려 드립니다.
- 문제의 조건은 MS오피스 2021 버전으로 설정되어 있으며 MS오피스 2016은 【 】에 표기되어 있습니다. 이와 관련하여 작성한 답안의 출력형태가 문제지와 다를 수 있습니다.
- 시험을 완료한 수험자는 답안파일이 전송되었는지 확인한 후 감독위원의 지시에 따라 문제지를 제출하고 퇴실합니다.

·답안 작성요령·

- 온라인 답안 작성 절차
  수험자 등록 ⇒ 시험 시작 ⇒ 답안파일 저장 ⇒ 답안 전송 ⇒ 시험 종료
- 슬라이드의 크기는 A4 Paper로 설정하여 작성합니다.
- 슬라이드의 총 개수는 6개로 구성되어 있으며 슬라이드 1부터 순서대로 작업하고 반드시 문제와 세부조건대로 합니다.
- 별도의 지시사항이 없는 경우 출력형태를 참조하여 글꼴색은 검정 또는 흰색으로 작성하고, 기타사항은 전체적인 균형을 고려하여 작성합니다.
- 슬라이드 도형 및 개체에 출력형태와 다른 스타일(그림자, 외곽선 등)을 적용했을 경우 감점처리 됩니다.
- 슬라이드 번호를 작성합니다(슬라이드 1에는 생략).
- 2~6번 슬라이드 제목 도형과 하단 로고는 슬라이드 마스터를 이용하여 출력형태와 동일하게 작성합니다(슬라이드 1에는 생략).
- 문제와 세부조건, 세부조건 번호 ◌(점선원)는 입력하지 않습니다.
- 각 개체의 위치는 오른쪽의 슬라이드와 동일하게 구성합니다.
- 그림 삽입 문제의 경우 반드시「내 PC₩문서₩ITQ₩Picture」폴더에서 정확한 파일을 선택하여 삽입하십시오.
- 각 슬라이드를 각각의 파일로 작업해서 저장할 경우 실격 처리됩니다.

[전체구성] 60점

(1) 슬라이드 크기 및 순서 : 크기를 A4 용지로 설정하고 슬라이드 순서에 맞게 작성한다.
(2) 슬라이드 마스터 : 2~6슬라이드의 제목, 하단 로고, 슬라이드 번호는 슬라이드 마스터를 이용하여 작성한다.
 - 제목 글꼴(돋움, 40pt, 흰색), 왼쪽 맞춤, 도형(선 없음)
 - 하단 로고(「내 PC\문서\ITQ\Picture\로고3.jpg」, 배경(연보라) 투명색으로 설정)

[슬라이드 1] ≪표지 디자인≫ 40점

(1) 표지 디자인 : 도형, 워드아트 및 그림을 이용하여 작성한다.

세부조건

① 도형 편집
 - 도형에 그림 채우기 :
   「내 PC\문서\ITQ\Picture\
   그림3.jpg」, 투명도 50%
 - 도형 효과 :
   부드러운 가장자리 5포인트
② 워드아트 삽입
 - 변환 : 중지【중지】
 - 글꼴 : 궁서, 굵게
 - 텍스트 반사 : 근접 반사, 터치
③ 그림 삽입
 - 「내 PC\문서\ITQ\Picture\
   로고3.jpg」
 - 배경(연보라) 투명색으로 설정

[슬라이드 2] ≪목차 슬라이드≫ 60점

(1) 출력형태와 같이 도형을 이용하여 목차를 작성한다(글꼴 : 굴림, 24pt).
(2) 도형 : 선 없음

세부조건

① 텍스트에 하이퍼링크 적용
 → '슬라이드 5'
② 그림 삽입
 - 「내 PC\문서\ITQ\Picture\
   그림4.jpg」
 - 자르기 기능 이용

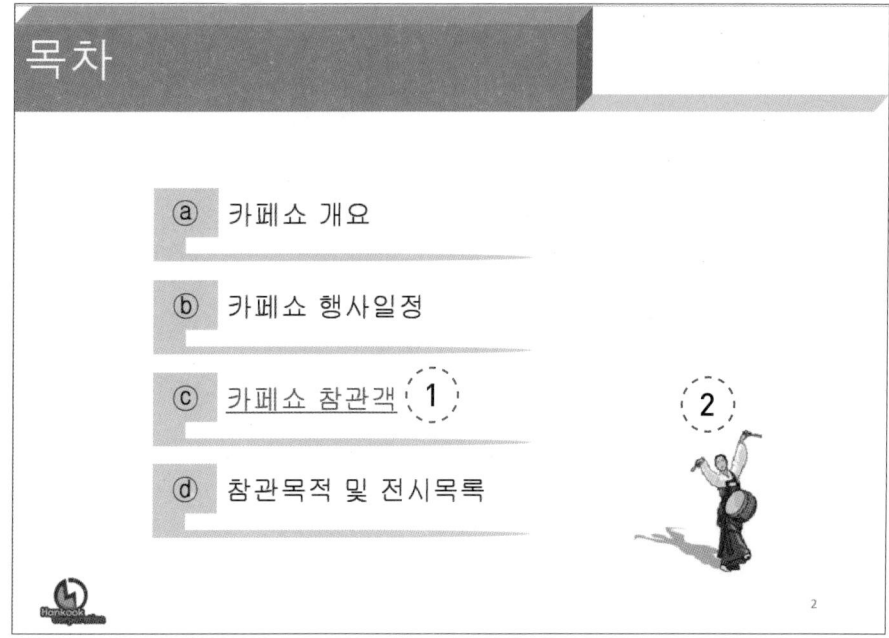

[슬라이드 3] ≪텍스트/동영상 슬라이드≫ 60점

(1) 텍스트 작성 : 글머리 기호 사용(❖, ✓)
　　❖문단(굴림, 24pt, 굵게, 줄간격 : 2.0줄), ✓문단(굴림, 20pt, 줄간격 : 1.5줄)

세부조건
① 동영상 삽입 :
　- 「내 PC₩문서₩ITQ₩Picture₩동영상.wmv」
　- 자동실행, 반복재생 설정

ⓐ 카페쇼 개요

❖카페쇼란
　✓예비창업자 및 점주들을 위한 마케팅 플랫폼으로 커피를 비롯한 다양한 식음료 및 디저트가 준비되어 있음

❖Cafe Show
　✓It is a good exhibition to check the trend of food and beverage in one place quickly for those who love the culture of cafes, those who run cafes, and those who prepare to start businesses

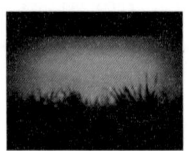

[슬라이드 4] ≪표 슬라이드≫ 80점

(1) 도형과 표 작성 기능을 이용하여 슬라이드를 작성한다(글꼴 : 굴림, 18pt).

세부조건
① 상단 도형 :
　2개 도형의 조합으로 작성
② 좌측 도형 :
　그라데이션 효과(선형 위쪽)
③ 테이블 디자인【표 스타일】:
　테마 스타일 1 - 강조 1

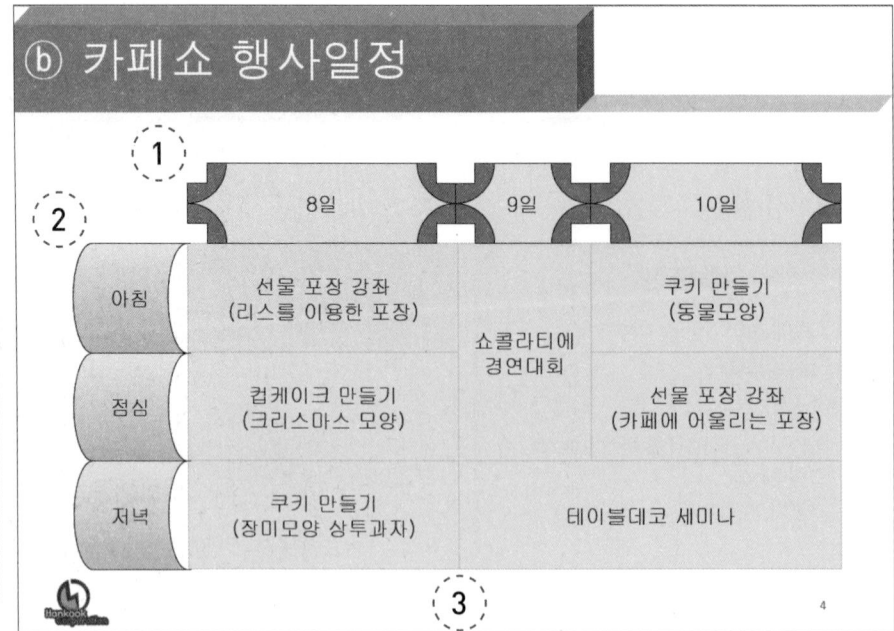

[슬라이드 5] ≪차트 슬라이드≫   100점

(1) 차트 작성 기능을 이용하여 슬라이드를 작성한다.
(2) 차트 : 종류(묶은 세로 막대형), 글꼴(굴림, 16pt), 외곽선

세부조건

※ 차트설명
- 차트 제목 : 돋움, 24pt, 굵게, 채우기(흰색), 테두리, 그림자(오프셋 왼쪽)
- 차트 영역 : 채우기(노랑)
  그림 영역 : 채우기(흰색)
- 데이터 서식 : 해외 계열을 꺾은선형으로 변경 후 보조축으로 지정
- 값 표시 : 해외 계열만
① 도형 삽입
  - 스타일 : 보통 효과 – 녹색, 강조 6
  - 글꼴 : 돋움, 18pt

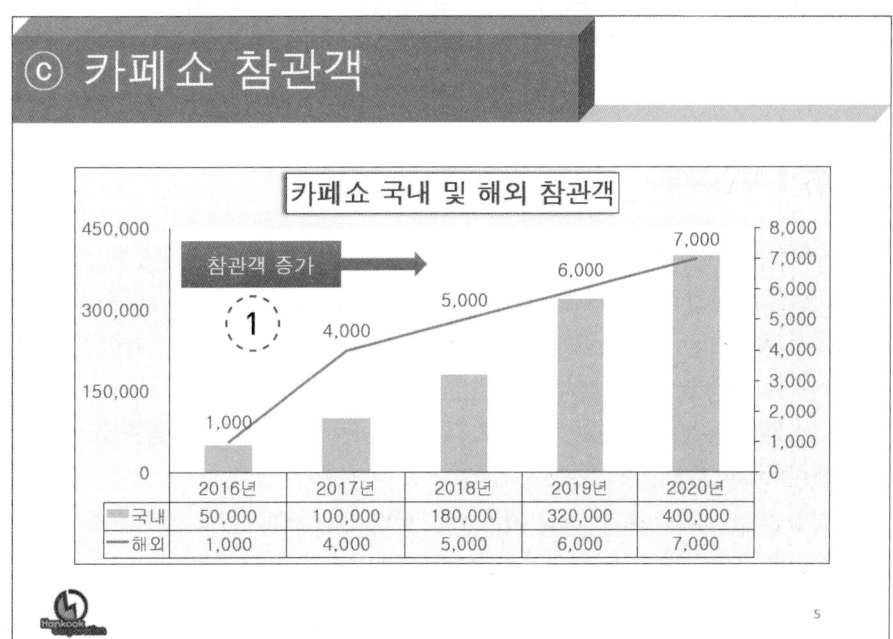

[슬라이드 6] ≪도형 슬라이드≫   100점

(1) 슬라이드와 같이 도형 및 스마트아트를 배치한다(글꼴 : 굴림, 18pt).
(2) 애니메이션 순서 : ① ⇒ ②

세부조건

① 도형 및 스마트아트 편집
  - 스마트아트 디자인
    : 미세 효과,
    3차원 경사
  - 그룹화 후 애니메이션 효과
    : 나누기(세로 바깥쪽으로)
② 도형 편집
  - 그룹화 후 애니메이션 효과
    : 시계 방향 회전

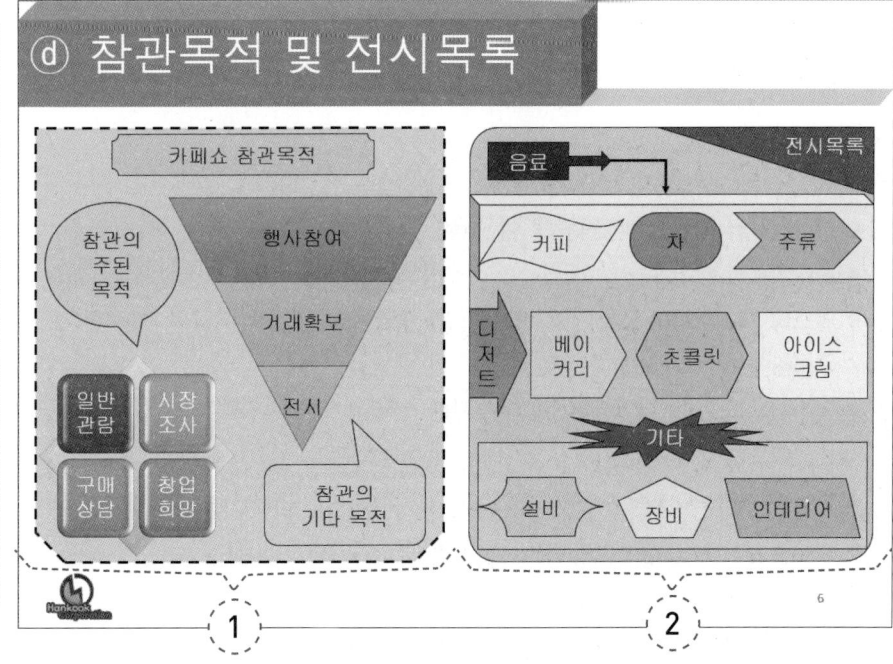

제 13 회 정보기술자격(ITQ) 출제예상 모의고사

과목	코드	문제유형	시험시간	수험번호	성명
한글파워포인트	1142	A	60분		

MS오피스

• 수험자 유의사항 •

- 수험자는 문제지를 받는 즉시 문제지와 **수험표상의 시험과목(프로그램)이 동일한지 반드시 확인**하여야 합니다.
- 파일명은 본인의 "수험번호-성명"으로 입력하여 답안폴더(내 PC\문서\ITQ)에 하나의 파일로 저장해야 하며, 답안 문서 파일명이 "수험번호-성명"과 일치하지 않거나, 답안파일을 전송하지 않아 미제출로 처리될 경우 실격 처리합니다. (예 : 12345678-홍길동.pptx).
- 답안 작성을 마치면 파일을 저장하고, '답안 전송' 버튼을 선택하여 감독위원 PC로 답안을 전송하십시오. 수험생 정보와 저장한 파일명이 다를 경우 전송되지 않으므로 주의하시기 바랍니다.
- 답안 작성 중에도 **주기적으로 저장하고, '답안 전송'**하여야 문제 발생을 줄일 수 있습니다. 작업한 내용을 저장하지 않고 전송할 경우 이전에 저장된 내용이 전송되오니 이점 유의하시기 바랍니다.
- 답안문서는 지정된 경로 외의 다른 보조기억장치에 저장하는 경우, 지정된 시험 시간 외에 작성된 파일을 활용할 경우, 기타 통신수단(이메일, 메신저, 네트워크 등)을 이용하여 타인에게 전달 또는 외부 반출하는 경우는 부정 처리합니다.
- 시험 중 부주의 또는 고의로 시스템을 파손한 경우는 수험자가 변상해야 하며, 〈수험자 유의사항〉에 기재된 방법대로 이행하지 않아 생기는 불이익은 수험생 당사자의 책임임을 알려 드립니다.
- 문제의 조건은 MS오피스 2021 버전으로 설정되어 있으며 MS오피스 2016은【 】에 표기되어 있습니다. 이와 관련하여 작성한 답안의 출력형태가 문제지와 다를 수 있습니다.
- 시험을 완료한 수험자는 답안파일이 전송되었는지 확인한 후 감독위원의 지시에 따라 문제지를 제출하고 퇴실합니다.

• 답안 작성요령 •

- 온라인 답안 작성 절차
  수험자 등록 ⇒ 시험 시작 ⇒ 답안파일 저장 ⇒ 답안 전송 ⇒ 시험 종료
- 슬라이드의 크기는 A4 Paper로 설정하여 작성합니다.
- 슬라이드의 총 개수는 6개로 구성되어 있으며 슬라이드 1부터 순서대로 작업하고 반드시 문제와 세부조건대로 합니다.
- 별도의 지시사항이 없는 경우 출력형태를 참조하여 글꼴색은 검정 또는 흰색으로 작성하고, 기타사항은 전체적인 균형을 고려하여 작성합니다.
- 슬라이드 도형 및 개체에 출력형태와 다른 스타일(그림자, 외곽선 등)을 적용했을 경우 감점처리 됩니다.
- 슬라이드 번호를 작성합니다(슬라이드 1에는 생략).
- 2~6번 슬라이드 제목 도형과 하단 로고는 슬라이드 마스터를 이용하여 출력형태와 동일하게 작성합니다(슬라이드 1에는 생략).
- 문제와 세부조건, 세부조건 번호 ※(점선원)는 입력하지 않습니다.
- 각 개체의 위치는 오른쪽의 슬라이드와 동일하게 구성합니다.
- 그림 삽입 문제의 경우 반드시「내 PC\문서\ITQ\Picture」폴더에서 정확한 파일을 선택하여 삽입하십시오.
- 각 슬라이드를 각각의 파일로 작업해서 저장할 경우 실격 처리됩니다.

kpc 한국생산성본부

[전체구성] 60점

(1) 슬라이드 크기 및 순서 : 크기를 A4 용지로 설정하고 슬라이드 순서에 맞게 작성한다.
(2) 슬라이드 마스터 : 2~6슬라이드의 제목, 하단 로고, 슬라이드 번호는 슬라이드 마스터를 이용하여 작성한다.
  - 제목 글꼴(궁서, 40pt, 검정), 오른쪽 맞춤, 도형(선 없음)
  - 하단 로고(「내 PC₩문서₩ITQ₩Picture₩로고1.jpg」, 배경(회색) 투명색으로 설정)

[슬라이드 1] ≪표지 디자인≫ 40점

(1) 표지 디자인 : 도형, 워드아트 및 그림을 이용하여 작성한다.

세부조건

① 도형 편집
  - 도형에 그림 채우기 :
    「내 PC₩문서₩ITQ₩Picture₩그림2.jpg」, 투명도 50%
  - 도형 효과 :
    부드러운 가장자리 5포인트
② 워드아트 삽입
  - 변환 : 곡선, 위로【휘어 올라오기】
  - 글꼴 : 굴림, 굵게
  - 텍스트 반사 : 1/2 반사, 터치
③ 그림 삽입
  - 「내 PC₩문서₩ITQ₩Picture₩로고1.jpg」
  - 배경(회색) 투명색으로 설정

[슬라이드 2] ≪목차 슬라이드≫ 60점

(1) 출력형태와 같이 도형을 이용하여 목차를 작성한다(글꼴 : 돋움, 24pt).
(2) 도형 : 선 없음

세부조건

① 텍스트에 하이퍼링크 적용
  → '슬라이드 6'
② 그림 삽입
  - 「내 PC₩문서₩ITQ₩Picture₩그림5.jpg」
  - 자르기 기능 이용

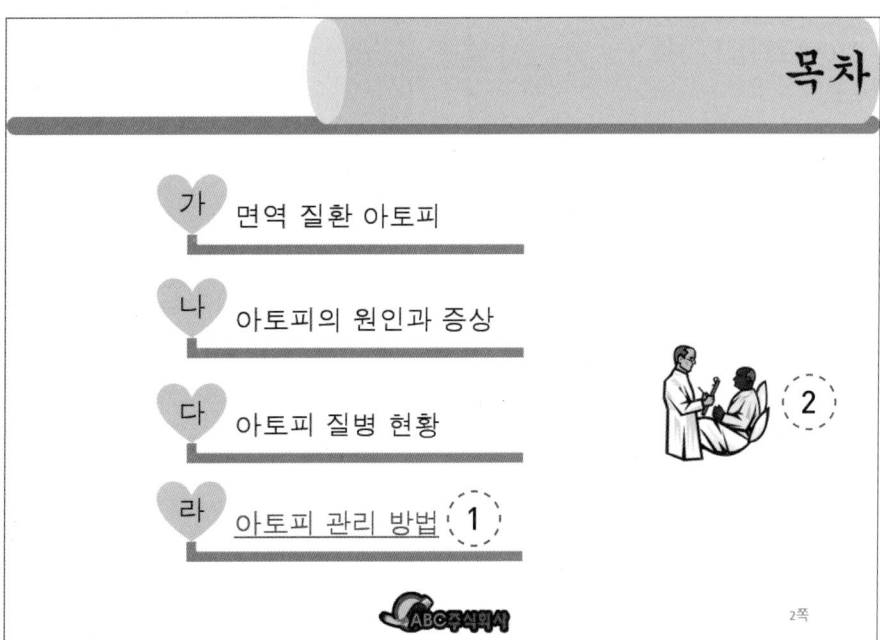

[슬라이드 3] ≪텍스트/동영상 슬라이드≫ 60점

(1) 텍스트 작성 : 글머리 기호 사용(➤, ✓)
➤문단(굴림, 24pt, 굵게, 줄간격 : 1.5줄), ✓문단(굴림, 20pt, 줄간격 : 1.5줄)

세부조건

① 동영상 삽입 :
- 「내 PC₩문서₩ITQ₩Picture₩동영상.wmv」
- 자동실행, 반복재생 설정

가. 면역 질환 아토피

➤아토피 피부염
- ✓ 원인이 분명하지 않은 피부염의 일종으로 소아 아토피와 성인 아토피로 구분함
- ✓ 유아의 경우 대부분 음식에서 비롯되며 그 시기에 치료를 제대로 하지 않으면 알레르기 행진을 통해 형질화됨

➤Speculation about the cause of atopic dermatitis
- ✓ The cause is unknown but believed to involve genetics, immune system dysfunction, environmental exposures, and difficulties with the permeability of the skin

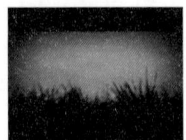

3쪽

[슬라이드 4] ≪표 슬라이드≫ 80점

(1) 도형과 표 작성 기능을 이용하여 슬라이드를 작성한다(글꼴 : 굴림, 18pt).

세부조건

① 상단 도형 :
  2개 도형의 조합으로 작성
② 좌측 도형 :
  그라데이션 효과(선형 위쪽)
③ 테이블 디자인【표 스타일】:
  테마 스타일 1 - 강조 2

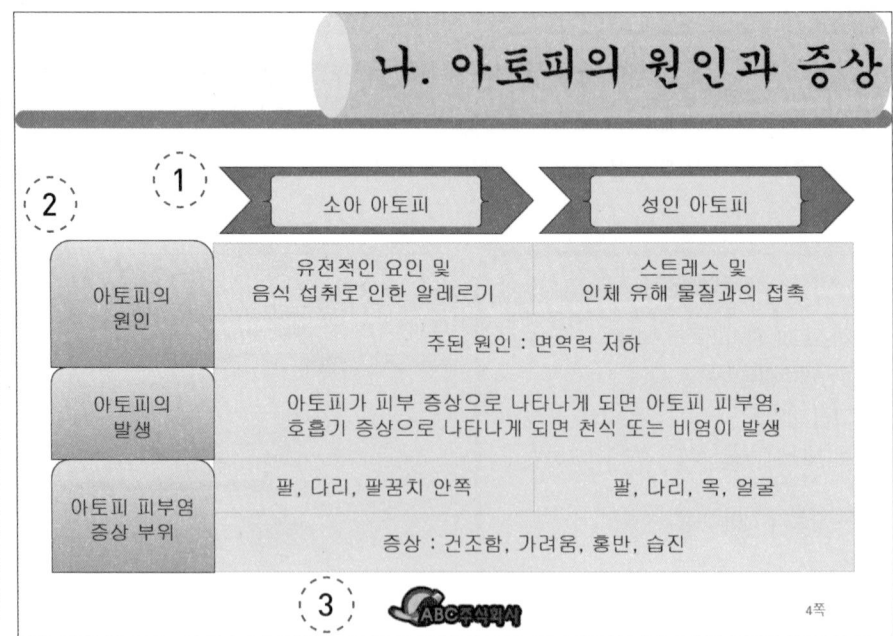

[슬라이드 5] ≪차트 슬라이드≫   100점

(1) 차트 작성 기능을 이용하여 슬라이드를 작성한다.
(2) 차트 : 종류(묶은 세로 막대형), 글꼴(돋움, 16pt), 외곽선

세부조건

※ 차트설명
- 차트 제목 : 굴림, 22pt, 굵게, 채우기(흰색), 테두리, 그림자(오프셋 위쪽)
- 차트 영역 : 채우기(노랑)
  그림 영역 : 채우기(흰색)
- 데이터 서식 : 16세 이상 계열을 표식이 있는 꺾은선형으로 변경 후 보조축으로 지정
- 값 표시 : 15세 이하의 2020년 계열만

① 도형 삽입
 - 스타일 : 강한 효과 – 파랑, 강조 1
 - 글꼴 : 돋움, 18pt

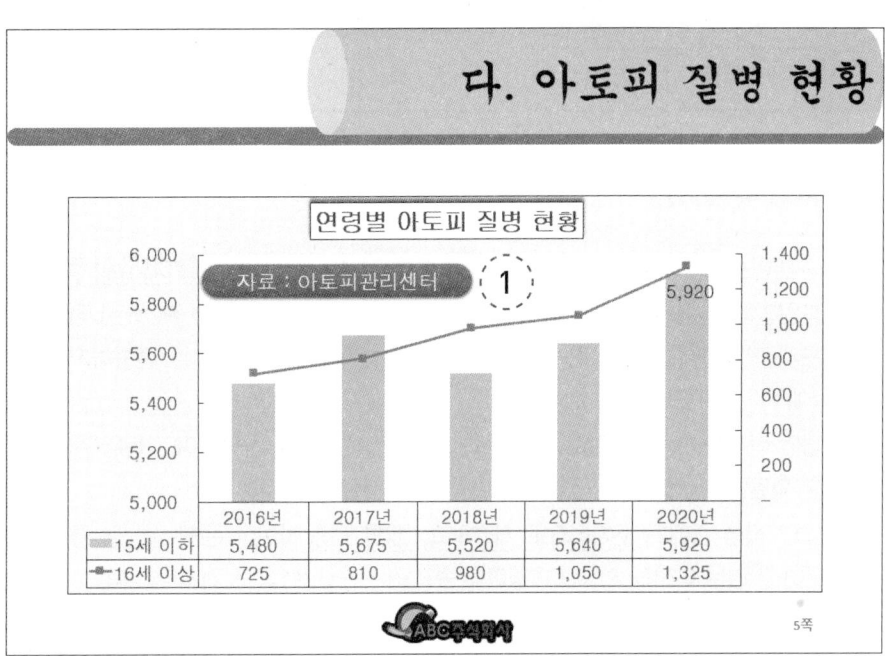

[슬라이드 6] ≪도형 슬라이드≫   100점

(1) 슬라이드와 같이 도형 및 스마트아트를 배치한다(글꼴 : 굴림, 18pt).
(2) 애니메이션 순서 : ① ⇒ ②

세부조건

① 도형 및 스마트아트 편집
 - 스마트아트 디자인
   : 3차원 만화,
   흰색 윤곽선
 - 그룹화 후 애니메이션 효과
   : 날아오기(왼쪽 아래에서)
② 도형 편집
 - 그룹화 후 애니메이션 효과
   : 회전하며 밝기 변화

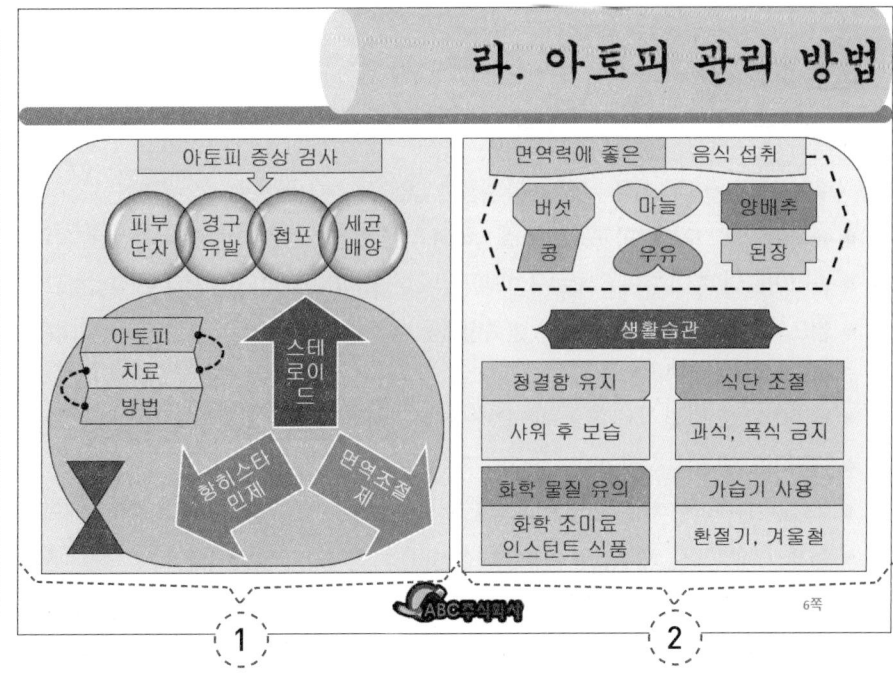

제14회 정보기술자격(ITQ) 출제예상 모의고사

과목	코드	문제유형	시험시간	수험번호	성명
한글파워포인트	1142	A	60분		

MS오피스

• 수험자 유의사항 •

- 수험자는 문제지를 받는 즉시 문제지와 **수험표상의 시험과목(프로그램)이 동일한지 반드시 확인**하여야 합니다.
- 파일명은 본인의 "수험번호-성명"으로 입력하여 답안폴더(내 PC\문서\ITQ)에 하나의 파일로 저장해야 하며, 답안문서 파일명이 "수험번호-성명"과 일치하지 않거나, 답안파일을 전송하지 않아 미제출로 처리될 경우 실격 처리합니다. (예 : 12345678-홍길동.pptx).
- 답안 작성을 마치면 파일을 저장하고, '답안 전송' 버튼을 선택하여 감독위원 PC로 답안을 전송하십시오. 수험생 정보와 저장한 파일명이 다를 경우 전송되지 않으므로 주의하시기 바랍니다.
- 답안 작성 중에도 **주기적으로 저장하고, '답안 전송'**하여야 문제 발생을 줄일 수 있습니다. 작업한 내용을 저장하지 않고 전송할 경우 이전에 저장된 내용이 전송되오니 이점 유의하시기 바랍니다.
- 답안문서는 지정된 경로 외의 다른 보조기억장치에 저장하는 경우, 지정된 시험 시간 외에 작성된 파일을 활용할 경우, 기타 통신수단(이메일, 메신저, 네트워크 등)을 이용하여 타인에게 전달 또는 외부 반출하는 경우는 부정 처리합니다.
- 시험 중 부주의 또는 고의로 시스템을 파손한 경우는 수험자가 변상해야 하며, 〈수험자 유의사항〉에 기재된 방법대로 이행하지 않아 생기는 불이익은 수험생 당사자의 책임임을 알려 드립니다.
- 문제의 조건은 MS오피스 2021 버전으로 설정되어 있으며 MS오피스 2016은 【 】에 표기되어 있습니다. 이와 관련하여 작성한 답안의 출력형태가 문제지와 다를 수 있습니다.
- 시험을 완료한 수험자는 답안파일이 전송되었는지 확인한 후 감독위원의 지시에 따라 문제지를 제출하고 퇴실합니다.

• 답안 작성요령 •

- 온라인 답안 작성 절차
  수험자 등록 ⇒ 시험 시작 ⇒ 답안파일 저장 ⇒ 답안 전송 ⇒ 시험 종료
- 슬라이드의 크기는 A4 Paper로 설정하여 작성합니다.
- 슬라이드의 총 개수는 6개로 구성되어 있으며 슬라이드 1부터 순서대로 작업하고 반드시 문제와 세부조건대로 합니다.
- 별도의 지시사항이 없는 경우 출력형태를 참조하여 글꼴색은 검정 또는 흰색으로 작성하고, 기타사항은 전체적인 균형을 고려하여 작성합니다.
- 슬라이드 도형 및 개체에 출력형태와 다른 스타일(그림자, 외곽선 등)을 적용했을 경우 감점처리 됩니다.
- 슬라이드 번호를 작성합니다(슬라이드 1에는 생략).
- 2~6번 슬라이드 제목 도형과 하단 로고는 슬라이드 마스터를 이용하여 출력형태와 동일하게 작성합니다(슬라이드 1에는 생략).
- 문제와 세부조건, 세부조건 번호 ◌(점선원)는 입력하지 않습니다.
- 각 개체의 위치는 오른쪽의 슬라이드와 동일하게 구성합니다.
- 그림 삽입 문제의 경우 반드시 「내 PC\문서\ITQ\Picture」 폴더에서 정확한 파일을 선택하여 삽입하십시오.
- 각 슬라이드를 각각의 파일로 작업해서 저장할 경우 실격 처리됩니다.

kpc 한국생산성본부

[전체구성] 60점

(1) 슬라이드 크기 및 순서 : 크기를 A4 용지로 설정하고 슬라이드 순서에 맞게 작성한다.
(2) 슬라이드 마스터 : 2~6슬라이드의 제목, 하단 로고, 슬라이드 번호는 슬라이드 마스터를 이용하여 작성한다.
　- 제목 글꼴(굴림, 40pt, 빨강), 가운데 맞춤, 도형(선 없음)
　- 하단 로고(「내 PC₩문서₩ITQ₩Picture₩로고2.jpg」, 배경(회색) 투명색으로 설정)

[슬라이드 1] ≪표지 디자인≫ 40점

(1) 표지 디자인 : 도형, 워드아트 및 그림을 이용하여 작성한다.

세부조건
① 도형 편집
　- 도형에 그림 채우기 :
　　「내 PC₩문서₩ITQ₩Picture₩그림1.jpg」, 투명도 50%
　- 도형 효과 :
　　부드러운 가장자리 5포인트
② 워드아트 삽입
　- 변환 : 물결, 위로【물결 2】
　- 글꼴 : 궁서, 굵게
　- 텍스트 반사 : 근접 반사, 4pt 오프셋
③ 그림 삽입
　-「내 PC₩문서₩ITQ₩Picture₩로고2.jpg」
　- 배경(회색) 투명색으로 설정

[슬라이드 2] ≪목차 슬라이드≫ 60점

(1) 출력형태와 같이 도형을 이용하여 목차를 작성한다(글꼴 : 돋움, 24pt).
(2) 도형 : 선 없음

세부조건
① 텍스트에 하이퍼링크 적용
　→ '슬라이드 6'
② 그림 삽입
　-「내 PC₩문서₩ITQ₩Picture₩그림4.jpg」
　- 자르기 기능 이용

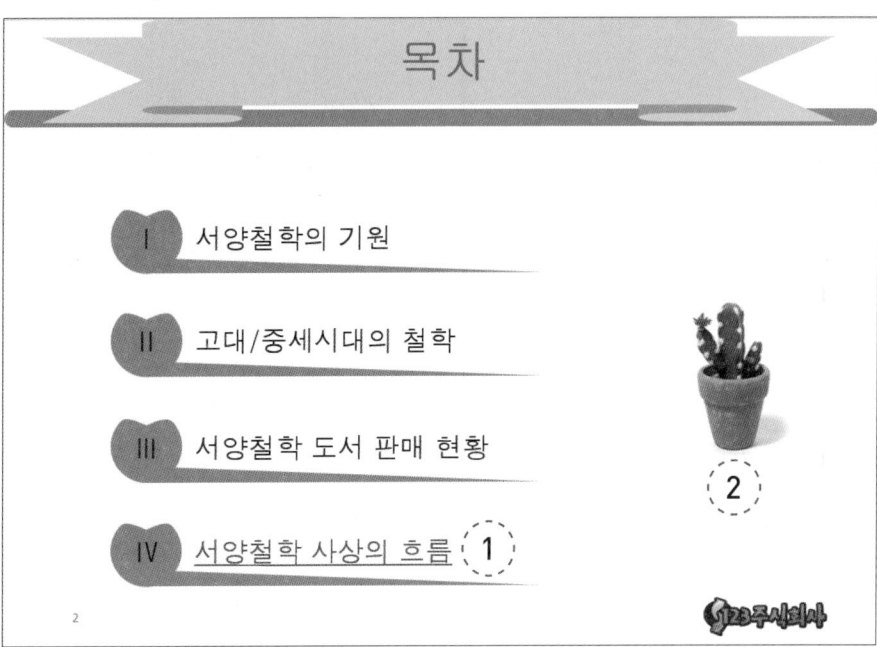

[슬라이드 3] ≪텍스트/동영상 슬라이드≫   60점

(1) 텍스트 작성 : 글머리 기호 사용(◆, •)
  ◆문단(굴림, 24pt, 굵게, 줄간격 : 2.0줄), •문단(굴림, 20pt, 줄간격 : 1.5줄)

세부조건
① 동영상 삽입 :
  - 「내 PC₩문서₩ITQ₩Picture₩동영상.wmv」
  - 자동실행, 반복재생 설정

I. 서양철학의 기원

◆ Ancient
  • Western philosophy is the philosophical thought and work of the Western world
  • Western philosophy has two main traditions: analytical philosophy and continental philosophy

◆ 서양철학의 기원
  • 인간 본성에 대한 추상적이고 기본적인 질문을 담고 있다는 특징이 있음
  • 단순한 철학을 넘어서서 순수 수학, 물리학, 천문학, 생물학을 포함하는 자연 과학에 해당하는 부분도 철학에서 다루고 있음

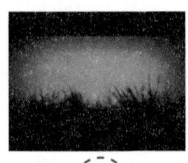

[슬라이드 4] ≪표 슬라이드≫   80점

(1) 도형과 표 작성 기능을 이용하여 슬라이드를 작성한다(글꼴 : 돋움, 18pt).

세부조건
① 상단 도형 :
  2개 도형의 조합으로 작성
② 좌측 도형 :
  그라데이션 효과(선형 위쪽)
③ 테이블 디자인【표 스타일】:
  테마 스타일 1 - 강조 4

[슬라이드 5] ≪차트 슬라이드≫ 100점

(1) 차트 작성 기능을 이용하여 슬라이드를 작성한다.
(2) 차트 : 종류(묶은 세로 막대형), 글꼴(굴림, 16pt), 외곽선

세부조건

※ 차트설명
- 차트 제목 : 궁서, 24pt, 굵게, 채우기(흰색), 테두리, 그림자(오프셋 가운데)
- 차트 영역 : 채우기(노랑) 그림 영역 : 채우기(흰색)
- 데이터 서식 : B문고 계열을 표식이 있는 꺾은선형으로 변경 후 보조축으로 지정
- 값 표시 : 국가 요소만

① 도형 삽입
- 스타일 : 강한 효과 – 주황, 강조 2
- 글꼴 : 돋움, 18pt

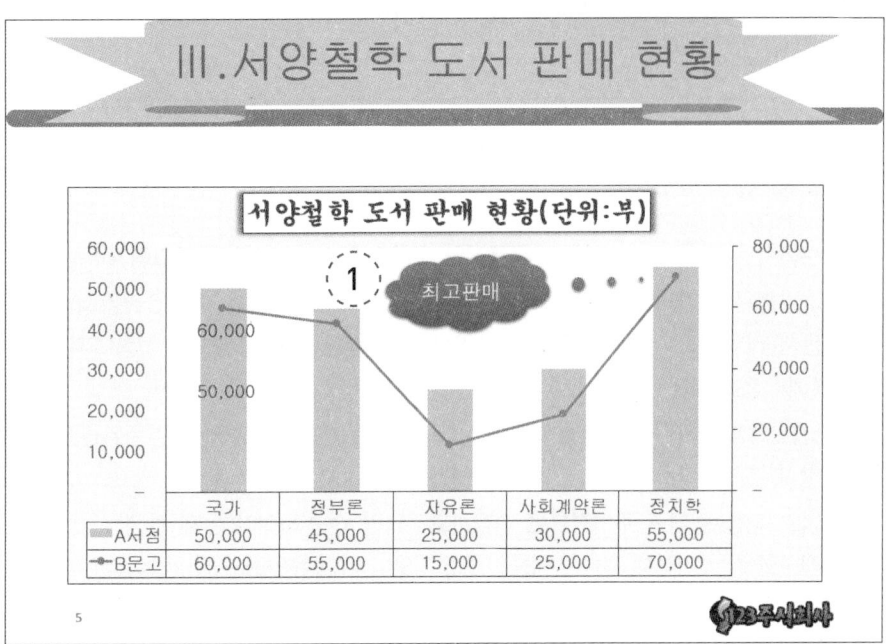

[슬라이드 6] ≪도형 슬라이드≫ 100점

(1) 슬라이드와 같이 도형 및 스마트아트를 배치한다(글꼴 : 돋움, 18pt).
(2) 애니메이션 순서 : ① ⇒ ②

세부조건

① 도형 및 스마트아트 편집
- 스마트아트 디자인
  : 강한 효과, 3차원 광택 처리
- 그룹화 후 애니메이션 효과
  : 나누기(가로 안쪽으로)

② 도형 편집
- 그룹화 후 애니메이션 효과
  : 닦아내기(위에서)

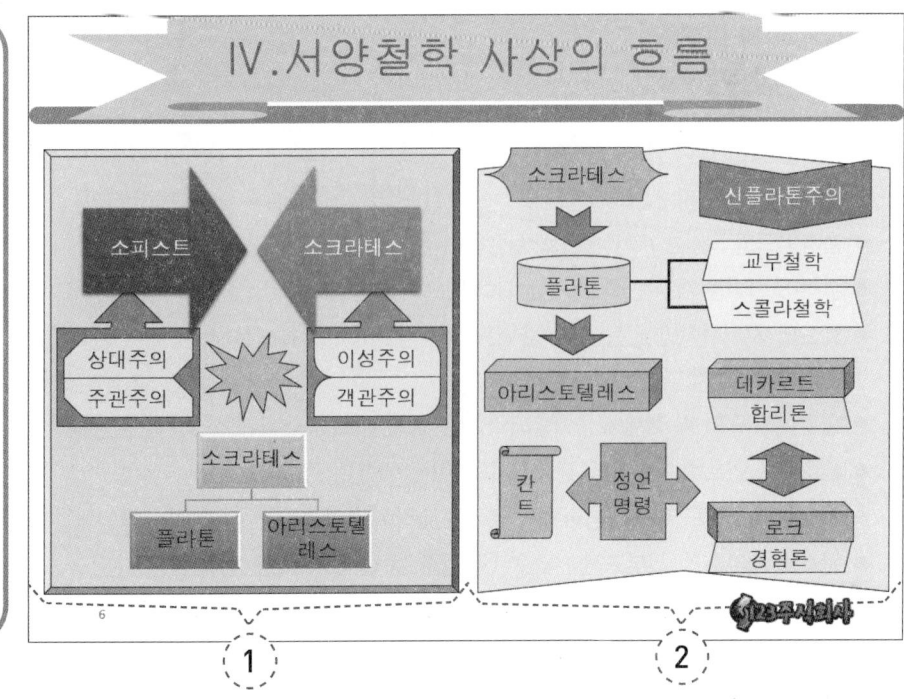

제 15 회 정보기술자격(ITQ) 출제예상 모의고사

과목	코드	문제유형	시험시간	수험번호	성명
한글파워포인트	1142	A	60분		

MS오피스

· 수험자 유의사항 ·

- 수험자는 문제지를 받는 즉시 문제지와 **수험표상의 시험과목(프로그램)이 동일한지 반드시 확인**하여야 합니다.
- 파일명은 본인의 "수험번호-성명"으로 입력하여 답안폴더(내 PC₩문서₩ITQ)에 하나의 파일로 저장해야 하며, 답안 문서 파일명이 "수험번호-성명"과 일치하지 않거나, 답안파일을 전송하지 않아 미제출로 처리될 경우 실격 처리합니다. (예 : 12345678-홍길동.pptx).
- 답안 작성을 마치면 파일을 저장하고, '답안 전송' 버튼을 선택하여 감독위원 PC로 답안을 전송하십시오. 수험생 정보와 저장한 파일명이 다를 경우 전송되지 않으므로 주의하시기 바랍니다.
- 답안 작성 중에도 **주기적으로 저장하고, '답안 전송'**하여야 문제 발생을 줄일 수 있습니다. 작업한 내용을 저장하지 않고 전송할 경우 이전에 저장된 내용이 전송되오니 이점 유의하시기 바랍니다.
- 답안문서는 지정된 경로 외의 다른 보조기억장치에 저장하는 경우, 지정된 시험 시간 외에 작성된 파일을 활용할 경우, 기타 통신수단(이메일, 메신저, 네트워크 등)을 이용하여 타인에게 전달 또는 외부 반출하는 경우는 부정 처리합니다.
- 시험 중 부주의 또는 고의로 시스템을 파손한 경우는 수험자가 변상해야 하며, 〈수험자 유의사항〉에 기재된 방법대로 이행하지 않아 생기는 불이익은 수험생 당사자의 책임임을 알려 드립니다.
- 문제의 조건은 MS오피스 2021 버전으로 설정되어 있으며 MS오피스 2016은【 】에 표기되어 있습니다. 이와 관련하여 작성한 답안의 출력형태가 문제지와 다를 수 있습니다.
- 시험을 완료한 수험자는 답안파일이 전송되었는지 확인한 후 감독위원의 지시에 따라 문제지를 제출하고 퇴실합니다.

· 답안 작성요령 ·

- 온라인 답안 작성 절차
  수험자 등록 ⇒ 시험 시작 ⇒ 답안파일 저장 ⇒ 답안 전송 ⇒ 시험 종료
- 슬라이드의 크기는 A4 Paper로 설정하여 작성합니다.
- 슬라이드의 총 개수는 6개로 구성되어 있으며 슬라이드 1부터 순서대로 작업하고 반드시 문제와 세부조건대로 합니다.
- 별도의 지시사항이 없는 경우 출력형태를 참조하여 글꼴색은 검정 또는 흰색으로 작성하고, 기타사항은 전체적인 균형을 고려하여 작성합니다.
- 슬라이드 도형 및 개체에 출력형태와 다른 스타일(그림자, 외곽선 등)을 적용했을 경우 감점처리 됩니다.
- 슬라이드 번호를 작성합니다(슬라이드 1에는 생략).
- 2~6번 슬라이드 제목 도형과 하단 로고는 슬라이드 마스터를 이용하여 출력형태와 동일하게 작성합니다(슬라이드 1에는 생략).
- 문제와 세부조건, 세부조건 번호 ○(점선원)는 입력하지 않습니다.
- 각 개체의 위치는 오른쪽의 슬라이드와 동일하게 구성합니다.
- 그림 삽입 문제의 경우 반드시 「내 PC₩문서₩ITQ₩Picture」 폴더에서 정확한 파일을 선택하여 삽입하십시오.
- 각 슬라이드를 각각의 파일로 작업해서 저장할 경우 실격 처리됩니다.

[전체구성] 60점

(1) 슬라이드 크기 및 순서 : 크기를 A4 용지로 설정하고 슬라이드 순서에 맞게 작성한다.
(2) 슬라이드 마스터 : 2~6슬라이드의 제목, 하단 로고, 슬라이드 번호는 슬라이드 마스터를 이용하여 작성한다.
  - 제목 글꼴(돋움, 40pt, 검정), 왼쪽 맞춤, 도형(선 없음)
  - 하단 로고(「내 PC₩문서₩ITQ₩Picture₩로고1.jpg」, 배경(회색) 투명색으로 설정)

[슬라이드 1] ≪표지 디자인≫ 40점

(1) 표지 디자인 : 도형, 워드아트 및 그림을 이용하여 작성한다.

세부조건
① 도형 편집
  - 도형에 그림 채우기 :
    「내 PC₩문서₩ITQ₩Picture₩
    그림3.jpg」, 투명도 50%
  - 도형 효과 :
    부드러운 가장자리 5포인트
② 워드아트 삽입
  - 변환 : 곡선, 위로【휘어 올라오기】
  - 글꼴 : 맑은 고딕, 굵게
  - 텍스트 반사 : 근접 반사, 8pt 오프셋
③ 그림 삽입
  - 「내 PC₩문서₩ITQ₩Picture₩
    로고1.jpg」
  - 배경(회색) 투명색으로 설정

[슬라이드 2] ≪목차 슬라이드≫ 60점

(1) 출력형태와 같이 도형을 이용하여 목차를 작성한다(글꼴 : 돋움, 24pt).
(2) 도형 : 선 없음

세부조건
① 텍스트에 하이퍼링크 적용
  → '슬라이드 4'
② 그림 삽입
  - 「내 PC₩문서₩ITQ₩Picture₩
    그림4.jpg」
  - 자르기 기능 이용

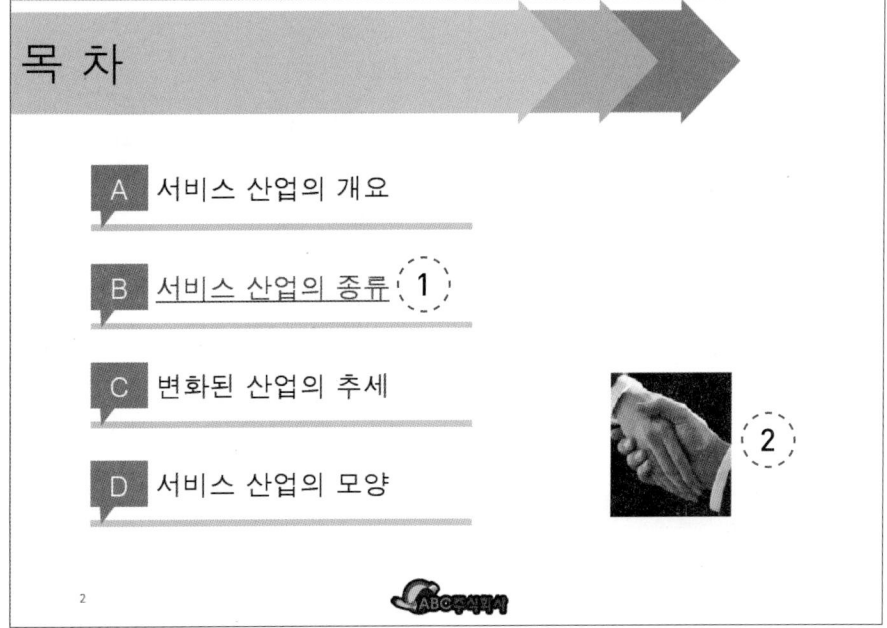

[슬라이드 3] ≪텍스트/동영상 슬라이드≫ 60점

(1) 텍스트 작성 : 글머리 기호 사용(❖, ✓)
　　❖문단(굴림, 24pt, 굵게, 줄간격 : 1.5줄), ✓문단(굴림, 20pt, 줄간격 : 1.5줄)

세부조건

① 동영상 삽입 :
- 「내 PC₩문서₩ITQ₩Picture₩ 동영상.wmv」
- 자동실행, 반복재생 설정

A. 서비스 산업의 개요

❖ Service(economics)
　✓ The service is an intangible equivalent of economic goods
　✓ Service provision is often an economic activity where the buyer does not generally obtain exclusive ownership

❖ 서비스산업
　✓ 경제 성장에 따라 서비스 산업이 고용과 생산에서 차지하는 비중 증가
　✓ 기업 활동의 증가에 따라 기업에 대한 생산자 서비스 수요 증가

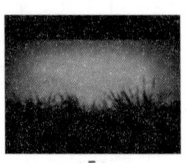

[슬라이드 4] ≪표 슬라이드≫ 80점

(1) 도형과 표 작성 기능을 이용하여 슬라이드를 작성한다(글꼴 : 돋움, 18pt).

세부조건

① 상단 도형 :
　2개 도형의 조합으로 작성
② 좌측 도형 :
　그라데이션 효과(선형 왼쪽)
③ 테이블 디자인 【표 스타일】:
　테마 스타일 1 – 강조 5

B. 서비스 산업의 종류

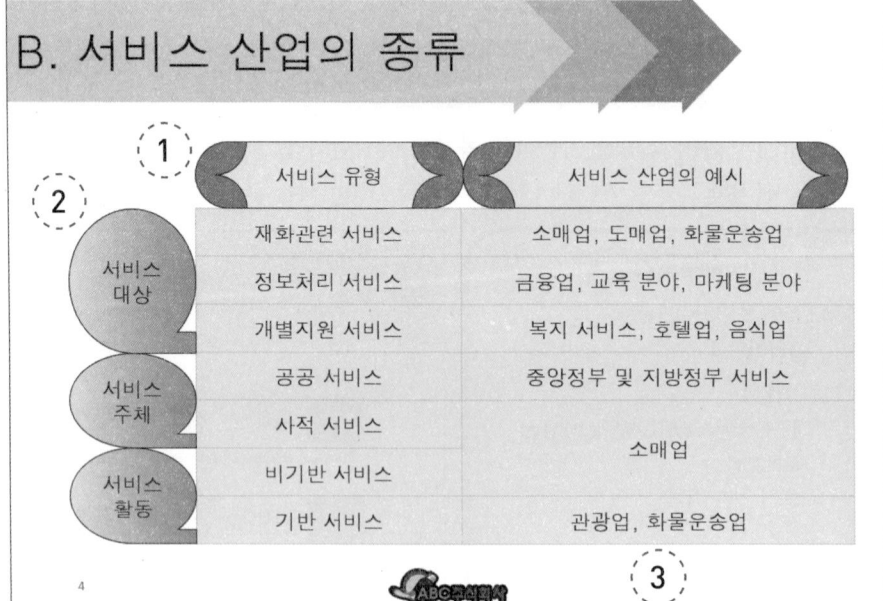

서비스 유형	서비스 산업의 예시
재화관련 서비스	소매업, 도매업, 화물운송업
정보처리 서비스	금융업, 교육 분야, 마케팅 분야
개별지원 서비스	복지 서비스, 호텔업, 음식업
공공 서비스	중앙정부 및 지방정부 서비스
사적 서비스	소매업
비기반 서비스	
기반 서비스	관광업, 화물운송업

[슬라이드 5] ≪차트 슬라이드≫ 100점

(1) 차트 작성 기능을 이용하여 슬라이드를 작성한다.
(2) 차트 : 종류(묶은 세로 막대형), 글꼴(돋움, 16pt), 외곽선

세부조건

※ 차트설명
- 차트 제목 : 굴림, 24pt, 굵게, 채우기(흰색), 테두리, 그림자(원근감 대각선 오른쪽 위)
- 차트 영역 : 채우기(노랑)
  그림 영역 : 채우기(흰색)
- 데이터 서식 : 서비스업 계열을 표식이 있는 꺾은선형으로 변경 후 보조축으로 지정
- 값 표시 : 2020년의 서비스업 계열만

① 도형 삽입
  - 스타일 : 강한 효과 – 파랑, 강조 5
  - 글꼴 : 돋움, 18pt

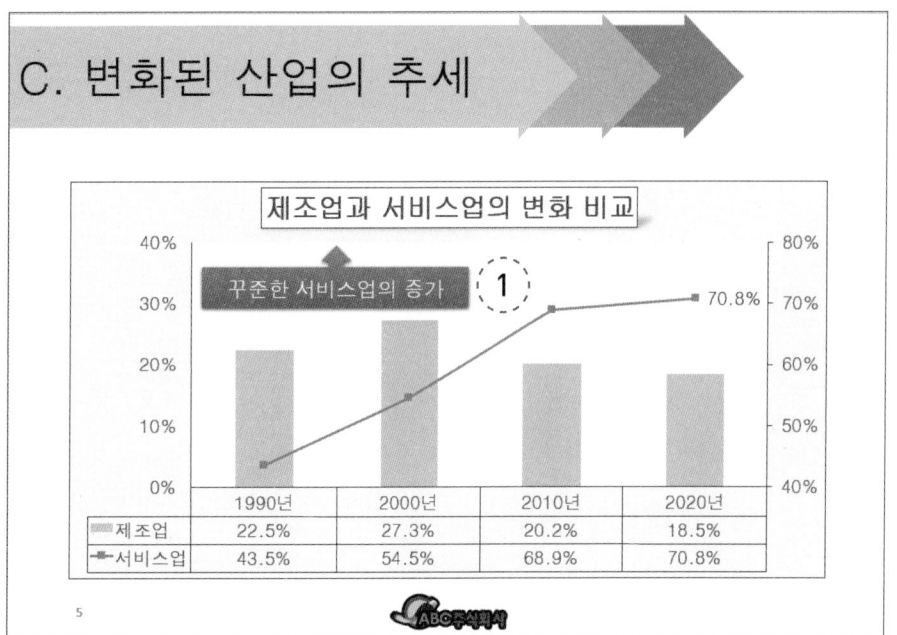

[슬라이드 6] ≪도형 슬라이드≫ 100점

(1) 슬라이드와 같이 도형 및 스마트아트를 배치한다(글꼴 : 돋움, 18pt).
(2) 애니메이션 순서 : ① ⇒ ②

세부조건

① 도형 및 스마트아트 편집
  - 스마트아트 디자인
    : 3차원 경사,
    3차원 벽돌
  - 그룹화 후 애니메이션 효과
    : 시계 방향 회전
② 도형 편집
  - 그룹화 후 애니메이션 효과
    : 바운드

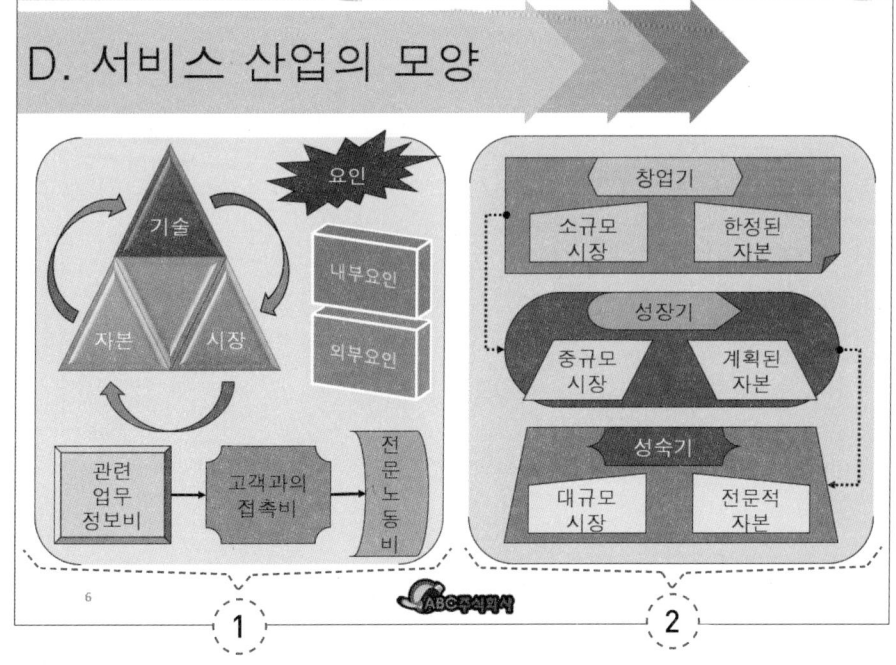

MEMO

PART 04

최신유형 기출문제

제 01 회 정보기술자격(ITQ) 최신유형 기출문제

과목	코드	문제유형	시험시간	수험번호	성명
한글파워포인트	1142	A	60분		

MS오피스

·수험자 유의사항·

- 수험자는 문제지를 받는 즉시 문제지와 **수험표상의 시험과목(프로그램)이 동일한지 반드시 확인**하여야 합니다.
- 파일명은 본인의 "수험번호-성명"으로 입력하여 답안폴더(내 PC\문서\ITQ)에 하나의 파일로 저장해야 하며, 답안 문서 파일명이 "수험번호-성명"과 일치하지 않거나, 답안파일을 전송하지 않아 미제출로 처리될 경우 실격 처리합니다. (예 : 12345678-홍길동.pptx).
- 답안 작성을 마치면 파일을 저장하고, '답안 전송' 버튼을 선택하여 감독위원 PC로 답안을 전송하십시오. 수험생 정보와 저장한 파일명이 다를 경우 전송되지 않으므로 주의하시기 바랍니다.
- 답안 작성 중에도 **주기적으로 저장하고, '답안 전송'**하여야 문제 발생을 줄일 수 있습니다. 작업한 내용을 저장하지 않고 전송할 경우 이전에 저장된 내용이 전송되오니 이점 유의하시기 바랍니다.
- 답안문서는 지정된 경로 외의 다른 보조기억장치에 저장하는 경우, 지정된 시험 시간 외에 작성된 파일을 활용할 경우, 기타 통신수단(이메일, 메신저, 네트워크 등)을 이용하여 타인에게 전달 또는 외부 반출하는 경우는 부정 처리합니다.
- 시험 중 부주의 또는 고의로 시스템을 파손한 경우는 수험자가 변상해야 하며, 〈수험자 유의사항〉에 기재된 방법대로 이행하지 않아 생기는 불이익은 수험생 당사자의 책임임을 알려 드립니다.
- 문제의 조건은 MS오피스 2021 버전으로 설정되어 있으며 MS오피스 2016은 【 】에 표기되어 있습니다. 이와 관련하여 작성한 답안의 출력형태가 문제지와 다를 수 있습니다.
- 시험을 완료한 수험자는 답안파일이 전송되었는지 확인한 후 감독위원의 지시에 따라 문제지를 제출하고 퇴실합니다.

·답안 작성요령·

- 온라인 답안 작성 절차
  수험자 등록 ⇒ 시험 시작 ⇒ 답안파일 저장 ⇒ 답안 전송 ⇒ 시험 종료
- 슬라이드의 크기는 A4 Paper로 설정하여 작성합니다.
- 슬라이드의 총 개수는 6개로 구성되어 있으며 슬라이드 1부터 순서대로 작업하고 반드시 문제와 세부조건대로 합니다.
- 별도의 지시사항이 없는 경우 출력형태를 참조하여 글꼴색은 검정 또는 흰색으로 작성하고, 기타사항은 전체적인 균형을 고려하여 작성합니다.
- 슬라이드 도형 및 개체에 출력형태와 다른 스타일(그림자, 외곽선 등)을 적용했을 경우 감점처리 됩니다.
- 슬라이드 번호를 작성합니다(슬라이드 1에는 생략).
- 2~6번 슬라이드 제목 도형과 하단 로고는 슬라이드 마스터를 이용하여 출력형태와 동일하게 작성합니다(슬라이드 1에는 생략).
- 문제와 세부조건, 세부조건 번호 ○(점선원)는 입력하지 않습니다.
- 각 개체의 위치는 오른쪽의 슬라이드와 동일하게 구성합니다.
- 그림 삽입 문제의 경우 반드시 「내 PC\문서\ITQ\Picture」 폴더에서 정확한 파일을 선택하여 삽입하십시오.
- 각 슬라이드를 각각의 파일로 작업해서 저장할 경우 실격 처리됩니다.

[전체구성] 60점

(1) 슬라이드 크기 및 순서 : 크기를 A4 용지로 설정하고 슬라이드 순서에 맞게 작성한다.
(2) 슬라이드 마스터 : 2~6슬라이드의 제목, 하단 로고, 슬라이드 번호는 슬라이드 마스터를 이용하여 작성한다.
  - 제목 글꼴(돋움, 40pt, 흰색), 가운데 맞춤, 도형(선 없음)
  - 하단 로고(「내 PC\문서\ITQ\Picture\로고2.jpg」, 배경(회색) 투명색으로 설정)

[슬라이드 1] ≪표지 디자인≫ 40점

(1) 표지 디자인 : 도형, 워드아트 및 그림을 이용하여 작성한다.

세부조건
① 도형 편집
  - 도형에 그림 채우기 :
    「내 PC\문서\ITQ\Picture\
    그림3.jpg」, 투명도 50%
  - 도형 효과 :
    부드러운 가장자리 5포인트
② 워드아트 삽입
  - 변환 : 삼각형, 아래로【역삼각형】
  - 글꼴 : 돋움, 굵게
  - 텍스트 반사 : 근접 반사, 4pt 오프셋
③ 그림 삽입
  - 「내 PC\문서\ITQ\Picture\
    로고2.jpg」
  - 배경(회색) 투명색으로 설정

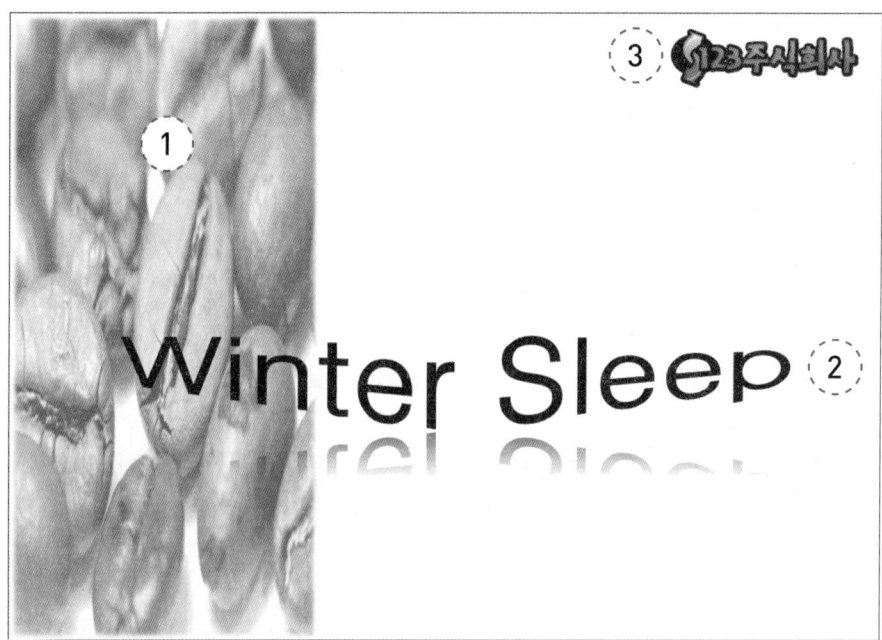

[슬라이드 2] ≪목차 슬라이드≫ 60점

(1) 출력형태와 같이 도형을 이용하여 목차를 작성한다(글꼴 : 굴림, 24pt).
(2) 도형 : 선 없음

세부조건
① 텍스트에 하이퍼링크 적용
  → '슬라이드 6'
② 그림 삽입
  - 「내 PC\문서\ITQ\Picture\
    그림4.jpg」
  - 자르기 기능 이용

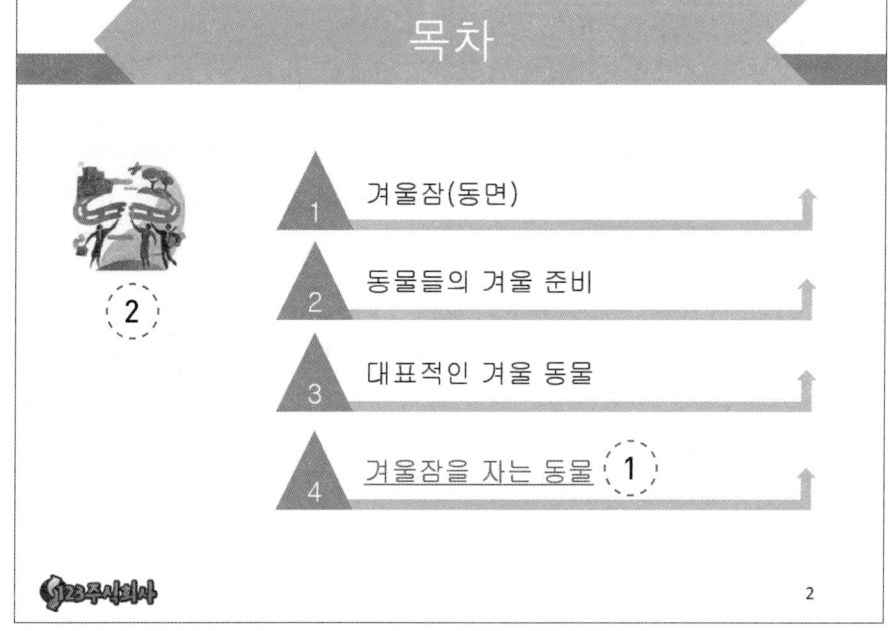

[슬라이드 3] ≪텍스트/동영상 슬라이드≫   60점

(1) 텍스트 작성 : 글머리 기호 사용(❖, ✓)
    ❖문단(굴림, 24pt, 굵게, 줄간격 : 1.5줄), ✓문단(굴림, 20pt, 줄간격 : 1.5줄)

세부조건

① 동영상 삽입 :
   - 「내 PC₩문서₩ITQ₩Picture₩ 동영상.wmv」
   - 자동실행, 반복재생 설정

1. 겨울잠(동면)

❖ **Winter Sleep**
   ✓ Winter sleep is a state of reduced activity of animals during the more hostile environmental conditions of winter

❖ **겨울잠(동면)**
   ✓ 먹이가 없는 겨울에 동물들이 활동과 생활을 거의 중지한 일정한 상태로 땅속 따위에서 겨울을 지내는 현상
   ✓ 겨울잠에 들기 전 멜라토닌의 분비량, 갑상선 호르몬, 심박수 등을 조절하는 뇌하수체 호르몬 등의 변화가 생김

[슬라이드 4] ≪표 슬라이드≫   80점

(1) 도형과 표 작성 기능을 이용하여 슬라이드를 작성한다(글꼴 : 돋움, 18pt).

세부조건

① 상단 도형 :
   2개 도형의 조합으로 작성
② 좌측 도형 :
   그라데이션 효과(선형 아래쪽)
③ 테이블 디자인【표 스타일】:
   테마 스타일 1 - 강조 6

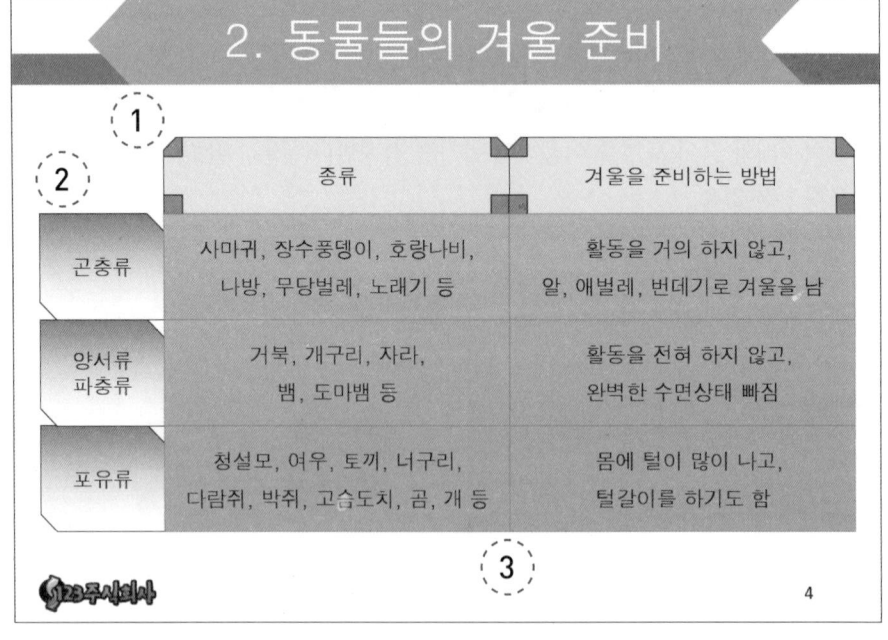

[슬라이드 5] ≪차트 슬라이드≫　　　　100점

(1) 차트 작성 기능을 이용하여 슬라이드를 작성한다.
(2) 차트 : 종류(묶은 세로 막대형), 글꼴(돋움, 16pt), 외곽선

세부조건

※ 차트설명
- 차트 제목 : 궁서, 24pt, 굵게, 채우기(흰색), 테두리, 그림자(오프셋 오른쪽)
- 차트 영역 : 채우기(노랑)
  그림 영역 : 채우기(흰색)
- 데이터 서식 : 몸무게(kg) 계열을 표식이 있는 꺾은선형으로 변경 후 보조축으로 지정
- 값 표시 : 북극여우의 크기(m) 계열만
① 도형 삽입
  - 스타일 : 미세효과 - 파랑, 강조1
  - 글꼴 : 굴림, 18pt

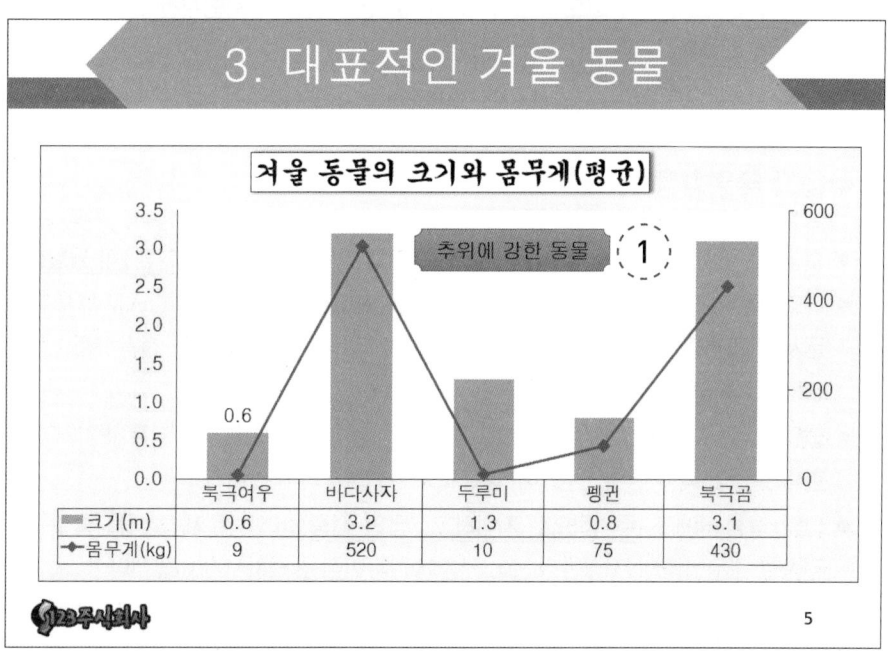

[슬라이드 6] ≪도형 슬라이드≫　　　　100점

(1) 슬라이드와 같이 도형 및 스마트아트를 배치한다(글꼴 : 굴림, 18pt).
(2) 애니메이션 순서 : ① ⇒ ②

세부조건

① 도형 및 스마트아트 편집
  - 스마트아트 디자인
    : 3차원 만화,
    3차원 경사
  - 그룹화 후 애니메이션 효과
    : 닦아내기(위에서)
② 도형 편집
  - 그룹화 후 애니메이션 효과
    : 바운드

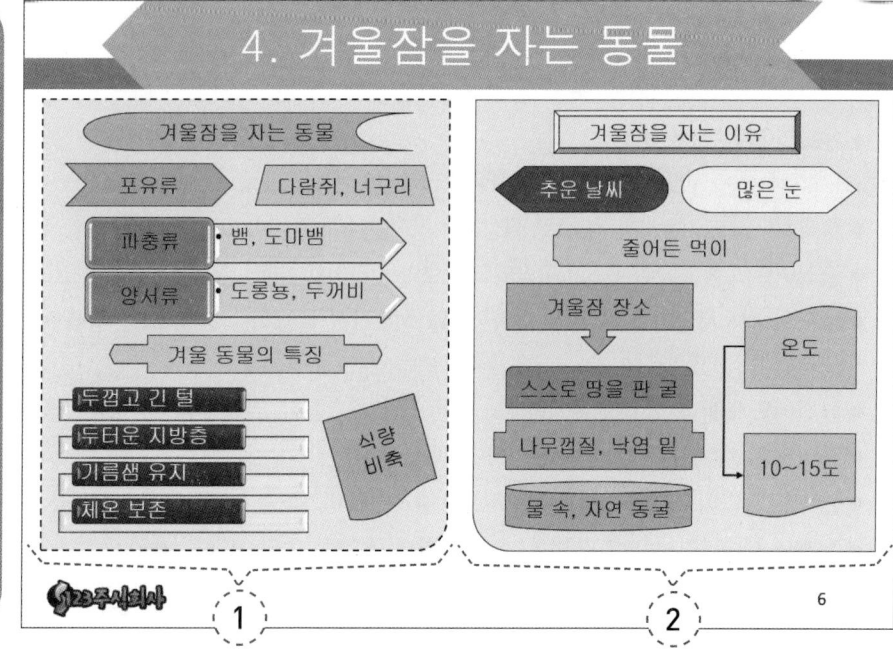

제 02 회 정보기술자격(ITQ) 최신유형 기출문제

과목	코드	문제유형	시험시간	수험번호	성명
한글파워포인트	1142	A	60분		

MS오피스

◆ 수험자 유의사항 ◆

- 수험자는 문제지를 받는 즉시 문제지와 **수험표상의 시험과목(프로그램)이 동일한지 반드시 확인**하여야 합니다.
- 파일명은 본인의 "수험번호-성명"으로 입력하여 답안폴더(내 PC\문서\ITQ)에 하나의 파일로 저장해야 하며, 답안 문서 파일명이 "수험번호-성명"과 일치하지 않거나, 답안파일을 전송하지 않아 미제출로 처리될 경우 실격 처리합니다. (예 : 12345678-홍길동.pptx).
- 답안 작성을 마치면 파일을 저장하고, '답안 전송' 버튼을 선택하여 감독위원 PC로 답안을 전송하십시오. 수험생 정보와 저장한 파일명이 다를 경우 전송되지 않으므로 주의하시기 바랍니다.
- 답안 작성 중에도 **주기적으로 저장하고, '답안 전송'**하여야 문제 발생을 줄일 수 있습니다. 작업한 내용을 저장하지 않고 전송할 경우 이전에 저장된 내용이 전송되오니 이점 유의하시기 바랍니다.
- 답안문서는 지정된 경로 외의 다른 보조기억장치에 저장하는 경우, 지정된 시험 시간 외에 작성된 파일을 활용할 경우, 기타 통신수단(이메일, 메신저, 네트워크 등)을 이용하여 타인에게 전달 또는 외부 반출하는 경우는 부정 처리합니다.
- 시험 중 부주의 또는 고의로 시스템을 파손한 경우는 수험자가 변상해야 하며, 〈수험자 유의사항〉에 기재된 방법대로 이행하지 않아 생기는 불이익은 수험생 당사자의 책임임을 알려 드립니다.
- 문제의 조건은 MS오피스 2021 버전으로 설정되어 있으며 MS오피스 2016은 【 】에 표기되어 있습니다. 이와 관련하여 작성한 답안의 출력형태가 문제지와 다를 수 있습니다.
- 시험을 완료한 수험자는 답안파일이 전송되었는지 확인한 후 감독위원의 지시에 따라 문제지를 제출하고 퇴실합니다.

◆ 답안 작성요령 ◆

- 온라인 답안 작성 절차
  수험자 등록 ⇒ 시험 시작 ⇒ 답안파일 저장 ⇒ 답안 전송 ⇒ 시험 종료
- 슬라이드의 크기는 A4 Paper로 설정하여 작성합니다.
- 슬라이드의 총 개수는 6개로 구성되어 있으며 슬라이드 1부터 순서대로 작업하고 반드시 문제와 세부조건대로 합니다.
- 별도의 지시사항이 없는 경우 출력형태를 참조하여 글꼴색은 검정 또는 흰색으로 작성하고, 기타사항은 전체적인 균형을 고려하여 작성합니다.
- 슬라이드 도형 및 개체에 출력형태와 다른 스타일(그림자, 외곽선 등)을 적용했을 경우 감점처리 됩니다.
- 슬라이드 번호를 작성합니다(슬라이드 1에는 생략).
- 2~6번 슬라이드 제목 도형과 하단 로고는 슬라이드 마스터를 이용하여 출력형태와 동일하게 작성합니다(슬라이드 1에는 생략).
- 문제와 세부조건, 세부조건 번호 ◌(점선원)는 입력하지 않습니다.
- 각 개체의 위치는 오른쪽의 슬라이드와 동일하게 구성합니다.
- 그림 삽입 문제의 경우 반드시 「내 PC\문서\ITQ\Picture」 폴더에서 정확한 파일을 선택하여 삽입하십시오.
- 각 슬라이드를 각각의 파일로 작업해서 저장할 경우 실격 처리됩니다.

 한국생산성본부

[전체구성] 60점

(1) 슬라이드 크기 및 순서 : 크기를 A4 용지로 설정하고 슬라이드 순서에 맞게 작성한다.
(2) 슬라이드 마스터 : 2~6슬라이드의 제목, 하단 로고, 슬라이드 번호는 슬라이드 마스터를 이용하여 작성한다.
- 제목 글꼴(굴림, 40pt, 흰색), 가운데 맞춤, 도형(선 없음)
- 하단 로고(「내 PC₩문서₩ITQ₩Picture₩로고1.jpg」, 배경(회색) 투명색으로 설정)

[슬라이드 1] ≪표지 디자인≫ 40점

(1) 표지 디자인 : 도형, 워드아트 및 그림을 이용하여 작성한다.

세부조건

① 도형 편집
- 도형에 그림 채우기 :
  「내 PC₩문서₩ITQ₩Picture₩그림1.jpg」, 투명도 50%
- 도형 효과 :
  부드러운 가장자리 5포인트
② 워드아트 삽입
- 변환 : 갈매기형 수장, 아래로
  【역갈매기형 수장】
- 글꼴 : 돋움, 굵게
- 텍스트 반사 : 근접 반사, 8pt 오프셋
③ 그림 삽입
- 「내 PC₩문서₩ITQ₩Picture₩로고1.jpg」
- 배경(회색) 투명색으로 설정

[슬라이드 2] ≪목차 슬라이드≫ 60점

(1) 출력형태와 같이 도형을 이용하여 목차를 작성한다(글꼴 : 돋움, 24pt).
(2) 도형 : 선 없음

세부조건

① 텍스트에 하이퍼링크 적용
  → '슬라이드 4'
② 그림 삽입
- 「내 PC₩문서₩ITQ₩Picture₩그림5.jpg」
- 자르기 기능 이용

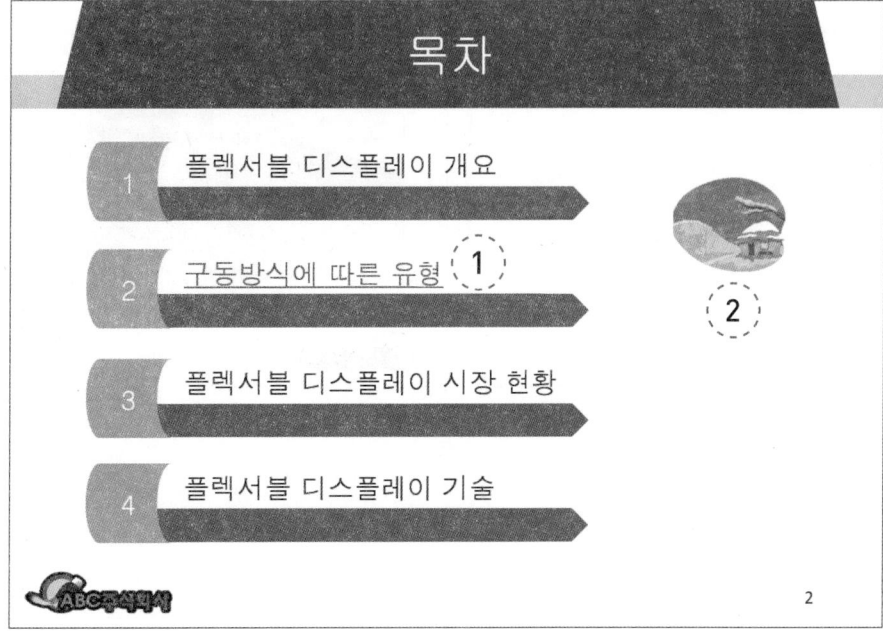

[슬라이드 3] ≪텍스트/동영상 슬라이드≫   60점

(1) 텍스트 작성 : 글머리 기호 사용(❖, ■)
  ❖ 문단(굴림, 24pt, 굵게, 줄간격 : 1.5줄), ■ 문단(굴림, 20pt, 줄간격 : 1.5줄)

세부조건
① 동영상 삽입 :
  - 「내 PC₩문서₩ITQ₩Picture₩동영상.wmv」
  - 자동실행, 반복재생 설정

1. 플렉서블 디스플레이 개요

❖ Flexible Display
  ■ An electronic visual display which is flexible in nature as opposed to the more prevalent flat screen displays used in most electronics devices

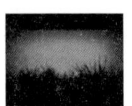

❖ 플렉서블 디스플레이
  ■ 형태의 변형을 통해 공간 활용성을 높일 수 있으며 얇고 가벼우며 깨지지 않는 장점이 있음
  ■ 디스플레이 시장을 다변화 시키고 사물인터넷 등의 연계를 통해 새로운 시장을 창출할 것으로 기대됨

[슬라이드 4] ≪표 슬라이드≫   80점

(1) 도형과 표 작성 기능을 이용하여 슬라이드를 작성한다(글꼴 : 돋움, 18pt).

세부조건
① 상단 도형 :
  2개 도형의 조합으로 작성
② 좌측 도형 :
  그라데이션 효과(선형 아래쪽)
③ 테이블 디자인【표 스타일】:
  테마 스타일 1 - 강조 5

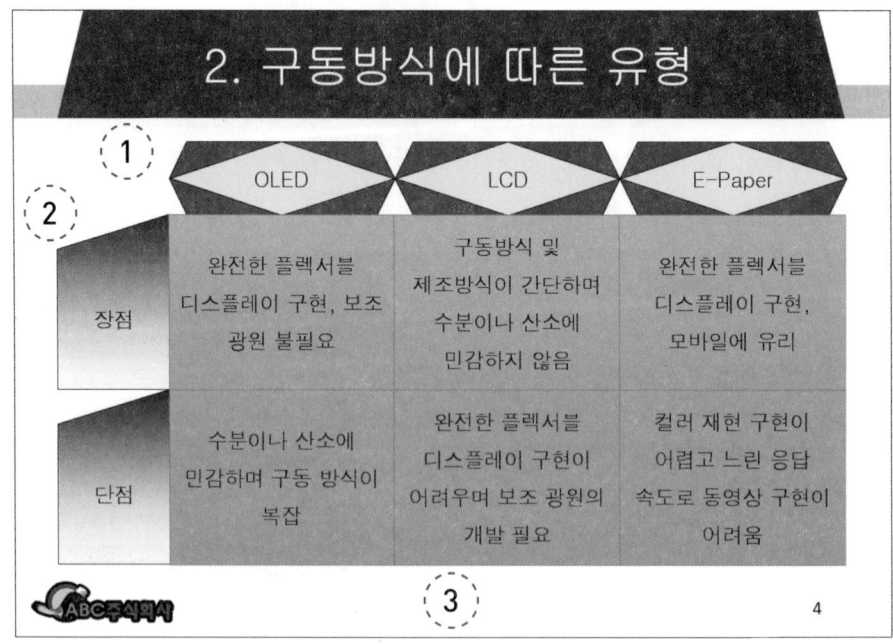

2. 구동방식에 따른 유형

	OLED	LCD	E-Paper
장점	완전한 플렉서블 디스플레이 구현, 보조 광원 불필요	구동방식 및 제조방식이 간단하며 수분이나 산소에 민감하지 않음	완전한 플렉서블 디스플레이 구현, 모바일에 유리
단점	수분이나 산소에 민감하며 구동 방식이 복잡	완전한 플렉서블 디스플레이 구현이 어려우며 보조 광원의 개발 필요	컬러 재현 구현이 어렵고 느린 응답 속도로 동영상 구현이 어려움

[슬라이드 5] ≪차트 슬라이드≫　　　100점

(1) 차트 작성 기능을 이용하여 슬라이드를 작성한다.
(2) 차트 : 종류(묶은 세로 막대형), 글꼴(돋움, 16pt), 외곽선

세부조건

※ 차트설명
- 차트 제목 : 궁서, 24pt, 굵게, 채우기(흰색), 테두리, 그림자(오프셋 왼쪽)
- 차트 영역 : 채우기(노랑)
  그림 영역 : 채우기(흰색)
- 데이터 서식 : 출하량(백만 대) 계열을 표식이 있는 꺾은선형으로 변경 후 보조축으로 지정
- 값 표시 : 2020년의 매출액(백만 달러) 계열만
① 도형 삽입
  - 스타일 : 미세효과 - 파랑, 강조1
  - 글꼴 : 굴림, 18pt

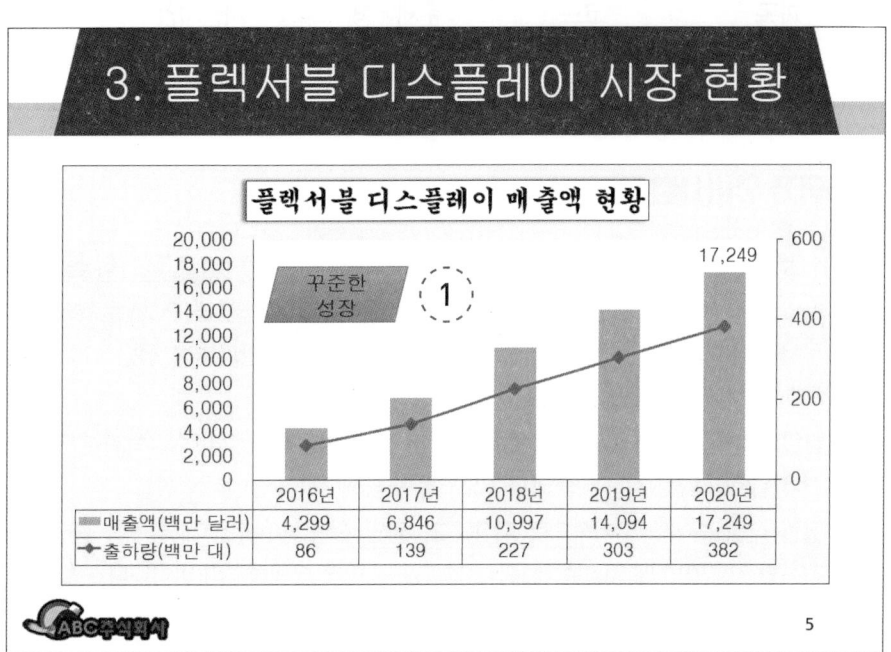

[슬라이드 6] ≪도형 슬라이드≫　　　100점

(1) 슬라이드와 같이 도형 및 스마트아트를 배치한다(글꼴 : 돋움, 18pt).
(2) 애니메이션 순서 : ① ⇒ ②

세부조건

① 도형 및 스마트아트 편집
  - 스마트아트 디자인
    : 3차원 경사,
    3차원 만화
  - 그룹화 후 애니메이션 효과
    : 밝기 변화
② 도형 편집
  - 그룹화 후 애니메이션 효과
    : 닦아내기(오른쪽에서)

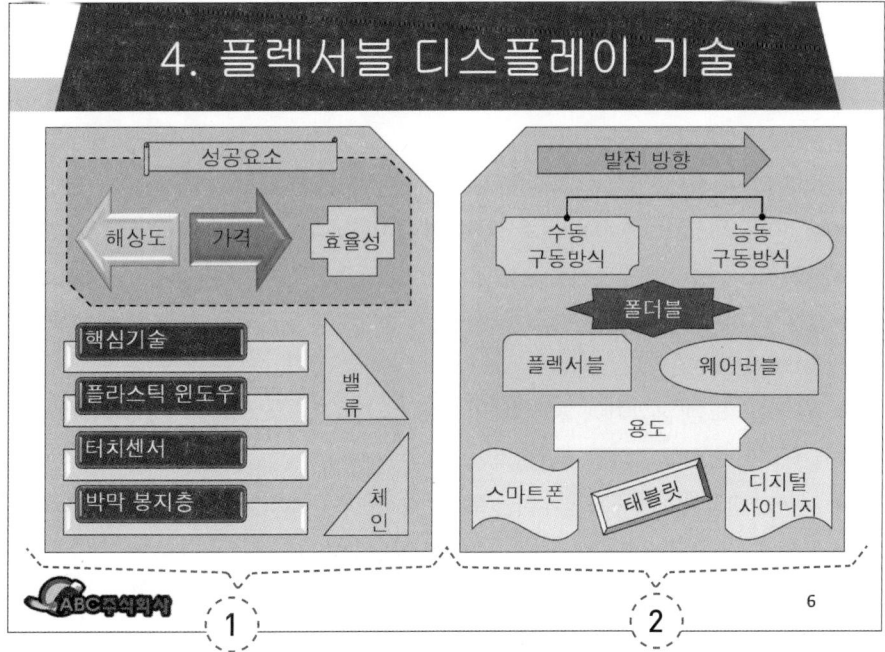

제 03 회 정보기술자격(ITQ) 최신유형 기출문제

과목	코드	문제유형	시험시간	수험번호	성명
한글파워포인트	1142	A	60분		

MS오피스

• 수험자 유의사항 •

- 수험자는 문제지를 받는 즉시 문제지와 **수험표상의 시험과목(프로그램)이 동일한지 반드시 확인**하여야 합니다.
- 파일명은 본인의 "수험번호-성명"으로 입력하여 답안폴더(내 PC\문서\ITQ)에 하나의 파일로 저장해야 하며, 답안 문서 파일명이 "수험번호-성명"과 일치하지 않거나, 답안파일을 전송하지 않아 미제출로 처리될 경우 실격 처리합니다. (예 : 12345678-홍길동.pptx).
- 답안 작성을 마치면 파일을 저장하고, '답안 전송' 버튼을 선택하여 감독위원 PC로 답안을 전송하십시오. 수험생 정보와 저장한 파일명이 다를 경우 전송되지 않으므로 주의하시기 바랍니다.
- 답안 작성 중에도 **주기적으로 저장하고, '답안 전송'**하여야 문제 발생을 줄일 수 있습니다. 작업한 내용을 저장하지 않고 전송할 경우 이전에 저장된 내용이 전송되오니 이점 유의하시기 바랍니다.
- 답안문서는 지정된 경로 외의 다른 보조기억장치에 저장하는 경우, 지정된 시험 시간 외에 작성된 파일을 활용할 경우, 기타 통신수단(이메일, 메신저, 네트워크 등)을 이용하여 타인에게 전달 또는 외부 반출하는 경우는 부정 처리합니다.
- 시험 중 부주의 또는 고의로 시스템을 파손한 경우는 수험자가 변상해야 하며, 〈수험자 유의사항〉에 기재된 방법대로 이행하지 않아 생기는 불이익은 수험생 당사자의 책임임을 알려 드립니다.
- 문제의 조건은 MS오피스 2021 버전으로 설정되어 있으며 MS오피스 2016은 【 】에 표기되어 있습니다. 이와 관련하여 작성한 답안의 출력형태가 문제지와 다를 수 있습니다.
- 시험을 완료한 수험자는 답안파일이 전송되었는지 확인한 후 감독위원의 지시에 따라 문제지를 제출하고 퇴실합니다.

• 답안 작성요령 •

- 온라인 답안 작성 절차
  수험자 등록 ⇒ 시험 시작 ⇒ 답안파일 저장 ⇒ 답안 전송 ⇒ 시험 종료
- 슬라이드의 크기는 A4 Paper로 설정하여 작성합니다.
- 슬라이드의 총 개수는 6개로 구성되어 있으며 슬라이드 1부터 순서대로 작업하고 반드시 문제와 세부조건대로 합니다.
- 별도의 지시사항이 없는 경우 출력형태를 참조하여 글꼴색은 검정 또는 흰색으로 작성하고, 기타사항은 전체적인 균형을 고려하여 작성합니다.
- 슬라이드 도형 및 개체에 출력형태와 다른 스타일(그림자, 외곽선 등)을 적용했을 경우 감점처리 됩니다.
- 슬라이드 번호를 작성합니다(슬라이드 1에는 생략).
- 2~6번 슬라이드 제목 도형과 하단 로고는 슬라이드 마스터를 이용하여 출력형태와 동일하게 작성합니다(슬라이드 1에는 생략).
- 문제와 세부조건, 세부조건 번호 ❍(점선원)는 입력하지 않습니다.
- 각 개체의 위치는 오른쪽의 슬라이드와 동일하게 구성합니다.
- 그림 삽입 문제의 경우 반드시 「내 PC\문서\ITQ\Picture」 폴더에서 정확한 파일을 선택하여 삽입하십시오.
- 각 슬라이드를 각각의 파일로 작업해서 저장할 경우 실격 처리됩니다.

[전체구성]   60점

(1) 슬라이드 크기 및 순서 : 크기를 A4 용지로 설정하고 슬라이드 순서에 맞게 작성한다.
(2) 슬라이드 마스터 : 2~6슬라이드의 제목, 하단 로고, 슬라이드 번호는 슬라이드 마스터를 이용하여 작성한다.
 - 제목 글꼴(돋움, 40pt, 흰색), 가운데 맞춤, 도형(선 없음)
 - 하단 로고(「내 PC₩문서₩ITQ₩Picture₩로고1.jpg」, 배경(회색) 투명색으로 설정)

[슬라이드 1] ≪표지 디자인≫   40점

(1) 표지 디자인 : 도형, 워드아트 및 그림을 이용하여 작성한다.

세부조건

① 도형 편집
 - 도형에 그림 채우기 :
   「내 PC₩문서₩ITQ₩Picture₩
   그림2.jpg」, 투명도 50%
 - 도형 효과 :
   부드러운 가장자리 5포인트
② 워드아트 삽입
 - 변환 : 기울기, 위로【위로 기울기】
 - 글꼴 : 돋움, 굵게
 - 텍스트 반사 : 근접 반사, 터치
③ 그림 삽입
 - 「내 PC₩문서₩ITQ₩Picture₩
   로고1.jpg」
 - 배경(회색) 투명색으로 설정

[슬라이드 2] ≪목차 슬라이드≫   60점

(1) 출력형태와 같이 도형을 이용하여 목차를 작성한다(글꼴 : 굴림, 24pt).
(2) 도형 : 선 없음

세부조건

① 텍스트에 하이퍼링크 적용
 → '슬라이드 6'
② 그림 삽입
 - 「내 PC₩문서₩ITQ₩Picture₩
   그림4.jpg」
 - 자르기 기능 이용

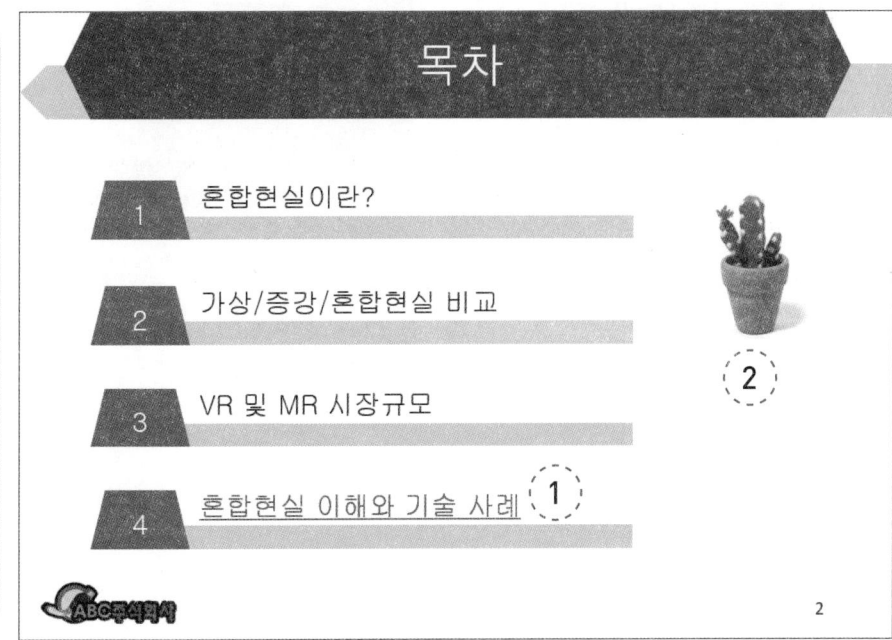

[슬라이드 3] ≪텍스트/동영상 슬라이드≫ 60점

(1) 텍스트 작성 : 글머리 기호 사용(❖, ■)
  ❖문단(굴림, 24pt, 굵게, 줄간격 : 1.5줄), ■문단(굴림, 20pt, 줄간격 : 1.5줄)

세부조건
① 동영상 삽입 :
  - 「내 PC\문서\ITQ\Picture\동영상.wmv」
  - 자동실행, 반복재생 설정

1. 혼합현실이란?

❖ Mixed Reality(MR)
  ■ A reality created by mixing various methods
  ■ A word that refers to all the ways that exist between reality, virtual reality and augmented reality

❖ 혼합현실
  ■ 다양한 방식을 혼합해 만들어낸 현실로 현실과 가상현실, 증강현실 사이에 존재할 수 있는 모든 방식을 통틀어 일컫는 말

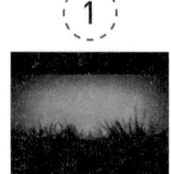

[슬라이드 4] ≪표 슬라이드≫ 80점

(1) 도형과 표 작성 기능을 이용하여 슬라이드를 작성한다(글꼴 : 돋움, 18pt).

세부조건
① 상단 도형 :
  2개 도형의 조합으로 작성
② 좌측 도형 :
  그라데이션 효과(선형 아래쪽)
③ 테이블 디자인【표 스타일】:
  테마 스타일 1 - 강조 2

2. 가상/증강/혼합현실 비교

	가상현실	증강현실	혼합현실
구현 방식	현실세계를 차단하고 디지털 환경만 구축	현실 정보 위에 가상 정보를 덮혀서 보여주는 기술	현실 정보 기반에 가상 정보를 융합
장점	몰입감 뛰어남	현실과 상호작용 가능	현실과 상호작용 우수, 사실감, 몰입감 극대
단점	현실과 상호작용 약함	시야와 정보 분리 몰입감 떨어짐	데이터의 대용량 장비나 기술적 제약

[슬라이드 5] ≪차트 슬라이드≫   100점

(1) 차트 작성 기능을 이용하여 슬라이드를 작성한다.
(2) 차트 : 종류(묶은 세로 막대형), 글꼴(돋움, 16pt), 외곽선

세부조건

※ 차트설명
- 차트 제목 : 궁서, 24pt, 굵게, 채우기(흰색), 테두리, 그림자(오프셋 오른쪽)
- 차트 영역 : 채우기(노랑)
  그림 영역 : 채우기(흰색)
- 데이터 서식 : MR 계열을 표식이 있는 꺾은선형으로 변경 후 보조축으로 지정
- 값 표시 : 2018년의 MR 계열만

① 도형 삽입
- 스타일 : 미세효과 - 파랑, 강조1
- 글꼴 : 굴림, 18pt

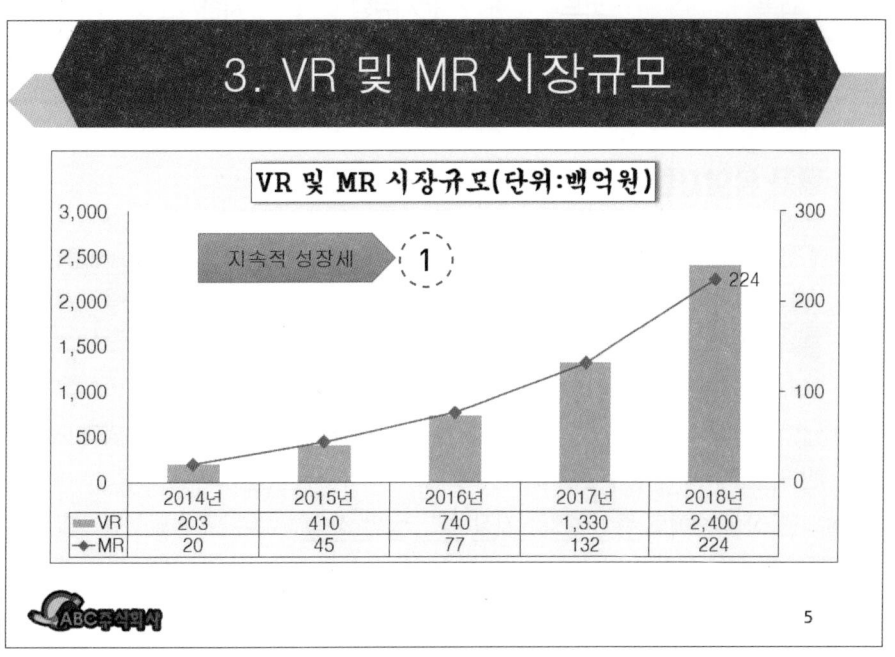

[슬라이드 6] ≪도형 슬라이드≫   100점

(1) 슬라이드와 같이 도형 및 스마트아트를 배치한다(글꼴 : 굴림, 18pt).
(2) 애니메이션 순서 : ① ⇒ ②

세부조건

① 도형 및 스마트아트 편집
- 스마트아트 디자인
  : 3차원 광택 처리, 3차원 만화
- 그룹화 후 애니메이션 효과
  : 날아오기(왼쪽에서)

② 도형 편집
- 그룹화 후 애니메이션 효과
  : 바운드

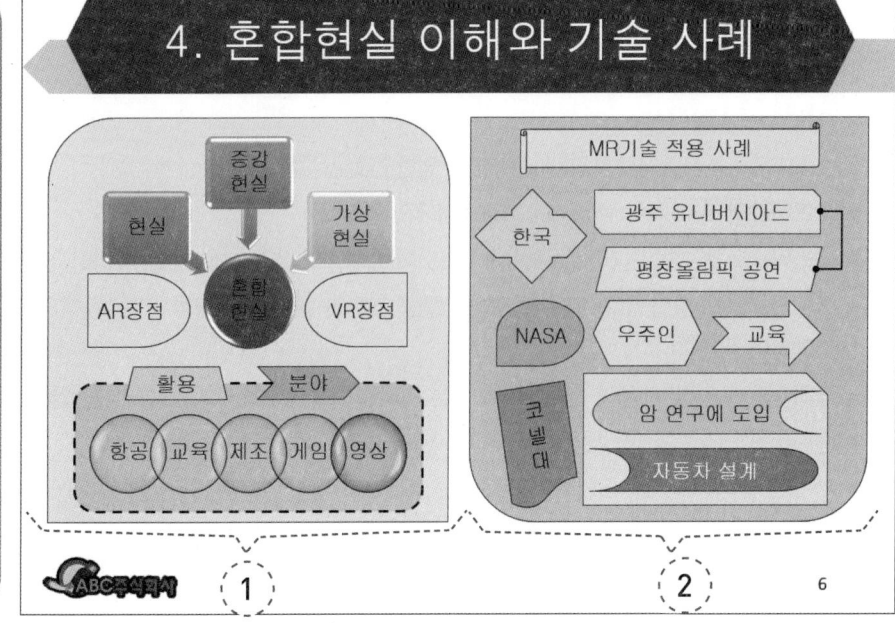

제 04 회 정보기술자격(ITQ) 최신유형 기출문제

과목	코드	문제유형	시험시간	수험번호	성명
한글파워포인트	1142	A	60분		

MS오피스

• 수험자 유의사항 •

- 수험자는 문제지를 받는 즉시 문제지와 **수험표상의 시험과목(프로그램)이 동일한지 반드시 확인**하여야 합니다.
- 파일명은 본인의 "수험번호-성명"으로 입력하여 답안폴더(내 PC₩문서₩ITQ)에 하나의 파일로 저장해야 하며, 답안 문서 파일명이 "수험번호-성명"과 일치하지 않거나, 답안파일을 전송하지 않아 미제출로 처리될 경우 실격 처리합니다. (예 : 12345678-홍길동.pptx).
- 답안 작성을 마치면 파일을 저장하고, '답안 전송' 버튼을 선택하여 감독위원 PC로 답안을 전송하십시오. 수험생 정보와 저장한 파일명이 다를 경우 전송되지 않으므로 주의하시기 바랍니다.
- 답안 작성 중에도 **주기적으로 저장하고, '답안 전송'**하여야 문제 발생을 줄일 수 있습니다. 작업한 내용을 저장하지 않고 전송할 경우 이전에 저장된 내용이 전송되오니 이점 유의하시기 바랍니다.
- 답안문서는 지정된 경로 외의 다른 보조기억장치에 저장하는 경우, 지정된 시험 시간 외에 작성된 파일을 활용할 경우, 기타 통신수단(이메일, 메신저, 네트워크 등)을 이용하여 타인에게 전달 또는 외부 반출하는 경우는 부정 처리합니다.
- 시험 중 부주의 또는 고의로 시스템을 파손한 경우는 수험자가 변상해야 하며, 〈수험자 유의사항〉에 기재된 방법대로 이행하지 않아 생기는 불이익은 수험생 당사자의 책임임을 알려 드립니다.
- 문제의 조건은 MS오피스 2021 버전으로 설정되어 있으며 MS오피스 2016은 【 】에 표기되어 있습니다. 이와 관련하여 작성한 답안의 출력형태가 문제지와 다를 수 있습니다.
- 시험을 완료한 수험자는 답안파일이 전송되었는지 확인한 후 감독위원의 지시에 따라 문제지를 제출하고 퇴실합니다.

• 답안 작성요령 •

- 온라인 답안 작성 절차
  수험자 등록 ⇒ 시험 시작 ⇒ 답안파일 저장 ⇒ 답안 전송 ⇒ 시험 종료
- 슬라이드의 크기는 A4 Paper로 설정하여 작성합니다.
- 슬라이드의 총 개수는 6개로 구성되어 있으며 슬라이드 1부터 순서대로 작업하고 반드시 문제와 세부조건대로 합니다.
- 별도의 지시사항이 없는 경우 출력형태를 참조하여 글꼴색은 검정 또는 흰색으로 작성하고, 기타사항은 전체적인 균형을 고려하여 작성합니다.
- 슬라이드 도형 및 개체에 출력형태와 다른 스타일(그림자, 외곽선 등)을 적용했을 경우 감점처리 됩니다.
- 슬라이드 번호를 작성합니다(슬라이드 1에는 생략).
- 2~6번 슬라이드 제목 도형과 하단 로고는 슬라이드 마스터를 이용하여 출력형태와 동일하게 작성합니다(슬라이드 1에는 생략).
- 문제와 세부조건, 세부조건 번호 ◌(점선원)는 입력하지 않습니다.
- 각 개체의 위치는 오른쪽의 슬라이드와 동일하게 구성합니다.
- 그림 삽입 문제의 경우 반드시 「내 PC₩문서₩ITQ₩Picture」 폴더에서 정확한 파일을 선택하여 삽입하십시오.
- 각 슬라이드를 각각의 파일로 작업해서 저장할 경우 실격 처리됩니다.

[전체구성] 60점

(1) 슬라이드 크기 및 순서 : 크기를 A4 용지로 설정하고 슬라이드 순서에 맞게 작성한다.
(2) 슬라이드 마스터 : 2~6슬라이드의 제목, 하단 로고, 슬라이드 번호는 슬라이드 마스터를 이용하여 작성한다.
 - 제목 글꼴(돋움, 40pt, 흰색), 가운데 맞춤, 도형(선 없음)
 - 하단 로고(「내 PC₩문서₩ITQ₩Picture₩로고1.jpg」, 배경(회색) 투명색으로 설정)

[슬라이드 1] ≪표지 디자인≫ 40점

(1) 표지 디자인 : 도형, 워드아트 및 그림을 이용하여 작성한다.

세부조건

① 도형 편집
 - 도형에 그림 채우기 :
   「내 PC₩문서₩ITQ₩Picture₩그림2.jpg」, 투명도 50%
 - 도형 효과 :
   부드러운 가장자리 5포인트
② 워드아트 삽입
 - 변환 : 삼각형, 위로【삼각형】
 - 글꼴 : 돋움, 굵게
 - 텍스트 반사 : 근접 반사, 터치
③ 그림 삽입
 - 「내 PC₩문서₩ITQ₩Picture₩로고1.jpg」
 - 배경(회색) 투명색으로 설정

[슬라이드 2] ≪목차 슬라이드≫ 60점

(1) 출력형태와 같이 도형을 이용하여 목차를 작성한다(글꼴 : 굴림, 24pt).
(2) 도형 : 선 없음

세부조건

① 텍스트에 하이퍼링크 적용
  → '슬라이드 6'
② 그림 삽입
 - 「내 PC₩문서₩ITQ₩Picture₩그림4.jpg」
 - 자르기 기능 이용

[슬라이드 3] ≪텍스트/동영상 슬라이드≫ 60점

(1) 텍스트 작성 : 글머리 기호 사용(◆, ➢)
◆문단(굴림, 24pt, 굵게, 줄간격 : 1.5줄), ➢문단(굴림, 20pt, 줄간격 : 1.5줄)

세부조건
① 동영상 삽입 :
- 「내 PC₩문서₩ITQ₩Picture₩동영상.wmv」
- 자동실행, 반복재생 설정

[슬라이드 4] ≪표 슬라이드≫ 80점

(1) 도형과 표 작성 기능을 이용하여 슬라이드를 작성한다(글꼴 : 돋움, 18pt).

세부조건
① 상단 도형 :
2개 도형의 조합으로 작성
② 좌측 도형 :
그라데이션 효과(선형 아래쪽)
③ 테이블 디자인【표 스타일】:
테마 스타일 1 – 강조 2

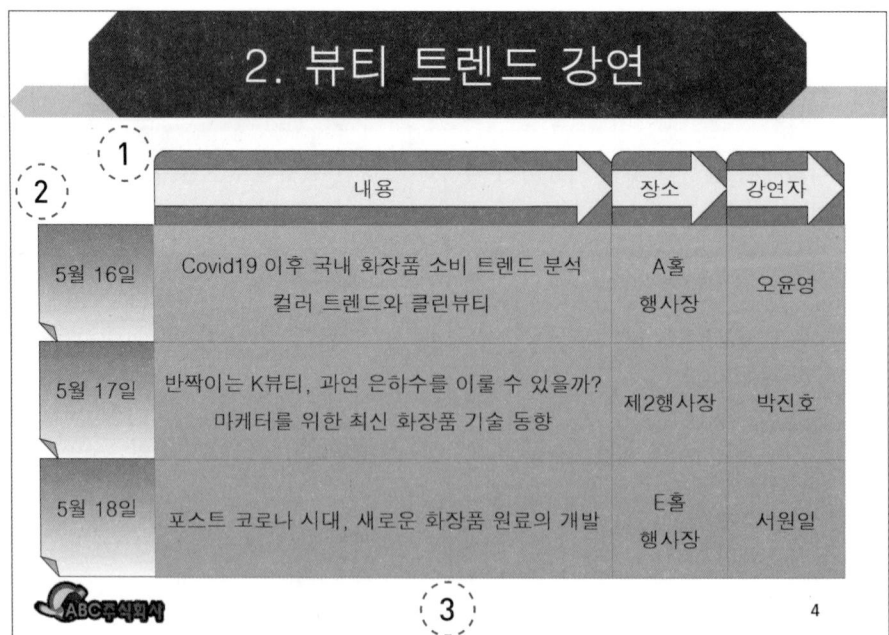

[슬라이드 5] ≪차트 슬라이드≫ 100점

(1) 차트 작성 기능을 이용하여 슬라이드를 작성한다.
(2) 차트 : 종류(묶은 세로 막대형), 글꼴(돋움, 16pt), 외곽선

세부조건

※ 차트설명
- 차트 제목 : 궁서, 24pt, 굵게, 채우기 (흰색), 테두리, 그림자(오프셋 왼쪽)
- 차트 영역 : 채우기(노랑) 그림 영역 : 채우기(흰색)
- 데이터 서식 : 수입 계열을 표식이 있는 꺾은선형으로 변경 후 보조축으로 지정
- 값 표시 : 2014년의 수출 계열만

① 도형 삽입
- 스타일 : 미세효과 - 파랑, 강조1
- 글꼴 : 굴림, 18pt

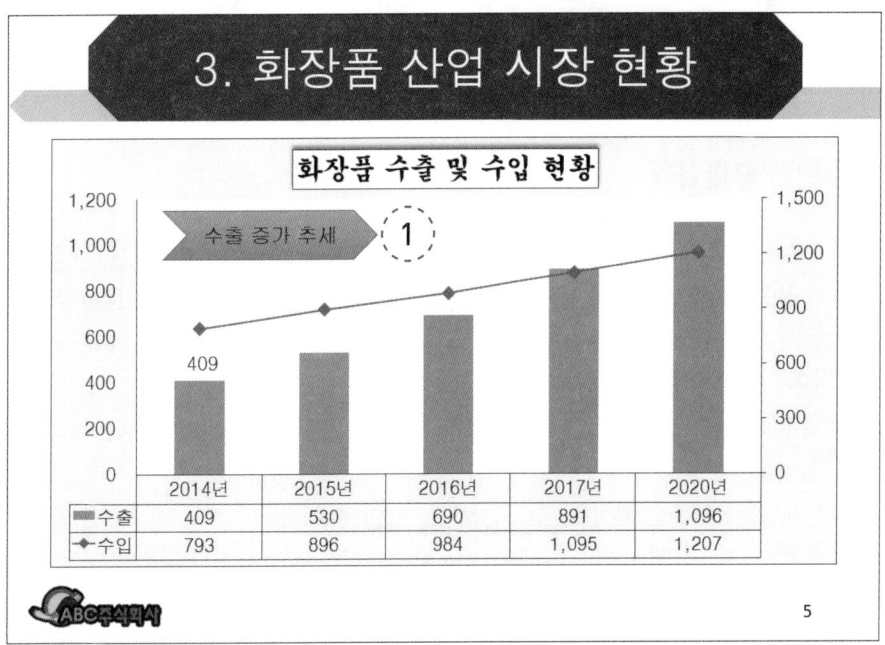

[슬라이드 6] ≪도형 슬라이드≫ 100점

(1) 슬라이드와 같이 도형 및 스마트아트를 배치한다(글꼴 : 굴림, 18pt).
(2) 애니메이션 순서 : ① ⇒ ②

세부조건

① 도형 및 스마트아트 편집
- 스마트아트 디자인 : 3차원 만화, 3차원 벽돌
- 그룹화 후 애니메이션 효과 : 날아오기(왼쪽에서)

② 도형 편집
- 그룹화 후 애니메이션 효과 : 바운드

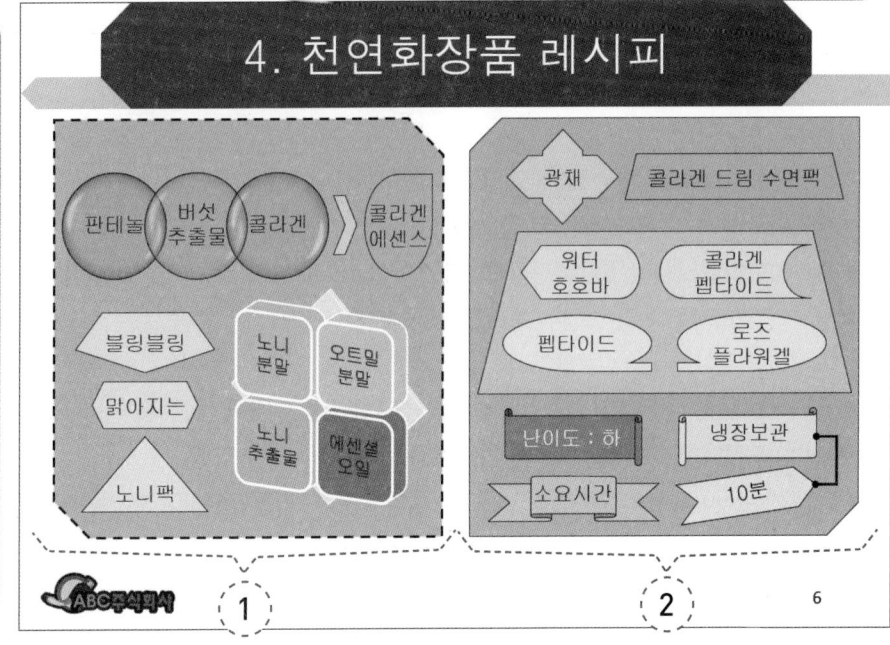

제05회 정보기술자격(ITQ) 최신유형 기출문제

과목	코드	문제유형	시험시간	수험번호	성명
한글파워포인트	1142	A	60분		

MS오피스

• 수험자 유의사항 •

- 수험자는 문제지를 받는 즉시 문제지와 **수험표상의 시험과목(프로그램)이 동일한지 반드시 확인**하여야 합니다.
- 파일명은 본인의 "수험번호-성명"으로 입력하여 답안폴더(내 PC\문서\ITQ)에 하나의 파일로 저장해야 하며, 답안 문서 파일명이 "수험번호-성명"과 일치하지 않거나, 답안파일을 전송하지 않아 미제출로 처리될 경우 실격 처리합니다. (예 : 12345678-홍길동.pptx).
- 답안 작성을 마치면 파일을 저장하고, '답안 전송' 버튼을 선택하여 감독위원 PC로 답안을 전송하십시오. 수험생 정보와 저장한 파일명이 다를 경우 전송되지 않으므로 주의하시기 바랍니다.
- 답안 작성 중에도 **주기적으로 저장하고, '답안 전송'**하여야 문제 발생을 줄일 수 있습니다. 작업한 내용을 저장하지 않고 전송할 경우 이전에 저장된 내용이 전송되오니 이점 유의하시기 바랍니다.
- 답안문서는 지정된 경로 외의 다른 보조기억장치에 저장하는 경우, 지정된 시험 시간 외에 작성된 파일을 활용할 경우, 기타 통신수단(이메일, 메신저, 네트워크 등)을 이용하여 타인에게 전달 또는 외부 반출하는 경우는 부정 처리합니다.
- 시험 중 부주의 또는 고의로 시스템을 파손한 경우는 수험자가 변상해야 하며, 〈수험자 유의사항〉에 기재된 방법대로 이행하지 않아 생기는 불이익은 수험생 당사자의 책임임을 알려 드립니다.
- 문제의 조건은 MS오피스 2021 버전으로 설정되어 있으며 MS오피스 2016은 【 】에 표기되어 있습니다. 이와 관련하여 작성한 답안의 출력형태가 문제지와 다를 수 있습니다.
- 시험을 완료한 수험자는 답안파일이 전송되었는지 확인한 후 감독위원의 지시에 따라 문제지를 제출하고 퇴실합니다.

• 답안 작성요령 •

- 온라인 답안 작성 절차
  수험자 등록 ⇒ 시험 시작 ⇒ 답안파일 저장 ⇒ 답안 전송 ⇒ 시험 종료
- 슬라이드의 크기는 A4 Paper로 설정하여 작성합니다.
- 슬라이드의 총 개수는 6개로 구성되어 있으며 슬라이드 1부터 순서대로 작업하고 반드시 문제와 세부조건대로 합니다.
- 별도의 지시사항이 없는 경우 출력형태를 참조하여 글꼴색은 검정 또는 흰색으로 작성하고, 기타사항은 전체적인 균형을 고려하여 작성합니다.
- 슬라이드 도형 및 개체에 출력형태와 다른 스타일(그림자, 외곽선 등)을 적용했을 경우 감점처리 됩니다.
- 슬라이드 번호를 작성합니다(슬라이드 1에는 생략).
- 2~6번 슬라이드 제목 도형과 하단 로고는 슬라이드 마스터를 이용하여 출력형태와 동일하게 작성합니다(슬라이드 1에는 생략).
- 문제와 세부조건, 세부조건 번호 ⓘ(점선원)는 입력하지 않습니다.
- 각 개체의 위치는 오른쪽의 슬라이드와 동일하게 구성합니다.
- 그림 삽입 문제의 경우 반드시 「내 PC\문서\ITQ\Picture」 폴더에서 정확한 파일을 선택하여 삽입하십시오.
- 각 슬라이드를 각각의 파일로 작업해서 저장할 경우 실격 처리됩니다.

kpc 한국생산성본부

[전체구성] 60점

(1) 슬라이드 크기 및 순서 : 크기를 A4 용지로 설정하고 슬라이드 순서에 맞게 작성한다.
(2) 슬라이드 마스터 : 2~6슬라이드의 제목, 하단 로고, 슬라이드 번호는 슬라이드 마스터를 이용하여 작성한다.
 - 제목 글꼴(돋움, 40pt, 흰색), 가운데 맞춤, 도형(선 없음)
 - 하단 로고(「내 PC₩문서₩ITQ₩Picture₩로고2.jpg」, 배경(회색) 투명색으로 설정)

[슬라이드 1] 《표지 디자인》 40점

(1) 표지 디자인 : 도형, 워드아트 및 그림을 이용하여 작성한다.

세부조건
① 도형 편집
 - 도형에 그림 채우기 :
   「내 PC₩문서₩ITQ₩Picture₩그림2.jpg」, 투명도 50%
 - 도형 효과 :
   부드러운 가장자리 5포인트
② 워드아트 삽입
 - 변환 : 갈매기형 수장, 위로
   【갈매기형 수장】
 - 글꼴 : 돋움, 굵게
 - 텍스트 반사 : 근접 반사, 터치
③ 그림 삽입
 - 「내 PC₩문서₩ITQ₩Picture₩로고2.jpg」
 - 배경(회색) 투명색으로 설정

[슬라이드 2] 《목차 슬라이드》 60점

(1) 출력형태와 같이 도형을 이용하여 목차를 작성한다(글꼴 : 굴림, 24pt).
(2) 도형 : 선 없음

세부조건
① 텍스트에 하이퍼링크 적용
 → '슬라이드 5'
② 그림 삽입
 - 「내 PC₩문서₩ITQ₩Picture₩그림4.jpg」
 - 자르기 기능 이용

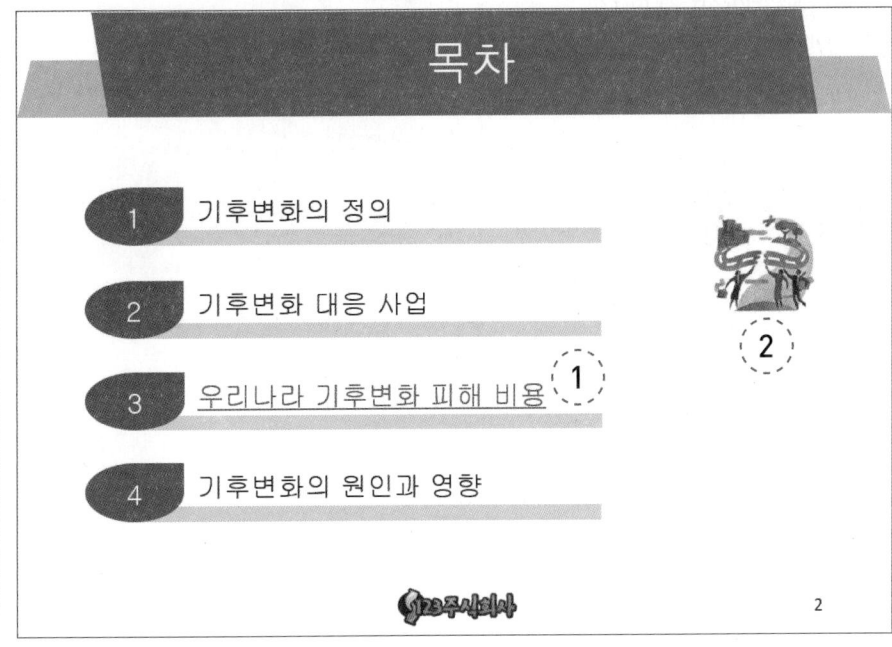

[슬라이드 3] ≪텍스트/동영상 슬라이드≫ 60점

(1) 텍스트 작성 : 글머리 기호 사용(◆, ■)
   ◆문단(굴림, 24pt, 굵게, 줄간격 : 1.5줄), ■문단(굴림, 20pt, 줄간격 : 1.5줄)

세부조건
① 동영상 삽입 :
  - 「내 PC₩문서₩ITQ₩Picture₩동영상.wmv」
  - 자동실행, 반복재생 설정

1. 기후변화의 정의

◆ Climate Change
  ■ Climate change threatens people with increased flooding, extreme heat, more disease, and economic loss, and human migration and conflict can be a result

◆ 기후변화
  ■ 전 지구 대기의 조성을 변화시키는 인간의 활동이 직접적 또는 간접적 원인
  ■ 충분한 기간에 관측된 자연적인 기후변동성에 추가하여 일어나는 기후의 변화

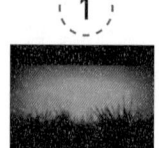

[슬라이드 4] ≪표 슬라이드≫ 80점

(1) 도형과 표 작성 기능을 이용하여 슬라이드를 작성한다(글꼴 : 돋움, 18pt).

세부조건
① 상단 도형 :
   2개 도형의 조합으로 작성
② 좌측 도형 :
   그라데이션 효과(선형 아래쪽)
③ 테이블 디자인【표 스타일】:
   테마 스타일 1 - 강조 2

2. 기후변화 대응 사업

	제1기	제2기	제3기
주요 목표	경험 축적 및 거래제 안착	상당 수준의 온실가스 감축	적극적인 온실가스 감축
제도 운영	제도의 유연성 제고, 정확한 MRV 집행을 위한 인프라 구축	거래제 범위 확대, 각종 기준 고도화	신기후체제 대비, 자발적 감축 유도
할당	전량 무상할당, 목표 관리제 경험 활용	유상할당 게시	유상할당 비율 확대

[슬라이드 5] ≪차트 슬라이드≫ 100점

(1) 차트 작성 기능을 이용하여 슬라이드를 작성한다.
(2) 차트 : 종류(묶은 세로 막대형), 글꼴(돋움, 16pt), 외곽선

세부조건

※ 차트설명
- 차트 제목 : 궁서, 24pt, 굵게, 채우기(흰색), 테두리, 그림자(오프셋 오른쪽)
- 차트 영역 : 채우기(노랑)
  그림 영역 : 채우기(흰색)
- 데이터 서식 : 탄소중립(1.5도) 계열을 표식이 있는 꺾은선형으로 변경 후 보조축으로 지정
- 값 표시 : 2075년의 무대응 계열만

① 도형 삽입
  - 스타일 : 미세효과 - 파랑, 강조1
  - 글꼴 : 굴림, 18pt

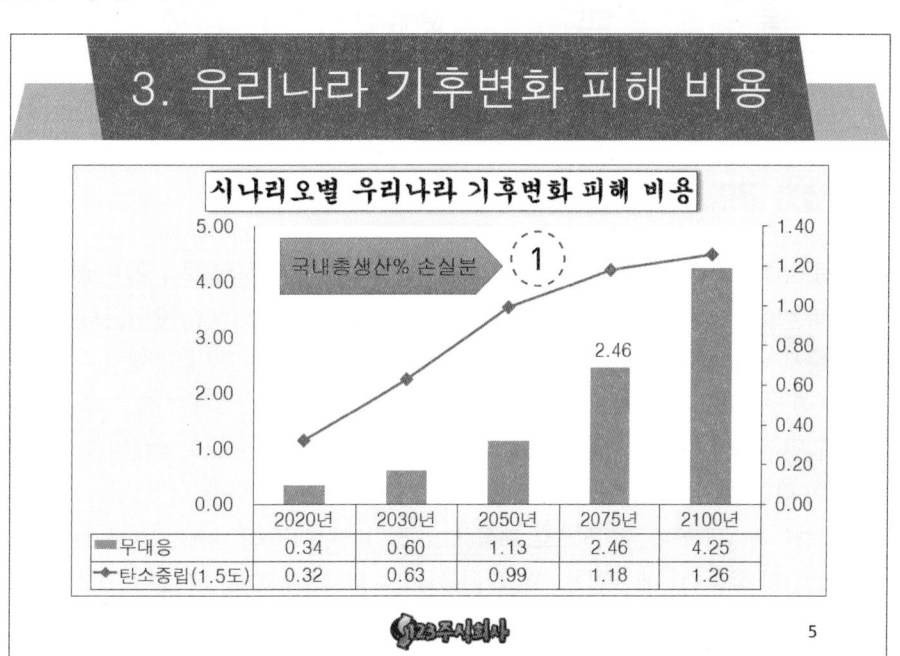

[슬라이드 6] ≪도형 슬라이드≫ 100점

(1) 슬라이드와 같이 도형 및 스마트아트를 배치한다(글꼴 : 굴림, 18pt).
(2) 애니메이션 순서 : ① ⇒ ②

세부조건

① 도형 및 스마트아트 편집
  - 스마트아트 디자인
    : 3차원 광택 처리, 3차원 만화
  - 그룹화 후 애니메이션 효과
    : 바운드
② 도형 편집
  - 그룹화 후 애니메이션 효과
    : 실선 무늬(세로)

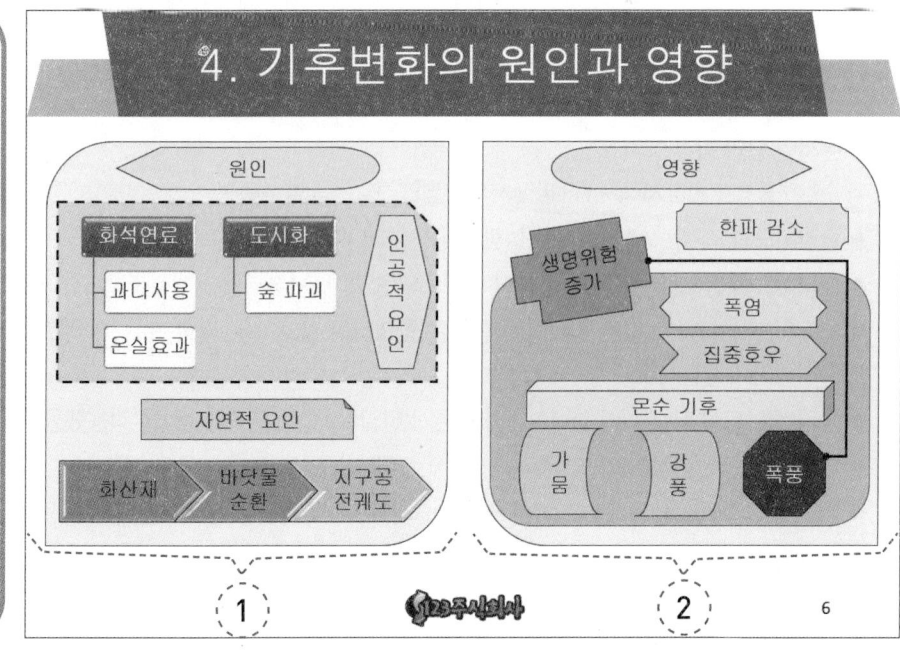

제 06 회 정보기술자격(ITQ) 최신유형 기출문제

과목	코드	문제유형	시험시간	수험번호	성명
한글파워포인트	1142	A	60분		

MS오피스

•수험자 유의사항•

- 수험자는 문제지를 받는 즉시 문제지와 **수험표상의 시험과목(프로그램)이 동일한지 반드시 확인**하여야 합니다.
- 파일명은 본인의 "수험번호-성명"으로 입력하여 답안폴더(내 PC\문서\ITQ)에 하나의 파일로 저장해야 하며, 답안 문서 파일명이 "수험번호-성명"과 일치하지 않거나, 답안파일을 전송하지 않아 미제출로 처리될 경우 실격 처리합니다. (예 : 12345678-홍길동.pptx).
- 답안 작성을 마치면 파일을 저장하고, '답안 전송' 버튼을 선택하여 감독위원 PC로 답안을 전송하십시오. 수험생 정보와 저장한 파일명이 다를 경우 전송되지 않으므로 주의하시기 바랍니다.
- 답안 작성 중에도 **주기적으로 저장하고, '답안 전송'**하여야 문제 발생을 줄일 수 있습니다. 작업한 내용을 저장하지 않고 전송할 경우 이전에 저장된 내용이 전송되오니 이점 유의하시기 바랍니다.
- 답안문서는 지정된 경로 외의 다른 보조기억장치에 저장하는 경우, 지정된 시험 시간 외에 작성된 파일을 활용할 경우, 기타 통신수단(이메일, 메신저, 네트워크 등)을 이용하여 타인에게 전달 또는 외부 반출하는 경우는 부정 처리합니다.
- 시험 중 부주의 또는 고의로 시스템을 파손한 경우는 수험자가 변상해야 하며, 〈수험자 유의사항〉에 기재된 방법대로 이행하지 않아 생기는 불이익은 수험생 당사자의 책임임을 알려 드립니다.
- 문제의 조건은 MS오피스 2021 버전으로 설정되어 있으며 MS오피스 2016은 【 】에 표기되어 있습니다. 이와 관련하여 작성한 답안의 출력형태가 문제지와 다를 수 있습니다.
- 시험을 완료한 수험자는 답안파일이 전송되었는지 확인한 후 감독위원의 지시에 따라 문제지를 제출하고 퇴실합니다.

•답안 작성요령•

- 온라인 답안 작성 절차
  수험자 등록 ⇒ 시험 시작 ⇒ 답안파일 저장 ⇒ 답안 전송 ⇒ 시험 종료
- 슬라이드의 크기는 A4 Paper로 설정하여 작성합니다.
- 슬라이드의 총 개수는 6개로 구성되어 있으며 슬라이드 1부터 순서대로 작업하고 반드시 문제와 세부조건대로 합니다.
- 별도의 지시사항이 없는 경우 출력형태를 참조하여 글꼴색은 검정 또는 흰색으로 작성하고, 기타사항은 전체적인 균형을 고려하여 작성합니다.
- 슬라이드 도형 및 개체에 출력형태와 다른 스타일(그림자, 외곽선 등)을 적용했을 경우 감점처리 됩니다.
- 슬라이드 번호를 작성합니다(슬라이드 1에는 생략).
- 2~6번 슬라이드 제목 도형과 하단 로고는 슬라이드 마스터를 이용하여 출력형태와 동일하게 작성합니다(슬라이드 1에는 생략).
- 문제와 세부조건, 세부조건 번호 ◌(점선원)는 입력하지 않습니다.
- 각 개체의 위치는 오른쪽의 슬라이드와 동일하게 구성합니다.
- 그림 삽입 문제의 경우 반드시 「내 PC\문서\ITQ\Picture」 폴더에서 정확한 파일을 선택하여 삽입하십시오.
- 각 슬라이드를 각각의 파일로 작업해서 저장할 경우 실격 처리됩니다.

[전체구성] 60점

(1) 슬라이드 크기 및 순서 : 크기를 A4 용지로 설정하고 슬라이드 순서에 맞게 작성한다.
(2) 슬라이드 마스터 : 2~6슬라이드의 제목, 하단 로고, 슬라이드 번호는 슬라이드 마스터를 이용하여 작성한다.
　- 제목 글꼴(굴림, 40pt, 흰색), 가운데 맞춤, 도형(선 없음)
　- 하단 로고(「내 PC₩문서₩ITQ₩Picture₩로고2.jpg」, 배경(회색) 투명색으로 설정)

[슬라이드 1] ≪표지 디자인≫ 40점

(1) 표지 디자인 : 도형, 워드아트 및 그림을 이용하여 작성한다.

세부조건
① 도형 편집
　- 도형에 그림 채우기 :
　　「내 PC₩문서₩ITQ₩Picture₩그림1.jpg」, 투명도 50%
　- 도형 효과 :
　　부드러운 가장자리 5포인트
② 워드아트 삽입
　- 변환 : 삼각형, 위로 【삼각형】
　- 글꼴 : 돋움, 굵게
　- 텍스트 반사 : 근접 반사, 4pt 오프셋
③ 그림 삽입
　-「내 PC₩문서₩ITQ₩Picture₩로고2.jpg」
　- 배경(회색) 투명색으로 설정

[슬라이드 2] ≪목차 슬라이드≫ 60점

(1) 출력형태와 같이 도형을 이용하여 목차를 작성한다(글꼴 : 굴림, 24pt).
(2) 도형 : 선 없음

세부조건
① 텍스트에 하이퍼링크 적용
　→ '슬라이드 6'
② 그림 삽입
　-「내 PC₩문서₩ITQ₩Picture₩그림5.jpg」
　- 자르기 기능 이용

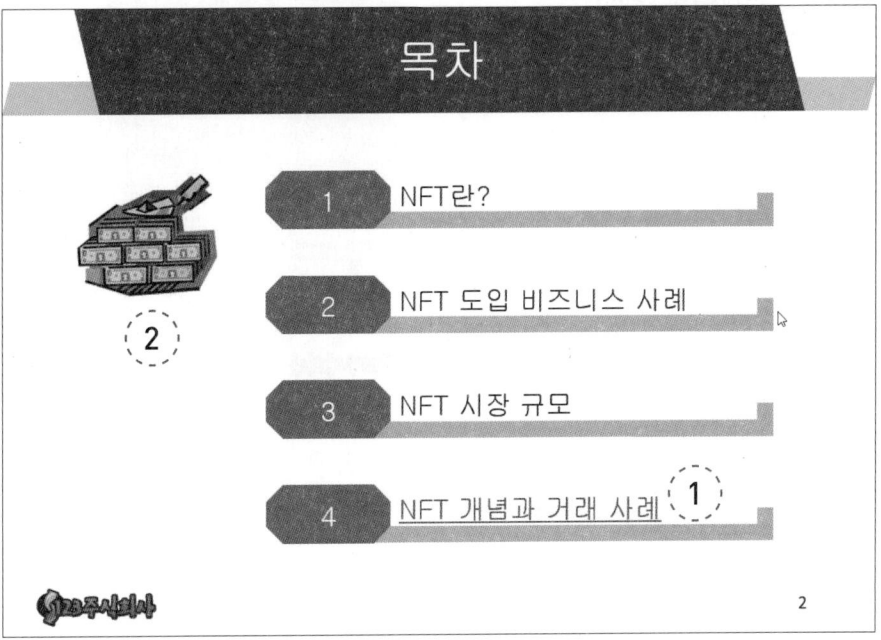

[슬라이드 3] ≪텍스트/동영상 슬라이드≫　　　60점

(1) 텍스트 작성 : 글머리 기호 사용(➤, ■)
　➤ 문단(돋움, 24pt, 굵게, 줄간격 : 1.5줄), ■ 문단(돋움, 20pt, 줄간격 : 1.5줄)

세부조건

① 동영상 삽입 :
- 「내 PC\문서\ITQ\Picture\동영상.wmv」
- 자동실행, 반복재생 설정

1. NFT란?

➤ Non-fungible Token
- NFT is a unit of data stored on a digital ledger, called a blockchain, that certifies a digital asset to be unique and therefore not interchangeable

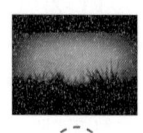

➤ NFT
- NFT란 대체 불가능 토큰으로써, 토큰마다 고유의 값을 가지고 있어 A 토큰을 B 토큰으로 대체할 수 없는 토큰
- 각 토큰이 서로 다른 가치를 가지고 있는 고유한 자산을 의미

[슬라이드 4] ≪표 슬라이드≫　　　80점

(1) 도형과 표 작성 기능을 이용하여 슬라이드를 작성한다(글꼴 : 굴림, 18pt).

세부조건

① 상단 도형 :
　2개 도형의 조합으로 작성
② 좌측 도형 :
　그라데이션 효과(선형 아래쪽)
③ 테이블 디자인【표 스타일】:
　테마 스타일 1 – 강조 5

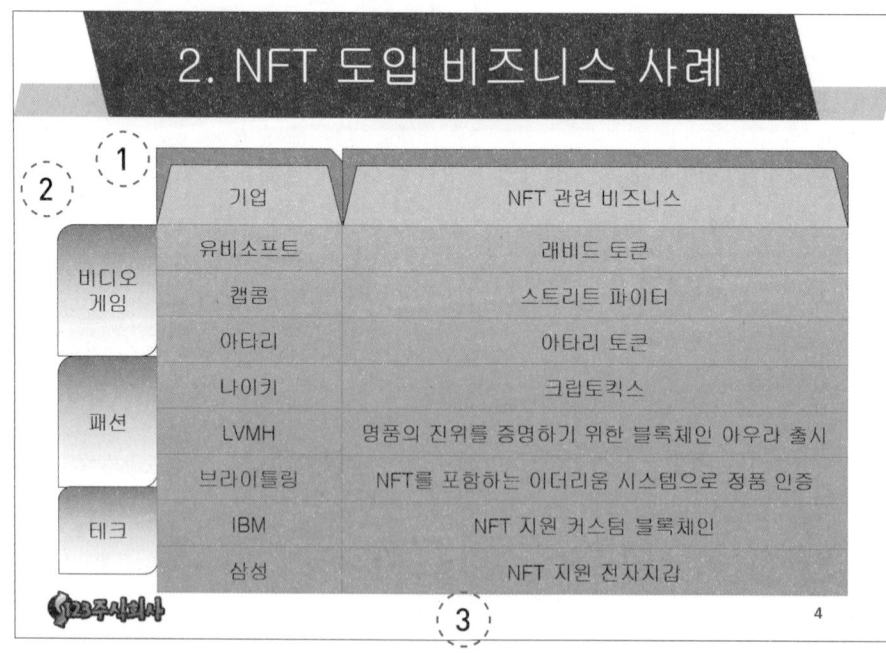

2. NFT 도입 비즈니스 사례

	기업	NFT 관련 비즈니스
비디오 게임	유비소프트	래비드 토큰
	캡콤	스트리트 파이터
	아타리	아타리 토큰
패션	나이키	크립토킥스
	LVMH	명품의 진위를 증명하기 위한 블록체인 아우라 출시
	브라이틀링	NFT를 포함하는 이더리움 시스템으로 정품 인증
테크	IBM	NFT 지원 커스텀 블록체인
	삼성	NFT 지원 전자지갑

[슬라이드 5] ≪차트 슬라이드≫   100점

(1) 차트 작성 기능을 이용하여 슬라이드를 작성한다.
(2) 차트 : 종류(묶은 세로 막대형), 글꼴(돋움, 16pt), 외곽선

세부조건

※ 차트설명
- 차트 제목 : 궁서, 24pt, 굵게, 채우기(흰색), 테두리, 그림자(오프셋 오른쪽)
- 차트 영역 : 채우기(노랑)
  그림 영역 : 채우기(흰색)
- 데이터 서식 : 증가율(%) 계열을 표식이 있는 꺾은선형으로 변경 후 보조축으로 지정
- 값 표시 : 2021년의 NFT 시장 규모 계열만

① 도형 삽입
  - 스타일 : 미세효과 – 파랑, 강조1
  - 글꼴 : 굴림, 18pt

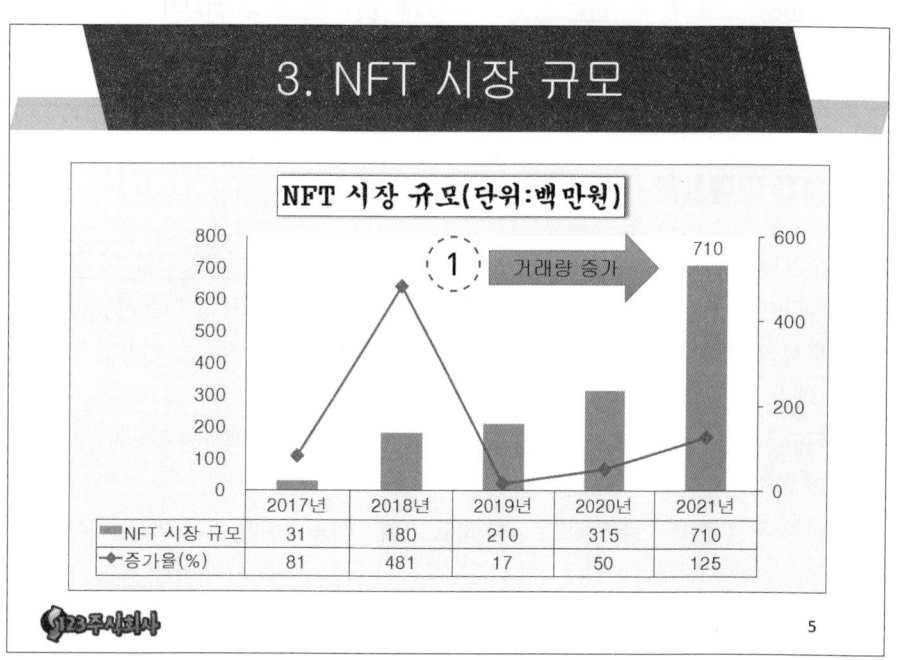

[슬라이드 6] ≪도형 슬라이드≫   100점

(1) 슬라이드와 같이 도형 및 스마트아트를 배치한다(글꼴 : 돋움, 18pt).
(2) 애니메이션 순서 : ① ⇒ ②

세부조건

① 도형 및 스마트아트 편집
  - 스마트아트 디자인
    : 3차원 벽돌,
      3차원 경사
  - 그룹화 후 애니메이션 효과
    : 바운드

② 도형 편집
  - 그룹화 후 애니메이션 효과
    : 닦아내기(오른쪽에서)

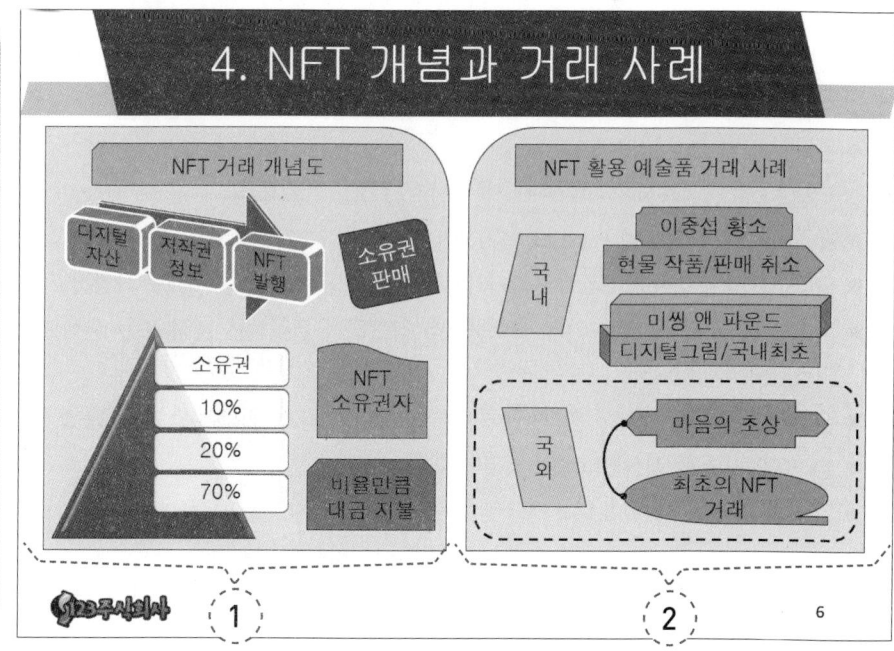

제 07 회 정보기술자격(ITQ) 최신유형 기출문제

과목	코드	문제유형	시험시간	수험번호	성명
한글파워포인트	1142	A	60분		

MS오피스

• 수험자 유의사항 •

- 수험자는 문제지를 받는 즉시 문제지와 **수험표상의 시험과목(프로그램)이 동일한지 반드시 확인**하여야 합니다.
- 파일명은 본인의 "수험번호-성명"으로 입력하여 답안폴더(내 PC₩문서₩ITQ)에 하나의 파일로 저장해야 하며, 답안문서 파일명이 "수험번호-성명"과 일치하지 않거나, 답안파일을 전송하지 않아 미제출로 처리될 경우 실격 처리합니다. (예 : 12345678-홍길동.pptx).
- 답안 작성을 마치면 파일을 저장하고, '답안 전송' 버튼을 선택하여 감독위원 PC로 답안을 전송하십시오. 수험생 정보와 저장한 파일명이 다를 경우 전송되지 않으므로 주의하시기 바랍니다.
- 답안 작성 중에도 **주기적으로 저장하고, '답안 전송'**하여야 문제 발생을 줄일 수 있습니다. 작업한 내용을 저장하지 않고 전송할 경우 이전에 저장된 내용이 전송되오니 이점 유의하시기 바랍니다.
- 답안문서는 지정된 경로 외의 다른 보조기억장치에 저장하는 경우, 지정된 시험 시간 외에 작성된 파일을 활용할 경우, 기타 통신수단(이메일, 메신저, 네트워크 등)을 이용하여 타인에게 전달 또는 외부 반출하는 경우는 부정 처리합니다.
- 시험 중 부주의 또는 고의로 시스템을 파손한 경우는 수험자가 변상해야 하며, 〈수험자 유의사항〉에 기재된 방법대로 이행하지 않아 생기는 불이익은 수험생 당사자의 책임임을 알려 드립니다.
- 문제의 조건은 MS오피스 2021 버전으로 설정되어 있으며 MS오피스 2016은【 】에 표기되어 있습니다. 이와 관련하여 작성한 답안의 출력형태가 문제지와 다를 수 있습니다.
- 시험을 완료한 수험자는 답안파일이 전송되었는지 확인한 후 감독위원의 지시에 따라 문제지를 제출하고 퇴실합니다.

• 답안 작성요령 •

- 온라인 답안 작성 절차
  수험자 등록 ⇒ 시험 시작 ⇒ 답안파일 저장 ⇒ 답안 전송 ⇒ 시험 종료
- 슬라이드의 크기는 A4 Paper로 설정하여 작성합니다.
- 슬라이드의 총 개수는 6개로 구성되어 있으며 슬라이드 1부터 순서대로 작업하고 반드시 문제와 세부조건대로 합니다.
- 별도의 지시사항이 없는 경우 출력형태를 참조하여 글꼴색은 검정 또는 흰색으로 작성하고, 기타사항은 전체적인 균형을 고려하여 작성합니다.
- 슬라이드 도형 및 개체에 출력형태와 다른 스타일(그림자, 외곽선 등)을 적용했을 경우 감점처리 됩니다.
- 슬라이드 번호를 작성합니다(슬라이드 1에는 생략).
- 2~6번 슬라이드 제목 도형과 하단 로고는 슬라이드 마스터를 이용하여 출력형태와 동일하게 작성합니다(슬라이드 1에는 생략).
- 문제와 세부조건, 세부조건 번호 ○(점선원)는 입력하지 않습니다.
- 각 개체의 위치는 오른쪽의 슬라이드와 동일하게 구성합니다.
- 그림 삽입 문제의 경우 반드시「내 PC₩문서₩ITQ₩Picture」폴더에서 정확한 파일을 선택하여 삽입하십시오.
- 각 슬라이드를 각각의 파일로 작업해서 저장할 경우 실격 처리됩니다.

[전체구성] 60점

(1) 슬라이드 크기 및 순서 : 크기를 A4 용지로 설정하고 슬라이드 순서에 맞게 작성한다.
(2) 슬라이드 마스터 : 2~6슬라이드의 제목, 하단 로고, 슬라이드 번호는 슬라이드 마스터를 이용하여 작성한다.
  - 제목 글꼴(돋움, 40pt, 흰색), 가운데 맞춤, 도형(선 없음)
  - 하단 로고(「내 PC₩문서₩ITQ₩Picture₩로고2.jpg」, 배경(회색) 투명색으로 설정)

[슬라이드 1] ≪표지 디자인≫ 40점

(1) 표지 디자인 : 도형, 워드아트 및 그림을 이용하여 작성한다.

세부조건
① 도형 편집
  - 도형에 그림 채우기 :
    「내 PC₩문서₩ITQ₩Picture₩그림3.jpg」, 투명도 50%
  - 도형 효과 :
    부드러운 가장자리 5포인트
② 워드아트 삽입
  - 변환 : 삼각형, 아래로【역삼각형】
  - 글꼴 : 돋움, 굵게
  - 텍스트 반사 : 근접 반사, 4pt 오프셋
③ 그림 삽입
  - 「내 PC₩문서₩ITQ₩Picture₩로고2.jpg」
  - 배경(회색) 투명색으로 설정

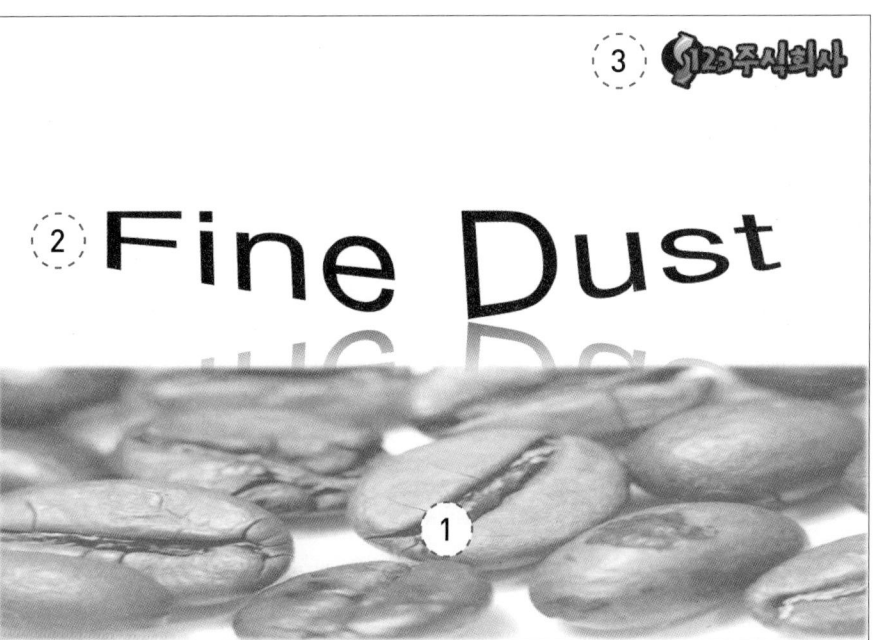

[슬라이드 2] ≪목차 슬라이드≫ 60점

(1) 출력형태와 같이 도형을 이용하여 목차를 작성한다(글꼴 : 굴림, 24pt).
(2) 도형 : 선 없음

세부조건
① 텍스트에 하이퍼링크 적용
  → '슬라이드 6'
② 그림 삽입
  - 「내 PC₩문서₩ITQ₩Picture₩그림4.jpg」
  - 자르기 기능 이용

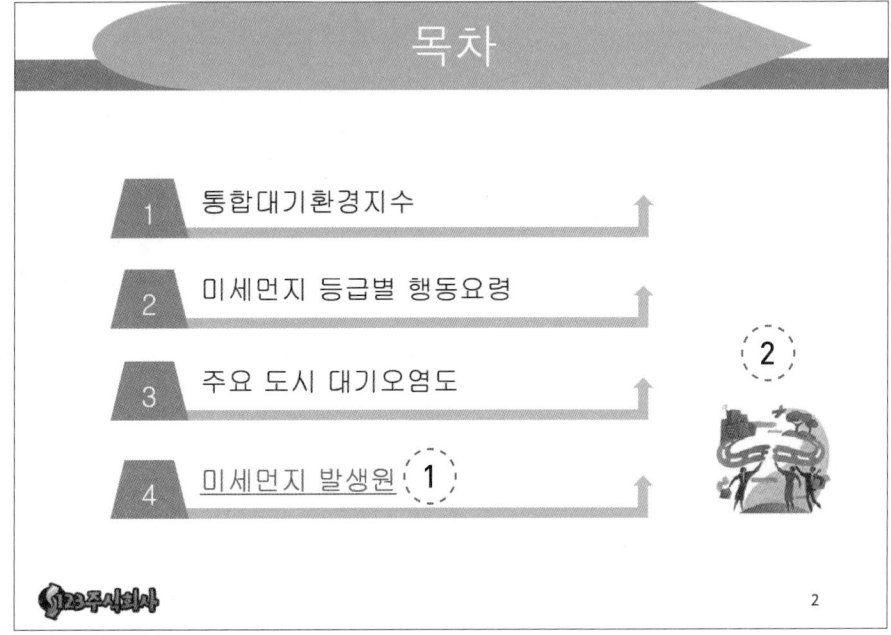

[슬라이드 3] ≪텍스트/동영상 슬라이드≫ 60점

(1) 텍스트 작성 : 글머리 기호 사용(➤, ✓)
  ➤문단(굴림, 24pt, 굵게, 줄간격 : 1.5줄), ✓문단(굴림, 20pt, 줄간격 : 1.5줄)

세부조건
① 동영상 삽입 :
  - 「내 PC₩문서₩ITQ₩Picture₩동영상.wmv」
  - 자동실행, 반복재생 설정

1. 통합대기환경지수

➤ What's CAI
  ✓ The CAI(Comprehensive air-quality index) is a way of describing ambient air quality based on health risk of air pollution

➤ 통합대기환경지수
  ✓ 대기오염도 측정치를 국민이 알 수 있도록 하고 대기오염으로부터 피해를 예방하기 위한 행동지침을 국민에게 제시
  ✓ 초미세먼지, 미세먼지, 오존, 이산화질소 등 오염물질에 대한 대기질의 상태지수를 제공

[슬라이드 4] ≪표 슬라이드≫ 80점

(1) 도형과 표 작성 기능을 이용하여 슬라이드를 작성한다(글꼴 : 돋움, 18pt).

세부조건
① 상단 도형 :
  2개 도형의 조합으로 작성
② 좌측 도형 :
  그라데이션 효과(선형 아래쪽)
③ 테이블 디자인【표 스타일】:
  테마 스타일 1 - 강조 6

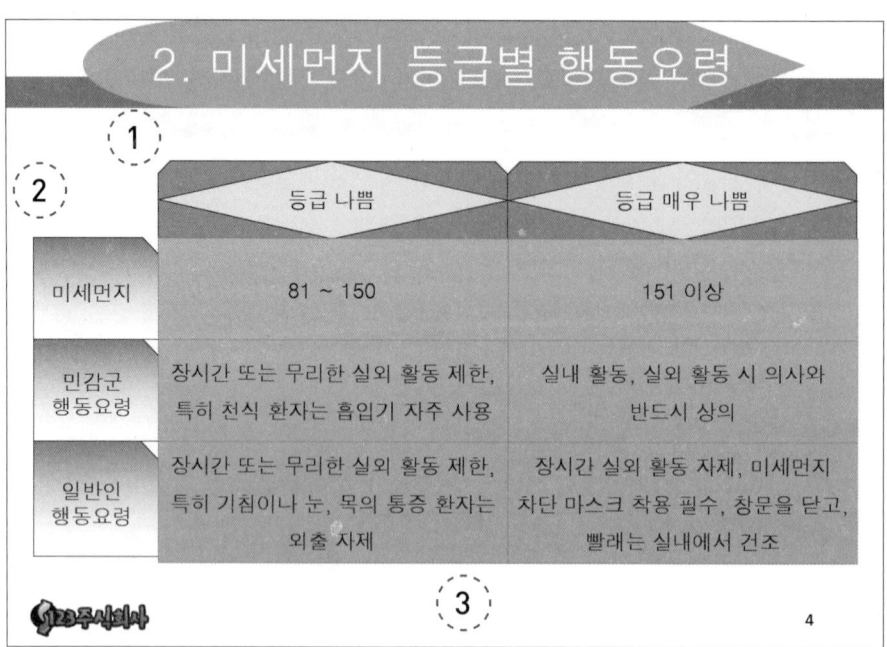

2. 미세먼지 등급별 행동요령

	등급 나쁨	등급 매우 나쁨
미세먼지	81 ~ 150	151 이상
민감군 행동요령	장시간 또는 무리한 실외 활동 제한, 특히 천식 환자는 흡입기 자주 사용	실내 활동, 실외 활동 시 의사와 반드시 상의
일반인 행동요령	장시간 또는 무리한 실외 활동 제한, 특히 기침이나 눈, 목의 통증 환자는 외출 자제	장시간 실외 활동 자제, 미세먼지 차단 마스크 착용 필수, 창문을 닫고, 빨래는 실내에서 건조

[슬라이드 5] ≪차트 슬라이드≫ 100점

(1) 차트 작성 기능을 이용하여 슬라이드를 작성한다.
(2) 차트 : 종류(묶은 세로 막대형), 글꼴(돋움, 16pt), 외곽선

세부조건

※ 차트설명
- 차트 제목 : 궁서, 24pt, 굵게, 채우기(흰색), 테두리, 그림자(오프셋 오른쪽)
- 차트 영역 : 채우기(노랑)
  그림 영역 : 채우기(흰색)
- 데이터 서식 : 2020년 계열을 표식이 있는 꺾은선형으로 변경 후 보조축으로 지정
- 값 표시 : 서울의 2019년 계열만
① 도형 삽입
  - 스타일 : 미세효과 – 파랑, 강조1
  - 글꼴 : 굴림, 18pt

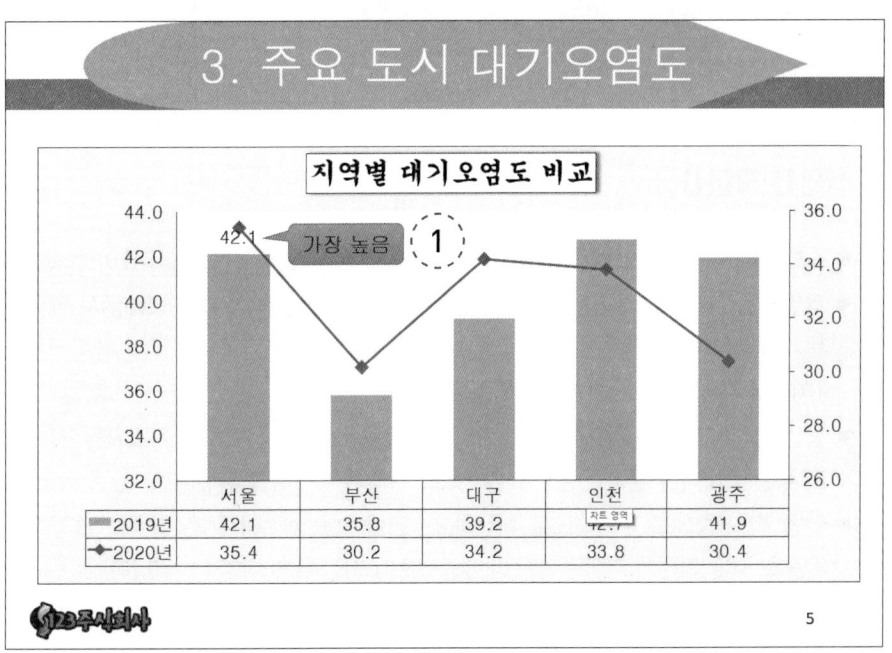

[슬라이드 6] ≪도형 슬라이드≫ 100점

(1) 슬라이드와 같이 도형 및 스마트아트를 배치한다(글꼴 : 굴림, 18pt).
(2) 애니메이션 순서 : ① ⇒ ②

세부조건

① 도형 편집
  - 그룹화 후 애니메이션 효과 : 닦아내기(위에서)
② 도형 및 스마트아트 편집
  - 스마트아트 디자인 : 3차원 만화, 3차원 경사
  - 그룹화 후 애니메이션 효과 : 바운드

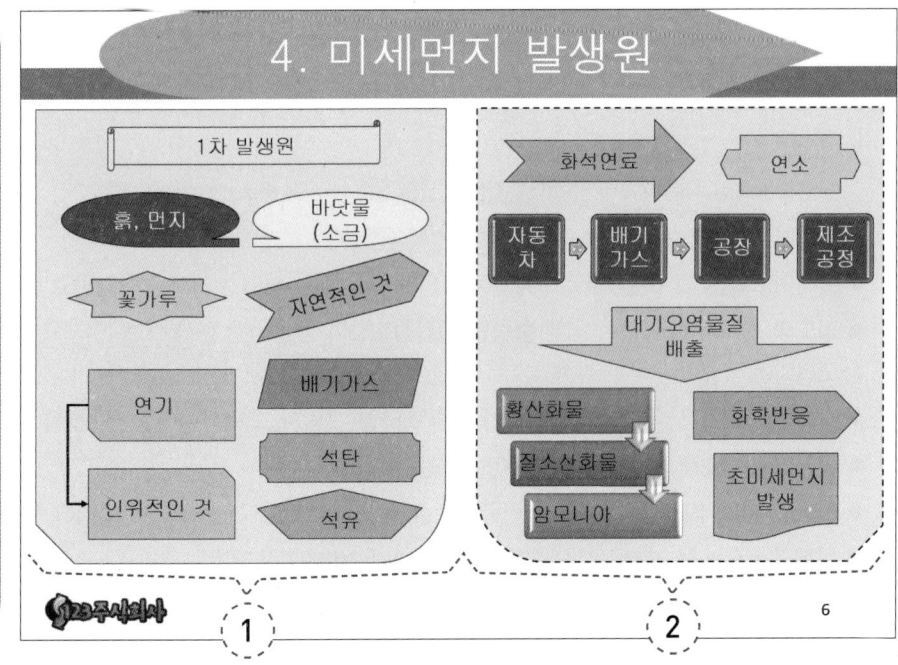

제 08 회 정보기술자격(ITQ) 최신유형 기출문제

과목	코드	문제유형	시험시간	수험번호	성명
한글파워포인트	1142	A	60분		

MS오피스

• 수험자 유의사항 •

- 수험자는 문제지를 받는 즉시 문제지와 **수험표상의 시험과목(프로그램)이 동일한지 반드시 확인**하여야 합니다.
- 파일명은 본인의 "수험번호-성명"으로 입력하여 답안폴더(내 PC\문서\ITQ)에 하나의 파일로 저장해야 하며, 답안 문서 파일명이 "수험번호-성명"과 일치하지 않거나, 답안파일을 전송하지 않아 미제출로 처리될 경우 실격 처리합니다. (예 : 12345678-홍길동.pptx).
- 답안 작성을 마치면 파일을 저장하고, '답안 전송' 버튼을 선택하여 감독위원 PC로 답안을 전송하십시오. 수험생 정보와 저장한 파일명이 다를 경우 전송되지 않으므로 주의하시기 바랍니다.
- 답안 작성 중에도 **주기적으로 저장하고, '답안 전송'**하여야 문제 발생을 줄일 수 있습니다. 작업한 내용을 저장하지 않고 전송할 경우 이전에 저장된 내용이 전송되오니 이점 유의하시기 바랍니다.
- 답안문서는 지정된 경로 외의 다른 보조기억장치에 저장하는 경우, 지정된 시험 시간 외에 작성된 파일을 활용할 경우, 기타 통신수단(이메일, 메신저, 네트워크 등)을 이용하여 타인에게 전달 또는 외부 반출하는 경우는 부정 처리합니다.
- 시험 중 부주의 또는 고의로 시스템을 파손한 경우는 수험자가 변상해야 하며, 〈수험자 유의사항〉에 기재된 방법대로 이행하지 않아 생기는 불이익은 수험생 당사자의 책임임을 알려 드립니다.
- 문제의 조건은 MS오피스 2021 버전으로 설정되어 있으며 MS오피스 2016은 【 】에 표기되어 있습니다. 이와 관련하여 작성한 답안의 출력형태가 문제지와 다를 수 있습니다.
- 시험을 완료한 수험자는 답안파일이 전송되었는지 확인한 후 감독위원의 지시에 따라 문제지를 제출하고 퇴실합니다.

• 답안 작성요령 •

- 온라인 답안 작성 절차
  수험자 등록 ⇒ 시험 시작 ⇒ 답안파일 저장 ⇒ 답안 전송 ⇒ 시험 종료
- 슬라이드의 크기는 A4 Paper로 설정하여 작성합니다.
- 슬라이드의 총 개수는 6개로 구성되어 있으며 슬라이드 1부터 순서대로 작업하고 반드시 문제와 세부조건대로 합니다.
- 별도의 지시사항이 없는 경우 출력형태를 참조하여 글꼴색은 검정 또는 흰색으로 작성하고, 기타사항은 전체적인 균형을 고려하여 작성합니다.
- 슬라이드 도형 및 개체에 출력형태와 다른 스타일(그림자, 외곽선 등)을 적용했을 경우 감점처리 됩니다.
- 슬라이드 번호를 작성합니다(슬라이드 1에는 생략).
- 2~6번 슬라이드 제목 도형과 하단 로고는 슬라이드 마스터를 이용하여 출력형태와 동일하게 작성합니다(슬라이드 1에는 생략).
- 문제와 세부조건, 세부조건 번호 ◌(점선원)는 입력하지 않습니다.
- 각 개체의 위치는 오른쪽의 슬라이드와 동일하게 구성합니다.
- 그림 삽입 문제의 경우 반드시 「내 PC\문서\ITQ\Picture」 폴더에서 정확한 파일을 선택하여 삽입하십시오.
- 각 슬라이드를 각각의 파일로 작업해서 저장할 경우 실격 처리됩니다.

kpc 한국생산성본부

[전체구성] 60점

(1) 슬라이드 크기 및 순서 : 크기를 A4 용지로 설정하고 슬라이드 순서에 맞게 작성한다.
(2) 슬라이드 마스터 : 2~6슬라이드의 제목, 하단 로고, 슬라이드 번호는 슬라이드 마스터를 이용하여 작성한다.
 - 제목 글꼴(굴림, 40pt, 흰색), 가운데 맞춤, 도형(선 없음)
 - 하단 로고(「내 PC₩문서₩ITQ₩Picture₩로고1.jpg」, 배경(회색) 투명색으로 설정)

[슬라이드 1] ≪표지 디자인≫ 40점

(1) 표지 디자인 : 도형, 워드아트 및 그림을 이용하여 작성한다.

세부조건

① 도형 편집
 - 도형에 그림 채우기 :
  「내 PC₩문서₩ITQ₩Picture₩
  그림1.jpg」, 투명도 50%
 - 도형 효과 :
  부드러운 가장자리 5포인트
② 워드아트 삽입
 - 변환 : 갈매기형 수장, 아래로
  【역갈매기형 수장】
 - 글꼴 : 돋움, 굵게
 - 텍스트 반사 : 근접 반사, 8pt 오프셋
③ 그림 삽입
 - 「내 PC₩문서₩ITQ₩Picture₩
  로고1.jpg」
  배경(회색) 투명색으로 설정

[슬라이드 2] ≪목차 슬라이드≫ 60점

(1) 출력형태와 같이 도형을 이용하여 목차를 작성한다(글꼴 : 돋움, 24pt).
(2) 도형 : 선 없음

세부조건

① 텍스트에 하이퍼링크 적용
 → '슬라이드 4'
② 그림 삽입
 - 「내 PC₩문서₩ITQ₩Picture₩
  그림5.jpg」
 - 자르기 기능 이용

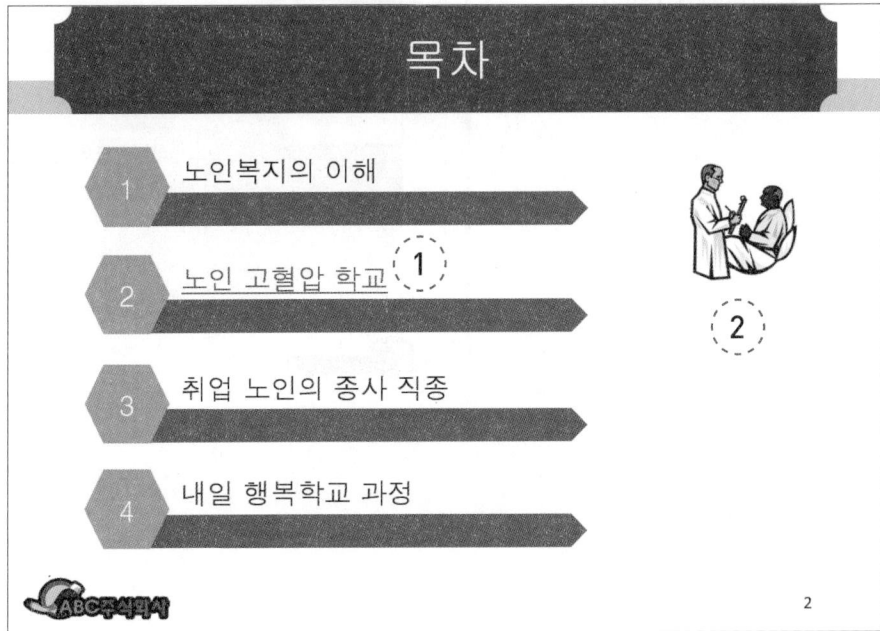

[슬라이드 3] ≪텍스트/동영상 슬라이드≫ 60점

(1) 텍스트 작성 : 글머리 기호 사용(❖, ■)
   ❖문단(굴림, 24pt, 굵게, 줄간격 : 1.5줄), ■문단(굴림, 20pt, 줄간격 : 1.5줄)

세부조건
① 동영상 삽입 :
  - 「내 PC₩문서₩ITQ₩Picture₩동영상.wmv」
  - 자동실행, 반복재생 설정

1. 노인복지의 이해

❖ Aged Man Welfare Services
  ■ Aged Man Welfare Services include friendly visiting, home delivery of hot meals, nurse visitation, and reduced cost medical supplies

❖ 노인복지
  ■ 노인의 안정적이며 주체적이고 행복한 삶을 도모하기 위한 사회적 욕구를 국가 또는 사회가 보장해주는 제도 및 실천
  ■ 은퇴 이후의 취업 설계, 기술과 경험을 사회에 환원할 수 있는 일자리에 대한 직무 교육 등이 필요함

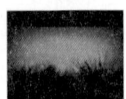

[슬라이드 4] ≪표 슬라이드≫ 80점

(1) 도형과 표 작성 기능을 이용하여 슬라이드를 작성한다(글꼴 : 돋움, 18pt).

세부조건
① 상단 도형 :
  2개 도형의 조합으로 작성
② 좌측 도형 :
  그라데이션 효과(선형 아래쪽)
③ 테이블 디자인【표 스타일】:
  테마 스타일 1 - 강조 5

2. 노인 고혈압 학교

	주제	교육내용
4월	건강한 나를 위한 시작	건강수첩 제공 및 혈압측정 방법, 수행 목표 기록지 작성 방법
4월	올바른 고혈압 약물복용 실천	고혈압 약물과 복용에 대한 중요성, 개개인 처방전 약사에게 확인
5월	고혈압과 영양 관리	고혈압과 올바른 식사, 저염식의 중요성
5월	고혈압과 운동 관리	운동의 중요성 및 고혈압에 좋은 운동, 앉아서 하는 스트레칭 실습

[슬라이드 5] ≪차트 슬라이드≫　　　　　　　　　　　　　　100점

(1) 차트 작성 기능을 이용하여 슬라이드를 작성한다.
(2) 차트 : 종류(묶은 세로 막대형), 글꼴(돋움, 16pt), 외곽선

세부조건

※ 차트설명
- 차트 제목 : 궁서, 24pt, 굵게, 채우기(흰색), 테두리, 그림자(오프셋 왼쪽)
- 차트 영역 : 채우기(노랑)
  그림 영역 : 채우기(흰색)
- 데이터 서식 : 서비스/판매종사자 계열을 표식이 있는 꺾은선형으로 변경 후 보조축으로 지정
- 값 표시 : 2020년의 단순노무종사자 계열만
① 도형 삽입
  - 스타일 : 미세효과 – 파랑, 강조1
  - 글꼴 : 굴림, 18pt

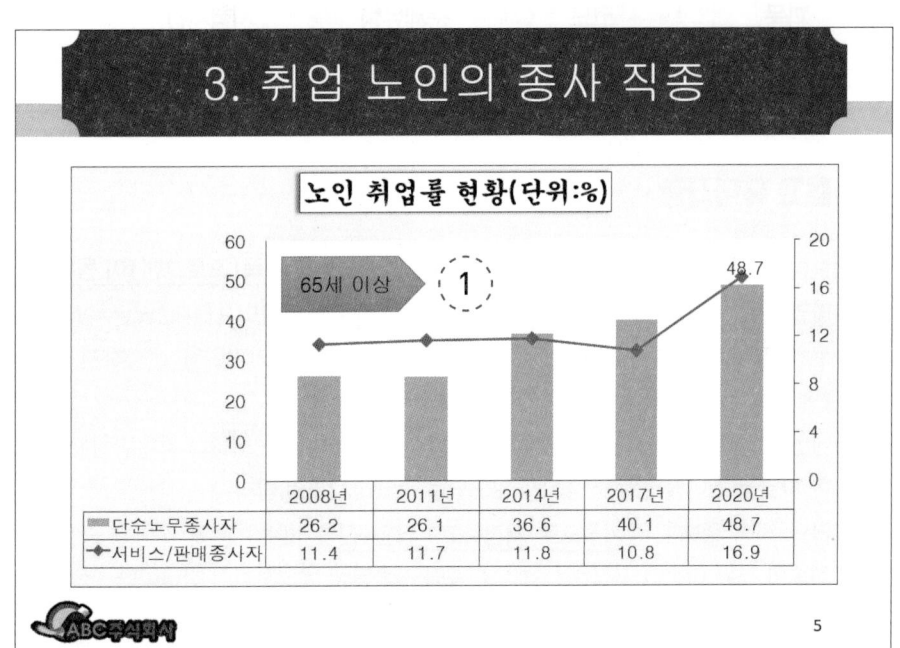

[슬라이드 6] ≪도형 슬라이드≫　　　　　　　　　　　　　　100점

(1) 슬라이드와 같이 도형 및 스마트아트를 배치한다(글꼴 : 돋움, 18pt).
(2) 애니메이션 순서 : ① ⇒ ②

세부조건

① 도형 및 스마트아트 편집
  - 스마트아트 디자인
    : 3차원 만화,
    3차원 벽돌
  - 그룹화 후 애니메이션 효과
    : 밝기 변화
② 도형 편집
  - 그룹화 후 애니메이션 효과
    : 닦아내기(오른쪽에서)

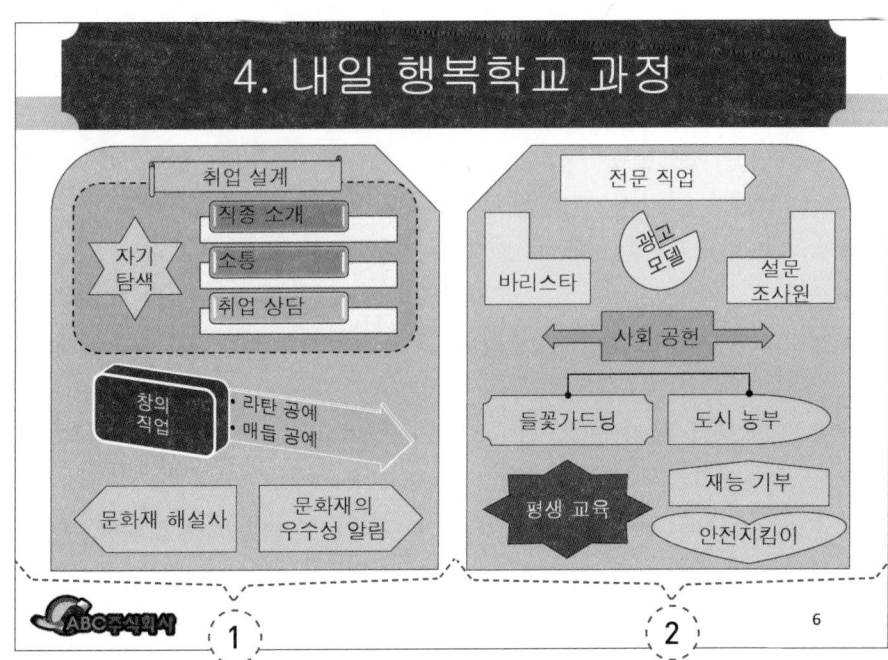

제09회 정보기술자격(ITQ) 최신유형 기출문제

과목	코드	문제유형	시험시간	수험번호	성명
한글파워포인트	1142	A	60분		

MS오피스

· 수험자 유의사항 ·

- 수험자는 문제지를 받는 즉시 문제지와 **수험표상의 시험과목(프로그램)이 동일한지 반드시 확인**하여야 합니다.
- 파일명은 본인의 "수험번호-성명"으로 입력하여 답안폴더(내 PC₩문서₩ITQ)에 하나의 파일로 저장해야 하며, 답안 문서 파일명이 "수험번호-성명"과 일치하지 않거나, 답안파일을 전송하지 않아 미제출로 처리될 경우 실격 처리합니다. (예 : 12345678-홍길동.pptx).
- 답안 작성을 마치면 파일을 저장하고, '답안 전송' 버튼을 선택하여 감독위원 PC로 답안을 전송하십시오. 수험생 정보와 저장한 파일명이 다를 경우 전송되지 않으므로 주의하시기 바랍니다.
- 답안 작성 중에도 **주기적으로 저장하고, '답안 전송'**하여야 문제 발생을 줄일 수 있습니다. 작업한 내용을 저장하지 않고 전송할 경우 이전에 저장된 내용이 전송되오니 이점 유의하시기 바랍니다.
- 답안문서는 지정된 경로 외의 다른 보조기억장치에 저장하는 경우, 지정된 시험 시간 외에 작성된 파일을 활용할 경우, 기타 통신수단(이메일, 메신저, 네트워크 등)을 이용하여 타인에게 전달 또는 외부 반출하는 경우는 부정 처리합니다.
- 시험 중 부주의 또는 고의로 시스템을 파손한 경우는 수험자가 변상해야 하며, 〈수험자 유의사항〉에 기재된 방법대로 이행하지 않아 생기는 불이익은 수험생 당사자의 책임임을 알려 드립니다.
- 문제의 조건은 MS오피스 2021 버전으로 설정되어 있으며 MS오피스 2016은【 】에 표기되어 있습니다. 이와 관련하여 작성한 답안의 출력형태가 문제지와 다를 수 있습니다.
- 시험을 완료한 수험자는 답안파일이 전송되었는지 확인한 후 감독위원의 지시에 따라 문제지를 제출하고 퇴실합니다.

· 답안 작성요령 ·

- 온라인 답안 작성 절차
  수험자 등록 ⇒ 시험 시작 ⇒ 답안파일 저장 ⇒ 답안 전송 ⇒ 시험 종료
- 슬라이드의 크기는 A4 Paper로 설정하여 작성합니다.
- 슬라이드의 총 개수는 6개로 구성되어 있으며 슬라이드 1부터 순서대로 작업하고 반드시 문제와 세부조건대로 합니다.
- 별도의 지시사항이 없는 경우 출력형태를 참조하여 글꼴색은 검정 또는 흰색으로 작성하고, 기타사항은 전체적인 균형을 고려하여 작성합니다.
- 슬라이드 도형 및 개체에 출력형태와 다른 스타일(그림자, 외곽선 등)을 적용했을 경우 감점처리 됩니다.
- 슬라이드 번호를 작성합니다(슬라이드 1에는 생략).
- 2~6번 슬라이드 제목 도형과 하단 로고는 슬라이드 마스터를 이용하여 출력형태와 동일하게 작성합니다(슬라이드 1에는 생략).
- 문제와 세부조건, 세부조건 번호 ◌(점선원)는 입력하지 않습니다.
- 각 개체의 위치는 오른쪽의 슬라이드와 동일하게 구성합니다.
- 그림 삽입 문제의 경우 반드시「내 PC₩문서₩ITQ₩Picture」폴더에서 정확한 파일을 선택하여 삽입하십시오.
- 각 슬라이드를 각각의 파일로 작업해서 저장할 경우 실격 처리됩니다.

[전체구성] 60점

(1) 슬라이드 크기 및 순서 : 크기를 A4 용지로 설정하고 슬라이드 순서에 맞게 작성한다.
(2) 슬라이드 마스터 : 2~6슬라이드의 제목, 하단 로고, 슬라이드 번호는 슬라이드 마스터를 이용하여 작성한다.
　　－ 제목 글꼴(궁서, 40pt, 흰색), 가운데 맞춤, 도형(선 없음)
　　－ 하단 로고(「내 PC₩문서₩ITQ₩Picture₩로고1.jpg」, 배경(회색) 투명색으로 설정)

[슬라이드 1] ≪표지 디자인≫ 40점

(1) 표지 디자인 : 도형, 워드아트 및 그림을 이용하여 작성한다.

세부조건
① 도형 편집
　－ 도형에 그림 채우기 :
　　「내 PC₩문서₩ITQ₩Picture₩
　　그림2.jpg」, 투명도 50%
　－ 도형 효과 :
　　부드러운 가장자리 5포인트
② 워드아트 삽입
　－ 변환 : 기울기, 위로【위로 기울기】
　－ 글꼴 : 궁서, 굵게
　－ 텍스트 반사 : 근접 반사, 터치
③ 그림 삽입
　－ 「내 PC₩문서₩ITQ₩Picture₩
　　로고1.jpg」
　－ 배경(회색) 투명색으로 설정

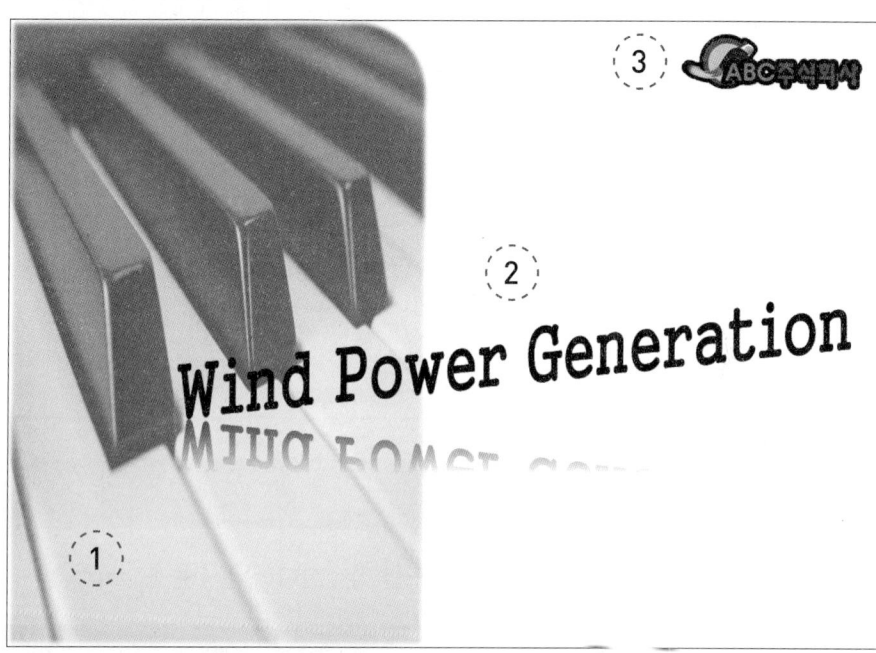

[슬라이드 2] ≪목차 슬라이드≫ 60점

(1) 출력형태와 같이 도형을 이용하여 목차를 작성한다(글꼴 : 맑은 고딕, 24pt).
(2) 도형 : 선 없음

세부조건
① 텍스트에 하이퍼링크 적용
　→ '슬라이드 3'
② 그림 삽입
　－「내 PC₩문서₩ITQ₩Picture₩
　　그림4.jpg」
　－ 자르기 기능 이용

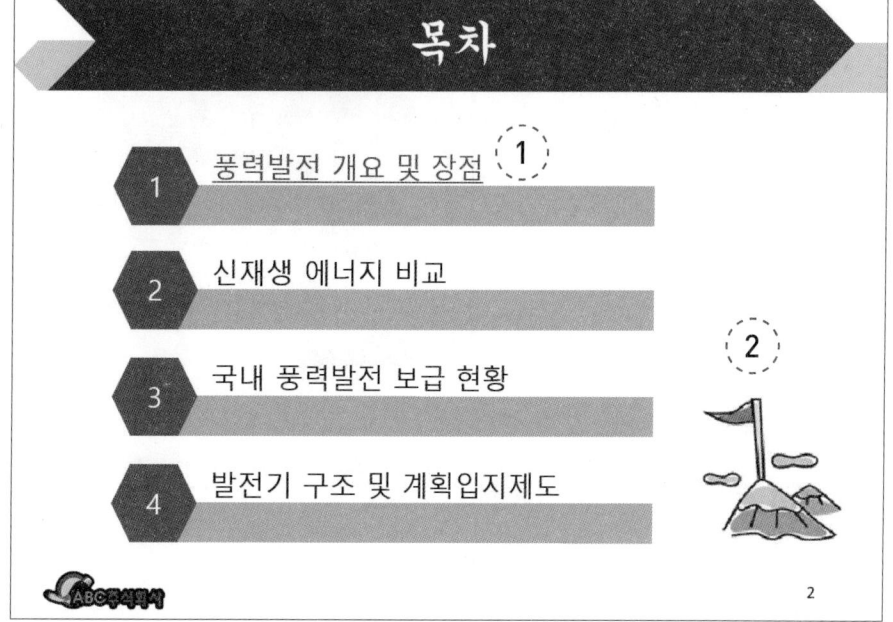

[슬라이드 3] ≪텍스트/동영상 슬라이드≫   60점

(1) 텍스트 작성 : 글머리 기호 사용(➤, ■)
　➤문단(굴림, 24pt, 굵게, 줄간격 : 1.5줄), ■문단(굴림, 20pt, 줄간격 : 1.5줄)

세부조건

① 동영상 삽입 :
 - 「내 PC\문서\ITQ\Picture\동영상.wmv」
 - 자동실행, 반복재생 설정

1. 풍력발전 개요 및 장점

➤ **Wind Energy**
　■ Experts are predicting that wind power will play a key role in implementing a 'low-carbon economy' as an eco-friendly, clean source of energy

➤ **풍력발전 개요**
　■ 풍력 발전기는 바람의 에너지를 전기 에너지로 바꿔주는 장치
　■ 풍력 발전기의 날개를 회전시켜 이때 생긴 날개의 회전력으로 전기를 생산함

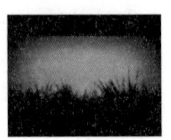

[슬라이드 4] ≪표 슬라이드≫   80점

(1) 도형과 표 작성 기능을 이용하여 슬라이드를 작성한다(글꼴 : 돋움, 18pt).

세부조건

① 상단 도형 :
　2개 도형의 조합으로 작성
② 좌측 도형 :
　그라데이션 효과(선형 아래쪽)
③ 테이블 디자인【표 스타일】:
　테마 스타일 1 - 강조 6

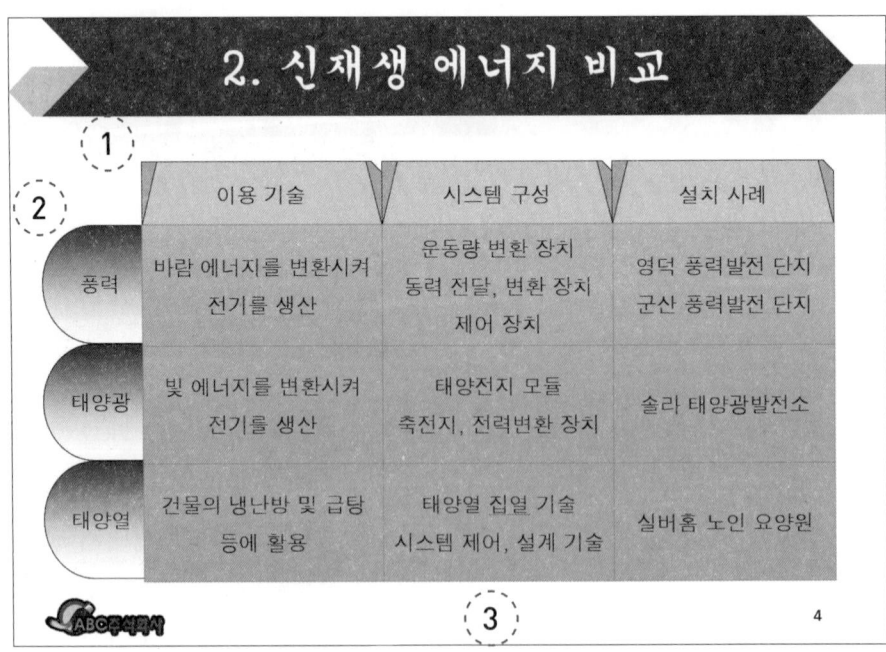

[슬라이드 5] ≪차트 슬라이드≫　　　　100점

(1) 차트 작성 기능을 이용하여 슬라이드를 작성한다.
(2) 차트 : 종류(묶은 세로 막대형), 글꼴(돋움, 16pt), 외곽선

세부조건

※ 차트설명
- 차트 제목 : 굴림, 24pt, 굵게, 채우기(흰색), 테두리, 그림자(오프셋 아래쪽)
- 차트 영역 : 채우기(노랑)
  그림 영역 : 채우기(흰색)
- 데이터 서식 : 신규단지수 계열을 표식이 있는 꺾은선형으로 변경 후 보조축으로 지정
- 값 표시 : 2020년의 신규설비용량 계열만

① 도형 삽입
 - 스타일 : 미세효과 - 파랑, 강조 1
 - 글꼴 : 굴림, 18pt

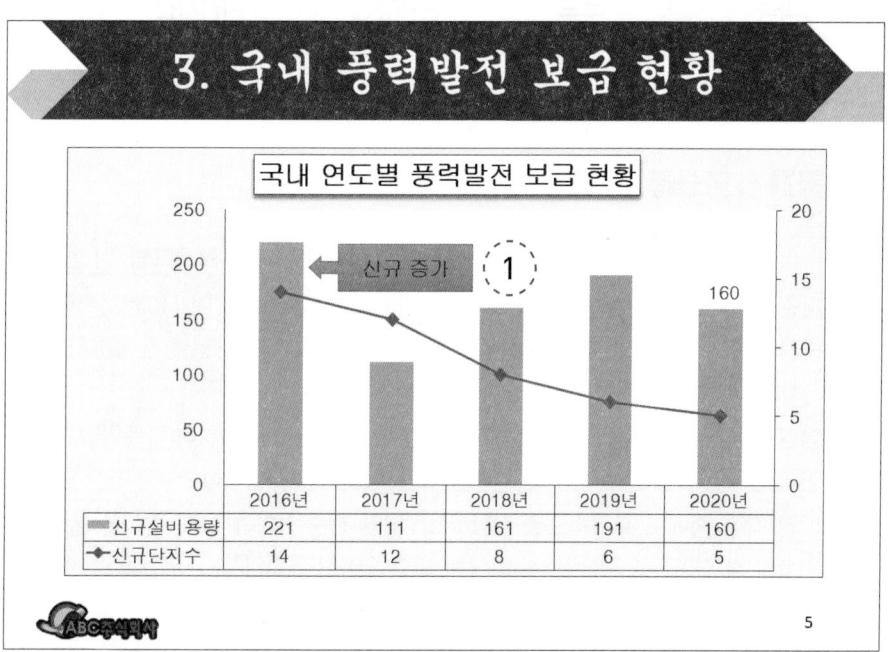

[슬라이드 6] ≪도형 슬라이드≫　　　　100점

(1) 슬라이드와 같이 도형 및 스마트아트를 배치한다(글꼴 : 굴림, 18pt).
(2) 애니메이션 순서 : ① ⇒ ②

세부조건

① 도형 및 스마트아트 편집
 - 스마트아트 디자인
   : 3차원 경사,
   3차원 만화
 - 그룹화 후 애니메이션 효과
   : 회전
② 도형 편집
 - 그룹화 후 애니메이션 효과
   : 닦아내기(왼쪽에서)

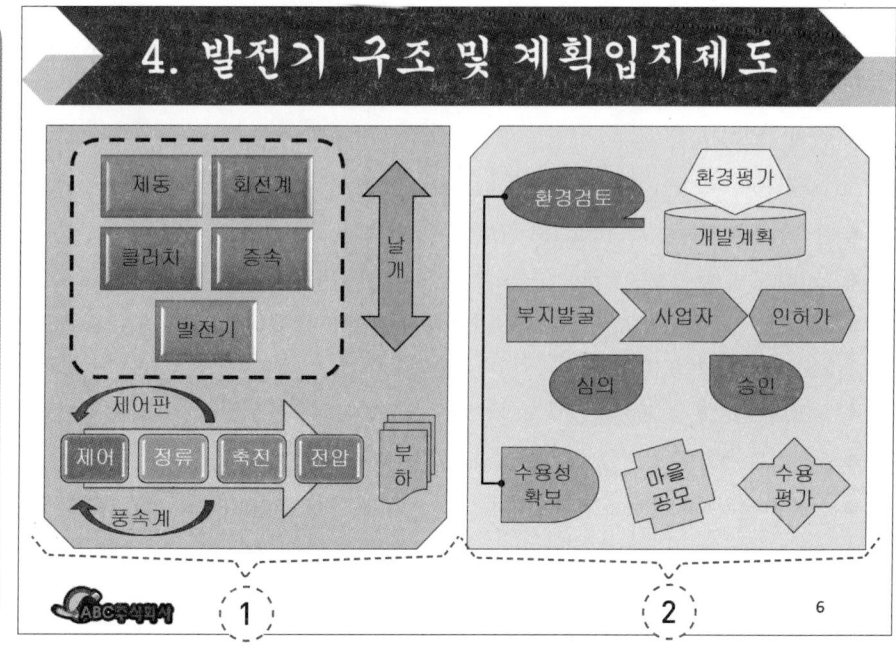

제 10 회 정보기술자격(ITQ) 최신유형 기출문제

과목	코드	문제유형	시험시간	수험번호	성명
한글파워포인트	1142	A	60분		

MS오피스

·수험자 유의사항·

- 수험자는 문제지를 받는 즉시 문제지와 **수험표상의 시험과목(프로그램)이 동일한지 반드시 확인**하여야 합니다.
- 파일명은 본인의 "수험번호-성명"으로 입력하여 답안폴더(내 PC\문서\ITQ)에 하나의 파일로 저장해야 하며, 답안 문서 파일명이 "수험번호-성명"과 일치하지 않거나, 답안파일을 전송하지 않아 미제출로 처리될 경우 실격 처리합니다 (예 : 12345678-홍길동.pptx).
- 답안 작성을 마치면 파일을 저장하고, '답안 전송' 버튼을 선택하여 감독위원 PC로 답안을 전송하십시오. 수험생 정보와 저장한 파일명이 다를 경우 전송되지 않으므로 주의하시기 바랍니다.
- 답안 작성 중에도 **주기적으로 저장하고, '답안 전송'**하여야 문제 발생을 줄일 수 있습니다. 작업한 내용을 저장하지 않고 전송할 경우 이전에 저장된 내용이 전송되오니 이점 유의하시기 바랍니다.
- 답안문서는 지정된 경로 외의 다른 보조기억장치에 저장하는 경우, 지정된 시험 시간 외에 작성된 파일을 활용할 경우, 기타 통신수단(이메일, 메신저, 네트워크 등)을 이용하여 타인에게 전달 또는 외부 반출하는 경우는 부정 처리합니다.
- 시험 중 부주의 또는 고의로 시스템을 파손한 경우는 수험자가 변상해야 하며, 〈수험자 유의사항〉에 기재된 방법대로 이행하지 않아 생기는 불이익은 수험생 당사자의 책임임을 알려 드립니다.
- 문제의 조건은 MS오피스 2021 버전으로 설정되어 있으며 MS오피스 2016은 【 】에 표기되어 있습니다. 이와 관련하여 작성한 답안의 출력형태가 문제지와 다를 수 있습니다.
- 시험을 완료한 수험자는 답안파일이 전송되었는지 확인한 후 감독위원의 지시에 따라 문제지를 제출하고 퇴실합니다.

·답안 작성요령·

- 온라인 답안 작성 절차
  수험자 등록 ⇒ 시험 시작 ⇒ 답안파일 저장 ⇒ 답안 전송 ⇒ 시험 종료
- 슬라이드의 크기는 A4 Paper로 설정하여 작성합니다.
- 슬라이드의 총 개수는 6개로 구성되어 있으며 슬라이드 1부터 순서대로 작업하고 반드시 문제와 세부조건대로 합니다.
- 별도의 지시사항이 없는 경우 출력형태를 참조하여 글꼴색은 검정 또는 흰색으로 작성하고, 기타사항은 전체적인 균형을 고려하여 작성합니다.
- 슬라이드 도형 및 개체에 출력형태와 다른 스타일(그림자, 외곽선 등)을 적용했을 경우 감점처리 됩니다.
- 슬라이드 번호를 작성합니다(슬라이드 1에는 생략).
- 2~6번 슬라이드 제목 도형과 하단 로고는 슬라이드 마스터를 이용하여 출력형태와 동일하게 작성합니다(슬라이드 1에는 생략).
- 문제와 세부조건, 세부조건 번호 ◌(점선원)는 입력하지 않습니다.
- 각 개체의 위치는 오른쪽의 슬라이드와 동일하게 구성합니다.
- 그림 삽입 문제의 경우 반드시 「내 PC\문서\ITQ\Picture」 폴더에서 정확한 파일을 선택하여 삽입하십시오.
- 각 슬라이드를 각각의 파일로 작업해서 저장할 경우 실격 처리됩니다.

[전체구성]   60점

(1) 슬라이드 크기 및 순서 : 크기를 A4 용지로 설정하고 슬라이드 순서에 맞게 작성한다.
(2) 슬라이드 마스터 : 2~6슬라이드의 제목, 하단 로고, 슬라이드 번호는 슬라이드 마스터를 이용하여 작성한다.
  - 제목 글꼴(돋움, 40pt, 흰색), 가운데 맞춤, 도형(선 없음)
  - 하단 로고(「내 PC\문서\ITQ\Picture\로고2.jpg」, 배경(회색) 투명색으로 설정)

[슬라이드 1] ≪표지 디자인≫   40점

(1) 표지 디자인 : 도형, 워드아트 및 그림을 이용하여 작성한다.

세부조건
① 도형 편집
  - 도형에 그림 채우기 :
    「내 PC\문서\ITQ\Picture\그림2.jpg」, 투명도 50%
  - 도형 효과 :
    부드러운 가장자리 5포인트
② 워드아트 삽입
  - 변환 : 갈매기형 수장, 위로
    【갈매기형 수장】
  - 글꼴 : 돋움, 굵게
  - 텍스트 반사 : 근접 반사, 터치
③ 그림 삽입
  - 「내 PC\문서\ITQ\Picture\로고2.jpg」
  - 배경(회색) 투명색으로 설정

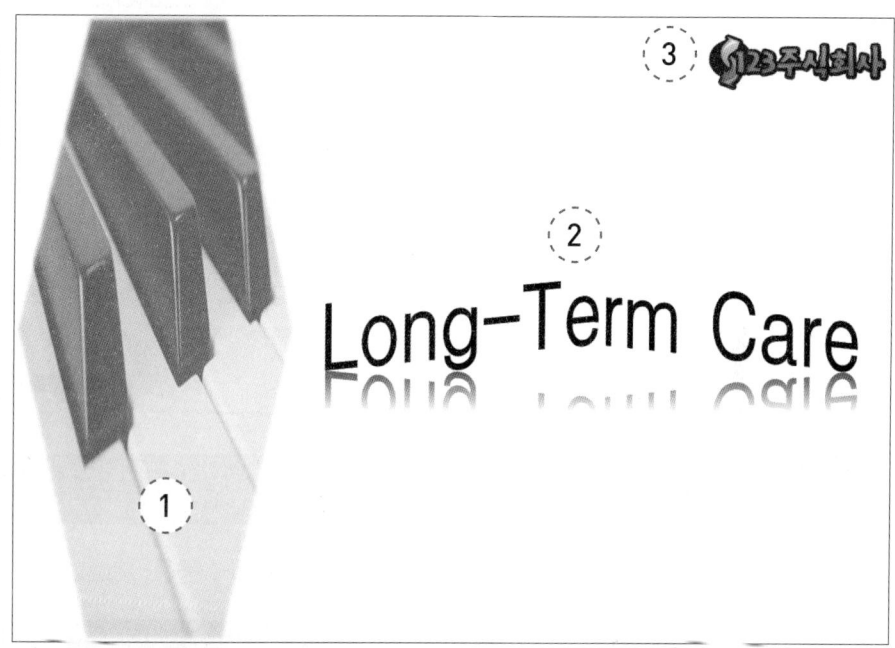

[슬라이드 2] ≪목차 슬라이드≫   60점

(1) 출력형태와 같이 도형을 이용하여 목차를 작성한다(글꼴 : 굴림, 24pt).
(2) 도형 : 선 없음

세부조건
① 텍스트에 하이퍼링크 적용
  → '슬라이드 5'
② 그림 삽입
  - 「내 PC\문서\ITQ\Picture\그림4.jpg」
  - 자르기 기능 이용

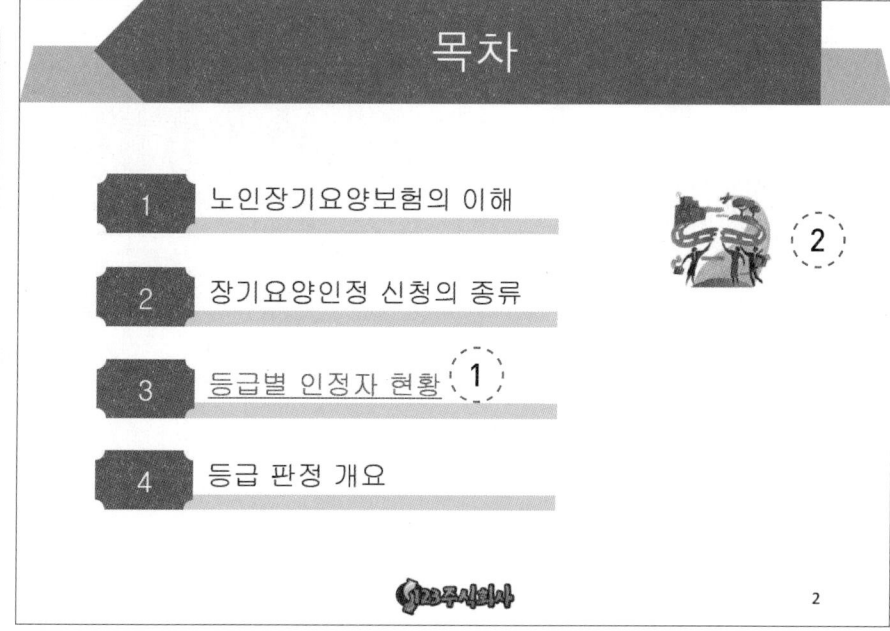

[슬라이드 3] ≪텍스트/동영상 슬라이드≫   60점

(1) 텍스트 작성 : 글머리 기호 사용(◆, ■)
  ◆문단(굴림, 24pt, 굵게, 줄간격 : 1.5줄), ■문단(굴림, 20pt, 줄간격 : 1.5줄)

세부조건

① 동영상 삽입 :
 - 「내 PC₩문서₩ITQ₩Picture₩동영상.wmv」
 - 자동실행, 반복재생 설정

1. 노인장기요양보험의 이해

◆ Long-Term Care Insurance
  ■ Long term care insurance is a social insurance policy that provides economic aid to elderlies who can not hold a regular living due to old age

◆ 노인장기요양보험
  ■ 고령이나 노인성 질병으로 인해 일상생활을 혼자 수행하기 어려운 노인에게 장기요양급여 제공
  ■ 신체활동 등을 지원하여 노인의 건강 증진 및 생활 안정 도모

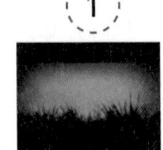

[슬라이드 4] ≪표 슬라이드≫   80점

(1) 도형과 표 작성 기능을 이용하여 슬라이드를 작성한다(글꼴 : 돋움, 18pt).

세부조건

① 상단 도형 :
  2개 도형의 조합으로 작성
② 좌측 도형 :
  그라데이션 효과(선형 아래쪽)
③ 테이블 디자인【표 스타일】:
  테마 스타일 1 - 강조 2

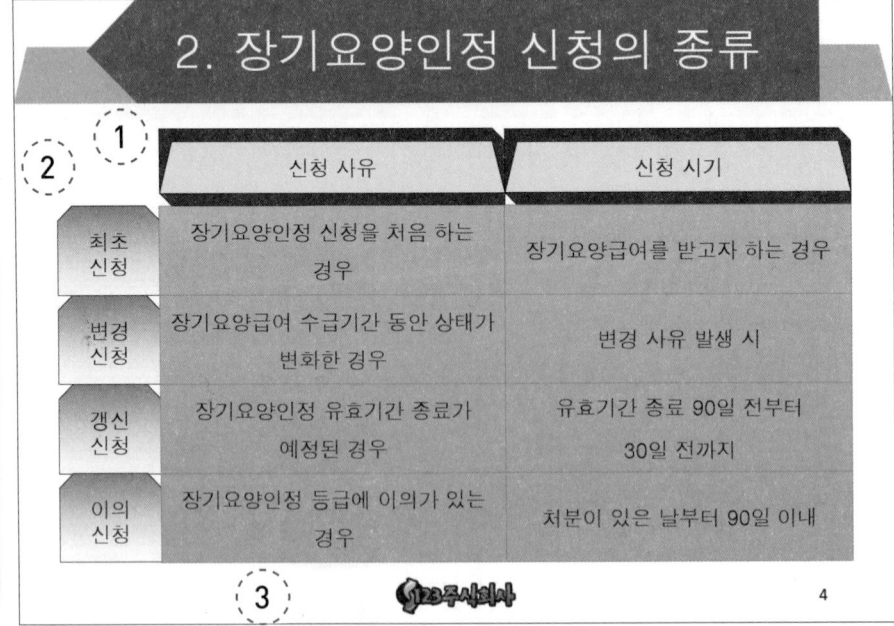

[슬라이드 5] ≪차트 슬라이드≫ 100점

(1) 차트 작성 기능을 이용하여 슬라이드를 작성한다.
(2) 차트 : 종류(묶은 세로 막대형), 글꼴(돋움, 16pt), 외곽선

세부조건

※ 차트설명
- 차트 제목 : 궁서, 24pt, 굵게, 채우기(흰색), 테두리, 그림자(오프셋 오른쪽)
- 차트 영역 : 채우기(노랑)
  그림 영역 : 채우기(흰색)
- 데이터 서식 : 감경 계열을 표식이 있는 꺾은선형으로 변경 후 보조축으로 지정
- 값 표시 : 5등급의 일반 계열만

① 도형 삽입
  - 스타일 : 미세효과 - 파랑, 강조1
  - 글꼴 : 굴림, 18pt

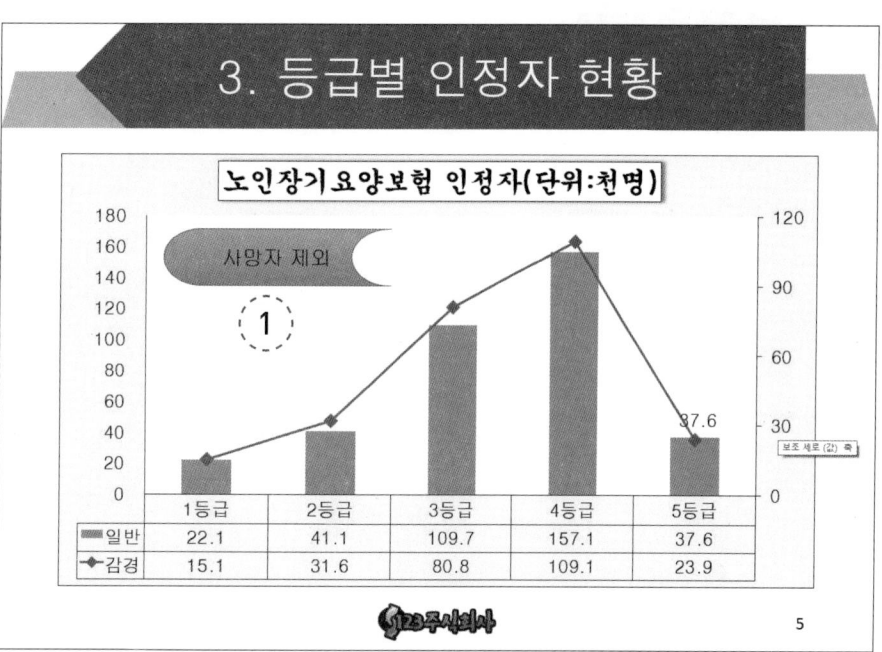

[슬라이드 6] ≪도형 슬라이드≫ 100점

(1) 슬라이드와 같이 도형 및 스마트아트를 배치한다(글꼴 : 굴림, 18pt).
(2) 애니메이션 순서 : ① ⇒ ②

세부조건

① 도형 및 스마트아트 편집
  - 스마트아트 디자인
    : 3차원 만화, 3차원 광택 처리
  - 그룹화 후 애니메이션 효과
    : 바운드
② 도형 편집
  - 그룹화 후 애니메이션 효과
    : 실선 무늬(세로)

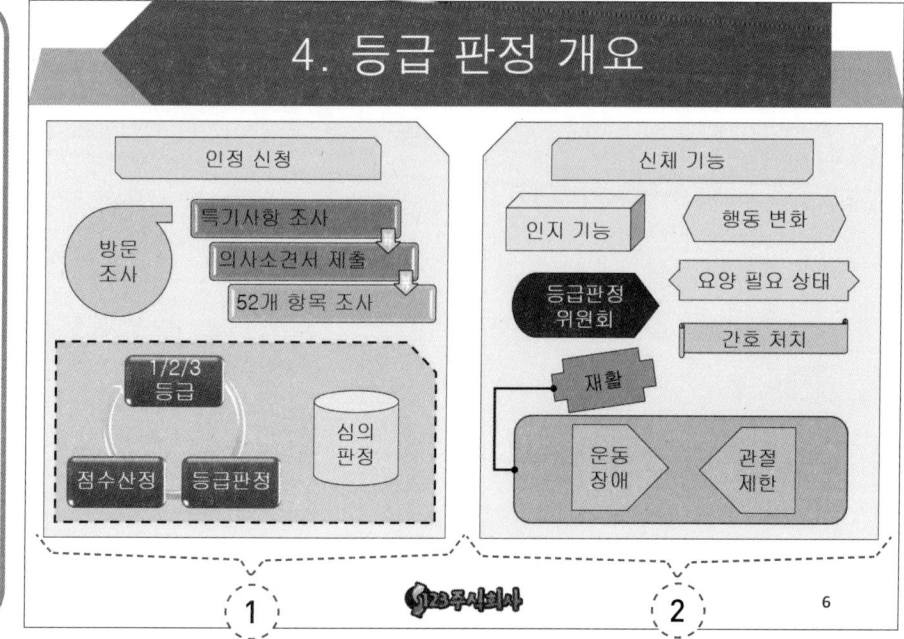

MEMO

정보기술자격(ITQ) 시험

MS오피스

과목	코 드	문제유형	시험시간	수험번호	성 명
한글파워포인트	1142	A	60분		

수험자 유의사항

- 수험자는 문제지를 받는 즉시 문제지와 **수험표상의 시험과목(프로그램)이 동일한지 반드시 확인**하여야 합니다.
- 파일명은 본인의 "수험번호-성명"으로 입력하여 답안폴더(내 PC\문서\ITQ)에 하나의 파일로 저장해야 하며, 답안 문서 파일명이 "수험번호-성명"과 일치하지 않거나, 답안파일을 전송하지 않아 미제출로 처리될 경우 실격 처리합니다. (예:12345678-홍길동.pptx).
- 답안 작성을 마치면 파일을 저장하고, '답안 전송' 버튼을 선택하여 감독위원 PC로 답안을 전송하십시오. 수험생 정보와 저장한 파일명이 다를 경우 전송되지 않으므로 주의하시기 바랍니다.
- 답안 작성 중에도 **주기적으로 저장하고, '답안 전송'**하여야 문제 발생을 줄일 수 있습니다. 작업한 내용을 저장하지 않고 전송할 경우 이전에 저장된 내용이 전송되오니 이점 유의하시기 바랍니다.
- 답안문서는 지정된 경로 외의 다른 보조기억장치에 저장하는 경우, 지정된 시험 시간 외에 작성된 파일을 활용할 경우, 기타 통신수단(이메일, 메신저, 네트워크 등)을 이용하여 타인에게 전달 또는 외부 반출하는 경우는 부정 처리합니다.
- 시험 중 부주의 또는 고의로 시스템을 파손한 경우는 수험자가 변상해야 하며, <수험자 유의사항>에 기재된 방법대로 이행하지 않아 생기는 불이익은 수험생 당사자의 책임임을 알려 드립니다.
- 문제의 조건은 MS오피스 2021 버전으로 설정되어 있으며 MS오피스 2016은 【 】에 표기되어 있습니다. 이와 관련하여 작성한 답안의 출력형태가 문제지와 다를 수 있습니다.
- 시험을 완료한 수험자는 답안파일이 전송되었는지 확인한 후 감독위원의 지시에 따라 문제지를 제출하고 퇴실합니다.

답안 작성요령

- **온라인 답안 작성 절차** : 수험자 등록 ⇒ 시험 시작 ⇒ 답안파일 저장 ⇒ 답안 전송 ⇒ 시험 종료
- 슬라이드의 크기는 A4 Paper로 설정하여 작성합니다.
- 슬라이드의 총 개수는 6개로 구성되어 있으며 슬라이드 1부터 순서대로 작업하고 반드시 문제와 세부 조건대로 합니다.
- 별도의 지시사항이 없는 경우 출력형태를 참조하여 글꼴색은 검정 또는 흰색으로 작성하고, 기타사항은 전체적인 균형을 고려하여 작성합니다.
- 슬라이드 도형 및 개체에 출력형태와 다른 스타일(그림자, 외곽선 등)을 적용했을 경우 감점처리 됩니다.
- 슬라이드 번호를 작성합니다(슬라이드 1에는 생략).
- 2~6번 슬라이드 제목 도형과 하단 로고는 슬라이드 마스터를 이용하여 출력형태와 동일하게 작성합니다 (슬라이드 1에는 생략).
- 문제와 세부조건, 세부조건 번호 ○(점선원)는 입력하지 않습니다.
- 각 개체의 위치는 오른쪽의 슬라이드와 동일하게 구성합니다.
- 그림 삽입 문제의 경우 반드시 「내 PC\문서\ITQ\Picture」 폴더에서 정확한 파일을 선택하여 삽입 하십시오.
- 각 슬라이드를 각각의 파일로 작업해서 저장할 경우 실격 처리됩니다.

[전체구성] ——————————————————— (60점)

(1) 슬라이드 크기 및 순서 : 크기를 A4 용지로 설정하고 슬라이드 순서에 맞게 작성한다.
(2) 슬라이드 마스터 : 2~6슬라이드의 제목, 하단 로고, 슬라이드 번호는 슬라이드 마스터를 이용하여 작성한다.
 - 제목 글꼴(돋움, 40pt, 흰색), 가운데 맞춤, 도형(선 없음)
 - 하단 로고(「내 PC\문서\ITQ\Picture\로고2.jpg」, 배경(회색) 투명색으로 설정)

[슬라이드 1] ≪표지 디자인≫ ——————————————— (40점)

(1) 표지 디자인 : 도형, 워드아트 및 그림을 이용하여 작성한다.

세부조건
① 도형 편집
 - 도형에 그림 채우기 :
 「내 PC\문서\ITQ\Picture\그림1.jpg」, 투명도 50%
 - 도형 효과 :
 부드러운 가장자리 5포인트
② 워드아트 삽입
 - 변환 : 삼각형, 위로【삼각형】
 - 글꼴 : 궁서, 굵게
 - 텍스트 반사 :
 근접 반사, 4 pt 오프셋
③ 그림 삽입
 - 「내 PC\문서\ITQ\Picture\로고2.jpg」
 - 배경(회색) 투명색으로 설정

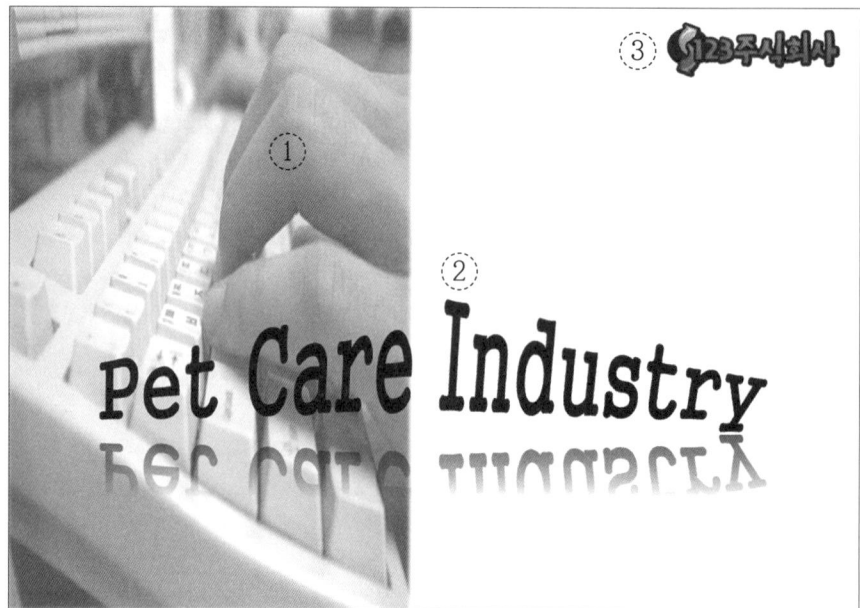

[슬라이드 2] ≪목차 슬라이드≫ ——————————————— (60점)

(1) 출력형태와 같이 도형을 이용하여 목차를 작성한다(글꼴 : 돋움, 24pt).
(2) 도형 : 선 없음

세부조건
① 텍스트에 하이퍼링크 적용
 → '슬라이드 5'
② 그림 삽입
 - 「내 PC\문서\ITQ\Picture\그림5.jpg」
 - 자르기 기능 이용

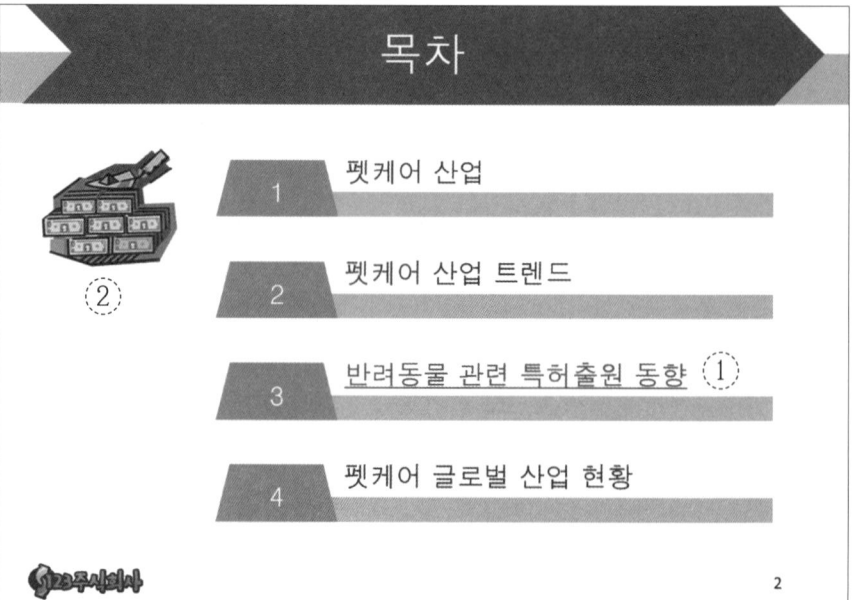

[슬라이드 3] ≪텍스트/동영상 슬라이드≫ ——————————(60점)

(1) 텍스트 작성 : 글머리 기호 사용(➤, ▪)
  ➤문단(굴림, 24pt, 굵게, 줄간격 : 1.5줄), ▪문단(굴림, 20pt, 줄간격 : 1.5줄)

세부조건
① 동영상 삽입
 - 「내 PC₩문서₩ITQ₩Picture₩동영상.wmv」
 - 자동실행, 반복재생 설정

1. 펫케어 산업

➤ Pet Care Industry
 ▪ As a culture that treats companion animals like family spreads, the quantitative and qualitative growth of the pet care industry is expected to accelerate

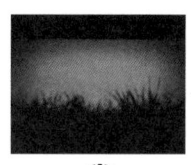

➤ 펫케어 산업
 ▪ 펫케어 산업이 국내외 소비시장의 신성장동력으로 부상
 ▪ 반려동물을 가족처럼 생각하는 문화가 확산되면서 펫케어 산업의 성장은 더욱 가속화될 전망

[슬라이드 4] ≪표 슬라이드≫ ——————————(80점)

(1) 도형과 표 작성 기능을 이용하여 슬라이드를 작성한다(글꼴 : 굴림, 18pt).

세부조건
① 상단 도형 :
  2개 도형의 조합으로 작성
② 좌측 도형 :
  그라데이션 효과(선형 아래쪽)
③ 테이블 디자인【표 스타일】:
  테마 스타일 1 - 강조 4

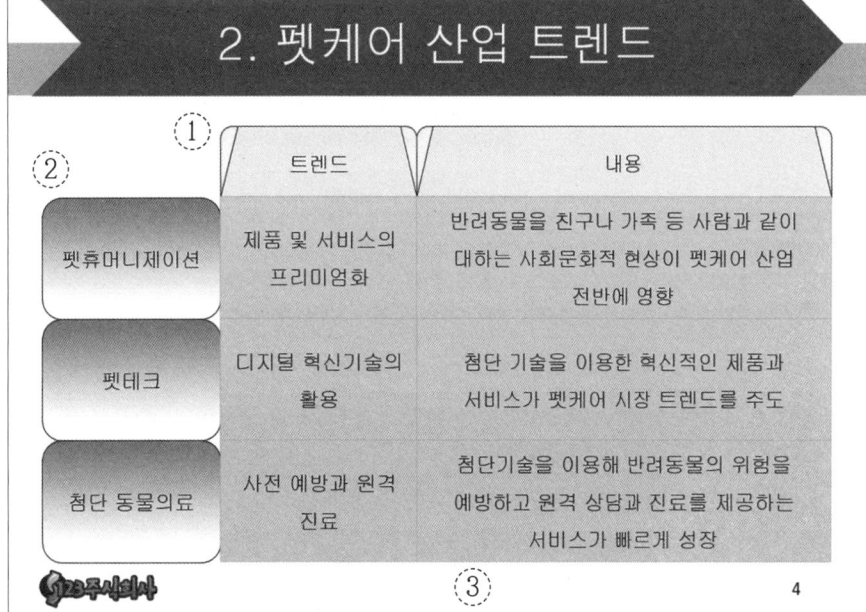

[슬라이드 5] ≪차트 슬라이드≫ ────────────── (100점)

(1) 차트 작성 기능을 이용하여 슬라이드를 작성한다.
(2) 차트 : 종류(묶은 세로 막대형), 글꼴(돋움, 16pt), 외곽선

세부조건

※ 차트설명
- 차트제목 : 굴림, 24pt, 굵게, 채우기(흰색), 테두리, 그림자(오프셋 오른쪽)
- 차트영역 : 채우기(노랑) 그림영역 : 채우기(흰색)
- 데이터 서식 : IoT접목 출원건수 계열을 표식이 있는 꺾은선형으로 변경 후 보조축으로 지정
- 값 표시 : 2018년의 출원건수 계열만

① 도형 삽입
- 스타일 : 미세효과 – 파랑, 강조1
- 글꼴 : 굴림, 18pt

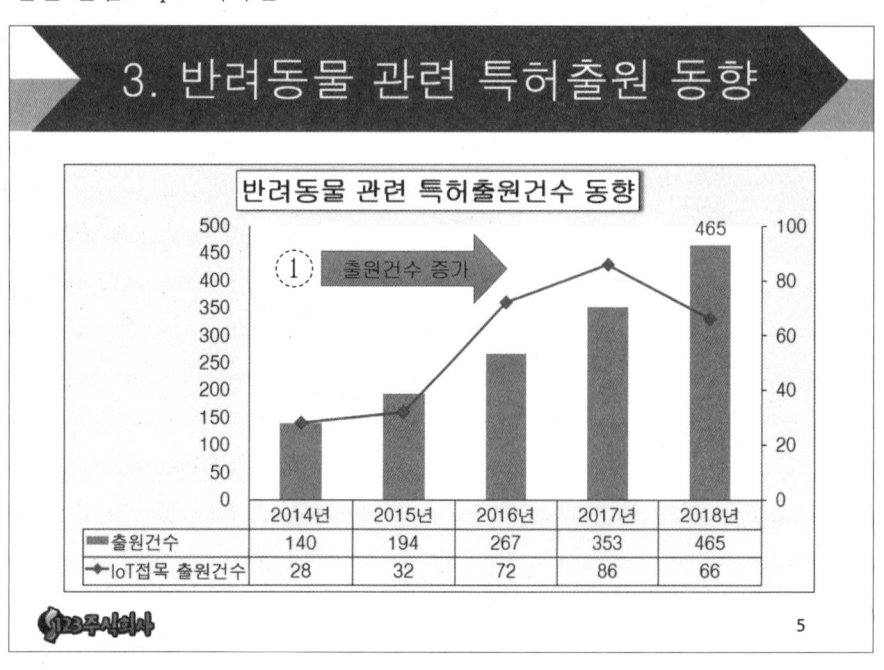

[슬라이드 6] ≪도형 슬라이드≫ ────────────── (100점)

(1) 슬라이드와 같이 도형 및 스마트아트를 배치한다(글꼴 : 돋움, 18pt).
(2) 애니메이션 순서 : ① ⇒ ②

세부조건

① 도형 및 스마트아트 편집
- 스마트아트 디자인
  : 3차원 만화, 3차원 경사
- 그룹화 후 애니메이션 효과
  : 날아오기(왼쪽에서)

② 도형 편집
- 그룹화 후 애니메이션 효과
  : 바운드

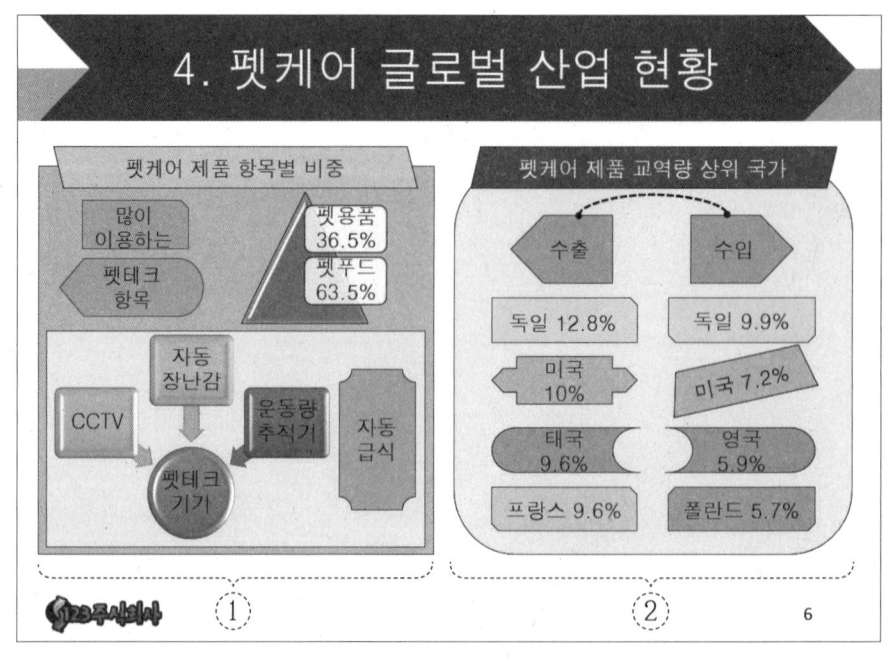

[슬라이드 5] ≪차트 슬라이드≫ ────────────────── (100점)

(1) 차트 작성 기능을 이용하여 슬라이드를 작성한다.
(2) 차트 : 종류(묶은 세로 막대형), 글꼴(돋움, 16pt), 외곽선

세부조건

※ 차트설명
- 차트제목 : 궁서, 24pt, 굵게, 채우기(흰색), 테두리, 그림자(오프셋 아래쪽)
- 차트영역 : 채우기(노랑) 그림영역 : 채우기(흰색)
- 데이터 서식 : 여성 계열을 표식이 있는 꺾은선형으로 변경 후 보조축으로 지정
- 값 표시 : 40대의 남성 계열만

① 도형 삽입
- 스타일 : 미세효과 – 파랑, 강조1
- 글꼴 : 굴림, 18pt

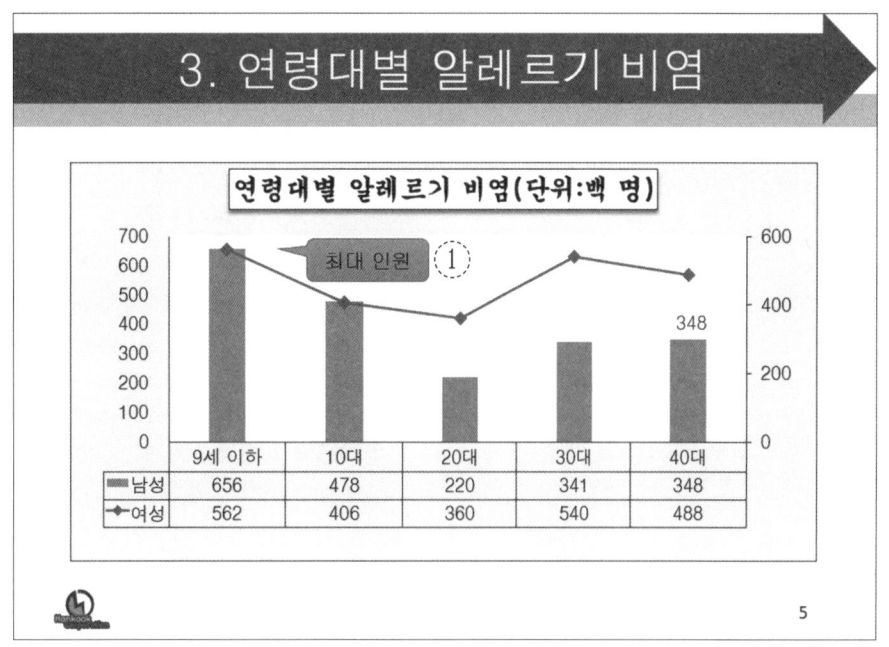

[슬라이드 6] ≪도형 슬라이드≫ ────────────────── (100점)

(1) 슬라이드와 같이 도형 및 스마트아트를 배치한다(글꼴 : 돋움, 18pt).
(2) 애니메이션 순서 : ① ⇒ ②

세부조건

① 도형 및 스마트아트 편집
- 스마트아트 디자인
  : 3차원 광택 처리, 3차원 만화
- 그룹화 후 애니메이션 효과
  : 실선 무늬(세로)

② 도형 편집
- 그룹화 후 애니메이션 효과
  : 바운드

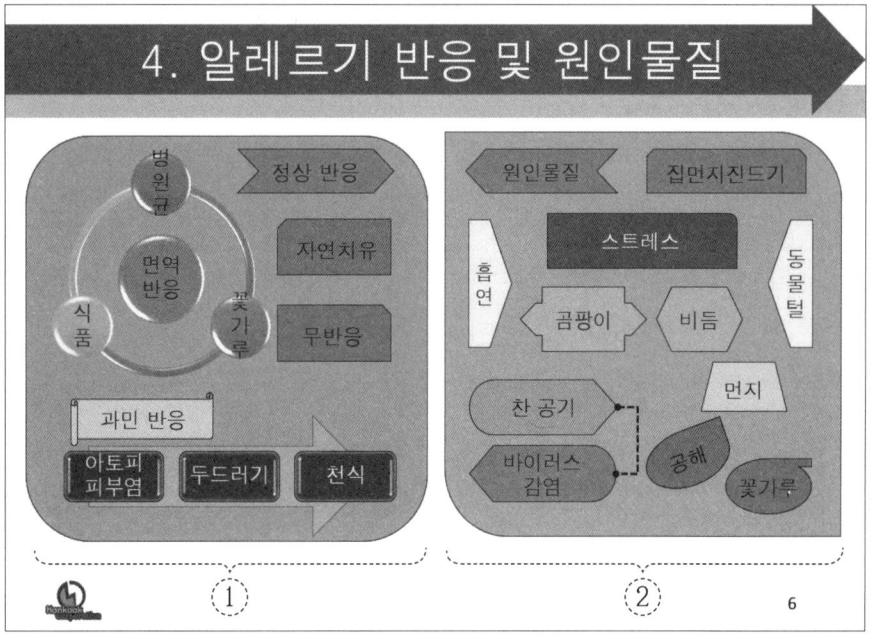

[슬라이드 3] ≪텍스트/동영상 슬라이드≫ ──────────── (60점)

(1) 텍스트 작성 : 글머리 기호 사용(➢, ✓)
　➢문단(굴림, 24pt, 굵게, 줄간격 : 1.5줄), ✓문단(굴림, 20pt, 줄간격 : 1.5줄)

세부조건

① 동영상 삽입
- 「내 PC₩문서₩ITQ₩Picture₩동영상.wmv」
- 자동실행, 반복재생 설정

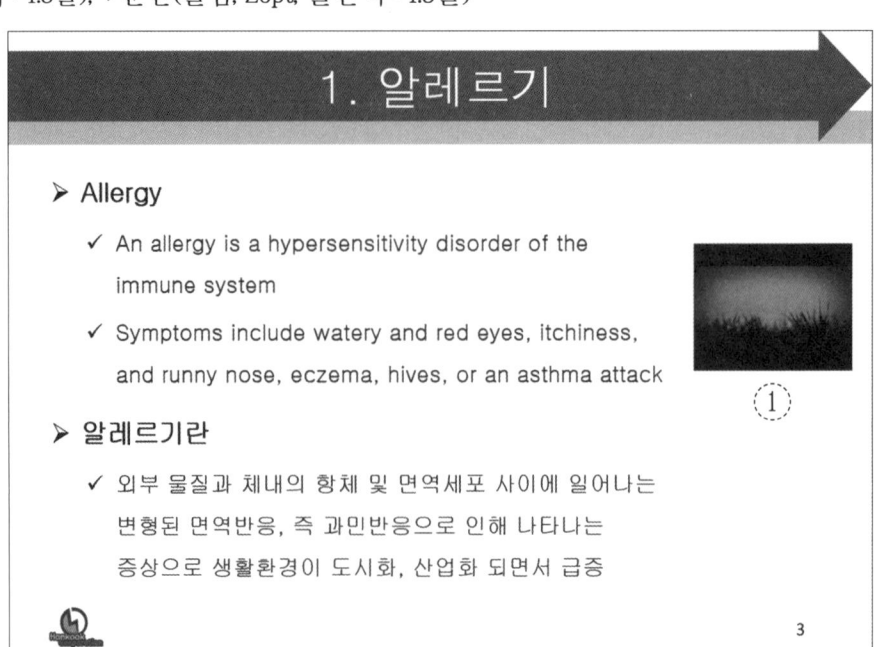

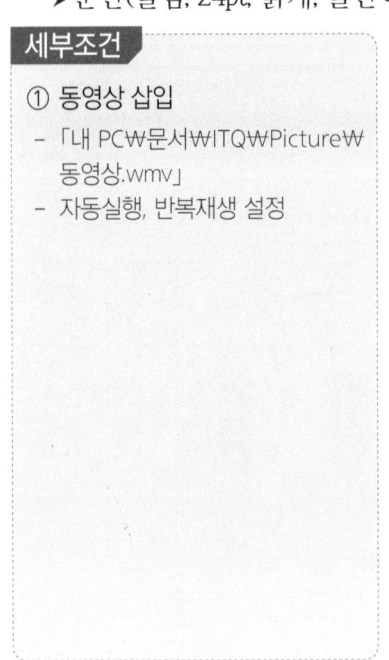

[슬라이드 4] ≪표 슬라이드≫ ──────────── (80점)

(1) 도형과 표 작성 기능을 이용하여 슬라이드를 작성한다(글꼴 : 굴림, 18pt).

세부조건

① 상단 도형 :
　2개 도형의 조합으로 작성

② 좌측 도형 :
　그라데이션 효과(선형 아래쪽)

③ 테이블 디자인 【표 스타일】 :
　테마 스타일 1 - 강조 2

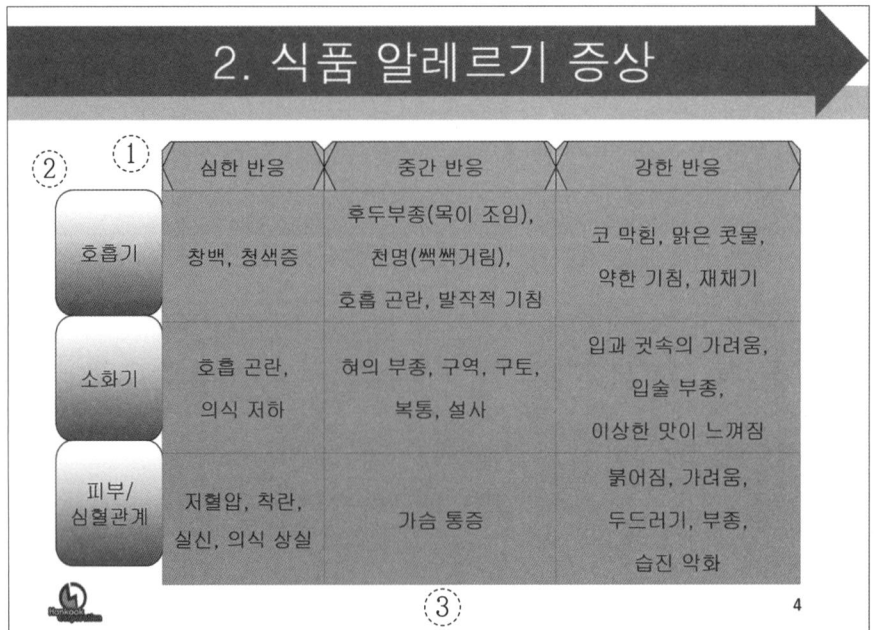

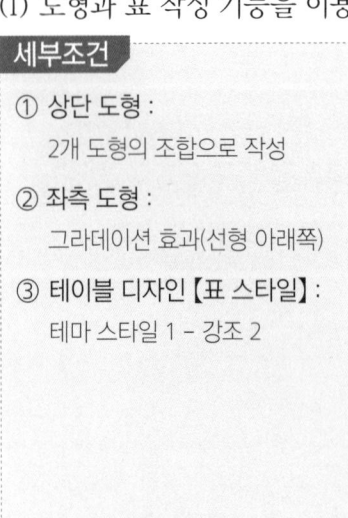

[전체구성] —————————————————————— (60점)

(1) 슬라이드 크기 및 순서 : 크기를 A4 용지로 설정하고 슬라이드 순서에 맞게 작성한다.
(2) 슬라이드 마스터 : 2~6슬라이드의 제목, 하단 로고, 슬라이드 번호는 슬라이드 마스터를 이용하여 작성한다.
- 제목 글꼴(돋움, 40pt, 흰색), 가운데 맞춤, 도형(선 없음)
- 하단 로고(「내 PC\문서\ITQ\Picture\로고3.jpg」, 배경(보라색) 투명색으로 설정)

[슬라이드 1] ≪표지 디자인≫ —————————————————— (40점)

(1) 표지 디자인 : 도형, 워드아트 및 그림을 이용하여 작성한다.

> **세부조건**
> ① 도형 편집
> - 도형에 그림 채우기 :
>   「내 PC\문서\ITQ\Picture\
>   그림3.jpg」, 투명도 50%
> - 도형 효과 :
>   부드러운 가장자리 5포인트
> ② 워드아트 삽입
> - 변환 : 중지【중지】
> - 글꼴 : 궁서, 굵게
> - 텍스트 반사 : 1/2 반사, 터치
> ③ 그림 삽입
> - 「내 PC\문서\ITQ\Picture\
>   로고3.jpg」
> - 배경(보라색) 투명색으로 설정

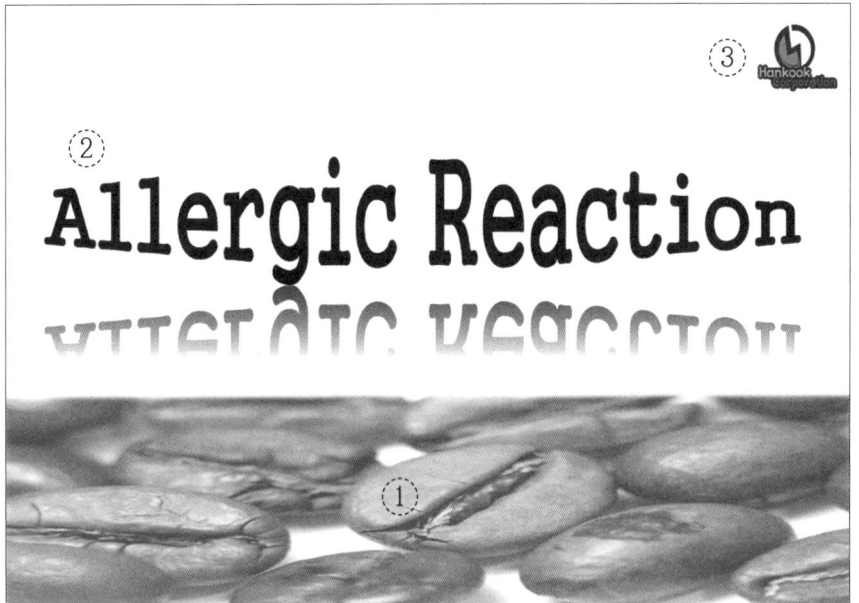

[슬라이드 2] ≪목차 슬라이드≫ —————————————————— (60점)

(1) 출력형태와 같이 도형을 이용하여 목차를 작성한다(글꼴 : 돋움, 24pt).
(2) 도형 : 선 없음

> **세부조건**
> ① 텍스트에 하이퍼링크 적용
>   → '슬라이드 5'
> ② 그림 삽입
> - 「내 PC\문서\ITQ\Picture\
>   로고4.jpg」
> - 자르기 기능 이용

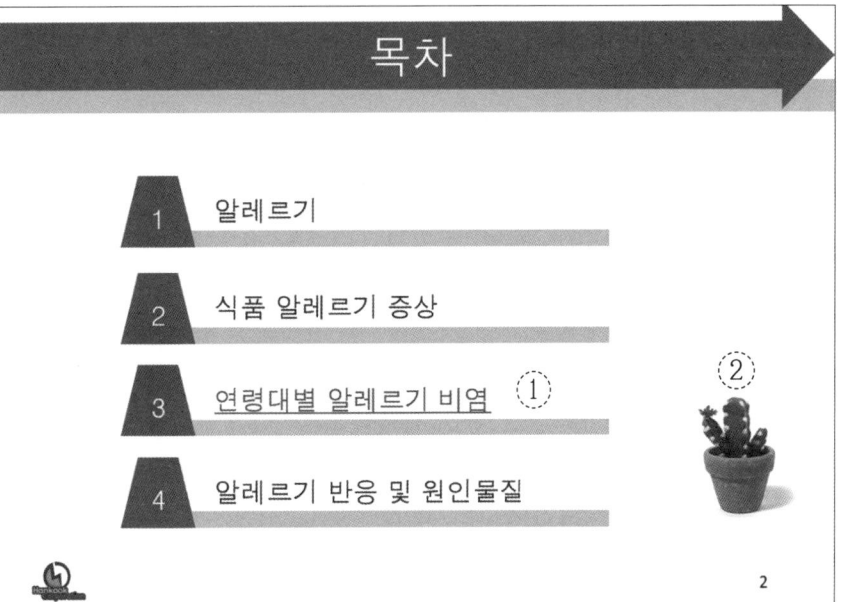

정보기술자격(ITQ) 시험

MS오피스

과목	코드	문제유형	시험시간	수험번호	성명
한글파워포인트	1142	B	60분		

수험자 유의사항

- 수험자는 문제지를 받는 즉시 문제지와 **수험표상의 시험과목(프로그램)이 동일한지 반드시 확인**하여야 합니다.
- 파일명은 본인의 "수험번호-성명"으로 입력하여 답안폴더(내 PC₩문서₩ITQ)에 하나의 파일로 저장해야 하며, 답안 문서 파일명이 "수험번호-성명"과 일치하지 않거나, 답안파일을 전송하지 않아 미제출로 처리될 경우 실격 처리합니다 (예:12345678-홍길동.pptx).
- 답안 작성을 마치면 파일을 저장하고, '답안 전송' 버튼을 선택하여 감독위원 PC로 답안을 전송하십시오. 수험생 정보와 저장한 파일명이 다를 경우 전송되지 않으므로 주의하시기 바랍니다.
- 답안 작성 중에도 **주기적으로 저장하고, '답안 전송'**하여야 문제 발생을 줄일 수 있습니다. 작업한 내용을 저장하지 않고 전송할 경우 이전에 저장된 내용이 전송되오니 이점 유의하시기 바랍니다.
- 답안문서는 지정된 경로 외의 다른 보조기억장치에 저장하는 경우, 지정된 시험 시간 외에 작성된 파일을 활용할 경우, 기타 통신수단(이메일, 메신저, 네트워크 등)을 이용하여 타인에게 전달 또는 외부 반출하는 경우는 부정 처리합니다.
- 시험 중 부주의 또는 고의로 시스템을 파손한 경우는 수험자가 변상해야 하며, <수험자 유의사항>에 기재된 방법대로 이행하지 않아 생기는 불이익은 수험생 당사자의 책임임을 알려 드립니다.
- 문제의 조건은 MS오피스 2021 버전으로 설정되어 있으며 MS오피스 2016은 【 】에 표기되어 있습니다. 이와 관련하여 작성한 답안의 출력형태가 문제지와 다를 수 있습니다.
- 시험을 완료한 수험자는 답안파일이 전송되었는지 확인한 후 감독위원의 지시에 따라 문제지를 제출하고 퇴실합니다.

답안 작성요령

- **온라인 답안 작성 절차** : 수험자 등록 ⇒ 시험 시작 ⇒ 답안파일 저장 ⇒ 답안 전송 ⇒ 시험 종료
- 슬라이드의 크기는 A4 Paper로 설정하여 작성합니다.
- 슬라이드의 총 개수는 6개로 구성되어 있으며 슬라이드 1부터 순서대로 작업하고 반드시 문제와 세부 조건대로 합니다.
- 별도의 지시사항이 없는 경우 출력형태를 참조하여 글꼴색은 검정 또는 흰색으로 작성하고, 기타사항은 전체적인 균형을 고려하여 작성합니다.
- 슬라이드 도형 및 개체에 출력형태와 다른 스타일(그림자, 외곽선 등)을 적용했을 경우 감점처리 됩니다.
- 슬라이드 번호를 작성합니다(슬라이드 1에는 생략).
- 2~6번 슬라이드 제목 도형과 하단 로고는 슬라이드 마스터를 이용하여 출력형태와 동일하게 작성합니다 (슬라이드 1에는 생략).
- 문제와 세부조건, 세부조건 번호 ○(점선원)는 입력하지 않습니다.
- 각 개체의 위치는 오른쪽의 슬라이드와 동일하게 구성합니다.
- 그림 삽입 문제의 경우 반드시 「내 PC₩문서₩ITQ₩Picture」 폴더에서 정확한 파일을 선택하여 삽입하십시오.
- 각 슬라이드를 각각의 파일로 작업해서 저장할 경우 실격 처리됩니다.

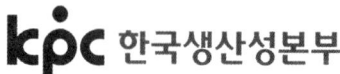

정보기술자격(ITQ) 시험

MS오피스

과목	코 드	문제유형	시험시간	수험번호	성 명
한글파워포인트	1142	C	60분		

수험자 유의사항

- 수험자는 문제지를 받는 즉시 문제지와 **수험표상의 시험과목(프로그램)이 동일한지 반드시 확인**하여야 합니다.
- 파일명은 본인의 "수험번호-성명"으로 입력하여 답안폴더(내 PC₩문서₩ITQ)에 하나의 파일로 저장해야 하며, 답안 문서 파일명이 "수험번호-성명"과 일치하지 않거나, 답안파일을 전송하지 않아 미제출로 처리될 경우 실격 처리합니다 (예:12345678-홍길동.pptx).
- 답안 작성을 마치면 파일을 저장하고, '답안 전송' 버튼을 선택하여 감독위원 PC로 답안을 전송하십시오. 수험생 정보와 저장한 파일명이 다를 경우 전송되지 않으므로 주의하시기 바랍니다.
- 답안 작성 중에도 **주기적으로 저장하고, '답안 전송'**하여야 문제 발생을 줄일 수 있습니다. 작업한 내용을 저장하지 않고 전송할 경우 이전에 저장된 내용이 전송되오니 이점 유의하시기 바랍니다.
- 답안문서는 지정된 경로 외의 다른 보조기억장치에 저장하는 경우, 지정된 시험 시간 외에 작성된 파일을 활용할 경우, 기타 통신수단(이메일, 메신저, 네트워크 등)을 이용하여 타인에게 전달 또는 외부 반출하는 경우는 부정 처리합니다.
- 시험 중 부주의 또는 고의로 시스템을 파손한 경우는 수험자가 변상해야 하며, <수험자 유의사항>에 기재된 방법대로 이행하지 않아 생기는 불이익은 수험생 당사자의 책임임을 알려 드립니다.
- 문제의 조건은 MS오피스 2021 버전으로 설정되어 있으며 MS오피스 2016은 【 】에 표기되어 있습니다. 이와 관련하여 작성한 답안의 출력형태가 문제지와 다를 수 있습니다.
- 시험을 완료한 수험자는 답안파일이 전송되었는지 확인한 후 감독위원의 지시에 따라 문제지를 제출하고 퇴실합니다.

답안 작성요령

- **온라인 답안 작성 절차** : 수험자 등록 ⇒ 시험 시작 ⇒ 답안파일 저장 ⇒ 답안 전송 ⇒ 시험 종료
- 슬라이드의 크기는 A4 Paper로 설정하여 작성합니다.
- 슬라이드의 총 개수는 6개로 구성되어 있으며 슬라이드 1부터 순서대로 작업하고 반드시 문제와 세부 조건대로 합니다.
- 별도의 지시사항이 없는 경우 출력형태를 참조하여 글꼴색은 검정 또는 흰색으로 작성하고, 기타사항은 전체적인 균형을 고려하여 작성합니다.
- 슬라이드 도형 및 개체에 출력형태와 다른 스타일(그림자, 외곽선 등)을 적용했을 경우 감점처리 됩니다.
- 슬라이드 번호를 작성합니다(슬라이드 1에는 생략).
- 2~6번 슬라이드 제목 도형과 하단 로고는 슬라이드 마스터를 이용하여 출력형태와 동일하게 작성합니다 (슬라이드 1에는 생략).
- 문제와 세부조건, 세부조건 번호 ○(점선원)는 입력하지 않습니다.
- 각 개체의 위치는 오른쪽의 슬라이드와 동일하게 구성합니다.
- 그림 삽입 문제의 경우 반드시 「내 PC₩문서₩ITQ₩Picture」 폴더에서 정확한 파일을 선택하여 삽입 하십시오.
- 각 슬라이드를 각각의 파일로 작업해서 저장할 경우 실격 처리됩니다.

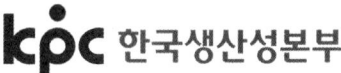

C01 / C04

[전체구성] ――――――――――――――――――――――――――――― (60점)

(1) 슬라이드 크기 및 순서 : 크기를 A4 용지로 설정하고 슬라이드 순서에 맞게 작성한다.
(2) 슬라이드 마스터 : 2~6슬라이드의 제목, 하단 로고, 슬라이드 번호는 슬라이드 마스터를 이용하여 작성한다.
  - 제목 글꼴(돋움, 40pt, 흰색), 가운데 맞춤, 도형(선 없음)
  - 하단 로고(「내 PC\문서\ITQ\Picture\로고1.jpg」, 배경(회색) 투명색으로 설정)

[슬라이드 1] ≪표지 디자인≫ ―――――――――――――――――――― (40점)

(1) 표지 디자인 : 도형, 워드아트 및 그림을 이용하여 작성한다.

세부조건

① 도형 편집
- 도형에 그림 채우기 :
  「내 PC\문서\ITQ\Picture\그림1.jpg」, 투명도 50%
- 도형 효과 :
  부드러운 가장자리 5포인트

② 워드아트 삽입
- 변환 : 삼각형, 위로【삼각형】
- 글꼴 : 돋움, 굵게
- 텍스트 반사 : 근접 반사, 터치

③ 그림 삽입
- 「내 PC\문서\ITQ\Picture\로고1.jpg」
- 배경(회색) 투명색으로 설정

[슬라이드 2] ≪목차 슬라이드≫ ―――――――――――――――――― (60점)

(1) 출력형태와 같이 도형을 이용하여 목차를 작성한다(글꼴 : 굴림, 24pt).
(2) 도형 : 선 없음

세부조건

① 텍스트에 하이퍼링크 적용
  → '슬라이드 6'

② 그림 삽입
- 「내 PC\문서\ITQ\Picture\그림4.jpg」
- 자르기 기능 이용

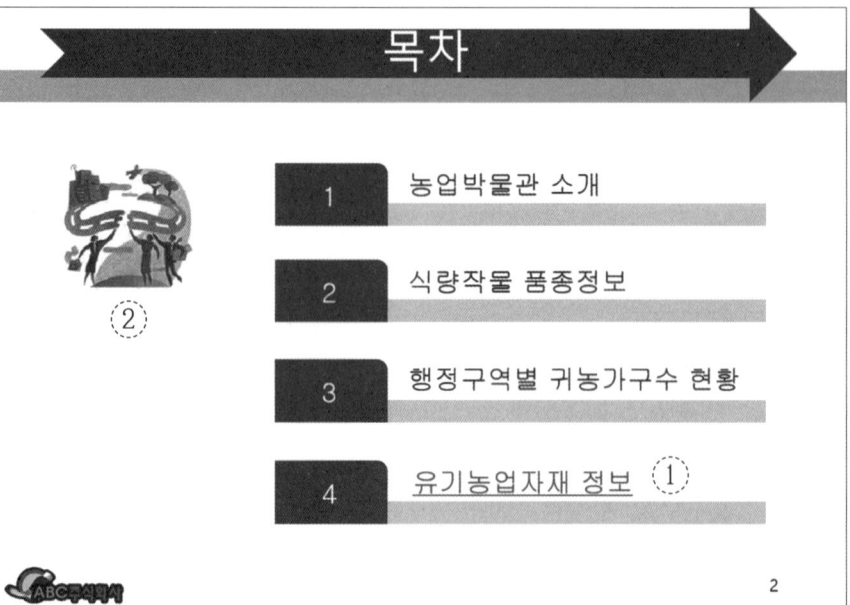

[슬라이드 3] ≪텍스트/동영상 슬라이드≫ ──────────────(60점)

(1) 텍스트 작성 : 글머리 기호 사용(❖, ▪)
  ❖문단(굴림, 24pt, 굵게, 줄간격 : 1.5줄), ▪문단(굴림, 20pt, 줄간격 : 1.5줄)

세부조건

① 동영상 삽입
 - 「내 PC\문서\ITQ\Picture\동영상.wmv」
 - 자동실행, 반복재생 설정

1. 농업박물관 소개

❖ **The Agricultural Museum**
  ▪ The Agricultural Museum currently houses approximately 5,000 agricultural artifacts through continuous excavation and preservation efforts

❖ **농업박물관 소개**
  ▪ 선사시대부터 현대에 이르기까지의 농업발달사를 시대순으로 전시
  ▪ 옛 농촌 들판 풍경과 농가 주택, 전통 장터의 모습을 통하여 조상들의 삶을 조명

[슬라이드 4] ≪표 슬라이드≫ ──────────────(80점)

(1) 도형과 표 작성 기능을 이용하여 슬라이드를 작성한다(글꼴 : 돋움, 18pt).

세부조건

① 상단 도형 :
  2개 도형의 조합으로 작성

② 좌측 도형 :
  그라데이션 효과(선형 아래쪽)

③ 테이블 디자인 【표 스타일】 :
  테마 스타일 1 - 강조 6

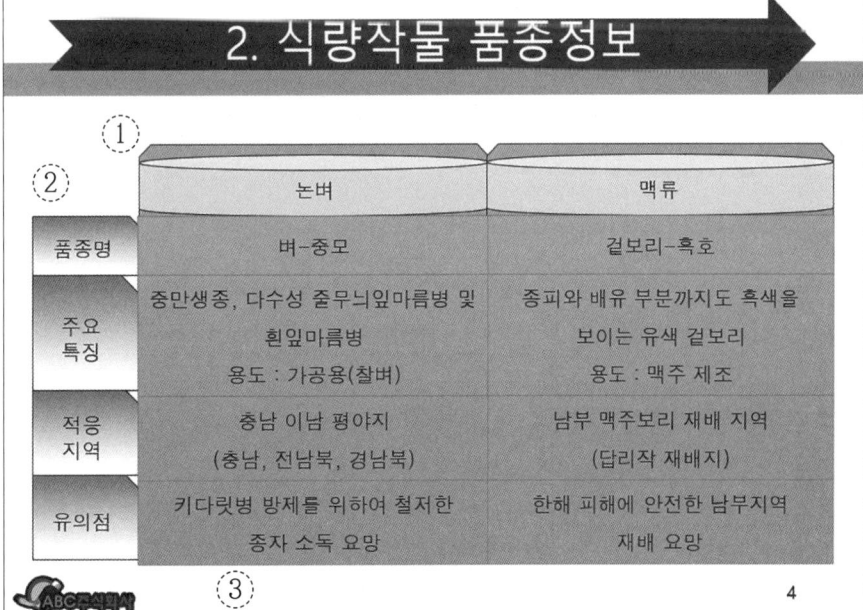

2. 식량작물 품종정보

	논벼	맥류
품종명	벼-중모	겉보리-흑호
주요 특징	중만생종, 다수성 줄무늬잎마름병 및 흰잎마름병 용도 : 가공용(찰벼)	종피와 배유 부분까지도 흑색을 보이는 유색 겉보리 용도 : 맥주 제조
적응 지역	충남 이남 평야지 (충남, 전남북, 경남북)	남부 맥주보리 재배 지역 (답리작 재배지)
유의점	키다릿병 방제를 위하여 철저한 종자 소독 요망	한해 피해에 안전한 남부지역 재배 요망

[슬라이드 5] ≪차트 슬라이드≫ (100점)

(1) 차트 작성 기능을 이용하여 슬라이드를 작성한다.
(2) 차트 : 종류(묶은 세로 막대형), 글꼴(돋움, 16pt), 외곽선

세부조건

※ 차트설명
- 차트제목 : 궁서, 24pt, 굵게, 채우기(흰색), 테두리, 그림자(오프셋 오른쪽)
- 차트영역 : 채우기(노랑) 그림영역 : 채우기(흰색)
- 데이터 서식 : 귀농가구주수(남) 계열을 표식이 있는 꺾은선형으로 변경 후 보조축으로 지정
- 값 표시 : 경상도의 귀농가구주수(여) 계열만

① 도형 삽입
 - 스타일 : 미세효과 – 파랑, 강조1
 - 글꼴 : 굴림, 18pt

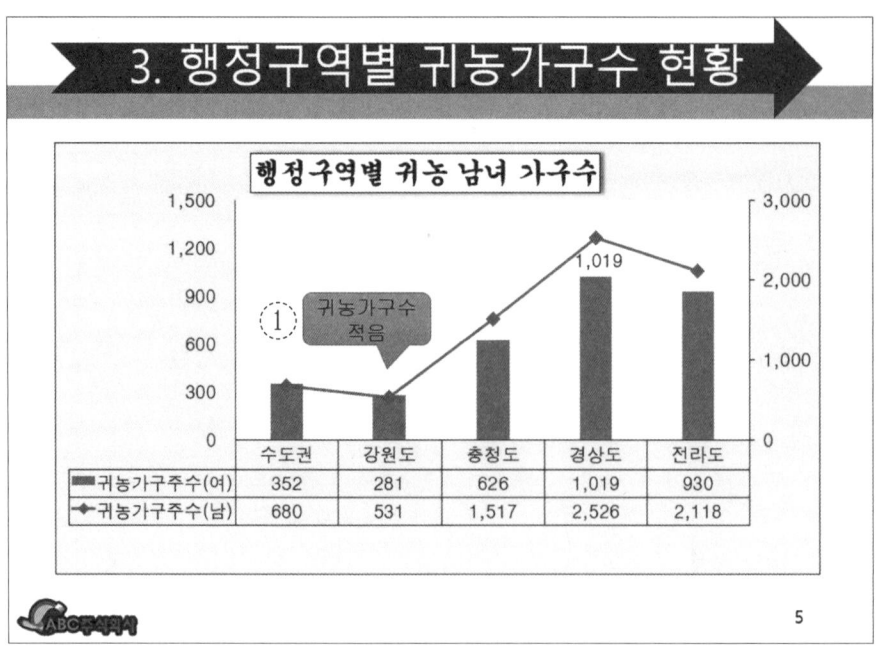

[슬라이드 6] ≪도형 슬라이드≫ (100점)

(1) 슬라이드와 같이 도형 및 스마트아트를 배치한다(글꼴 : 굴림, 18pt).
(2) 애니메이션 순서 : ① ⇒ ②

세부조건

① 도형 및 스마트아트 편집
 - 스마트아트 디자인
  : 3차원 벽돌, 3차원 광택 처리
 - 그룹화 후 애니메이션 효과
  : 나타내기

② 도형 편집
 - 그룹화 후 애니메이션 효과
  : 닦아내기(오른쪽에서)

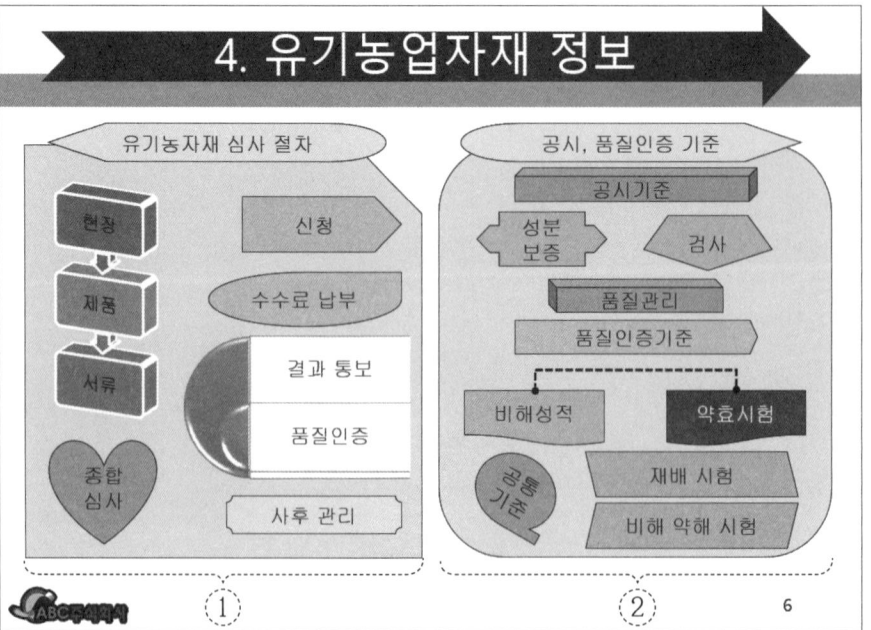